HERMANN JOSEF SIEBEN · VOCES

PATRISTISCHE KOMMISSION
DER AKADEMIEN
DER WISSENSCHAFTEN IN DER
BUNDESREPUBLIK DEUTSCHLAND

BIBLIOGRAPHIA PATRISTICA

INTERNATIONALE PATRISTISCHE BIBLIOGRAPHIE

IN VERBINDUNG MIT VIELEN FACHGENOSSEN

HERAUSGEGEBEN VON

WILHELM SCHNEEMELCHER

SUPPLEMENTUM I

WALTER DE GRUYTER · BERLIN · NEW YORK

1980

HERMANN JOSEF SIEBEN

VOCES

EINE BIBLIOGRAPHIE ZU WÖRTERN UND BEGRIFFEN

AUS DER PATRISTIK (1918–1978)

WALTER DE GRUYTER · BERLIN · NEW YORK

1980

CIP-Kurztitelaufnahme der Deutschen Bibliothek

Sieben, Hermann Josef:
Voces : e. Bibliogr. zu Wörtern u. Begriffen aus d. Patristik
(1918–1978) / Hermann Josef Sieben. – Berlin, New York :
de Gruyter, 1979.
    (Bibliographia patristica : Suppl. ; 1)
    ISBN 3-11-007966-6

© 1979 by Walter de Gruyter & Co., vormals G. J. Göschen'sche Verlagshandlung – J. Guttentag,
Verlagsbuchhandlung – Georg Reimer – Karl J. Trübner – Veit & Comp., Berlin 30.
Printed in Germany.
Satz und Druck: Walter de Gruyter, Berlin · Einband: Wübben, Berlin.

VORWORT

Der Gedanke, die hier vorgelegte Bibliographie zu Wörtern und Begriffen aus dem Bereich der Patristik zusammenzustellen, kam mir im Verlauf von Seminaren über patristische Texte. Man erinnerte sich: der genauere Sinn dieses oder jenes Begriffes war schon irgendwo untersucht. Wo aber war das nur? Hier konnte nur eine alphabetische Sammlung Abhilfe schaffen!
Herr Professor D. Dr. h. c. Wilhelm Schneemelcher, dem ich bei Gelegenheit mein Projekt darlegte, bestärkte mich in meinem Vorhaben. Hierfür und daß er das vollendete Werk als Supplementband der „Bibliographia Patristica" herauszugeben sich bereit erklärte, danke ich ihm an dieser Stelle auf das herzlichste. Mein Dank gilt ebenfalls Herrn Professor Dr. Heinrich Dörrie, der mir noch rechtzeitig vor dem endgültigen Abschluß riet, das der Universität Münster angegliederte Institut für lateinische Sprachforschung zu konsultieren, und natürlich Herrn Professor Dr. Otto Hiltbrunner, seinem derzeitigen Leiter, der mir die Benutzung der einschlägigen Karteien bereitwillig ermöglichte. Danken möchte ich auch meinen Mitbrüdern Heinrich Bacht und Aloys Grillmeier. Sie haben mir beim Sammeln tatkräftig geholfen. Nicht vergessen ist die großzügige Hilfe, die ich in den für meine Arbeit wichtigsten Bibliotheken St. Georgen/Frankfurt und Les Fontaines/Chantilly durch meine Mitbrüder Günter Switek und Robert Brunet erfuhr.

Frankfurt am Main, im Sommer 1979

H. J. Sieben S. J.

EINLEITUNG

Die begriffsgeschichtliche Forschung ist zwar noch eine relativ junge Disziplin, ein Blick in die betreffenden Publikationsorgane, z. B. das Archiv für Begriffsgeschichte, zeigt jedoch, daß schon eine stattliche Zahl von Einzeluntersuchungen vorliegt. Eine ganze Reihe dieser Studien ist dabei entweder teilweise oder ausschließlich patristischen Begriffen und Wörtern gewidmet. Es ist für die patristische Forschung ohne Zweifel von großem Nutzen, diese in unzähligen Zeitschriften, Festschriften und Lexika verstreuten, in den einschlägigen Bibliographien (Année philologique, Bibliographia Patristica, Elenchus biblicus usw.) jeweils nur jahrweise erfaßten Begriffs- und Wortstudien systematisch, d. h. in alphabetischer Anordnung, zusammenzustellen.

Eine Bibliographie zu patristischen Begriffen und Wörtern ist dabei ein erster Schritt auf ein größeres Ziel hin. Ein dem „Theologischen Wörterbuch zum Neuen Testament" entsprechendes patristisches Nachschlagewerk wäre zwar gerade für den nicht-patrologisch versierten Theologen ein Desiderat, ist aber im Augenblick schlechterdings nicht realisierbar. Eine Bibliographie zu den schon vorhandenen Studien kann in einer solchen Situation gute Dienste leisten.

Anlage und Inhalt der vorliegenden Bibliographie gingen von folgenden Überlegungen aus:

1. Eine Unterscheidung zwischen Begriffen und Wörtern ist praktisch nicht durchführbar. Deswegen wurden sowohl Untersuchungen zu Wörtern als auch solche zu Begriffen erfaßt.

2. Weil in einer großen Zahl von Studien sowohl griechische als auch lateinische Termini behandelt werden, berücksichtigt die Bibliographie beide Sprachen zugleich.

3. Die Bibliographie ist in erster Linie für Patrologen und patristisch arbeitende Theologen bestimmt. Dieser Bestimmung entspricht die Auswahl der erfaßten Begriffe und Wörter. Bevorzugt wurden theologische, philosophische, ethisch-spirituelle Termini. In weit geringerem Umfang wurden liturgische, juristische, archäologische Begriffe und Wörter berücksichtigt. Termini aus dem Bereich der Architektur, des Militärwesens, der Religionsgeschichte

und Mythologie wurden nur ausnahmsweise erfaßt. Wegen der besonderen Relevanz philosophischer Begriffe für die patristische Theologie wurden hingegen auch zahlreiche Untersuchungen zu philosophischen Termini aus der vorchristlichen Antike in das Verzeichnis aufgenommen. Andererseits wurde eine gewisse Anzahl von Studien berücksichtigt, die sich auf die frühmittelalterliche Begriffsgeschichte beziehen.

4. Grundsätzlich wurden nur begriffs- und wortgeschichtliche Monographien erfaßt: Zeitschriftenartikel, Lexikonbeiträge und selbständige Buchveröffentlichungen. Begriffsgeschichtlich angelegte Abschnitte oder Kapitel aus Studien, die als ganze eine andere Zielsetzung verfolgen, sind nur ausnahmsweise angezeigt. Wo solche begriffsgeschichtlichen Monographien mehrere Termini untersuchen, sind meist nur die wichtigeren durch entsprechende Verweise gekennzeichnet.

5. Zeitlich ist die Bibliographie in etwa begrenzt auf die Studien, die zwischen 1918 und 1978 erschienen sind. Die untere Grenze rechtfertigt sich durch den Einschnitt, den der Erste Weltkrieg in die Forschung brachte. 1978 als obere Grenze bedeutet, daß Studien bis zum Jahre 1978 einschließlich aufgenommen wurden. Für die drei letzten Jahre insgesamt wird jedoch noch weniger als für die vorausgehenden der Anspruch auf Vollständigkeit erhoben.

6. Um die Bibliographie nicht unnötig aufzublähen, wurden die begriffsgeschichtlichen Untersuchungen der gängigen Bibellexika (vor allem Kittel) nicht erfaßt.

Hinweis zur Benutzung: Der dem Terminus *accidere* beigefügte Verweis „v. *evenire:* Shipp/1937" bedeutet: Vgl. den Terminus *evenire*; der dort genannte Artikel von G. P. Shipp, Chance in Latin vocabulary (evenire, cadere, accidere, contingere): ClR 51 (1937) 209—212, geht u.a. auch auf *accidere* ein.

Die Abkürzungen sind dem Internationalen Abkürzungsverzeichnis für Theologie und Grenzgebiete, Berlin/New York 1974, von S. Schwertner, entnommen.

ABKÜRZUNGSVERZEICHNIS

AAH	Acta antiqua academiae scientiarum Hungaricae (Budapest)
AANL	Atti dell'accademia nazionale dei Lincei (Rom)
AArH	Acta archaeologica academiae scientiarum Hungaricae (Budapest)
AASF	Annales academiae scientiarum Fennicae (Helsinki)
AAST	Atti dell'accademia delle scienze di Torino (Turin)
AAWLM.G	Abhandlungen der Akademie der Wissenschaften und der Literatur in Mainz – Geistes- und sozialwissenschaftliche Klasse (Mainz)
AAWW.Ph	Anzeiger der (k.) Akademie der Wissenschaften in Wien – Philosophisch-historische Klasse (Wien)
ABenR	American Benedictine review (New York)
ABG	Archiv für Begriffsgeschichte (Bonn)
ACan	Année canonique (Paris)
ACl	Acta classica (Kapstadt)
Acme	Acme. Annali della facoltà di filosofia e lettere dell'università statale di Milano (Mailand)
ADAW	Abhandlungen der deutschen Akademie der Wissenschaften (Berlin)
AeC	Aevum Christianum (Münster)
AEcR	American ecclesiastical review (Washington)
Aeg.	Aegyptus (Mailand)
AEPHE	Annuaire. École pratique des hautes études (Paris)
AeR	Atene e Roma (Florenz)
Aevum	Aevum. Rassegna di scienze storiche, linguistiche e filologiche (Mailand)
AF	Archivio di filosofia (Rom)
AFC	Anales de filología clásica (Buenos Aires)
AFH	Archivum Franciscanum historicum (Florenz)
AfMw	Archiv für Musikwissenschaft (Leipzig, Trossingen)
AGI	Archivio glottologico italiano (Rom)
AGPh	Archiv für Geschichte der Philosophie und Soziologie (Berlin)
AGSU	Arbeiten zur Geschichte des Spätjudentums und Urchristentums (Leiden)
AHAW	Abhandlungen der Heidelberger Akademie der Wissenschaften (Heidelberg)
AHC	Annuarium historiae conciliorum (Paderborn)
AHDE	Anuario de historia del derecho español (Madrid)

AHDL	Archives d'histoire doctrinale et littéraire du moyen-âge (Paris)
AHDO	Archives d'histoire du droit oriental (Brüssel)
AHR	American historical review (New York)
AION	Annali del istituto universitario orientale di Napoli. Pubblicazioni (Neapel)
AIPh	Annuaire de l'institut de philologie et d'histoire orientales et slaves (Brüssel)
AIVS	Atti del (r.) istituto veneto di scienze lettere ed arti (Venedig)
AJ	Archaeological journal (London)
AJP	American journal of philology (Baltimore)
AKuG	Archiv für Kulturgeschichte (Berlin)
ALMA	Archivum Latinitatis medii aevi (Brüssel)
Altertum	Altertum (Berlin)
ALW	Archiv für Liturgiewissenschaft (Regensburg)
Ambrosius	Ambrosius. Bollettino liturgico ambrosiano (Mailand)
AMT	Abhandlungen zur Moraltheologie (Paderborn)
AnBib	Analecta biblica (Rom)
AnBoll	Analecta Bollandiana (Brüssel)
AnCl	Antiquité classique (Brüssel)
Ang.	Angelicum (Rom)
AnGr	Analecta Gregoriana (Rom)
Antike	Antike. Zeitschrift für Kunst und Kultur des klassischen Altertums (Berlin)
Antiquity	Antiquity. A quarterly review of archeology (Cambridge)
Anton.	Antonianum (Rom)
AÖAW.PH	Anzeiger der österreichischen Akademie der Wissenschaften – Philosophisch-historische Klasse (Wien)
APARA	Atti della pontificia accademia romana di archeologia (Rom)
APD	Archives de philosophie du droit (Paris)
APF	Archiv für Papyrusforschung und verwandte Gebiete (Berlin)
APh	Archiv für Philosophie (Stuttgart)
Apoll.	Apollinaris (Civitas Vaticana)
Arctos	Arctos. Acta historica, philologica, philosophica (Helsinki)
ARom	Analecta Romanica (Frankfurt)
ArPh	Archives de philosophie (Paris)
ARW	Archiv für Religionswissenschaft (Leipzig)
ASeign	Assemblées du Seigneur (Brügge)
ASI	Archivio storico italiano (Florenz)
ASNS	Archiv für das Studium der neueren Sprachen und Literaturen (Braunschweig)
ASNSP	Annali della (r.) scuola normale superiore di Pisa (Florenz)
ASNU	Acta Seminarii neotestamentici Upsaliensis (Stockholm)
Asp.	Aspernas (Neapel)
AsSt	Asiatische Studien (Bern)
AST	Analecta Sacra Tarraconensia (Barcelona)
ASTI	Annual of the Swedish theological institute (in Jerusalem) (Leiden)

At.	Athenaeum. Studi periodici di letteratura e storia dell'antiquità (Pavia)
ATG	Archivo teológico granadino (Granada)
ATh	Année théologique (Paris)
AThA	Année théologique augustinienne (Paris)
Athena	Athena. Syngramma periodikon tēs en Athēnais ēpistēmonikēs hetaireias (Athen)
AThijm	Annalen van het Thijmgenootschap (Utrecht)
AThR	Anglican theological review (New York)
AuA	Antike und Abendland (Hamburg)
AuC	Antike und Christentum (Münster)
AUG	Acta universitatis Gothoburgensis (Göteborg)
Aug.	Augustinianum (Rom)
Aug(L)	Augustiniana (Löwen)
AugM	Augustinus magister (Paris)
Augustinus	Augustinus. Quarterly review of the Father Recollets (Madrid)
AUU	Acta universitatis Upsaliensis (Uppsala)

BAGB	Bulletin de l'association Guillaume Budé (Paris)
BAug	Bibliothèque augustinienne (Paris)
BCLAB	Bulletin de la classe des lettres et des sciences morales et politiques de l'académie r. de Belgique (Brüssel)
BCO	Bibliotheca classica orientalis (Berlin)
BEHE.H	Bibliothèque de l'école des hautes études – Sciences historiques et philologiques (Paris)
Ben.	Benedictina (Rom)
BenM	Benediktinische Monatsschrift (Beuron)
BEvTh	Beiträge zur evangelischen Theologie (München)
BGBH	Beiträge zur Geschichte der biblischen Hermeneutik (Tübingen)
Bib.	Biblica (Rom)
BiblThom	Bibliothèque thomiste (Paris)
BICS	Bulletin of the institute of classical studies of the university of London (London)
Bijdr.	Bijdragen. Tijdschrift voor philosophie en theologie (Nimwegen)
BiTr	Bible translator (London)
BJRL	Bulletin of the John Rylands library (Manchester)
BLE	Bulletin de littérature ecclésiastique (Toulouse)
BNGJ	Byzantinisch-neugriechische Jahrbücher (Athen)
BS	Bibliotheca sacra. A theological quarterly (Dallas)
BSAC	Bulletin de la société d'archéologie copte (Kairo)
BSFEM	Bulletin de la société française d'études mariales (Paris)
BSL	Bulletin de la société linguistique de Paris (Paris)
BSNAF	Bulletin de la société nationale des antiquaires de France (Paris)
Burg.	Burgense. Collectanea scientifica (Burgos)
BVC	Bible et vie chrétienne (Paris)

BWANT	Beiträge zur Wissenschaft vom Alten und Neuen Testament (Stuttgart)
ByF	Byzantinische Forschungen (Amsterdam)
BySl	Byzantinoslavica. International journal of Byzantine studies (Prag)
ByZ	Byzantinische Zeitschrift (Leipzig)
Byz.	Byzantion (Brüssel)
BZ	Biblische Zeitschrift (Paderborn)
BZNW	Beihefte zur Zeitschrift für die neutestamentliche Wissenschaft (Berlin)
Cass.	Cassiciacum (Würzburg)
Cath(M)	Catholica (Münster)
CCist	Collectanea Cisterciensia (Scourmont)
CDios	Ciudad de Dios (El Escorial)
CEG	Cuadernos de estudios gallegos (Santiago de Compostela)
CEg	Chronique d'Égypte (Brüssel)
ChH	Church history (Chicago)
CivCatt	Civiltà cattolica (Rom)
CJ	Classical journal (Menasha, Wisc.)
ClB	Classical bulletin (St. Louis, Mo.)
CleR	Clergy review (London)
ClF	Classical folia (New York)
ClR	Classical review (Oxford)
ClW	Classical World (New York)
CM	Classica et mediaevalia (Kopenhagen)
CNT	Coniectanea neotestamentica (Uppsala)
COCR	Collectanea Ordinis Cisterciensium Reformatorum (Westmalle)
Communio	Communio. Commentarii internationales de ecclesia et theologia (Sevilla)
Conc(F)	Concilium. Revue internationale de théologie (Paris)
CP	Classical philology (Chicago)
CQ	Classical quarterly (London)
CQR	Church quarterly review (London)
CRAI	Comptes rendus des séances de l'académie des inscriptions et belles lettres (Paris)
CTM	Concordia theological monthly (St. Louis, Mo.)
CTom	Ciencia tomista (Salamanca)
DA	Deutsches Archiv für (Geschichte) Erforschung des Mittelalters (Marburg)
DACL	Dictionnaire d'archéologie chrétienne et de liturgie (Paris)
DBS	Dictionnaire de la bible. Supplément (Paris)
Did.	Didaskaleion (Turin)
DissAb	Dissertation abstracts (Ann Arbor, Mich.)
DoC	Doctor communis (Rom)
DOP	Dumbarton Oaks papers (Cambridge, Mass.)
DR	Downside review (Bath)

DSp	Dictionnaire de spiritualité, ascétique et mystique (Paris)
DT	Divus Thomas (Freiburg/Schw.)
DThC	Dictionnaire de théologie catholique (Paris)
DT(P)	Divus Thomas (Piacenza)
ECl	Estudios clásicos (Madrid)
ECQ	Eastern churches quarterly (Ramsgate)
ED	Euntes docete (Rom)
EE	Estudios eclesiásticos (Madrid)
EEBS	Epetēris hetaireias byzantinōn spudōn (Athen)
EeC	Études et commentaires (Paris)
EEPS	Epistēmonikē epetēris tēs philosophikēs scholēs tou panepistē-miou Athēnōn (Athen)
Ekkl(A)	Ekklēsia (Athen)
EL	Ephemerides liturgicae (Vatikanstadt)
EM	Emérita (Madrid)
EOr	Écho d'Orient (Bukarest)
ER	Ecumenical review (Lausanne)
Er.	Eranos (Uppsala)
EsDiv	Essays in divinity (Chicago)
EstAg	Estudio agustiniano (Valladolid)
EstB	Estudios bíblicos (Madrid)
EstOn	Estudios onienses (Madrid)
ET	Expository times (Edinburgh)
EtCarm	Études carmélitaines (Paris)
EtCl	Études classiques (Namur)
EThL	Ephemerides theologicae Lovanienses (Löwen)
EtLi	Études liturgiques (Löwen)
ETR	Études théologiques et religieuses (Montpellier)
Études	Études (Paris)
EuA	Erbe und Auftrag (Beuron)
EvQ	Evangelical quarterly (London)
FChLDG	Forschungen zur christlichen Literatur- und Dogmengeschichte (Paderborn)
FDA	Freiburger Diözesanarchiv (Freiburg/Brs.)
FKGG	Forschungen zur Kirchen- und Geistesgeschichte (Stuttgart)
FMSt	Frühmittelalterliche Studien (Berlin)
FNPG	Forschungen zur neueren Philosophie und ihrer Geschichte (Würzburg)
FR	Felix Ravenna (Ravenna)
FrS	Franciscan studies (New York)
FThSt	Freiburger theologische Studien (Freiburg/Brs.)
FTS	Frankfurter theologische Studien (Frankfurt)
FuF	Forschungen und Fortschritte (Berlin)
FZPhTh	Freiburger Zeitschrift für Philosophie und Theologie (Freiburg/Schw.)

GaR	Greece and Rome (London)
GCP	Graecitas Christianorum primaeva (Nimwegen)
GIF	Giornale italiano di filologia (Neapel)
GLCP	Graecitas et Latinitas Christianorum primaeva (Nimwegen)
Glotta	Glotta (Göttingen)
GM	Giornale di metafisica (Turin)
Gn.	Gnomon (München)
GOTR	Greek orthodox theological review (Brooklyn, Mass.)
Gr.	Gregorianum (Rom)
GRBS	Greek, Roman and Byzantine studies (Cambridge, Mass.)
GuL	Geist und Leben (Würzburg)
Gym.	Gymnasium (Heidelberg)
Hell.	Hellēnika (Athen)
Hell(P)	Hellenica (Paris)
Helm.	Helmantica (Salamanca)
Her.	Hermanthena (Dublin)
Hermes	Hermes (Wiesbaden)
HeyJ	Heythrop journal (Oxford)
HibJ	Hibbert journal (London)
Hist.	Historia (Wiesbaden)
Hist(M)	Historia (Mailand)
HJ	Historisches Jahrbuch der Görresgesellschaft (München)
HlD	Heiliger Dienst (Salzburg)
HSCP	Harvard studies in classical philology (Cambridge, Mass.)
HThR	Harvard theological review (Cambridge, Mass.)
Hum(C)	Humanidades (Comillas)
HUTh	Hermeneutische Untersuchungen zur Theologie (Tübingen)
HWP	Historisches Wörterbuch der Philosophie (Basel)
Hyp.	Hypomnemata (Göttingen)
IGF	Indogermanische Forschungen (Berlin)
IKZ	Internationale kirchliche Zeitschrift (Bern)
IPQ	IPQ. International philosophical quarterly (New York)
Irén.	Irénikon (Chevetogne)
Ist.	Istina (Boulogne-sur-Seine)
JAC	Jahrbuch für Antike und Christentum (Münster)
JBL	Journal of biblical literature (Philadelphia, Pa.)
JC	Jus canonicum (Pamplona)
JEH	Journal of ecclesiastical history (London)
JHP	Journal of the history of philosophy (Berkeley, Cal.)
JHS	Journal of Hellenic studies (London)
JJP	Journal of juristic papyrology (New York)
JLW	Jahrbuch für Liturgiewissenschaft (Münster)
JÖB	Jahrbuch der österreichischen Byzantinistik (Wien)
JPh	Journal of philosophy (New York)

JR	Journal of religion (Chicago)
JRS	Journal of Roman studies (London)
JThS	Journal of theological studies (Oxford)
JWCI	Journal of the Warburg and Courtauld institute (London)
Kairos	Kairos. Zeitschrift für Religionswissenschaft und Theologie (Salzburg)
KantSt	Kant-Studien (Berlin)
Kath.	Der Katholik (Strassburg)
Kl.	Kleronomia (Thessaloniki)
Klio	Klio (Leipzig)
Koin.	Koinonia (Essen)
KP	Der Kleine Pauly (Stuttgart)
KPS	Klassisch-philologische Studien (Leipzig)
KuD	Kerygma und Dogma (Göttingen)
KuD.B	− Beiheft
LAPUG	Liber annualis. Pontificia universitas Gregoriana (Rom)
Lati.	Latinitas (Vatikanstadt)
LCP	Latinitas Christianorum primaeva (Nimwegen)
LFil	Listy filologické (Prag)
Lg.	Language (Baltimore, Md.)
LiLe	Liturgisches Leben (Regensburg)
LiZs	Liturgische Zeitschrift (Regensburg)
LTP	Laval théologique et philosophique (Québec)
LuM	Liturgie und Mönchtum (Maria Laach)
LWJ	Literaturwissenschaftliches Jahrbuch der Görres-Gesellschaft (Freiburg/Brs.)
LWQF	Liturgiewissenschaftliche Quellen und Forschungen (Münster)
MAH	Mélanges d'archéologie et d'histoire (Paris)
Maia	Maia (Bologna)
Mar.	Marianum (Rom)
MB	Musée belge (Löwen)
MBPF	Münchener Beiträge zur Papyrusforschung und antiken Rechtsgeschichte (München)
MBTh	Münsterische Beiträge zur Theologie (Münster)
MCom	Miscelánea Comillas (Comillas)
MD	Maison-Dieu (Paris)
MDAI.R	Mitteilungen des deutschen archäologischen Instituts − Römische Abteilung (München)
Mea.	Meander (Warschau)
Melto	Melto (Kaslik)
MF	Miscellanea francescana (Rom)
MH	Museum Helveticum (Basel)
MHP	Miscellanea historiae pontificiae (Rom)
Mind	Mind (Edinburgh)

ML.H	Museum Lessianum – Section historique (Brüssel)
MM	Miscellanea mediaevalia (Berlin)
Mn.	Mnemosyne (Leiden)
MNAW	Mededelingen der k. nederlandse akademie van wetenschappen (Amsterdam)
MNAW.L	– Afdeling letterkunde
MPF	Monographien zur philosophischen Forschung (Reutlingen)
MS	Mediaeval studies (Toronto)
MSLP	Mémoires de la société de linguistique de Paris (Paris)
MSM	Modern schoolman (St. Louis, Mo.)
MSR	Mélanges de science religieuse (Lille)
MSS	Münchener Studien zur Sprachwissenschaft (München)
MSSNTS	Monograph series. Society for New Testament studies (Cambridge)
MThS	Münchener theologische Studien (München)
MThS.K	– Kanonistische Abteilung
MThS.S	– Systematische Abteilung
MThSt	Marburger theologische Studien (Marburg)
MThZ	Münchener theologische Zeitschrift (München)
Muséon	Muséon (Löwen)
MUSJ	Mélanges de l'université Saint-Joseph (Beyrouth)
MZ	Mainzer Zeitschrift (Mainz)
NDF	Neue deutsche Forschungen (Berlin)
NDid	Nuovo didaskaleion (Catania)
NedThT	Nederlands(ch)e theologisch tijdschrift (Wangeningen)
NGWG	Nachrichten der Gesellschaft der Wissenschaften in Göttingen (Berlin)
NGWG.Ph	– Philologisch-historische Klasse
NJADB	Neue Jahrbücher für Antike und deutsche Bildung (Leipzig)
NJKA	Neue Jahrbücher für das klassische Altertum, Geschichte und deutsche Literatur (Leipzig)
NJPP	Neue Jahrbücher für Philologie und Pädagogik (Leipzig)
NKRWA	Neue Kölner Rechtswissenschaftliche Abhandlungen (Berlin)
NMBGF	Neue münsterische Beiträge zur Geschichtsforschung (Münster)
NP	Neophilologus (Groningen)
NPM	Neuphilologische Mitteilungen (Helsinki)
NRS	Nuova rivista storica (Rom)
NRTh	Nouvelle revue théologique (Löwen)
NSchol	New scholasticism (Washington)
NT	Novum Testamentum (Leiden)
NTA	Neutestamentliche Abhandlungen (Münster)
NTF	Neutestamentliche Forschung (Gütersloh)
NTS	New testament studies (London)
Numen	Numen (Leiden)
NV	Nova et vetera (Genf)
NZSTh	Neue Zeitschrift für systematische Theologie (Berlin)

OMRM	Oudheidkundige medede(e)lingen uit het rijksmuseum van oudheden te Leiden (Leiden)
OrChr	Oriens Christianus (Rom)
OrChrA	Orientalia Christiana analecta (Rom)
OrChrP	Orientalia Christiana periodica (Rom)
ORPB	Oberrheinisches Pastoralblatt (Freiburg/Brs.)
OrSyr	Orient syrien (Paris)
OstKSt	Ostkirchliche Studien (Würzburg)
PACPA	Proceedings of the American catholic philosophical association (Washington)
PalCl	Palestra del clero (Rovigo)
PAPS	Proceedings of the American philosophical society (Philadelphia, Pa.)
ParPass	Parola del passato (Neapel)
PatSt	Patristic studies of the catholic university of America (Washington)
PCPS	Proceedings of the Cambridge philological society (Cambridge)
Pens.	Pensiamento (Madrid)
Pers.	Personalist (Los Angeles)
Ph.	Philologus (Wiesbaden)
Ph.S	– Suppl.Bd.
PhilSac	Philippiniana sacra (Manila)
PhJ	Philosophisches Jahrbuch der Görres-Gesellschaft (Fulda)
PhN	Philosophia naturalis (Meisenheim, Glan)
PhQ	Philosophical quarterly (St. Andrews)
PhR	Philosophische Rundschau (Tübingen)
PhRev	Philosophical review (New York)
Phron.	Phronesis (Assen)
PMLA	PMLA. Publications of the modern language association of America (Washington)
POC	Proche-Orient chrétien (Jerusalem)
PosLuth	Positions luthériennes (Paris)
PQ	Philological quarterly (Iowa City, Iowa)
PRE	Paulys Real-Encyclopädie der classischen Alterthumswissenschaft (Stuttgart)
ProvHist	Provence historique (Marseille)
PTS	Patristische Texte und Studien (Berlin)
QLP	Questions liturgiques et paroissiales (Löwen)
QSGP	Quellen und Studien zur Geschichte der Philosophie (Berlin)
QUCC	Quaderni urbinati di cultura classica (Urbino)
RAAN	Rendiconti dell' (a r.) accademia di archeologia, lettere e belle arti (Neapel)
RAC	Reallexikon für Antike und Christentum (Stuttgart)
RAE	Revista agustiniana de espiritualidad (Calahorra)

RAM	Revue d'ascétique et de mystique (Toulouse)
RAMi	Rivista de ascetica e mistica (Florenz)
RAr	Revue archéologique (Paris)
RB	Revue biblique (Paris)
RBen	Revue bénédictine de critique, d'histoire et de littérature religieuses (Maredsous)
RBK	Reallexikon der byzantinischen Kunst (Stuttgart)
RBPH	Revue belge de philologie et d'histoire (Brüssel)
RCCM	Rivista di cultura classica e medioevale (Rom)
RCSF	Rivista critica di storia della filosofia (Mailand)
RCT	Revista de cultura teologica (São Paulo)
RdQ	Revue de Qumrân (Paris)
REA	Revue des études anciennes (Bordeaux)
REAug	Revue des études augustiniennes (Paris)
REByz	Revue des études byzantines (Paris)
RechAug	Recherches augustiniennes (Paris)
REG	Revue des études grecques (Paris)
REL	Revue des études latines (Paris)
Rel.	Religio (Rom)
RestQ	Restoration quarterly (Austin, Texas)
RET	Revista española de teología (Madrid)
RevPhil	Revue de philosophie (Paris)
RevSR	Revue des sciences religieuses (Strassburg)
RFIC	Rivista di filologia e d'istruzione classica (Turin)
RF(M)	Revista de filosofía (Madrid)
RFNS	Rivista di filosofia neo-scolastica (Mailand)
RF(T)	Rivista di filosofia (Turin)
RHDF	Revue historique de droit français et étranger (Paris)
RHE	Revue d'histoire ecclésiastique (Löwen)
RHPhR	Revue d'histoire et de philosophie religieuses (Strassburg)
RHR	Revue de l'histoire des religions (Paris)
RH(SP)	Revista de historia (São Paulo)
RicLg	Ricerche linguistiche (Rom)
RicRel	Ricerche religiose (Rom)
RIDA	Revue internationale des droits de l'antiquité (Brüssel)
RIL	Rendiconti. (R.) istituto lombardo (Accademia) di scienze e lettere (Mailand)
Rin.	Rinascita (Florenz)
RIPh	Revue internationale de philosophie (Brüssel)
RivAC	Rivista di archeologia cristiana (Rom)
RivBib	Rivista biblica (Rom)
RMAL	Revue du moyen-âge latin (Paris)
RMP	Rheinisches Museum für Philologie (Bonn)
RNord	Revue du nord (Lille)
RNSP	Revue néoscolastique de philosophie (Löwen)
Rom.	Romania (Paris)
RomF	Romanische Forschungen (Frankfurt)

RPFE	Revue philosophique de la France et de l'étranger (Paris)
RPH	Revista portuguesa de historia (Coimbra)
RPh	Revue de philologie, de littérature et d'histoire anciennes (Paris)
RPL	Revue philosophique de Louvain (Löwen)
RQ	Römische Quartalschrift für christliche Altertumskunde und für Kirchengeschichte (Freiburg/Brs.)
RSC	Rivista di studi classici (Turin)
RSCI	Rivista di storia della chiesa in Italia (Rom)
RSIt	Rivista storica italiana (Neapel)
RSLR	Rivista di storia e letteratura religiosa (Florenz)
RSPhTh	Revue des sciences philosophiques et théologiques (Paris)
RSR	Recherches de science religieuse (Paris)
RSyn	Revue de synthèse (Paris)
RThAM	Recherches de théologie ancienne et médiévale (Löwen)
RThom	Revue thomiste (Brügge)
RTHP	Recueil de travaux d'histoire et de philologie (Löwen)
RThPh	Revue de théologie et de philosophie (Lausanne)
RTL	Revue théologique de Louvain (Löwen)
RTR	Reformed theological review (Melbourne)
RUO	Revue de l'université d'Ottawa (Ottawa)
RVV	Religionsgeschichtliche Versuche und Vorarbeiten (Giessen)
Saec.	Saeculum. Jahrbuch für Universalgeschichte (München)
Sal.	Salesianum (Turin)
Salm.	Salmanticensis (Salamanca)
SapDom	Sapienza. Rivista di filosofia e di teologia dei Domenicani d'Italia (Rom)
SAW	Studienhefte zur Altertumswissenschaft (Göttingen)
SBA	Schweizerische Beiträge zur Altertumswissenschaft (Basel)
SBAW.PPh	Sitzungsberichte der bayerischen Akademie der Wissenschaften – Philosophisch-philologisch und historische Klasse (München)
SBO	Studia biblica et orientalia (Rom)
SBW	Studien der Bibliothek Warburg (Leipzig)
SCA	Studies in Christian antiquity (Washington)
ScC	Scuola cattolica (Mailand)
SCH(L)	Studies in church history (London)
Schol.	Scholastik (Freiburg/Brs.)
Scr.	Scriptorium (Antwerpen)
ScrTh	Scripta theologica (Pamplona)
ScrVict	Scriptorium Victoriense (Vitoria)
SDAW.S	Sitzungsberichte der deutschen Akademie der Wissenschaften zu Berlin, Gesellschaftswissenschaften (Berlin)
SDHI	Studia et documenta historiae et iuris (Rom)
SE	Sacris erudiri (Steenbrugge)
SeL	Storia e letteratura (Rom)
SF	Studia Friburgensia (Fribourg)
SGKA	Studien zur Geschichte und Kultur des Altertums (Paderborn)

SGLG	Studia Graeca et Latina Gothoburgensia (Stockholm)
SHG	Subsidia hagiographica (Brüssel)
SHR	Studies in the history of religions (Leiden)
SicGym	Siculorum gymnasium (Catania)
SIFC	Studi italiani di filologia classica (Florenz)
SJTh	Scottish journal of theology (Edinburgh)
SMBO	Studien und Mitteilungen aus dem Benedictiner- und Cistercienser-Orden (München)
SMGB	Studien und Mitteilungen zur Geschichte des Benediktinerordens und seiner Zweige (München)
SMR	Studia Montis Regii (Montreal)
SMSR	Studi e materiali di storia delle religioni (Rom)
SO	Symbolae Osloenses (Oslo)
SPAW	Sitzungsberichte der preußischen Akademie der Wissenschaften (Berlin)
SPAW.PH	— Philosophisch-historische Klasse
Spec.	Speculum (Cambridge, Mass.)
SPGAP	Studien zur Problemgeschichte der antiken und mittelalterlichen Philosophie (Leiden)
SPHP	Studies in philosophy and the history of philosophy (Washington)
SpicBec	Spicilegium Beccense (Paris)
SSAW.PH	Sitzungsberichte der sächsischen Akademie der Wissenschaften zu Leipzig — Philosophisch-historische Klasse
SSL	Spicilegium sacrum Lovaniense (Löwen)
SSPh	Salzburger Studien zur Philosophie (Salzburg)
SUSF	Studi urbinati di storia, filosofia e letteratura (Urbino)
SZG	Schweizerische Zeitschrift für Geschichte (Zürich)
StAns	Studia Anselmiana (Rom)
StArist	Studia Aristotelica (Padua)
StC	Studia catholica (Nimwegen)
StEv	Studia evangelica (Berlin)
StFr	Studi francescani (Florenz)
StGen	Studium generale (Berlin)
StGra	Studia gratiana (Bologna)
StHell	Studia Hellenistica (Löwen)
StMed	Studi medievali (Turin)
StMon	Studia monastica (Barcelona)
StPapy	Studia papyrologica (Barcelona)
StPat	Studia Patavina (Padua)
Strom.	Stromata (San Miguel)
StT	Studi e testi (Vatikanstadt)
StTh	Studia theologica (Lund)
TBAW	Tübinger Beiträge zur Altertumswissenschaft (Stuttgart)
TE	Teología espiritual (Valencia)
TET	Textes et études théologiques (Brügge)

Theol(A)	Theologia (Athen)
Theoph.	Theophaneia (Bonn)
Theoria	Theoria (Lund)
ThGl	Theologie und Glaube (Paderborn)
ThLZ	Theologische Literaturzeitung (Leipzig)
Thom.	Thomist (Washington)
ThPh	Theologie und Philosophie (Freiburg/Brs.)
ThQ	Theologische Quartalschrift (Tübingen)
ThRv	Theologische Revue (Münster)
ThStKr	Theologische Studien und Kritiken (Hamburg)
ThViat	Theologia viatorum (Berlin)
ThZ	Theologische Zeitschrift (Basel)
TNTL	Tijdschrift voor nederlands(ch)e taal- en letterkunde (Leiden)
TPAPA	Transactions and proceedings of the American philological association (Bronx, New York)
TPh	Tijdschrift voor philosophie (Löwen)
Tr.	Traditio (New York)
TRG	Tijdschrift voor rechtsgeschiedenis (Groningen)
TS	Theological studies (Woodstock, Md.)
TTh	Tijdschrift voor theologie (Nimwegen)
TThZ	Trierer theologische Zeitschrift (Trier)
TU	Texte und Untersuchungen zur Geschichte der altchristlichen Literatur (Berlin)
UCPCP	University of California publications in classical philology (Berkeley, Cal.)
UnSa	Unam sanctam (Paris)
VAFLNW	Veröffentlichungen, Vorträge der Arbeitsgemeinschaft für Forschung des Landes Nordrhein-Westfalen (Köln)
VAFLNW.G	− Geisteswissenschaftliche Reihe
VBW	Vorträge der Bibliothek Warburg (Leipzig)
VC	Verbum caro (Neuchâtel)
VD	Verbum domini (Rom)
VDI	Vestnik drevnej istorii (Moskau)
VetChr	Vetera Christianorum (Bari)
VFVRG	Veröffentlichungen des Forschungsinstituts für vergleichende Religionsgeschichte an der Universität Leipzig (Leipzig)
VigChr	Vigiliae Christianae (Amsterdam)
VM	Vita monastica (Florenz)
VNAW	Verhandelingen der k. nederlands(ch) akademie von wetenschappen (Amsterdam)
VS	Vie spirituelle (Paris)
VS.S	− Suppl.
VT	Vetus Testamentum (Leiden)
VVAW	Verhandelingen van de k. vlaamse academie voor wetenschappen, letteren en schone kunsten van België (Brüssel)

WBTh	Wiener Beiträge zur Theologie (Wien)
WdF	Wege der Forschung (Darmstadt)
WiWei	Wissenschaft und Weisheit (Freiburg/Brs.)
WSt	Wiener Studien (Wien)
WuD	Wort und Dienst (Bielefeld)
WUNT	Wissenschaftliche Untersuchungen zum Neuen Testament (Tübingen)
WZ(H)	Wissenschaftliche Zeitschrift der Martin-Luther-Universität Halle-Wittenberg (Halle)
ŽAnt	Živa antika (Skopje)
ZDPV	Zeitschrift des deutschen Palästina Vereins (Wiesbaden)
Zet.	Zetemata (München)
ZKG	Zeitschrift für Kirchengeschichte (Stuttgart)
ZKTh	Zeitschrift für katholische Theologie (Wien)
ZN	Zeitschrift für Numismatik (Berlin)
ZNW	Zeitschrift für die neutestamentliche Wissenschaft und die Kunde der älteren Kirche (Berlin)
ZPE	Zeitschrift für Papyrologie und Epigraphik (Bonn)
ZPhF	Zeitschrift für philosophische Forschung (Meisenheim)
ZRGG	Zeitschrift für Religions- und Geistesgeschichte (Köln)
ZRP	Zeitschrift für romanische Philologie (Tübingen)
ZSRG.K	Zeitschrift der Savigny-Stiftung für Rechtsgeschichte (Weimar) – Kanonische Abteilung
ZSRG.R	– Romanische Abteilung
ZThK	Zeitschrift für Theologie und Kirche (Tübingen)
ZVSF	Zeitschrift für vergleichende Sprachforschung auf dem Gebiet der indogermanischen Sprachen (Berlin)

A

ἀββᾶ ὁ πατήρ
M. L. Amerio, Il nesso ἀββᾶ ὁ πατήρ in Clemente Alessandrino:
Aug. 16 (1976) 291−316

ἄβυσσος
K. Schneider, Abyssus: RAC 1, 1950, 60−62

ἀγαθοδότις
F. Ruello, Etude du terme ἀγαθοδότις dans quelques commentaires
médiévaux des noms divins: RThAM 24 (1957) 225−226

ἀγαθόν
D. J. Allan, The fine and the good in the eudemian ethics, in: Peri-
patoi (Untersuchungen zur eudemischen Ethik), Berlin 1971,
63−71
A. Graeser, Zur Funktion des Begriffs „Gut" in der stoischen Ethik:
ZPhF 26 (1972) 417−425
C. J. De Vogel, Encore une fois: le bien dans la République de
Platon, in: Zetesis, Festsch. E. de Strycker, Utrecht 1973, 40−56
H. Reiner, Zum Begriff des Guten (Agathon) in der stoischen Ethik.
Antwort an Andreas Graeser: ZPhF 28 (1974) 228−234

   v. φύσις: Grumach/1932
   ἀγαθός: Reiner/1974
   καθήκοντα: Tsekourakis/1974

ἀγαθοποιΐα
W. C. Van Unnik, Das Urchristentum in seiner hellenistischen Umwelt: WZ(H) 18 (1969) 109−126

ἀγαθός
P. Herrmann, Menschliche Wertbegriffe bei Homer (ἀγαθός,
ἐσθλός), Diss. Hamburg 1955
L. Robert, ἀγαθός: Hell(P) 11/12 (1961) 414−439
G. Cerri, La terminologia sociopolitica di Teognide: QUCC 6 (1968)
7−32

H. Reiner, Gut, das Gute, das Gut I: HWP 3, 1974, 937–946
A. W. H. Adkins, Merit, responsibility and Thucydides: CQ 25 (1975) 209–220
E. Riondato, Problematica semantica et etica nell' Etica a Nicomaco, in: Scritti C. Diano, Bologna 1975, 367–383

ἀγαπᾶν

C. F. Hogg, Note on ἀγαπάω and φιλέω: ET 37 (1927) 379–380
C. Spicq, Le verbe ἀγαπᾶν et ses dérivés dans le grec classique: RB 60 (1953) 372–397

> v. ἐρᾶν: Steinmüller/1951
> ἀγάπη: Spicq/1955
> φιλεῖν: Joly/1968

ἀγάπη

E. Peterson, Ἀγάπη: BZ 20 (1932) 378–382
H. Riesenfeld, Etude bibliographique sur la notion biblique d'ἀγάπη, surtout dans 1 Cor. XIII: CNT 5 (1941) 1–32
E. K. Lee, Love and Righteousness. A Study in the Influence of Christianity on Language: ET 62 (1950) 28–31
C. C. Torelli, Ἀγάπη: JThS NF 1 (1950) 64–67
A. Ceresa-Gastaldo, Ἀγάπη nei documenti anteriori al Nuovo Testamento: Aeg. 31 (1951) 269–306
A. Ceresa-Gastaldo, Ἀγάπη nei documenti estranei all' influsso biblico: RFIC 31 (1953) 347–356
A. Ceresa-Gastaldo, Ancora sull' uso profano di ἀγάπη: RFIC 32 (1954) 408f
A. Ceresa-Gastaldo, Nuovi studi sull' ἀγάπη: ScC 83 (1955) 312–319
C. Spicq, Le lexique de l'amour dans les papyrus et dans quelques inscriptions de l'époque héllénistiques: Mn. 8 (1955) 23–33
C. Spicq, Agape. Prolegomènes à une étude de théologie néotestamentaire, StHell 10, 1955
C. Donahue, The ἀγάπη of the hermits of Scete: StMon 1 (1959) 97–114
J. Colson, Agape (charité) chez saint Ignace d'Antioche, Paris 1961
J. Colson, Agape chez Saint Ignace d'Antioche, in: TU 78, 1961, 341–353
S. West, An Alleged Pagan Use of ἀγάπη in P. Oxy 1380: JThS 18 (1967) 142–143
R. E. Witt, The Use of ἀγάπη in P. Oxy 1380: JThS 19 (1968) 209–211

S. West, A Further Note on ἀγάπη in P. Oxy 1380: JThS 20 (1969)
228–230

J. Giblet, Le lexique chrétien de l'amour: RTL 1 (1970) 333–337

R. Joly, Ἀγάπη chez les Apologistes grecs du deuxième siècle, in:
Actes XIIᵉ conf. internat. d'Etudes class., Bukarest/Amsterdam
1975, 63–66

    v. ἔρως: Nygren/1937
      ἔρως: Richardson/1943
      ἔρως: Graef/1949/50
      ἔρως: Nygren/1953
      ἔρως: Kuhn/1954 und 1956
      ἔρως: Armstrong/1960/1
      ἔρως: Rist/1966
      humanitas: Roeser/1969/70
      ταπείνωσις: Lana/1975

ἀγαπητός

A. Guillaumont, Le nom des Agapètes: VigChr 23 (1969) 30–37

ἄγασθαι

    v. θαυμάζειν: Bratsiotis/1964

ἀγγελικὸς βίος

E. von Severus, Βίος ἀγγελικός. Zum Verständnis des Mönchslebens als „Engelleben" in der christlichen Überlieferung: LuM
21 (1957) 56–70

K. S. Frank, Ἀγγελικὸς βίος. Begriffsanalytische und begriffsgeschichtliche Untersuchung zum „engelgleichen Leben" im frühen
Mönchtum, Münster 1964

ἄγγελος

C. Andres, Angelos: PRE Suppl. 3, 1918, 101–114

A. Smierzek, Ἄγγελος et λαβύρινθος: Eos 30 (1927) 257–266

ἀγέννητος

J. Lebreton, Ἀγέννητος dans la tradition philosophique et dans la
littérature chrétienne du IIᵉ siecle: RSR 16 (1926) 431–443

J. Lebreton, Ἀγέννητος dans la tradition philosophique et dans la
littérature chrétienne du IIᵉ siècle, in: ders., Histoire du dogme de
la trinité des origines au concile de Nicée, II, Paris 1928, 635–647

G. L. Prestige, Ἀγέν(η)ητος and cognate words in Athanasius: JThS
34 (1933) 258–265

L. W. Barnard, God, the Logos, the Spirit and the Trinity in the Theology of Athenagoras: StTh 24 (1970) 70–92

v. *ἄκτιστος:* Chrestou/1974

ἅγιος

E. Williger, Hagios. Untersuchungen zur Terminologie des Heiligen in den hellenisch-hellenistischen Religionen, Giessen 1922

L. Moulinier, Le pur et l'impur dans la pensée des Grecs d'Homère à Aristote, Paris 1952

P. Chantraine/O. Masson, La valeur du mot ἅγιος et de ses dérivés, in: Festsch. A. Debrunner, Bern 1954, 85–107

F. Faessler, Der Hagios-Begriff des Origenes. Ein Beitrag zum Hagios-Problem, Fribourg 1958

> v. *ἅζεσθαι:* Giertz/1920
> *ἁγνός:* Festugière/1942

ἅγιος τόπος

> v. *ἱερόν:* Joüon/1935
> *προσευχή:* Vattioni/1969

ἁγνεία

R. H. Stricker, De praehellense ascese: OMRM 50 (1969) 8–16

ἀγνοεῖν

> v. *cognitus:* Lindeman/1963

ἄγνοια

L. Cerfaux, Agnoia (Agnosia): RAC 1, 1950, 186–188

Fr. Zucker, Verbundenheit von Erkenntnis und Wille im griechischen Sprachbewußtsein beleuchtet durch Erscheinungen aus der Bedeutungsentwicklung von ἄγνοια, ἀγνοεῖν, ἀγνόημα, in: Festg. D. M. Robinson, hrg. v. G. E. Mylonas usw., II, Washington 1951, 1063–1071

Fr. Zucker, Semantica, Rhetorica, Ethica, Berlin (Ost) 1963

ἁγνός

A. J. Festugière, La Sainteté, Paris 1942

> v. *sancire:* Meillet/1919
> *ἅζεσθαι:* Giertz/1920

ἀγοράζειν

E. Pax, Der Loskauf. Zur Geschichte eines neutestamentlichen Begriffs: Anton. 37 (1962) 239–278

ἄγος

P. Chantraine/O. Masson, Sur quelques termes grecs du vocabulaire religieux des grecs: la valeur du mot ἄγος et de ses dérivés, in: Sprachgeschichte und Wortbedeutung, Bern 1954, 85–107

ἄγραφος νόμος

M. Ostwald, Was there a concept ἄγραφος νόμος in classical Greece? in: Exegesis and Argument, Festsch. G. Vlastos, hrg. v. E. N. Lee, Assen 1973, 70–104

ἀγρυπνία

H. Bacht, Agrypnia. Die Motive des Schlafentzugs im frühen Mönchtum, in: Bibliothek-Buch-Geschichte, Festsch. K. Köster, hrg. v. G. Pflug usw., Frankfurt 1977, 353–369

ἀγωγή

J. García López, Sobre el vocabulario ético-musical del griego: EM 37 (1969) 335–352

ἀγών

J. Juethner, Agon: RAC 1, 1950, 188–189
J. D. Ellsworth, Agon: Studies in the Use of a Word, Diss. Univ. California, Berkeley 1971

ἀδελφοὶ Χριστοῦ

v. παιδία: Harnack/1918

ἀδελφός

V. Tscherikover, Ἀδελφός: HThR 35 (1942) 5–44
K. H. Schelkle, Bruder, II Patristisch: RAC 2, 1954, 639–640
D. J. Georgacas, Ἀδελφός: Glotta 36 (1957) 106–108
J. Gonda, Ἀδελφός: Mn. 4,15 (1962) 390–392
B. Lifshitz, Ἀδελφός: Aeg. 42 (1962) 241–256
    v. πατήρ: Autran/1938
    κύριος: Montevecchi/1957

ἀδελφότης

v. ταπείνωσις: Lana/1975

ἄδηλα

P. M. Schuhl, Ἄδηλα: Annales fac. lettres de Toulouse 1953, 85–93
K. Kleve, Zur epikureischen Terminologie: SO 38 (1963) 28–31

ἀδιαλείπτως

E. Delay, Ἀδιαλείπτως: RThPh 38 (1950) 66–74

ἀδιάφορα

J. Stelzenberger, Adiaphora: RAC 1, 1950, 83–87
M. Reesor, The „indifferents" in the Old and Middle Stoa: TPAPA 82 (1951) 102–110
W. Trillhaas, Adiaphoron: ThLZ 79 (1954) 457–462
J. R. Donahue, Stoic Indifferents and Christian Indifference in Clement of Alexandria: Tr. 19 (1963) 438–447
G. Maurach, Adiaphora: HWP 1, 1971, 83–85

ἀδικία

B. A. Van Groningen, Ἀδικία: Mn. 55 (1927) 260–262

ἀειγενέτης

v. αἰών: Treu/1965

ἀειπάρθενος

O. Montevecchi, Il simbolo Costantinopolitano: Aeg. 55 (1975) 58–69

ἄζεσθαι

E. Giertz, De verborum ἄζεσθαι, ἁγνός, ἅγιος usu pagano, Diss. Münster 1920
v. ἁμαρτάνειν: Dumortier/1959

ἀήρ

P. Louis, Sur le sens du mot ἀήρ chez Homère: RPh 22 (1948) 63–72
B. Wisniewski, Sur la signification du ἀήρ d'Anaximenes: SIFC 35 (1963) 112–116

ἀθανασία

v. παιδία: Harnack/1918
ἀφθαρσία: Aubineau/1956

ἀθάνατος

M. Simon, Θάρσει οὐδεὶς ἀθάνατος: RHR 113 (1936) 188–206
A. Christophilopoulos, Ἀθάνατος en droit grec: RIDA 4 (1950) 297–301
M. Treu, Ἀθάνατος: Glotta 43 (1965) 7–15
v. αἰών: Treu/1965

ἄθεος

F. Jacoby, Diagoras ὁ ἄθεος: ADAW 1959, 3, Berlin 1959

E. Fascher, Der Vorwurf der Gottlosigkeit in der Auseinandersetzung bei Juden, Griechen und Christen, in: Festsch. O. Michel = AGSV 35 (1963) 78—105

E. Risch, Οὐκ ἄθεοι: MH 29 (1972) 45—73

ἀθετεῖν

H. J. Vogt, Ἀθετέω im Brief des Dionys von Alexandrien über Novatianus, in: TU 107, 1970, 195—199

ἀθληθὴς τῆς εὐσεβείας

G. Lomiento, Ἀθληθὴς τῆς εὐσεβείας: VetChr 1 (1964) 113—128

ἄθροος

v. *frequens:* Muenscher/1919

αἰδώς

C. A. von Erffa, Αἰδώς und verwandte Begriffe in ihrer Entwicklung von Homer bis Demokrit, Ph.S 30,2, 1937

J. Stelzenberger, Die Ehrfurcht: ThQ 131 (1951) 1—16

V. d'Agostino, I concetti di pudore e pudicizia negli scrittori antichi: RSC 17 (1969) 320—329

V. Guazzoni Foà, Il rapporto αἰδώς, τιμή, πίστις nel mondo greco: Maia 26 (1974) 141—148

J. Péron, Notions abstraites chez Hésiode: REG 89 (1976) 265—291

αἷμα

v. *θυμός:* Rüsche/1930

αἴνιγμα

C. Van Luyten, Het klassieke aenigma: Philologische Studiën (Löwen) 8 (1936/7) 174—189

H. Schnarr, Aenigma: HWP 1, 1971, 87—88

αἶνος

v. *ἔπος:* Hofmann/1922

αἵρεσις

J. Brosch, Das Wesen der Häresie nach altchristlichen Quellen, Diss. Bonn 1935

C. Saumagne, Du mot αἵρεσις dans l'édit licinien de l'année 313: ThZ 10 (1954) 376—378

C. Cecchelli, Il nome e la „setta" dei cristiani: RivAC 31 (1955) 55—73

S. Calderone, Αἵρεσις ‚condicio' nelle litterae Licinii: Helikon 1 (1961) 283—294

E. Moutsoulas, Der Begriff „Häresie" bei Epiphanius von Salamis, in: TU 92, 1966, 362—371

C. Riggi, Il termine Αἵρεσις nell'accezione di Epifanio di Salamina: Sal. 29 (1967) 3—27

J. Rohde, Häresie und Schisma im ersten Clemensbrief und in den Ignatiusbriefen: NT 10 (1968) 217—233

M. Elze, Häresie und Einheit der Kirche im 2. Jahrhundert: ZThK 71 (1974) 389—409

v. *ἀσέβεια:* Momigliano/1971

αἰσθάνεσθαι

O. Hujer, Sur le verbe αἰσθάνομαι: LFil 1941, 79—85

Ch. Kahn, Sensation and Consciousness in Aristotle's Psychology: AGPh 48 (1966) 43—81

αἴσθησις

F. Solmsen, Αἴσθησις in Aristotelian and Epicurean thought: MNAW.L 24,8, 1961

F. P. Hager, Aisthesis: HWP 1, 1971, 119—121

D. Z. Andriopoulos, The stoic theory of perceiving and knowing: Philosophia (Athen) 2 (1972) 305—326

W. Detel, Αἴσθησις und λογισμός. Zwei Probleme der epikureischen Methodologie: AGPh 57 (1975) 21—35

M. Harl, La «bouche» et le «cœur» de l'apôtre. Deux images bibliques du «sens divin» de l'homme (Proverbes 2,5) chez Origène, in: Forma Futuri, Studi in onore di M. Pellegrino, Turin 1975, 17—42

v. *κριτήριον:* Striker/1974

αἰσχρολογία

K. Siems, Aischrologia. Das Sexuell-Häßliche im antiken Epigramm, Diss. Göttingen 1974; v. Selbstanzeige ABG 21, 1977, 162—163

αἰσχρόν

U. Franke, Häßliche, das, 1: HWP 3, 1974, 1003—1004

αἰσχρός

v. *αἰσχρολογία:* Siems/1974

αἰτεῖν

G. Devoto, Etimologie greche: 4. αἰτέω, in: Studi Paoli, Florenz
1955, 253–258

αἰτία

E. Bickel, Αἰτία in der Bedeutung causa Krankheit: Glotta 23 (1935)
213–220
E. L. Burge, Plato's Concept of Aitia, Diss. Princeton Univ. 1969
v. *βλάβη:* Bjoerck/1936
τύχη: Weiss/1942
πρόφασις: Kirkwood/1952
πρόφασις: Pearson/1952
αἴτιον: Boeder/1956
ἀρχή: Moreau/1970

αἴτιον

H. Boeder, Untersuchungen zur Frage des αἴτιον bei Platon mit
besonderer Rücksicht auf die Frühdialoge, Freiburg/Brs. 1954
H. Boeder, Origine et préhistoire de la question philosophique de
l'aition: RSPhTh 40 (1956) 421–442

αἴτιος

v. *ἁμαρτάνειν:* Dumortier/1959

αἰών

E. C. E. Owen, Αἰών and αἰώνιος: JThS 37 (1936) 265–283 und
390–404
A. J. Festugière, Le sens philosophique du mot αἰών: ParPass 11
(1949) 172–189
H. Sasse, Aion: RAC 1, 1950, 193–204
G. Stadtmueller, Aion: Saec. 2 (1951) 315–320
J. de Goitia, Αἰών, in: 16. Semana bíblica Española, 1956, 55–76
E. Degani, Αἰών, da Homero ad Aristotele, Padua 1961
C. J. Classen-Degani, Αἰών, da Homero ad Aristotele: Gn. 34
(1962) 366–370
E. Degani, Epilegomena su αἰών: RFIC 41 (1963) 104–110
W. Fauth, Aion: KP 1, 1964, 185–188
M. Treu, Griechische Ewigkeitswörter: Glotta 43 (1965) 1–24
W. Wieland, Aion: HWP 1, 1971, 117–119
D. Balás, Eternity and Time in Gregory of Nyssa's Contra Euno-
mium, in: Gregor von Nyssa und die Philosophie, Zweites in-

tern. Kolloquium über Gregor von Nyssa, hrg. v. H. Doerrie u.
M. Altenburger, Leiden 1976, 128–155

v. *χρόνος:* Philippson/1949
κόσμος: Gribomont/1958
κόσμος: Orbán/1970

αἰών χρόνος

J. Whittaker, The "Eternity" of the Platonic Forms: Phron. 14
(1968) 131–144

αἰώνιος

v. *αἰών:* Owen/1936
κόσμος: Orbán/1970

ἄκαιρος

J. L. Malkowski, The Element of ἄκαιρος in John Chrysostom's
Anti-Jewish Polemic, in: TU 115, 1975, 222–231

ἀκατάληπτος

A. d'Alès, De inconprehensibili: RSR 23 (1933) 306–320
J. Daniélou, L'inconpréhensibilité de Dieu d'après saint Jean Chry-
sostome: RSR 37 (1950) 176–194
A. Reckermann, Akataleptisch: HWP 1, 1971, 124–125

ἀκατάσκευος

v. *ἁπλοῦς:* Vischer/1965

ἀκατονόμαστον

A. H. Chroust, The "akatonomaston" in Aristotle's "on Philosophy": EM 40 (1972) 461–468

v. *vacans nomine:* Chroust/1976

ἀκηδία

H. Bardtke, Acedia in Qumran, in: Qumran-Probleme, hrg. v.
H. Bardtke, Berlin 1963, 29–51
S. Wenzel, Ἀκηδία. Additions to Lampe's Greek Lexicon: VigChr
17 (1963) 173–176
J. L. North, Ἀκηδία and ἀκηδιᾶν in the Greek and Latin biblical
tradition, in: StEv 6, TU 112, 1973, 387–392; v. Selbstanzeige
ABG 21, 1977, 150–151
A. Louf, L'acédie chez Evagre le Pontique: Conc(F) 99 (1974)
113–117

v. *παράκλησις:* Matthei/1963

ἀκμή

G. H. Polman, Chronological biography and akme in Plutarch: CP 69 (1974) 169–177

ἀκοή

I. Escribano Alberca, Die Typen des Offenbarungsempfangs in der alexandrinischen Theologie, in: TU 94, 1966, 216–223

ἀκοινώνητος

E. des Places, Un terme biblique et platonicien: ἀκοινώνητος, in: Forma Futuri, Festsch. Pellegrino, Turin 1975, 154–158
E. des Places, Du dieu jaloux au nom incommunicable, in: Le monde grec, Festsch. C. Préaux, hrg. v. J. Bingen, Brüssel 1975, 338–342

ἀκολουθεῖν

H. Kosmala, Nachfolge und Nachahmung Gottes. I. Im griechischen Denken: ASTI 2 (1963) 38–85

ἀκολουθία

A. Steinwenter, Ἀκολουθία: JJP 4 (1950) 219–227
J. Daniélou, «Akolouthia» chez Grégoire de Nysse: RevSR 27 (1953) 219–249 = L'enchaînement, in: ders., L'être et le temps chez Grégoire de Nysse, Leiden 1970, 18–50
E. G. Schmidt, Akoluthie: HWP 1, 1971, 127–128
v. σκοπός: Rondeau/1974

ἀκολύτως

G. Delling, Das letzte Wort der Apostelgeschichte: NT 15 (1973) 193–204

ἀκούειν

A. Prévot, L'expression en grec ancien de la notion «entendre»: REG 48 (1935) 70–78
G. Devoto, La famiglia di ἀκούω, in: Misc. a memoria de F. A. Coelho, 1949, I,54–59

ἀκούσιον

v. ἑκούσιον: Jannone/1974

ἀκρασία

v. φρόνησις: Rowe/1971

ἀκρίβεια

F. Egermann, Zum bibliographischen Ziel des Thukydides: Hist. 10
   (1961) 435—447
D. Kurz, Das Ideal der Exaktheit bei den Griechen bis Aristoteles,
   Göppingen 1970; v. Selbstanzeige ABG 16, 1972, 120—122

ἀκροατής

A. Christophilopoulos, Ἀκροατής, in: ByZ 44 (1951) 86—88

ἀκρότατον

J. Daniélou, Comble du mal et eschatologie chez Grégoire de Nysse,
   in: Festg. J. Lortz, Baden-Baden, II, 1958, 27—45 = Comble,
   in: ders., L'être et le temps chez Grégoire de Nysse, Leiden
   1970, 186—204

ἄκτιστος

P. K. Chrestou, Ἄκτιστον καὶ κτιστόν, ἀγέννητον καὶ γέννητον
   εἰς τὴν Θεολογίαν τοῦ μεγάλου Ἀθανασίου, in: Τόμος ἑόρτιος
   . . . μεγάλου Ἀθανασίου, Thessaloniki 1974, 10—24 = Uncreated
   and created, unbegotten and begotten in the theology of Athanasios of Alexandria: Aug. 13 (1973) 399—409

ἀλήθεια

G. Storz, Gebrauch und Bedeutungsentwicklung von ἀλήθεια und
   begriffsverwandten Wörtern in der griechischen Literatur vor
   Platon, Diss. Tübingen 1922
C. D. Georgoulis, Ἀληθής-λησίμβροτος: Platon (Athen) 9 (1957)
   149—153
W. Luther, Der frühgriechische Wahrheitsgedanke im Lichte der
   Sprache: Gym. 65 (1958) 75—107
M. Detienne, La notion mythique d'ἀλήθεια: REG 73 (1960) 27—35
E. Heitsch, Die nicht-philosophische ἀλήθεια: Hermes 90 (1962)
   24—33
J. Lozano, Examen de la ἀλήθεια en las epistolas: Helm. 14 (1963)
   477—508
H. D. Rankin, ἀ-λήθεια in Plato: Glotta 41 (1963) 51—54
C. I. K. Story, The nature of truth in the Gospel of Truth and in
   the writings of Justin Martyr. A study in the pattern of Ortho-
   doxy in the middle of the second century, Diss. Princeton 1964
H. Frisk, „Wahrheit" und „Lüge" in den indogermanischen Sprachen, in: Kleine Schriften zur Indogermanistik und griech. Wortkunde, SGLG 21 (1966) 1—33

W. Luther, Wahrheit, Licht und Erkenntnis in der griechischen Philosophie bis Demokrit. Ein Beitrag zur Erforschung des Zusammenhangs von Sprache und philosophischem Denken, in: ABG 10, 1966, 1–240

P. de Fidio, Ἀλήθεια: dal mito alla ragione: ParPass 24 (1969) 308–320

H. Hommel, Wahrheit und Gerechtigkeit. Zur Geschichte und Deutung eines Begriffspaars: AuA 15 (1969) 159–186

A. M. Komornicka, Quelques remarques sur la notion d'ἀλήθεια et de ψεῦδος chez Pindare: Eos 60 (1972) 235–253

B. Snell, Ἀλήθεια: Würzburger Jahrb. f. Altertumswissenschaft 1 (1975) 9–17

T. Calvo, Truth and Doxa in Parmenides: AGPh 59 (1977) 245–260

   v. *παιδία:* Harnack/1918
    λόγος: Boeder/1959
    δικαιοσύνη: Hommel/1969
    εἶναι: Martinez Marzoa/1974

ἀληθείας πεδίον

P. Courcelle, La plaine de vérité. Platon Phèdre 248b: MH 26 (1969) 199–203

ἀληθής

H. J. Mette, Art. Ἀληθής: Lexikon des frühgriechischen Epos, 1955ff

J. P. Levet, Le vrai et le faux dans la pensée grecque archaïque. Étude de vocabulaire, I, Paris 1976

   v. *ἔτυμος:* Krischer/1965

ἀλίτεσθαι

   v. *ἁμαρτάνειν:* Dumortier/1959

ἀλιτήμων

   v. *ἁμαρτάνειν:* Dumortier/1959

ἀλιτρός

   v. *ἁμαρτάνειν:* Dumortier/1959

ἀλληγορεῖν

H. N. Bate, Some technical terms of Greek exegesis: JThS 24 (1923) 59–66

ἀλληγορία

H. de Lubac, «Typologie» et «allégorisme»: RSR 34 (1947) 180—226

W. A. Bienert, „Allegoria" und „Anagoge" bei Didymos dem Blinden von Alexandrien, PTS 13, 1972; v. Selbstanzeige ABG 17, 1973, 121—123

v. *ἀλληγορεῖν:* Bate/1923
    σημεῖον: Delling/1970

ἀλλοιωτός

v. *τρεπτός:* Anastos/1951

ἄλλος

Ch. Mugler, L'altérité chez Homère: REG 82 (1969) 1—13

ἄμαξα

v. *ὅμιλος:* Adrados/1949

ἁμαρτάνειν

J. Dumortier, Le sens du péché chez les Grecs du Vᵉ siècle: MSR 16 (1959) 5—20

ἁμαρτία

O. Hey, Ἁμαρτία. Zur Bedeutungsgeschichte des Wortes: Ph. 83 (1927/8) 1—17 und 137—163

H. Phillips, De vocis ἁμαρτία vi et usu apud scriptores graecos usque ad annum CCC ante Christum natum, Diss. Harvard 1933

W. Knuth, Der Begriff der Sünde bei Philon von Alexandrien, Würzburg 1934

Ph. W. Harsh, Ἁμαρτία again: TPAPA 76 (1945) 47—58

L. Cooper, Ἁμαρτία again and again: CJ 43 (1947) 39—40

E. des Places, Péché. II. Dans la Grèce antique: DBS 37, 1962, 471—480

J. M. Bremer, Hamartia. Tragic Error in the Poetics of Aristotle and in Greek Tragedy, Amsterdam 1969; v. Selbstanzeige ABG 15, 1971, 146—148

T. C. W. Stinton, Hamartia in Aristotle and Greek Tragedy: CQ 25 (1975) 221—254

S. Dworacki, ‚Hamartia' in Menander: Eos 65 (1977) 17—24

S. Osterud, Hamartia in Aristotle and Greek Tragedy: SO 51 (1976) 65—80

v. *ἄτη:* Dawe/1968

ἁμίλλα

v. ὅμιλος: Adrados/1949

ἀμύνη

C. A. Trypanis, The word ἀμύνη: Glotta 50 (1972) 35–36

ἀμφίπολος

v. δοῦλος: Gschnitzer/1976

ἀμφισβήτησις

J. C. Hall, Ἀμφισβήτησις τις (Aristotle, EN 1096 b 7–26): CQ 16 (1966) 54–64

ἀνάβασις

M. J. Buckley, Saint Justin and the Ascent of the Mind to God: Pers. 44 (1963) 89–104

ἀναγεννᾶσθαι

v. παιδία: Harnack/1918

ἀναγέννησις

H. A. Echle, The terminology of the sacrament of regeneration according to Clement of Alexandria, Washington 1949

H. Wagenvoort, "Rebirth" in profane antique literature, in: Studies in Roman Literature, Culture and Religion, Leiden 1956, 132–169

v. γέννησις: Theiler/1964

ἀναγιγνώσκειν

P. Chantraine, Les verbes grecs significant lire: AIPh 10 (1950) 115–126

ἀναγκάζειν

H. Pernot, Remarques sur quelques formes byzantines, in: Mélanges G. Schlumberger, Paris 1924, I, 212–216

ἀνάγκη

H. Schreckenberg, Ananke. Untersuchungen zur Geschichte des Wortgebrauchs, Zet. 36, München 1964

G. Argyroiliopoulos, Gesetz und Schicksal bei den Vorsokratikern, Diss. Salzburg 1970

v. μοῖρα: Eitrem/1934

εἱμαρμένη: Van Straaten/1977

ἀναγωγή

v. *ἀνάμνησις:* Klever/1962
ἀλληγορία: Bienert/1972

ἀναδεικνύναι

E. Peterson, Die Bedeutung von ἀναδείκνυμι in den griechischen
Liturgien, in: Festg. Deissmann, Tübingen 1927, 320–326

ἀνάδειξις

E. Bikerman, Ἀνάδειξις: AIPh 5 (1937) 117–124

ἀνάθεμα

Ch. Michel, Anathème: DACL 2, 1924, 1926–1940
K. Hofmann, Anathema: RAC 1, 1950, 427–430

v. *excommunicatio:* Russo/1961

ἀνακαινίζεσθαι

v. *παιδία:* Harnack/1918

ἀνακεφαλαίωσις

A. d'Alès, La doctrine de la recapitulation en saint Irénée: RSR 6
(1916) 185–211
E. Scharl, Der Rekapitulationsbegriff des heiligen Irenäus: OrChrP
6 (1940) 376–416
E. Scharl, Recapitulatio mundi. Der Rekapitulationsbegriff des hl.
Irenäus und seine Anwendung auf die Körperwelt, Freiburg 1941
W. Staerk, Anakephalaiosis: RAC 1, 1950, 411–414

ἀναλέγεσθαι

v. *ἀναγιγνώσκειν:* Chantraine/1950

ἀνάληψις

v. *ἕνωσις:* Bouchet/1968

ἀναλογία

H. Hoeffding, Der Begriff der Analogie, Leipzig 1924
V. Lossky, La notion des «analogies» chez Denys le Pseudo-
Aréopagite: AHDL 5 (1930) 279–309
G. L. Muskens, De vocis analogias significatione apud Aristotelem,
Groningen 1943
E. W. Plathek, Von der Analogie zum Syllogismus. Ein systema-
tisch-historischer Versuch der Entfaltung des methodischen Logos
bei Sokrates, Platon, Aristoteles, Paderborn 1954

A. Szabó, Ἀναλογία: AAH 10 (1962) 237–245

E. Juengel, Zum Ursprung der Analogie bei Parmenides und Heraklit, Berlin 1964

J. Vuillemin, De la logique à la Théologie. Cinq Études sur Aristote, Paris 1967

R. Mortley, Ἀναλογία chez Clément d'Alexandrie: REG 84 (1971) 80–93

H. Schwarz, Analogie: HWP 1, 1971, 214–228, hier 214–220

v. *κίνησις ἀκίνητος:* Gersh/1973

ἀνάλογος

S. George, Der Begriff ἀνάλογος im Buch der Weisheit, in: Parusia, Festg. J. Hirschberger, hrg. v. K. Flasch, Frankfurt 1965, 189–197

ἀνάλυσις

C. W. MacLeod, Ἀνάλυσις. A study in Ancient Mysticism: JThS 21 (1970) 43–55

ἀνάμνησις

L. Robin, Sur la doctrine de la reminiscence: REG 32 (1919) 451–461

N. A. Dahl, Anamnesis. Mémoire et Commémoration dans le christianisme primitif: StTh 1 (1947) 69–95

W. N. A. Klever, Anamnesis en Anagogie, Assen 1962

C. E. Huber, Anamnesis bei Platon, München 1964

L. Oeing-Hanhoff, Anamnese: HWP 1, 1971, 261–266

Ch. E. M. Dunlop, Anamnesis in the Phaedo: NSchol 49 (1975) 51–61

ἀνανεοῦσθαι

v. *παιδία:* Harnack/1918

ἀναπαύεσθαι

E. Mihevs, Contributions sémasiologiques aux études de la langue de Jean Moschus: ŽAnt 7 (1957) 241–244

ἀνάπαυσις

C. Schneider, Anapausis: RAC 1, 1950, 414–418

Ph. Vielhauer, Zum gnostischen Hintergrund des Thomasevangeliums, in: Apophoreta, Festsch. E. Haenchen, hrg. v. W. Eltester, Berlin 1964, 281–299

J. E. Ménard, Le repos, salut du gnostique: RevSR 51 (1977) 71–88

v. *παράκλησις:* Matthei/1963

ἀναπλάσσεσθαι

v. *παιδία:* Harnack/1918

ἀνασκολοπίζειν

J. Schwartz, Du testament de Lévi au Discours véritable de Celse: RHPhR 40 (1960) 126–145

ἀνάστασις

E. Fascher, Anastasis – Resurrectio – Auferstehung. Eine programmatische Studie zum Thema „Sprache und Offenbarung": ZNW 40 (1941) 166–229

L. Robert, Ἀνάστασις: Hell(P) 11/12 (1920) 414–427

J. F. A. Sawyer, The Greek Words for the Resurrection of the Dead: VT 23 (1973) 218–234

A. H. C. Van Eijk, Resurrection-Language: Its various Meanings in Early Christian Literature, in: TU 115, 1975, 271–276

ἀνατάσσειν

J. Mansion, Sur le sens d'un mot grec: ἀνατάσσω: Serta Leodiensia 44 (1930) 261–267

ἀνατολή

K. Amantos, Ἀνατολή καὶ δύσις: Hell. 9 (1936) 32–36

ἀναφορά

A. Baumstark, Anaphora: RAC 1, 1950, 418–427

v. *σχέσις:* Chevalier/1938

ἀναχωρεῖν

H. Henne, Documents et travaux sur ἀναχώρησις: Mitt. d. Papyrussammlung. d. Oester. Nationalbibl. 1956, 59–66

v. *κύριος:* Montevecchi/1957

ἀναχώρησις

v. *μόναχος:* Morard/1973

ἀνδράποδα

v. *δοῦλος:* Gschnitzer/1976

ἀνδρεία

v. *προαίρεσις:* Imachi/1962

ἀνεξιχνίατος

v. *investigabilis:* Labhardt/1956

ἀνηθοποίητος

F. Zucker, Ἀνηθοποίητος. Eine semasiologische Untersuchung aus der antiken Rhetorik und Ethik, SDAW.S 1952, 4

ἀνήρ

M. M. Vock, Bedeutung und Verwendung von ἀνήρ und ἄνθρωπος und der stammverwandten Derivata und Komposita in der älteren griechischen Literatur, Freiburg/Schw. 1928

ἀνθ' ὧν

A. J. Festugière, La formule «en échange de quoi» dans la prière grecque hellénistique: RSPhTh 60 (1976) 389–418

ἄνθρωπος

W. Krogmann, Griech. ἄνθρωπος: Glotta 23 (1935) 220–224
G. Devoto, Griech. ἄνθρωπος: IGF 60 (1949) 63–71
H. Seiler, Ἄνθρωποι: Glotta 32 (1952/3) 225–236
F. B. J. Kniper, The Etymology of Anthropos, in: Gedenkschrift Kretschmer, I, 1956, 211–226

v. *ἀνήρ:* Vock/1928
θεός: Opelt/1959

εἰς ἄνθρωπον ὑποφέρεσθαι

A. J. Festugière, Εἰς ἄνθρωπον ὑποφέρεσθαι: RSPhTh 20 (1931) 476–482

ἀνιστάναι τινα

G. Laminger-Pascher, Zur Herkunft der isaurischen Grabformel ἀνιστάναι τινα: AÖAW 110 (1973) 199–204

ἀνιστορεῖν

v. *ἱστορέω:* Xydis/1963

ἀντακολουθία

H. J. Horn, Antakoluthie der Tugenden und Einheit Gottes: JAC 13 (1970) 5–28

ἀντίδοτος

K. Th. Schaefer, Antidotum: RAC 1, 1950, 457–461

ἀντίθεος

G. Ruhbach, Zum Begriff ἀντίθεος in der alten Kirche, in: TU 92, 1966, 372–384

ἀντιλήπτωρ

v. *κύριος:* Montevecchi/1957

ἀντίληψις

R. B. Todd, Lexigraphical Notes on Alexander of Aphrodisias' Philosophical Terminology: Glotta 52 (1974) 207–215

ἀντίψυχον

P. S. Zanetti, Una nota Ignaziana: ἀντίψυχον, in: Forma Futuri, Studi in onore di M. Pellegrino, Turin 1975, 963–979

ἀξιόπιστον

v. *πλῆθος:* Monticelli/1967

ἀξίωμα

M. Hossenfelder, Zur stoischen Definition von Axioma: ABG 11, 1967, 238–241

ἀοργησία

G. J. M. Bartelink, Patientia sine ira, traduction de ἀοργησία: Mn. 25 (1972) 190–192

ἀόργητος

G. Bardy, Expressions stoïciennes dans la I Clementis: RSR 12 (1922) 73–85

ἀπάθεια

G. Bardy, Apathie: DSp 1, 1937, 727–746
P. de Labriolle, La notion d'apatheia (Résumé): REL 16 (1938) 35–36
D. Pire, Sur l'emploi des termes Apatheia et Eleos dans les œuvres de Clément d'Alexandrie: RSPhTh 27 (1938) 427–431
P. de Labriolle, Apatheia, in: Mélanges A. Ernout, Paris 1940, 215–223
Th. Ruether, Die sittliche Forderung der Apatheia in den beiden ersten christlichen Jahrhunderten und bei Klemens von Alexandrien, Freiburg/Brs. 1949
P. de Labriolle, Apatheia: RAC 1, 1950, 484–487

A. Dirking, Die Bedeutung des Wortes Apathie beim hl. Basilius dem Großen: ThQ 140 (1954) 202–212

A. R. Primmer, Ἀπάθεια und Ἔλεος im Gottesbegriff des Origenes, Diss. Wien 1955

H. Reiner, Apathie: HWP 1, 1971, 429–433

ἀπαράλλακτος

v. ἀπάτωρ: Segovia/1938

ἀπαρέμφατος

J. A. Smith, Ἀπαρέμφατος (Clem. Alex. Strom. IV, 25, 156): JThS 21 (1920) 329–332

F. H. Colson, Ἀπαρέμφατος (Clem. Alex. Strom. IV, 25): JThS 22 (1921) 156–159

ἀπαρχή

E. D. Moutsoulas, Ἀπαρχή. Ein kurzer Überblick über die wesentlichen Bedeutungen des Wortes in heidnischer, jüdischer und christlicher Literatur: SE 15 (1964) 5–14

ἀπάτωρ

A. Segovia, Estudios sobre la terminología trinitaria en la época postnicena: Gr. 19 (1938) 3–36

ἄπειρον

R. Mondolfo, L'infinito nel pensiero dei Greci, Florenz 1934

A. Tumarkin, Der Begriff des ἄπειρον in der griechischen Philosophie: Annuaire Soc. Suisse de Philosophie 1943, 55–71

W. Kraus, Das Wesen des Unendlichen bei Anaximander: RMP 93 (1950) 364–379

P. Kucharski, L'idée d'infini en Grèce: RSyn 34 (1954) 5–19

B. Wisniewski, Sur la signification de l'apeiron d'Anaximandre: REG 70 (1957) 47–55

C. J. De Vogel, La théorie de l'ἄπειρον chez Platon et dans la tradition platonicienne: RPFE 84 (1959) 21–39

B. Wisniewski, «Apeiron» d'Anaximandre et de Pythagore: SIFC 31 (1959) 175–178

V. Guazzoni Foà, Dall' ἄπειρον di Anassimandro all' ἀτέλεστον di Parmenide: GM 15 (1960) 465–474

L. Sweeney, John Damascene's "Infinite Sea of Essence", in: TU 81, 1962, 248–263

J. E. Hennessy, The Background, Sources and Meaning of Divine Infinity in St. Gregory of Nyssa, Diss. New York 1963

H. Doerrie, Apeiron: KP 1, 1964, 420–421

J. Hintikka, Aristotelian Infinity: PhRev 75 (1966) 197–218

E. Muehlenberg, Die Unendlichkeit Gottes bei Gregor von Nyssa,
Gregors Kritik am Gottesbegriff der klassischen Metaphysik,
Göttingen 1966

P. J. Bicknell, Τὸ ἄπειρον, ἄπειρος ἀήρ and τὸ περιέχον: ACl 9
(1967) 27–48; v. Selbstanzeige ABG 13, 1969, 79

A. Charles, Note sur l'Apeiron chez Plotin et Proclus: Annales fac.
lettres d'Aix 43 (1967) 147–161

W. Theiler, Augustin und Origenes: Augustinus 13 (1968) 423–432

K. von Fritz, Das Apeiron bei Aristoteles, in: Naturphilosophie bei
Aristoteles und Theophrast, hrg. v. I. Dürig, Heidelberg 1969,
65–84

F. P. Hager, Apeiron: HWP 1, 1971, 433–436

L. Sweeney, Infinity in the Presocratics: a bibliographical and philosophical study, Im Haag 1972

M. Kaplan, Ἄπειρος and circularity: GRBS 16 (1975) 125–140

v. πέρας: Striker/1970
πέρας: Striker/1972

ὁ ἄπειρος χρόνος

Ch. Mugler, Kosmologische Formeln: Hermes 96 (1968/9) 515–526

ἀπελπίζειν

G. E. Mueller, Wie lebt man sinnvoll in einer sinnlosen Welt? Der
Begriff der Verzweiflung in der hellenistisch-römischen Ethik:
Annuaire Soc. Suisse de philosophie 21 (1961) 111–156

ἀπέραντος ἀγνωσία

I. Hausherr, "Ignorance infinie": OrChrP 2 (1936) 351–362

ἁπλότης

G. André, La vertu de simplicité chez les Pères Apostoliques: RSR
11 (1921) 306–327

C. Edlund, Das Auge der Einfalt. Eine Untersuchung zu Mt 6,22–23
und Lk 11,34–35, ASNV 19, Lund 1952

H. Bacht, Einfalt des Herzens – eine vergessene Tugend: GuL 29
(1956) 416–426

H. Bacht, Einfalt: RAC 4, 1959, 821–840

J. Amstutz, Ἁπλότης. Eine begriffsgeschichtliche Studie zum jüdisch-
christlichen Griechisch, Theoph. 19, Bonn 1968

M. Girardi, „Semplicità" e ortodossia nel dibattito antiariano di Basilio di Cesarea: la raffigurazione dell'eretico: VetChr 15 (1978) 51–74

v. *simplex:* Hiltbrunner/1958

ἁπλοῦς

R. Vischer, Das einfache Leben. Wort- und motivgeschichtliche Untersuchungen zu einem Wertbegriff der antiken Literatur, SAW 11, Göttingen 1965

N. Brox, Der einfache Glaube und die Theologie. Zur altkirchlichen Geschichte eines Dauerproblems: Kairos 14 (1972) 157–187

v. *simplex:* Hiltbrunner/1958

ἀπόδειξις

F. Solmsen, Early christian interest in the theory of demonstration, in: Romanitas et Christianitas, Studia J. H. Waszink, hrg. v. W. den Boer, Amsterdam 1973, 281–291

ἀποδοκιμασία

M. Just, Die ἀποδοκιμασία der athenischen βουλή und ihre Anfechtung: Hist. 19 (1970) 132–140

ἀποθέωσις

K. Wegenast, Apotheosis: KP 1, 1964, 458–460

ἀποκαθιστάναι

v. *ἀποκατάστασις:* Siniscalco/1961

ἀποκαραδοκία

G. Bertram, Ἀποκαραδοκία: ZNW 49 (1958) 264–270

ἀποκατάστασις

J. Daniélou, L'apocatastase chez saint Grégoire de Nysse: RSR 30 (1940) 328–347 = Apocatastase, in: ders., L'être et le temps chez Grégoire de Nysse, Leiden 1970, 205–226

Chr. Lenz, Apokatastasis: RAC 1, 1950, 510–516

A. Méhat, Apocatastase. Origène, Clément d'Alexandrie, Act 3,21: VigChr 10 (1956) 196–214

G. Mueller, Origenes und die Apokatastasis: ThZ 14 (1958) 174–190

P. Siniscalco, Ἀποκατάστασις e ἀποκαθίστημι nella tradizione della Grande Chiesa fino ad Ireneo, in: TU 78, 1961, 380–396

G. Bien/H. Schwabl, Apokatastasis: HWP 1, 1971, 440–441

A. Méhat, Ἀποκατάστασις chez Basilide, in: Mélanges d'histoire des religions offerts à H. Ch. Puech, PUF, Paris 1974, 365–373

ἀποκήρυξις

M. Wurm, Apokeryxis, abdicatio und exheredatio: MBPF 60, München 1972

ἀπόκρυφος

G. Bardy, Apokrypha C: RAC 1, 1950, 518–520
J. E. Ménard, L'Evangile de Vérité et le Dieu caché des littératures antiques: RevSR 45 (1971) 146–161

ἀπολύτρωσις

F. Buechsel, Apolytrosis: RAC 1, 1950, 543–545

ἀπόνοια

v. στάσις: Mikat/1969

ἀπορία

B. Waldenfels, Das sokratische Fragen. Aporie. Elenchos. Anamnesis, MPF 26, Meisenheim/Glan 1961

ἀπόρρητα

N. Van den Burg, Ἀπόρρητα, δρώμενα, ὄργια, Diss. Utrecht 1939
G. Del Ton, Τὰ ἀπόρρητα nel linguaggio di S. Gregorio Nazianzeno: Aug. 13 (1973) 567–575

ἀπόρροια

J. Ratzinger, Emanation: RAC 4, 1959, 1219–1228
H. Doerrie, Emanation. Ein unphilosophisches Wort im spätantiken Denken, in: Parusia, Festsch. J. Hirschberger, hrg. v. K. Flasch, Frankfurt 1965, 119–141
M. Harl, A propos d'un passage du « Contra Eunome » de Grégoire de Nysse: ἀπόρροια et les titres du Christ en théologie trinitaire: RSR 55 (1967) 217–226
K. Kremer, Emanation: HWP 2, 1972, 445–448
  v. ἑνότης: Barnard/1970

ἀποστασία

P. de Labriolle, Apostasie: RAC 1, 1950, 550–551
U. Dierse, Fall, Abfall 1: HWP 2, 1972, 887–890

ἀποστολικός

M. Réveillaud, L'apostolicité de l'Eglise chez les Pères: ETR 40 (1965) 149–164

v. *καθολικός:* Kelly/1971

ἀπόταξις

M. Rothenhaeusler/Ph. Oppenheim, Apotaxis: RAC 1, 1950, 558–564

ἀποτυμπανίζειν

E. C. E. Owen, Ἀποτυμπανίζω, ἀποτυμπανισμός, τυμπανίζω, τύμπανον: JThS 30 (1929) 259–266

ἀποφατική (θεολογία)

A. C. Pegis, Penitus manet ignotum: MS 27 (1965) 212–226

ἀπόφθεγμα

Th. Klauser/P. Labriolle, Apophthegma: RAC 1, 1950, 545–550

ἀποφόρητον

L. Voelkl, Apophoreton, Eulogie und Fermentum als Ausdrucksformen der frühchristlichen Communio, in: Misc. G. Belvederi, Vatikanstadt 1954, 391–414

A. Stuiber, Apophoreton: JAC 3 (1960) 155–159

ἅπτειν

v. *ἕνωσις:* Bouchet/1968

ἀρά

T. Bolelli, Interpretazione di ἀρά/ἀράομαι: ASNSP 15 (1946) 75–93

K. W. Clark, The meaning of ἀρά in: Festsch. F. W. Gingrich, hrg. v. E. H. Barth, Leiden 1972, 58–69

ἀρᾶσθαι

v. *ἀρά:* Bolelli/1946
  εὔχομαι: Corlu/1966

ἀρέσκειν

A. Meillet, Remarques sur l'étymologie de quelques mots grecs: ἀρέσκω et lat. *coruscare, aeruscare:* BSL 26 (1925) 1–22

ἀρετή

E. Baetens, Bijdrage tot de studie en de beteekenis van het woord ἀρετή in de klassiek-grieksche literatuure in de oudste tijden tot hed midden der 4ᵉ eeuw voor Christus, Diss. Gand 1946

F. Dirlmann, Ἀρετή: WSt 69 (1956) 162–172

H. J. Kraemer, Arete bei Platon und Aristoteles. Zum Wesen und zur Geschichte der platonischen Orthodoxie, AHAW 1959, 6, Heidelberg 1959

A. M. Frenkian, La notion d'ἀρετή et l'éthique d'Aristote: Helikon 1 (1961) 439–448

D. MacDowell, Ἀρετή and generosity: Mn. 16 (1963) 127–134

E. G. Konstantinov, Die Tugendlehre Gregors von Nyssa im Verhältnis zur antik-philosophischen und jüdisch-christlichen Tradition, Würzburg 1966

G. Aujac, Sur une définition d'ἀρετή: REG 82 (1969) 390–403

A. Carramiñana Pérez, Breve análisis de una virtud homérica: la areté, in: Festg. J. Alsina, Barcelona 1969, 19–33

A. A. Nascimento, Areté sofistica, una forma do humanismo griego: Euphrosyne (Lissabon) 5 (1972) 121–159

A. W. H. Adkins, Ἀρετή, τέχνη, democracy and sophists: Protagoras 316 b – 328 d: JHS 93 (1973) 3–12

L. F. Beeretz, Ἀρετή im Denken der Vorsokratiker. Ein Beitrag zum „Lexikon der Vorsokratiker", in: Philosophia (Athen) 5/6 (1975/6) 157–176; v. Selbstanzeige ABG 21, 1977, 133–134

J. T. Hooker, Thucydides' use of ἀρετή and χάρις: Hermes 102 (1974) 164–169; v. Selbstanzeige ABG 19, 1975, 99

E. Horner, Ancient Values: Arete and Virtus, Diss. Univ. Virginia 1975

> v. τέχνη: Kube/1969
> τέλος: Moreau/1971
> ἀγαθός: Adkins/1975

ἄρθρον

> v. σύνδεσμος: Somville/1975

ἀριθμοί εἰδητικοί

P. Brommer, De numeris idealibus: Mn. 11 (1943) 263–295

ἁρμόζειν

> v. εἷς: Stokes/1971

ἁρμονία

B. Meyer, Ἁρμονία. Bedeutungsgeschichte des Wortes von Homer bis Aristoteles, Freiburg/Schw. 1932

J. Nebois, Entwicklungsgeschichtliche Darstellung des Wortes ἁρμονία von den Anfängen der Antike bis Aristoteles und sein Ausklang bei Boethius, Diss. Wien 1940

L. Spitzer, L'armonia del mondo. Storia semantica di un' idea, Bologna 1966

Y. Belaval, Harmonie: HWP 3, 1974, 1001

    v. εἷς: Stokes/1971

ἀρνεῖσθαι

H. Riesenfeld, The meaning of the verb ἀρνεῖσθαι, in: Coniectanea Neotestamentica, Festg. A. Fridrichsen, Lund 1947, 207–219

ἁρπαγμός

W. Foerster, Οὐχ ἁρπαγμὸν ἡγήσατο bei den griechischen Kirchenvätern: ZNW 29 (1930) 115–128

ἁρπάζειν

    v. βιάζειν: Moore/1975

ἄρχειν

S. Levin, Ἄρχω and ἀρχή, Diss. Chicago 1950

ἀρχή

A. Lumpe, Der Terminus Prinzip (ἀρχή) von den Vorsokratikern bis auf Aristoteles: ABG 1, 1955, 104–116

G. Morel, De la notion de « principe » chez Aristote: ArPh 23 (1960) 487–511

A. Weber, Ἀρχή. Ein Beitrag zur Christologie des Eusebius von Cäsarea, Rom 1965

O. Gigon, Die Archai der Vorsokratiker bei Theophrast und Aristoteles, in: Naturphilosophie bei Aristoteles und Theophrast, hrg. v. I. Duerig, Heidelberg 1969, 114–123.

J. Moreau, Arche et aitia chez Aristote, in: L'attualità della problematica aristotelica, Arist. III, Padua 1970, 133–152

I. Escribano-Alberca, Zum zyklischen Zeitbegriff der alexandrinischen und kappadokischen Theologie, in: TU 108, 1972, 42–51

M. Lapidge, Ἀρχαί and στοιχεῖα: a problem in Stoic cosmology: Phron. 18 (1973) 240–278

E. Fruechtel, Ἀρχή und das erste Buch des Johanneskommentars des Origenes, in: TU 117, 1976, 122–144

J. C. M. Van Winden, Frühchristliche Bibelexegese. ,Der Anfang', in: Aufstieg und Niedergang der röm. Welt, II, 22, Berlin/New York (sub prelo)

    v. τύχη: Weiss/1942
    ἄρχειν: Levin/1950
    κόσμος: Guazzoni Foà/1963
    εἷς: Stokes/1971

ἀρχηγέτης

v. *ἀρχηγός:* Galite/1960

ἀρχηγός

G. A. Galitis, Ἀρχηγός – ἀρχηγέτης ἐν τῇ ἑλληνικῇ γραμματείᾳ
καὶ θρησκείᾳ: Athena 64 (1960) 17–138

ἀρχιερεύς

B. Botte, Archiereus: RAC 1, 1950, 602–604

ἀσέβεια

A. Momigliano, Empietà ed eresia nel mondo antico: RSIt 83 (1971)
771–791

ἀσθένεια φύσεως

W. Schuetz, Ἀσθένεια φύσεως, Diss. Heidelberg 1964

ἀσκεῖν

M. Olphe-Galliard, Ascèse, Ascétisme. I. Histoire du mot: DSp 1,
1937, 939–941
H. Dressler, The usage of ἀσκέω and its cognates in Greek documents to 100 AD, PatSt 78, Washington 1947
v. *ἱστορεῖν:* Szemerény/1972

ἄσκησις

F. Pfister, Ἄσκησις, in: Festg. Deissmann, Tübingen 1927, 76–81
Th. Hopfner, Askese: PRE Suppl. 7, 1940, 50–64
B. L. J. Hijmans, Ἄσκησις. Notes on Epicthetus' Educational system,
Assen 1959
L. Th. J. Lorié, Spiritual Terminology in the Latin Translation of
the Vita Antonii with reference to fourth and fifth century monas-
tic literature, Nimwegen 1955

ᾆσμα καινόν

F. H. Brigham, The concept of new song in Clement of Alexandria's
Exhortation to the Greeks: ClF 16 (1962) 9–13

ἀσύγχυτος ἕνωσις

E. L. Fortin, The Definitio fidei of Chalcedon and its philosophical
sources, in: TU 80, 1962, 489–498

ἀσώματος

Th. Gomperz, Ἀσώματος: Hermes 67 (1932) 155–167

ἀταραξία

P. Wilpert, Ataraxie: RAC 1, 1950, 844–854
J. Marías, Ataraxie und halkyonische Heiterkeit: Antaios 4 (1962) 327–340
H. Reiner, Ataraxie: HWP 1, 1971, 593

ἄτη

R. D. Dawe, Some Reflexions on Ate and Hamartia: HSCP 72 (1968) 89–123
J. Stallmach, Ate. Zur Frage des Selbst- und Weltverständnisses des frühgriechischen Menschen, Meisenheim/Glan 1968, Beiträge zur klass. Philologie 18
R. E. Doyle, The objective concept of Ἄτη in Aeschylean tragedy: Tr. 28 (1972) 1–28; v. Selbstanzeige ABG 17, 1973, 123
v. ἁμαρτάνειν: Dumortier/1959

ἄτομος

V. E. Alfieri, Atomos idea. L'origine del concetto dell'atomo nel pensiero greco, Florenz 1953
v. individuum: Kobusch/1976

ἄτρεπτος

v. τρεπτός: Anastos/1951

ἀτρεπτότης

v. τρεπτός: Anastos/1951

αὐθέντης

W. Kamps, Αὐθέντης: AHDO 3 (1948) 231–236
P. Chantraine, Encore αὐθέντης, in: Festsch. M. Triantaphyllides, Thessaloniki 1960, 89–93
A. Dihle, Αὐθέντης: Glotta 39 (1960) 77–83
F. Zucker, Αὐθέντης und Ableitungen, SSAW.PH 107,4, Berlin 1962

αὐτὰ τὰ ἴσα

M. V. Vedin, Αὐτὰ τὰ ἴσα and the Argument at Phaedo 74,b7–c5: Phron. 22 (1977) 191–205

περὶ τῶν αὐτῶν

I. Ph. Demaratos, Περὶ τῶν αὐτῶν: Athena 69 (1966/7) 117–140

4*

αὐτάρκεια

F. Martinazzoli, Αὐτάρκεια e δουλεία. Due note euripidee: RCSF 1 (1946) 110–117

P. Wilpert, Autarkie: RAC 1, 1950, 1039–1050

A. N. K. Rich, The cynic conception of αὐτάρκεια: Mn. 9 (1956) 23–29

A. Mannzmann, Αὐταρκία: KP 1, 1964, 777–778

J. C. Fraisse, Αὐτάρκεια et φιλία en EE VII 12, 1244 b 1– 1245 b 19, in: Peripathoi, Untersuchungen zur eudemischen Ethik, Berlin 1971, 245–251

W. Warnach, Autarkie, autark: HWP 1, 1971, 685–690

v. *ἁπλοῦς:* Vischer/1965

αὐτεξουσία

W. Telfer, Autexousia: JThS 8 (1957) 123–129

αὐτεξούσιον

M. Harl, Problèmes posés par l'histoire du mot αὐτεξούσιον, liberté stoïcienne et liberté chrétienne (Résumé): REG 73 (1960) XXVII– XXVIII

J. H. Stone, The introduction of the concept of free will as τὸ αὐτ- εξούσιον into Early Christian Thought: DissAb 25 (1964/5) 7402

αὐτεπάγγελος

J. Fantini, Vocablos nuevos en el himno akathistos: Helm. 12 (1961) 125–127

αὐτό

I. Ph. Demaratos, Τὸ αὐτὸ ἐν συνθέσει: Athena 66 (1962) 291–297

R. M. Grant, The prefix auto- in early Christian Theology, in: Q. Breen, The impact of the Church upon its culture. Reapprai- sals of the history of Christianity, hrg. v. J. C. Brauer, EsDiv 2, Chicago 1968, 5–16

αὐτοαμαρτία

v. *πειρασμός:* Bartelink/1959

αὐτοδίδακτος

O. Luschnat, Αὐτοδίδακτος, eine Begriffsgeschichte: ThViat 8 (1961/2) 157–172

αὐτοκράτωρ

A. Wifstrand, Autokrator, Kaiser, Basileus. Bemerkungen zu den griechischen Benennungen der römischen Kaiser, in: Dragma, Festg. f. M. P. Nilsson, Lund 1939, 529–539

αὐτοματίζειν

H. W. Parke, A note on αὐτοματίζω in connection with prophecy: JHS 82 (1962) 145–146

αὐτόματον

v. *τύχη:* Weiss/1942

ταὐτόν

P. N.White, Aristotle on sameness and oneness: PhRev 80 (1971) 177–197

αὐτόνομος

R. Pohlmann, Autonomie: HWP 1, 1971, 701–719, hier 701–702

αὐτός

E. des Places, Αὐτός et ὁ αὐτός chez Platon, in: Charisteria F. Novotny, Prag 1962, 127–130

ἀφαίρεσις

R. Mortley, Negative Theology and Abstraction in Plotinus: AJP 96 (1975) 363–377

v. *πρόσθεσις:* Philippe/1948

ἀφθαρσία

M. Aubineau, Incorruptibilité et Divinisation selon saint Irénée: RSR 44 (1956) 25–52

ἄφθιτος

v. *αἰών:* Treu/1965

ἀφθονία

W. C. Van Unnik, Ἀφθόνως μεταδίδωμι, VVAW 34,4, Brüssel 1971

ἀφιέναι

W. A. Bishop, Greek Words for Forgiveness, Diss. Dallas 1953

ἀφορμή

A. Grilli, Ἀφορμή, in: Studi Paneziani, SIFC 29 (1957) 31–97

ἄφυσις

v. *φύσις:* Organ/1975

ἀχειροποιητός

C. Schneider, Acheiropoietos A: RAC 1, 1950, 68–69

ἄχθος

v. *ἄχος:* Casagrande/1974

ἄχος

G. Casagrande, Ἄχος, ἄχθος, acedia, anxietas in Nemesio, Burgundio e nell'interpretazione scolastica: Aevum 48 (1974) 506–513

B

βαναυσία

v. *ἐγκύκλιος παιδεία:* Christes/1975

βάναυσος

v. *δημιουργός:* Chantraine/1956

βαπτίζειν

J. A. Scott, The meaning of the word βάπτω, βαπτίζω: CJ 16 (1920/1) 53−54

E. Réné y Oro, Βαπτίζειν εἴς τινα y εἰς ὄνομά τινος: AST 1 (1925) 115−144

J. Ysebaert, Greek baptismal terminology. Its origin and early development, GCP 1, Nimwegen 1962

I. H. Marshall, The Meaning of the Verb to "Baptize": EvQ 45 (1973) 130−140

βάρβαρος

J. Juethner, Barbar: RAC 1, 1950, 1173−1176
W. Spoerri, Barbaren: KP 1, 1964, 1545−1547
W. Speier/I. Opelt, Barbar: JAC 10 (1967) 251−290

v. *Ἕλληνες:* Weyer/1953
Ἕλληνες: Lechner/1954

βάρις

R. Weber, La traduction primitive de βάρις dans les anciens psautiers latins: VigChr 4 (1950) 20−32

βασιλεία

G. F. Reilly, Imperium und Sacerdotium according to St. Basil the Great, Washington 1945

E. Cranz, Kingdom and polity in Eusebius of Caesarea: HThR 45 (1952) 47−66

v. *δουλεία:* Volkmann/1967

βασιλεία τοῦ θεοῦ

R. Frick, Die Geschichte des Reich-Gottes-Gedankens in der alten Kirche bis zu Origenes und Augustinus, Beih. ZNW 6, 1928
G. W. H. Lampe, Some Notes on the Significance of βασιλεία τοῦ θεοῦ, βασιλεία Χριστοῦ in the Greek Fathers: JThS 49 (1948) 58–73

βασιλεία Χριστοῦ

v. *βασιλεία τοῦ θεοῦ:* Lampe/1948

βασιλεύς

Th. Birt, Was heißt βασιλεύς?: RMP 76 (1927) 198–205
A. C. Juret, Les étymologies de βασιλεύς, de λαὸς et de *populus*: REA 42 (1940) 198–200
A. Mannzmann, Βασιλεύς: KP 1, 1964, 831–835
H. Doerrie, Der König. Ein platonisches Schlüsselwort, von Plotin mit Sinn erfüllt: RIPh 24 (1970) 217–235

v. *κύριος:* Montevecchi/1957

βασιλεύς βασιλέων

J. G. Griffiths, Remarks on the History of a Title: CP 48 (1953) 145–154

βασιλική

A. Lazaros, Ἡ ἀκτινοβολία τῆς Ἑλληνικῆς γλώσσης διὰ τῆς ἱστορίας τοῦ ὅρου βασιλική-basilica (mit franz. Zusammenfassung): Platon 26 (1974) 277–288

v. *ἐκκλησία:* Voelkl/1953
ἐκκλησία: Mohrmann/1962

βασιλικὴ ὁδός

J. Pascher, Ἡ βασιλικὴ Ὁδός. Der Königsweg zur Wiedergeburt und Vergottung bei Philon von Alexandrien, Paderborn 1931
F. Tailliez, Βασιλικὴ ὁδός. Les valeurs d'un terme mystique et le prix de son histoire littérale: OrChrP 13 (1947) 299–354

βάσκανος

J. Geffcken, Βάσκανος δαίμων, in: Festsch. A. Resch, 1930, 36–40

βία

F. Stoessl, Zur Bedeutung von griech. βία: Die Sprache (Wien) 6 (1960) 67–74

βιάζειν

C. Moore, Βιάζω, ἁρπάζω and Cognates in Josephus: NTS 21 (1975) 519–543; v. Selbstanzeige ABG 21, 1977, 149–150

βίβλιον τῆς ζωῆς

J. Campos, El "libro de vida": Helm. 31 (1970) 115–147 und 249–302

βίβλος

L. Koep, Das himmlische Buch in Antike und Christentum. Eine religionsgeschichtliche Untersuchung zur altkirchlichen Bildsprache, Bonn 1952

βίος

E. Gangutia Elícegui, Sobre el vocabulario económico de Homero y Hesíodo: EM 37 (1969) 63–92; v. Selbstanzeige ABG 16, 1972, 106–107

G. Ph. Kostaras, Der Begriff des Lebens bei Plotin, Hamburg 1969

A. Mueller, Βίος (Leben, Lebensform): HWP 1, 1971, 948–949

H. Morin, Der Begriff des Lebens im „Timaios" Platons unter Berücksichtigung seiner frühen Philosophie, AUU, Stud. Phil. 2, 1977

v. *esse:* Hadot/1968

βίος θεωρητικός

R. Joly, Le thème philosophique des genres de vie dans l'antiquité classique, Brüssel 1956

A. J. Festugière, Les trois vies, in: Acta congr. Madvigiani, Kopenhagen 1957, hrg. v. C. Höeg usw., II, 131–174

W. Jaeger, Die Griechen und das philosophische Lebensideal: ZPhF 11 (1957) 481–496

C. J. De Vogel, Aristotele e l'ideale della Vita contemplativa: GM 16 (1961) 450–466

C. J. De Vogel, Plato, Aristotle and the ideal of the Contemplative life: PhilipSac 2 (1967) 672–692

R. Mueller, Βίος θεωρητικός bei Antiochus von Askalon und Cicero: Helikon (Messina) 8 (1968) 222–237

S. Zeppi, Bios theoreticos e bios politicos come ideali di vita nella filosofia preplatonica: Logos (Neapel) 1972, 219–248

v. *otium:* Kretschmar/1938
vita contemplativa: Grilli/1953
vita contemplativa: Festugière/1954

βίος πολιτικός

v. *βίος θεωρητικός:* Zeppi/1972

βιωτός

v. *βίος:* Gangutia Elícegui/1969

βλάβη

G. Bjoerck, Βλάβη, αἰτία: Glotta 24 (1936) 251–254
H. Mummenthey, Zur Geschichte des Begriffs βλάβη im attischen Recht, Diss. Freiburg/Brs. 1970; v. Selbstanzeige ABG 17, 1973, 133–134

βλέπειν

v. *ὁρᾶν:* Thordarsen/1971

βόθρος

N. A. Bees, Die Worte βόθρος, βάραθρον = βάθρον in einer christlich-epigraphischen Formel: Glotta 9 (1918) 109–112

βόρβορος

M. Aubineau, Le thème du «Bourbier» dans la littérature grecque profane et chrétienne: RSR 47 (1959) 185–214

βούλεσθαι

A. Braun, Nota sui verbi greci del volere: AIVS 98 (1938/9) 337–355
P. Joüon, Les verbes βούλομαι et θέλω: RSR 30 (1940) 227–238
A. Wifstrand, Die griechischen Verba für wollen: Er. 40 (1942) 16–36

βούλεσθαι λέγειν

K. von Fritz, βούλεσθαι λέγειν – „implizieren" oder „etwas unter etwas verstehen" und das Verhältnis des Aristoteles zur Akademie, in: Miscell. di studi allessandrini in memoria di A. Rostagni, Turin 1963, 3–6

Γ

γάμος

R. A. Batey, Jewish Gnosticism and the hieros gamos of Eph V, 21–33: NTS 10 (1963/4) 121–127

γενεά

P. Stein, Generations, life-spans and usufruits: RIDA 9 (1962) 335–355

γένεσις

v. ἀγέννητος: Prestige/1933

γέννημα

v. ἀγέννητος: Prestige/1933

γέννησις

W. Theiler, Antike und christliche Rückkehr zu Gott, in: Mullus, Festsch. Th. Klauser, hrg. v. A. Stuiber usw., Münster 1964, 352–361

v. ἀγέννητος: Prestige/1933

γεννητόν

v. ἄκτιστος: Chrestou/1974

γένος

D. M. Balme, Γένος and εἶδος in Aristotle's biology: CQ 12 (1962) 81–98

F. Krafft, Gattung, Genus I: HWP 3, 1974, 24–27

γέρων

W. Porzig, Alt und jung, alt und neu, in: Sprachgeschichte und Wortbedeutung, Bern 1954, 343–349

γεύεσθαι θανάτου

R. Le Déaut, Goûter le calice de la mort: Bib. 43 (1962) 82–86

γῆ

L. Oeconomos, L'expression de l'idée de ‹terre› dans la langue des trimètres jambiques d'Euripide: RPh 10 (1936) 325–332

γῆ θεός

W. Peek, Ge Theos in griechischen und römischen Grabinschriften: ZKG 61 (1942) 27–32

γιγνώσκειν

P. Pachet, Les métaphores de la connaissance chez les anciens stoïciens: REG 81 (1968) 374–377

B. Snell, Wie die Griechen lernten, was geistige Tätigkeit ist: JHS 93 (1973) 172–184

γλῶττα

R. Munz, Über Γλῶττα und Διάλεκτος und über ein posidianisches Fragment bei Strabo: Glotta 11 (1921) 85–94

γνόφος

H. Ch. Puech, La ténèbre chez le Pseudo-Denys l'Aréopagite et dans la tradition patristique: EtCarm 23 (1938) 33–53

J. Daniélou, Contemplation A III D. Mystique de la ténèbre chez Grégoire de Nysse: DSp 2, 1953, 1872–1885

E. von Ivánka, Dunkelheit: RAC 4, 1959, 350–358

γνῶθι σαυτόν

L. de Bazelaire, Connaissance de soi. I. Le problème de la connaissance de soi, 1–4: DSp 2, 1953, 1512–1518

H. D. Betz, The Delphic maxim γνῶθι σαυτόν in Hermetic interpretation: HThR 63 (1970) 465–484

γνώμη

J. Jerome, La volonté dans la philosophie antique: LTP 7 (1951) 249–261

J. S. Morrison, Γνώμη: Phron. 8 (1963) 37–41

J. Trier, Umfrage und Meinung: ABG 9, 1964, 189–201

P. Huart, Γνώμη chez Thucidide et ses contemporains, Sophocle, Euripide, Antiphon, Andocide, Aristophane. Contribution à l'histoire des idées à Athènes dans la seconde moitié du Vᵉ siècle av. J. C., EeC 81, Paris 1973

S. N. Mouraviev, Gnomē: Glotta 51 (1973) 69–78; v. Selbstanzeige ABG 18, 1974, 169

J. Meyendorff, Free will (γνώμη) in St. Maximos the Confessor, in: The Ecumenical World of Orthodox Civilisation, Russia and Orthodoxy, III, 1974, 71–75

   v. *σοφία:* Snell/1922
   λόγος: Dalmais/1967

γνῶσις

A. Knauber, Das Unternehmen des Presbyters Clemens von Alexandrien. Untersuchungen zur Frühgeschichte der alexandrinischen Schule, Diss. Freiburg/Brs. 1925

H. Jonas, Der Begriff der Gnosis, Göttingen 1930 (Teildruck)

L. Bouyer, Gnosis: Le sens orthodoxe de l'expression jusqu'aux Pères Alexandrins: JThS 4 (1953) 188–203

M. Cramer, Zur Deutung des Ausdrucks „Gnosis" im „Evangelium Veritatis": SBO 3 (1959) 48–56

J. M. Lafrance, Le sens de γνῶσις dans l'Évangile de vérité: SMR 5 (1962) 57–82

C. K. Barrett, Christianity at Corinth: BJRL 64 (1964) 269–297

P. Th. Camelot, Gnose et gnosticisme I. Gnose chrétienne: DSp 6, 1967, 509–523

J. H. Lesher, Γνῶσις and ἐπιστήμη in Socrates' Dream in the Theaetetus: JHS 89 (1969) 72–78

R. Stupperich, Gnosis I: HWP 3, 1974, 715–717

   v. *παιδία:* Harnack/1918
   θεωρία: Lemaître/1950
   μάθησις: Nenci/1951
   λόγος: Dalmais/1967
   πίστις: Lilla/1971

γνῶσις θεοῦ

E. Prucker, Γνῶσις θεοῦ. Untersuchungen zur Bedeutung eines religiösen Begriffs beim Apostel Paulus und bei seiner Umwelt, Cass. 4, Würzburg 1957

γνωστικός

F. Torm, Das Wort Gnostikos: ZNW 35 (1936) 70–75

N. Brox, Γνωστικοί als häresiologischer Terminus: ZNW 57 (1966) 105–114

γονυπετεῖν

G. R. Stanton, The Oriental Background of the compound γονυπετεῖν: Glotta 46 (1968) 1–6

γράμματα μαθεῖν

G. Garitte, A propos des lettres de S. Antoine l'Ermite: Muséon 52 (1939) 11–31

γράφειν

F. R. Montgomery-Hitchcok, The use of γράφειν: JThS 31 (1930) 217–275

γραφὴ ἀσεβείας

G. Marasco, I processi d'empietà nella democrazia Ateniese: AeR 21 (1976) 113–131

γυνή

J. R. Vieillefond, Note sur γυνή et quelques mots de la même famille, in: Mélanges J. Saunier, Lyon 1944, 95–101

Δ

δαιμόνιος

E. Brunius-Nilsson, Δαιμόνιε: An inquiry into a Mode of Apostrophe in Old Greek Literature, Diss. Uppsala 1955

δαίμων

C. Andres, Daimon: PRE Suppl. 3, 1918, 267–322

J. Rivière, Le démon dans l'économie rédemptrice d'après les apologistes et les premiers Alexandrins: BLE 31 (1930) 5–20

E. C. E. Owen, Δαίμων and cognate words: JThS 32 (1931) 133–153

P. C. Van der Horst, Δαίμων: Mn. 10 (1941) 61–68

H. Nowack, Zur Entwicklungsgeschichte des Begriffs δαίμων. Eine Untersuchung epigraphischer Zeugnisse vom 5. Jh. v. Chr. bis zum 5. Jh. n. Chr., Diss. Bonn 1960

G. Soleri, Politeismo e monoteismo nel vocabulario teologico della letteratura greca da Omero a Platone: RSC 8 (1960) 24–56

F. X. Gokey, The terminology for the devil and evil spirits in the Apostolic Fathers, Washington 1961

M. Detienne, La notion de Daimon dans le pythagorisme ancien, Paris 1963

F. A. Wilford, Δαίμων in Homer: Numen 12 (1965) 217–232

M. Muehl, Die traditionsgeschichtlichen Grundlagen in Platos Lehre von den Dämonen (Phaidon 107 d, Symposion 202 e): ABG 10, 1966, 241–270

F. R. Adrados, Δαίμων, in: Estructura del vocabulario y estructura de la lengua. Problemas y principios del estructuralismo lingüístico, Madrid 1967, 193–229

F. E. Brenk, "A most strange doctrine". "Daimon" in Plutarch: CJ 69 (1973) 1–11

v. θεός: François/1958

δασμός

v. φόρος: Murray/1966

δέησις

E. J. Bickermann, Bénédiction et prière: RB 69 (1962) 524–532
Th. von Bogyay, Deesis, in: RBK I, Stuttgart 1966, 1178–1186

δεῖ

v. χρῆ: Bernadete/1965

δεικνύναι

J. Gonda, Δείκνυμι. Semantische studie over den Indo-Germansche
wortel deik-, Amsterdam/Paris 1929
A. Szabó, Δείκνυμι als mathematischer Terminus für beweisen:
Maia 10 (1958) 106–131

δεῖξις

P. Pachet, La deixis selon Zénon et Chrysippe: Phron. 20 (1975)
241–246

δεισιδαιμονία

P. J. Koets, Δεισιδαιμονία. A contribution to the knowledge of
the religious terminology in Greek. Purmerend Muusses 1929,
Diss. Utrecht
S. Eitrem, Zur Deisidämonie: SO 31 (1955) 155–169
K. Preisendanz, Aberglaube: KP 1, 1964, 8–12
H. Doerrie, Polybios über pietas, religio und fides (zu Buch 6,
Kap. 56). Griechische Theorie und römisches Selbstverständnis,
in: Mélanges de philosophie, de littérature . . . offerts à P.
Boyancé, Rom 1974, 251–272

δεσπότης

K. Stegmann von Pritzwald, Zur Geschichte der Herrscherbezeich-
nungen von Homer bis Plato. Ein bedeutungsgeschichtlicher Versuch, Leipzig 1930
N. P. Moritzen, Christus der Herr. Eine sprach- und dogmen-
geschichtliche Untersuchung, Diss. Erlangen 1953
J. Suñol, "Señor" y "amo" en la correspondencia de los siglos V
y VI: StPapy 4 (1965) 39–54

δεύτερος θάνατος

J. C. Plumpe, Mors secunda, in: Mélange J. de Ghellinck, I, Gembloux 1951, 387–403

δευτέρωσις

H. Bietenhard, Deuterosis: RAC 3, 1957, 842–849

δέχεσθαι

G. Redard, Du grec δέχομαι «je reçois» au sanskrit «manteau». Sens de la racine dek-, in: Festsch. A. Debrunner, 1954, 351–362

E. P. Hamp, Δέχομαι, δοκέω, διδάσκω: CP 63 (1968) 285–287

δηλοῦν

J. Drescher, Graeco-coptica, II: Muséon 83 (1970) 139–155

δημαγωγός

M. Lessau, Δημαγωγός. Fehlen und Gebrauch bei Aristophanes und Thukydides, in: Politeia und Res Publica, Festsch. R. Starks, hrg. v. P. Steinmetz, Wiesbaden 1969, 83–88

δημιουργός

C. M. A. Van den Oudenrijn, Demiourgos, Diss. Utrecht 1951

P. Chantraine, Trois noms grecs de l'artisan (δημιουργός, βάναυσος, χειρῶναξ), in: Mélanges Mgr. Dies, 1956, 41–47

K. Murakawa, Demiurgos: Hist. 6 (1957) 385–415

W. Theiler, Demiurgos: RAC 3, 1957, 694–711

W. Ullmann, Demiurg: HWP 2, 1972, 49–50

A. Douda, Platons Weltbaumeister: Altertum 19 (1973) 147–156

δημοκρατία

A. Debrunner, Δημοκρατία, in: Festsch. E. Tièche, Bern 1947, 11–24

I. Hahn, Zum Begriff der Demokratie in der politischen Theorie des Prinzipats, in: Antiquitas Graeco-Romana ac tempora nostra. Acta Congr. internat., hrg. v. J. Burian usw., Prag 1968, 115–124

C. Meier, Drei Bemerkungen zur Vor- und Frühgeschichte des Begriffs Demokratie, in: Discordia concors, Festsch. E. Bonjour, Basel 1968, 3–29

J. A. O. Larsen, Demokratie: CP 68 (1973) 45–46

K. H. Kinzl, Δημοκρατία. Studie zur Frühgeschichte des Begriffs: Gym. 85 (1978) 117–127 und 312–326

δῆμος

W. Donlan, Changes and shifts in the meaning of demos in the literature of archaic period: ParPass 25 (1970) 381–395

v. *λαός:* Dihle/1947

δημότης

G. Schirò, Un significato sconosciuto di „δημότης": RCCM 7 (1965) 1006–1016

δι' οὗ

v. ἐξ οὗ: Doerrie/1969

διαβάλλειν

R. Lattimore, Why the Devil is the Devil: PAPS 106 (1962) 427–429

διαδοχή

J. Salaverri, La sucesión apostólica en la Historia eclesiástica de Eusebio Cesariense: Gr. 14 (1933) 219–247

A. M. Javierre, La sucesión apostólica y la I Clementis: RET 13 (1953) 483–519

A. M. Javierre, Hacia una lectura exacta del testimonio clementino en favor de la sucesión apostólica: Sal. 17 (1955) 551–562

R. L. P. Milburn, A note on διαδοχή, in: TU 63, 1957, 240–245

A. M. Javierre, La primera "diadoche" de la patrística y los "ellogimoi" de Clemente Romano. Datos para el problema de la sucesión apostólica, Turin 1958

A. M. Javierre, El "diadochen epoiesamen" de Hegesipo y la primera lista papal: Sal. 21 (1959) 237–253

A. M. Javierre, Le thème de la succession des apôtres dans la littérature chrétienne primitive, in: L'épiscopat et l'église universelle, Paris 1962, 171–221

A. M. Javierre, El tema de la sucesión en el Judaísmo, Helenismo y Cristianismo primitivo, Rom 1963

L. Abramowski, Διαδοχή und ὀρθὸς λόγος bei Hegesipp: ZKG 87 (1976) 321–327

J. H. Oliver, The διαδοχή at Athens under the Humanistic Emperors: AJP 98 (1977) 160–178

διάδοχος

v. διαδοχή: Javierre/1963
   διαδοχή: Oliver/1977

διάθεσις

v. διατριβή: Pelletier/1967
   μνήμη: Bamberger/1968

διαθήκη

E. Kutsch, Von „bᵉrith" zu „Bund": KuD 14 (1968) 159–182

G. Couilleau, L'«alliance» aux origines du monachisme égyptien: CCist 39 (1977) 170–193

διαίρεσις

H. Koller, Die dihäretische Methode: Glotta 39 (1961) 6–24
A. von Fragstein, Die Diairesis bei Aristoteles, Amsterdam 1967
I. Christiansen, Die Technik der allegorischen Auslegungswissenschaft bei Philon von Alexandrien, BGBH 7, Tübingen 1969
F. P. Hager, Dihairesis: HWP 2, 1972, 242–244
  v. *ἑνότης:* Barnard/1970

διακονία

P. J. E. Abbing, Diakonia, Diss. Utrecht 1950
  v. *λειτουργία:* Dekkers/1973

διάκονος

J. Forget, Diacres I. Nom et acceptions diverses: DThC 4 a, 1924, 703–708
Th. Klauser, Diakon: RAC 3, 1957, 888–909
M. Guerra y Gómez, Diáconos helénicos y bíblicos, Burgos 1962, Seminario metropol.
  v. *πρεσβύτερος:* Konidaris/1961

διάκρισις πνευμάτων

E. Lerle, Diakrisis pneumaton, Diss. Heidelberg 1947
G. Bardy, Discernement des esprits II, Chez les Pères: DSp 3, 1957, 1247–1254
F. Dingjan, La discrétion dans les apophtegmes des Pères: Aug. 39 (1962) 403–415
G. Dautzenberg, Zum religionsgeschichtlichen Hintergrund der διάκρισις πνευμάτων (1 Kor 12,10): BZ 15 (1971) 93–104
  v. *discretio:* Windmann/1940

διαλέγεσθαι

L. Sichirollo, Διαλέγεσθαι, dialettica: AeR 6 (1961) 1–14
L. Sichirollo, Διαλέγεσθαι-Dialekt. Von Homer bis Aristoteles, Hildesheim 1966

διαλεκτική

W. Mueri, Das Wort Dialektik bei Plato: MH 1 (1944) 152–168
R. Franchini, Le origine della dialettica, Neapel ³1969
A. Mueller, Dialektik II: HWP 2, 1972, 167–175

διάλεκτος

  v. *γλῶττα:* Munz/1921

5*

62 διαλογή – διατριβή

διαλογή

C. Riggi, „Dialoge" come „figura sententiae" nel Panarion (Haer. 20,3; 48,3; 76,9; 77,18): Aug. 14 (1974) 549−558

διάλογος

G. Schmidt, Dialogus: KP 2, 1967, 1575−1577
F. W. Niewoehner, Dialog und Dialektik in Platons „Parmenides". Untersuchungen zur sog. Platonischen „Esoterik", Meisenheim/ Glan 1971

διαμαρτυρία

v. *παραγραφή:* Schoenbauer/1964

διάνοια

J. A. Brentlinger, Διάνοια: Phron. 8 (1963) 149−159
N. Cooper, The Importance of διάνοια in Plato's Theory of Forms: CQ 16 (1966) 65−69
R. G. Tanner, Διάνοια and Plato's Cave: CQ 20 (1970) 81−91

διασαφεῖν

C. Bonner, Two problems in Melito's homily on the Passion: HThR 31 (1938) 175−190

διάστασις

v. *διάστημα:* Verghese/1976

διάστημα

B. Otis, Gregory of Nyssa and the Cappadocian Conception of Time, in: TU 117, 1976, 327−357
T. P. Verghese, Διάστημα and διάστασις in Gregory of Nyssa, in: Gregor von Nyssa und die Philosophie, hrg. v. H. Dörrie usw., Leiden 1976, 243−258

διαστροφή

A. Grilli, Διαστροφή: Acme 16 (1963) 87−101

διατριβή

A. Pelletier, Notes sur les mots διατριβή, ἱερόν, διάθεσις dans P. Gen. inv. 108: Recherches de Papyrologie (Paris) 4 (1967) 175−186
G. Schmidt, Diatribai: KP 2, 1967, 1577−1578

διαφορά

M. Maróth, Termini der Logik bei Porphyrius und bei den Arabern, in: Actes XII. conf. internat. d'Etudes class. Bukarest/Amsterdam 1975, 51–54

διδασκαλεῖον

L. Alfonsi, Διδασκαλεῖον cristiano: Aeg. 56 (1976) 101–103

διδασκαλία

v. παράδοσις: Hanson/1948

διδασκαλικὸς χαρακτήρ

E. G. Schmidt, Die drei Arten des Philosophierens. Zur Geschichte einer antiken Stil- und Methodenscheidung: Ph. 106 (1962) 14–28

διδάσκαλος

F. Normann, Christos Didaskalos. Die Vorstellung von Christus als Lehrer in der christlichen Literatur des ersten und zweiten Jahrhunderts, Münster 1967

διδάσκειν

A. Debrunner, Διδάσκω, in: Mélanges E. Boisacq, I, Brüssel 1937, 251–266
R. B. Zuck, Greek Words for Teach: BS 122 (1965) 158–168
   v. δέχεσθαι: Hamp/1968

διδαχή

H. G. Wood, Didache, Kerygma and Evangelion, in: New Testament Essays, Studies in memory T. W. Manson, Manchester 1959, 306–314
   v. παράδοσις: Reynders/1933

διέρχεσθαι

v. ἀναπαύεσθαι: Mihevs/1957

δίκαιος

A. Dihle, Der Kanon der zwei Tugenden, VAFLNW.G 144, Köln/Opladen 1968; v. Selbstanzeige ABG 13, 1969, 83–84
C. Despotopoulos, Les concepts de juste et de justice selon Aristote: APD 14 (1969) 283–308

δικαιοσύνη

A. Schmitt, Δικαιοσύνη θεοῦ, in: Natalicium J. Geffcken, Heidelberg 1931, 111–131

C. W. R. Larson, The platonic synonyms δικαιοσύνη and σωφροσύνη: AJP 72 (1951) 395–414

P. Trude, Der Begriff der Gerechtigkeit in der aristotelischen Rechtsund Staatsphilosophie, NKRWA 3, 1955

D. Hill, Greek Words and Hebrew Meanings. Studies in the Semantics of Soteriological Terms, Cambridge 1967, 82–162

E. A. Havelock, Dikaiosyne. An essay in Greek intellectual history: Phoenix (Toronto) 23 (1969) 49–70

H. Hommel, Wahrheit und Gerechtigkeit. Zur Geschichte und Deutung eines Begriffspaars: AuA 15 (1969) 159–186

M. J. Fiedler, Δικαιοσύνη in der diasporajüdischen und intertestamentarischen Literatur: Journal Study Judaism in Persian . . . Periods (Leiden) 1 (1970) 120–143; v. Selbstanzeige ABG 21, 1977, 140–141

M. Farantos, Die Gerechtigkeit bei Klemens von Alexandrien, Diss. Bonn 1971

Ch. H. Kahn, The meaning of justice and the theory of forms: JPh 69 (1972) 567–579

A. Davids, Het begrip Gerechtigheid in de oude Kerk: TTh 17 (1977) 145–170

v. *φιλία:* Vlastos/1973

δίκη

A. Dokas, Gerechtigkeit. Die vorplatonischen Gedanken über δίκη und δίκαιος, Diss. München 1940

E. Gerner, Zum Begriff δίκη im attischen Recht, in: Festsch. L. Wenger, II, MBPF 35 (1945) 242–268

D. Loenen, Dikē, een historisch-semantische analyse van het gerechtigheitsbegrip, MNAW.L 11,6, 1948

V. A. Rodgers, Some thoughts on δίκη: CQ 21 (1971) 289–301

M. Gargarin, Dikē in archaic Greek thought: CP 68 (1974) 186–197

M. W. Dickie, Dikē as a moral term in Homer and Hesiod: CP 73 (1978) 91–101

v. *αἰδώς:* Péron/1976

δῖνος

J. Ferguson, Δῖνος: Phron. 16 (1971) 97–115

διοίκησις

A. Scheuermann, Diözese: RAC 3, 1957, 1053–1062
D. Medicus, Dioikesis: KP 2, 1967, 50–51

διψυχία

H. D. Simonin, Le «doute» (διψυχία) d'après les Pères apostoliques:
VS 51 (1937) 165–178

δίψυχος

O. J. F. Seitz, Antecedents and Signification of the Term δίψυχος:
JBL 66 (1947) 211–218
O. J. F. Seitz, Afterthoughts on the term dipsychos: NTS 4 (1957/8)
327–334

διώκειν

A. C. Moorhouse, On Aspects in the Meaning of διώκω: Mn. 5
(1952) 13–18

δόγμα

A. Deneffe, Dogma. Wort und Begriff: Schol. 6 (1931) 381–400 u.
505–538
J. Ranft, Dogma I (semasiologisch): RAC 3, 1957, 1257–1260
E. Fascher, Dogma II (sachlich): RAC 4, 1959, 2–24
M. Elze, Der Begriff des Dogmas in der Alten Kirche: ZThK 61
(1964) 421–438
B. Pruche, Δόγμα et κήρυγμα dans le traité sur le Saint Esprit de
Saint Basile de Césarée de Cappadoce, in: TU 94, 1966, 257–262
M. Elze, Dogma: HWP 2, 1972, 275–277
P. E. Schrodt, Can one speak of "Dogma" in the New Testament?,
in: StEv 6, Tu 112, 1973, 473–477

   v. *κήρυγμα:* Amand de Mendieta/1965
   παράδοσις: De Boer/1970

δογματικός

H. von Geisan, Dogmatische Ärzte: PRE Suppl. 10, 1965, 179–180

δοκεῖν

   v. *δέχεσθαι:* Hamp/1968
   εἰδέναι: Huart/1968

δοκιμασία

G. Zalateo, Un nuovo significato della parola δοκιμασία: Aeg. 37
(1957) 32–40

δόκιμοι τραπεζῖται

R. Bogaert, Changeurs et banquiers chez les Pères de l'Eglise: Ancient Society (Löwen) 4 (1973) 239–270

δόξα

E. C. Owen, Δόξα and Cognate Words: JThS 33 (1931/2) 132–150 u. 265–279

J. Schneider, Doxa. Eine bedeutungsgeschichtliche Studie, NTF, Gütersloh 1932

L. Turrado, Δόξα en el Evangelio de S. Juan seg. San Cirilo de Alexandria, Rom 1939

A. Bertozzi, Il termino δόξα nei Dialoghi di Platone: GM 3 (1948) fasc. 1

E. F. Harrison, The use of δόξα in Greek Literature, with special Reference to the NT, Diss. Pensylvania Univ. 1950

Chr. Mohrmann, Note sur δόξα. Sprachgeschichte und Wortbedeutung, in: Festsch. A. Debrunner, Bern 1954, 321–328 = diess., Études sur le latin des Chrétiens, I, Rom 1958, 277–286

A. Dupré la Tour, La δόξα du Christ dans les oeuvres exégetiques de saint Cyrille d'Alexandrie: RSR 48 (1960) 521–543 u. 49 (1961) 68–94

E. Pax, Ex Parmenide ad Septuaginta. De notione vocabuli δόξα: VD 38 (1960) 92–102

J. Sprute, Der Begriff doxa in der platonischen Philosophie, Hyp. 2, Göttingen 1962

M. Martínez Pastor, Una significación de δόξα y δοξάζειν en la exégesis origeniana de Jn 13,31: MCom 42 (1964) 173–182

J. C. Gosling, Δόξα and δύναμις in Plato's Republic: Phron. 13 (1968) 119–130

J. Sprute, Zur Problematik der Doxa bei Platon: AGPh 51 (1969) 188–194

J. Moreau, Doxa et Logos. Apparence, Jugement, Fondement, in: Scritti in onore di C. G. Giacon, Padua 1972, 3–15

A. Stueckelberger, Doxa: HWP 1, 1972, 287–289

F. Decreus, Doxa-kabod: schematische transpositie of struktuurgelijkheid?: SE 22 (1974/5) 117–185

Th. Ebert, Meinung und Wissen in der Philosophie Platons. Untersuchungen zum „Charmenides", „Menon" und „Staat", Berlin/New York 1974; v. Selbstanzeige AGB 20, 1976, 125–126

J. Owens, Naming in Parmenides, in: Kephalaion, Festsch. C. J. De Vogel, hrg. v. J. Mansfeld usw., Assen 1975, 16–25

v. *κλέος:* Greindl/1938
gloria: Fierro/1964

μυστήριον: Studer/1971
tertium genus: Mohrmann/1977
ἀλήθεια: Calvo/1977

δόξα τοῦ θεοῦ

M. Steinheimer, Die Doxa tou Theou in der römischen Liturgie, München 1951

δοξάζειν

v. *δόξα:* Martinez Pastor/1964

δουλεία

J. H. Oliver, Free men and dediticii: AJP 76 (1955) 279–297
H. Volkmann, ῎Ενδοξος δουλεία als ehrenvoller Knechtsdienst gegenüber dem Gesetz: Ph. 100 (1956) 52–61
H. Volkmann, Die Basileia als ἔνδοξος δουλεία. Ein Beitrag zur Wortgeschichte der Duleia: Hist. 16 (1967) 155–161

v. *αὐτάρκεια:* Martinazzoli/1946
ἐλευθερία: Malingrey/1975

δοῦλος

J. A. Lenzman, Expressions grecques désignant l'esclave: VDI 36 (1951) 47–69
H. Geiss, Zur Bezeichnung des dienenden Personals im Griechischen, Diss. München 1956
E. L. Kazakevic, Le terme δοῦλος: VDI 57 (1956) 119–136
F. Gschnitzer, Studien zur griechischen Terminologie der Sklaven, I, Grundzüge des vorhellenischen Sprachgebrauchs, Akad. Wiss. Lit. Mainz, Geistes- und sozialwiss. Kl. 1963, 13, Wiesbaden 1964
F. Gschnitzer, Studien zur griechischen Terminologie der Sklaverei, II, Untersuchungen zur älteren, insbesondere homerischen Sklaventerminologie, Wiesbaden 1976; v. Selbstanzeige ABG 21, 1977, 142–143

δρᾶμα

H. Schreckenberg, Δρᾶμα, Diss. Münster 1960
F. Stoessl, Drama: PRE Suppl. 10, 1965, 180–182

δρᾶν

v. *ποιεῖν:* Braun/1938

δρώμενα

v. *ἀπόρρητα:* Van den Burg/1939

δύναμις

J. Souilhé, Etude sur le terme δύναμις dans les dialogues de Platon, Paris 1919

J. Lebreton, Les puissances, in: ders., Histoire du dogme de la trinité des origines au concile de Nicée, I, Paris 1927, 548–551

O. Schmitz, Der Begriff δύναμις bei Paulus. Ein Beitrag zum Wesen urchristlicher Begriffsbildung, in: Festsch. A. Deissmann, Tübingen 1927, 139–167

L. Bieler, Δύναμις und ἐξουσία: WSt 55 (1937) 182–190

H. Umfahrer, Δύναμις bei Thucydides, Diss. Wien 1946

A. C. Lloyd, Neo-platonic logic and aristotelian logic: Phron. 1 (1955/6) 146–160

E. Fascher, Dynamis: RAC 4, 1959, 415–458

J. Stallmach, Dynamis und Energeia, MPF 21, 1959

K. Pruemm, Dynamis in griechisch-hellenistischer Religion und Philosophie als Vergleichsbild zu göttlicher Dynamis im Offenbarungsraum. Streiflichter auf ein Sondergebiet antik-frühchristlicher Begegnung: ZKTh 83 (1961) 393–430

H. Buchner, Plotins Möglichkeitslehre, München/Salzburg 1970

C. Oeyen, Die Lehre der göttlichen Kräfte bei Justin, in: TU 108, 1972, 215–221

G. Plamboeck, Dynamis: HWP 2, 1972, 303–304

J. Trouillard, La notion de δύναμις chez Damascius: REG 85 (1972) 353–363

J. Schnayder, Der Begriff δύναμις in den Werken des Theophrastos: Eos (Warschau) 61 (1973) 49–56

S. Di Cristina, L'idea di dynamis nel ‚De mundo‘ et nell' ‚Oratio ad Graecos‘ di Taziano: Aug. 17 (1977) 485–504

G. Seel, Die Bedeutung des Begriffspaares „Dynamis/Energeia": AGPh 60 (1978) 27–58

    v. πλοῦτος: Lumbroso/1923
    δόξα: Gosling/1968
    κίνησις ἀκίνητος: Gersh/1973
    σοφία: Chen/1976

δύναμις θεοῦ

E. Fascher, Dynamis Theou: ZThK 46 (1938) 82–108

δυσχείρωμα

D. C. Pozzi, A Note on δυσχείρωμα: HSCP 75 (1971) 63–67

E

ἑβδομῆντα

M. Gronewald, Ἑβδομῆντα: ZPE 2 (1968) 3—4

ἑβραϊκή

v. προσευχή: Vattioni/1969

ἐγγίζειν

R. F. Berhey, Ἐγγίζειν, φθάνειν and realized eschatology: JBL 82 (1963) 177—187

ἐγείρειν

v. ἀνάστασις: Van Eijk/1975

ἐγκατάλειψις

J. Leroy, Ἐγκατάλειψις: DSp 4, 1960, 344—357

ἐγκράτεια

P. Th. Camelot, Ἐγκράτεια (continentia): DSp 4, 1960, 357—370
H. Chadwick, Enkrateia: RAC 5, 1962, 343—365

ἐγκύκλιος παιδεία

H. Koller, Ἐγκύκλιος παιδεία: Glotta 34 (1955) 174—185
H. J. Mette, Enkyklios Paideia: Gym. 67 (1960) 300—307
H. Fuchs, Enkyklios Paideia: RAC 5, 1962, 365—398
L. M. de Rijk, Ἐγκύκλιος παιδεία. A study of its original meaning: Vivarium (Assen) 3 (1965) 24—93
J. Christes, Bildung und Gesellschaft. Die Einschätzung der Bildung und ihrer Vermittler in der griechisch-römischen Antike, Darmstadt 1975

ἐγὼ εἰμι ὁ ὤν

v. sum qui sum: Munz/1951/2

ἐθέλειν

A. Wifstrand, Die griechischen Verba für Wollen: Er. 40 (1942) 16—36

ἔθνος

v. *λαός:* Dihle/1947
  Ἕλληνες: Opelt/1965

ἔθος

A. Eberle, Zur Etymologie des Wortes Ethik: ThQ 119 (1938) 168–170
H. D. Schmitz, Tὸ ἔθος und verwandte Begriffe in den Papyri, Diss. Köln 1970
S. Vicastillo, El caracter (ethos) en la "Etica a Nicomaco": DT(P) 81 (1978) 54–67

  v. *ἕξις:* Funke/1958
  consuetudo: Funke/1961
  ἦθος: Vogt/1975

εἰδέναι

P. Huart, Le vocabulaire de l'analyse psychologique dans l'oeuvre de Thucydide, Paris 1968, EeC 69

  v. *γιγνώσκειν:* Snell/1973

εἶδος

P. Brommer, Εἶδος et ἰδέα. Etude sémantique et chronoloqique des oeuvres de Platon, Assen 1940
F. Zucker, Εἶδος und εἰδύλλιον: Hermes 76 (1941) 382–392
G. Patzig, Bemerkungen über den Begriff der Form: APh 9 (1959) 93–110
P. Innocenti, Nota sul termine εἶδος nel "corpus" omerico e in Esiodo: Atti accad. di Toscana (Florenz) 35 (1970) 1–26
H. Diller, Zum Gebrauch von εἶδος und ἰδέα in vorplatonischer Zeit, in: Medizingeschichte unserer Zeit. Festg. E. Heischkel-Artelt und W. Artelt, hrg. v. H. H. Eulner usw., Stuttgart 1971, 23–30; v. Selbstanzeige ABG 18, 1974, 156–157
C. Sandoz, Les noms Grecs de la forme: Etude linguistique, Diss. Neuchâtel 1971; v. Selbstanzeige ABG 19, 1975, 111–113
P. Innocenti, Εἶδος-ἰδέα. Le premesse di un conflitto: Atti accad. di Toscana (Florenz) 37 (1972) 1–14
C. Sandoz, Les noms grecs de la forme, Bern 1972

  v. *γένος:* Balme/1962
  ἰδέα: Bieri/1966
  esse: Hadot/1968

εἶδος ἔνυλον

v. ἀντίληψις: Todd/1974

εἴδωλον

D. Roloff, Eidolon, Eikon, Bild: HWP 2, 1972, 330–332

εἰκάζειν

F. Focke, 2. Die Synkrisis im Enkomion, a. das εἰκάζειν: Hermes 58 (1923) 332–335

εἰκασία

D. W. Hamlyn, Εἰκασία in Plato's Republic: PhQ 8 (1958) 14–23
C. Praus Sze, Εἰκασία and πίστις in Plato's Cave Allegory: CQ 27 (1977) 127–138

εἰκός

S. Blom, On the meaning of probability: Theoria 11 (1955) 65–98

εἰκὼς λόγος

B. Witte, Der εἰκὼς λόγος in Platons Timaios. Beitrag zur Wissenschaftsmethode und Erkenntnistheorie des späten Plato: AGPh 46 (1964) 1–16

εἰκών

H. Willms, Εἰκών. Eine begriffsgeschichtliche Untersuchung zum Platonismus. 1. Philon von Alexandria, mit einer Einleitung über Plato und die Zwischenzeit, Münster 1935
E. Peterson, L'immagine di Dio in S. Ireneo: ScC 69 (1941) 46–54 = L'homme image de Dieu chez saint Irénée: VS 100 (1959) 584–594
J. B. Schoemann, Eikon in den Schriften des hl. Athanasius: Schol. 16 (1941) 335–350
R. Bernard, L'image de Dieu d'après saint Athanase, Paris 1952
P. Aubin, L'«image» dans l'oeuvre de Plotin: RSR 41 (1953) 348–379
G. B. Ladner, The concept of the Image in the Greek Fathers and the Byzantine Iconoclastic Controversy: DOP 7 (1953) 3–34
G. B. Ladner, Eikon: RAC 4, 1959, 771–786
H. Merki, Ebenbildlichkeit: RAC 4, 1959, 461–479
K. Pruemm, Reflexiones theologicae et historicae ad usum Paulinum termini εἰκών: VD 40 (1962) 232–257
P. Gerlitz, Der mystische Bildbegriff (εἰκών und imago) in der frühchristlichen Geistesgeschichte. Die philosophischen Grund-

lagen der Enteschatologisierung des altkirchlichen Dogmas: ZRGG 15 (1963) 244–256

S. Bartina, "Cristo imagen del Dios invisible" según los papiros: StPapy 2 (1963) 13–34

D. N. Koutras, Ἡ ἔννοια τῆς εἰκόνος εἰς τὸν ψευδο-Διονύσιον τὸν Ἀρεοπαγίτην: EEBS 35 (1966/7) 243–258

J. Kirchmeyer, Grecque (Eglise). La vocation de l'homme: DSp 6, 1967, 812–822

D. Schlueter, Bild I: HWP 1, 1971, 913–915

C. Militello, La categoria di „immagine" nel περὶ κατασκευῆς ἀνθρώπου de Gregorio di Nissa por una antropologia cristiana, in: Ho theologos – Cultura cristiana di Sicilia 2–3, Palermo 1975, 107–172

M. Aghiorgoussis, Applications of the Term "Eikon Theou" (Image of God) according to Saint Basil the Great: GOTR 21 (1976) 265–288

v. εἴδωλον: Roloff/1972

εἱμαρμένη

V. Stegemann, Fatum und Freiheit im Hellenismus und in der Spätantike: Gym. 50 (1939) 165–191

E. Valgiglio, Il fato nel pensiero classico antico: RSC 15 (1967) 305–330

M. Van Straaten, Menschliche Freiheit in der stoischen Philosophie: Gym. 84 (1977) 501–518

v. τύχη: Anwander/ 1948f

εἶναι

E. Trépanier, Premières distinctions sur le mot être: LTP 11 (1955) 25–66

V. Guazzoni Foà, Il linguaggio dell'ontologia nei Presocratici: GM 14 (1959) 711–718

W. J. Aerts, Periphrastica. An investigation into the use of einai and echein as auxiliaries or pseudoauxiliaries in Greek from Homer up to the present day, Amsterdam 1965

Ch. Kahn, The Greek Verb "to be" and the Concept of Being: Foundations of Language 2 (1966) 245–265

S. Gómez Nogales, The meaning of "being" in Aristotle: IPQ 12 (1972) 317–339

P. Hadot, L'être et l'étant dans le néoplatonisme, in: Etudes néoplatoniciennes, Neuchâtel 1973, 27–41; v. Selbstanzeige ABG 21 1977, 143–144

Ch. H. Kahn, The verb "be" and its synonyms, part 6: The verb "be" in Ancient Greek, Dordrecht (Holland)/Boston (USA) 1973

F. Martinez Marzoa, Εἶναι, φύσις, λόγος, ἀλήθεια: EM 42 (1974) 159–175

M. Mignucci, In margine al concetto aristotelico di esistenza, in: Scritti C. Diano, Bologna 1975, 227–261

J. D. O'Meara, Being in Numenius and Plotinus: Some Points of Comparision: Phron. 21 (1976) 120–129

v. *esse:* Hadot/1968

εἰρεσιώνης

S. Follet, Deux vocables religieux rares attestés epigraphiquement: RPh 48 (1974) 30–34

εἰρήνη

J. Fantini, Notas al concepto de εἰρήνη-pax en la Antigüedad Clásica: Helm. 3 (1952) 261–264

D. Ruiz Bueno, La paz en la iglesia primitiva. Consideraciones sobre la Didachè y la 1 Clem.: Helm. 3 (1952) 135–173

A. Kerrigan, The Notion of Peace in the Writings of Clement Alex., in: 35. Congr. Euch. Internat., Sesiones de Estudio, II, Barcelona 1954, 430–433

E. Dinkler/V. Schubert, Friede: RAC 8, 1972, 434–505

εἴρων

L. Bergson, Eiron und Eironeia: Hermes 99 (1971) 409–422

εἰρωνεία

W. Buecher, Über den Begriff der Eironeia: Hermes 69 (1941) 339–358

G. Markantonatus, On the origin and meanings of the word εἰρωνεία: RFIC 103 (1975) 16–21

v. *εἴρων:* Bergson/1971

εἷς

M. C. Stokes, One and many in Presocratic philosophy, Cambridge Mass./London 1971

εἷς θεός

E. Peterson, Εἷς θεός. Epigraphische, formgeschichtliche und religionsgeschichtliche Untersuchungen, Göttingen 1920

εἰς ὅν

v. *ἐξ οὗ*: Doerrie/1969

εἰσαγωγή

M. Fuhrmann, Isagogische Literatur: KP 2, 1967, 1453–1456

ἔκγονος

H. Mueller, Ἔκγονος: ZPE 3 (1969) 197–220

ἔκδοσις

B. A. Van Groningen, Ekdosis: Mn. 16 (1963) 1–17

ἔκθεσις

N. P. White, A note on ἔκθεσις: Phron. 16 (1971) 164–168

ἐκκλησία

K. L. Schmidt, Die Kirche des Urchristentums. Eine lexikographische und biblisch-theologische Studie, in: Festsch. A. Deissmann, Tübingen 1927, 258–319

J. Y. Campbell, The origin and meaning of the christian use of the word ἐκκλησία: JThS 49 (1948) 130–142

S. C. Walke, The Use of ἐκκλησία in the Apostolic Fathers: AThR 32 (1950) 39–52

L. Voelkl, Die konstantinischen Kirchenbauten nach Eusebius: RivAC 29 (1953) 49–66

P. Tena, Ἐκκλησία. Historia y teología de la palabra en la Sagrada Escritura y en los documentos cristianos primitivos, Barcelona 1957

P. Tena Garriga, La palabra ekklesia. Estudio histórico teológico, Coll. San Paciano, ser. teol. 6, Barcelona 1958

O. Linton, Ekklesia I (bedeutungsgeschichtlich): RAC 4, 1959, 905–921

P. Tena, Eglise I, Ecclesia dans l'écriture et les communautés primitives: DSp 4, 1960, 370–384

M. Brlek, De vocis „ecclesia" origine et notione juridica: Anton. 36 (1961) 69–90

Chr. Mohrmann, Les dénominations de l'église en tant qu'édifice en grec et en latin au cours des premiers siècles chrétiens: RevSR 36 (1962) 155bis–174[bis] = diess., Études sur le latin des Chrétiens, IV, Rom 1977, 211–230

L. Ternveden, The Concept of the Church in the Shepherd of Hermas, Lund 1966

G. Schrot, Ekklesia: KP 2, 1967, 222–224

K. Berger, Volksversammlung und Gemeinde Gottes. Zu den Anfängen der christlichen Verwendung von „ekklesia": ZThK 73 (1976) 167–207

v. *tertium genus:* Mohrmann/1977

ἐκλογή

v. *παιδία:* Harnack/1918

ἑκούσιον

W. Van Reusel, Enkele notities omtrent het Hekousion en de Prohairesis in Aristoteles Ethica: TPh 35 (1973) 468–474

A. Jannone, Sur les notions ἑκούσιον et ἀκούσιον dans la morale platonicienne: Diotima (Athen) 2 (1974) 57–71

ἐκπύρωσις

M. Marcovich, Aristotele on Ecpyrosis: Mn. 19 (1966) 47–49

A. Stueckelberger, Ekpyrosis: HWP 2, 1972, 433–434

ἔκστασις

F. Pfister, Ekstasis, in: Pisciculi. Studien zur Religion und Kultur des Altertums, Festsch. Doelger, hrg. v. Th. Klauser, Münster 1937, 178–191

J. Lemaître, Contemplation A III.C.1, Préhistoire du concepte d'extase: DSp 2, 1953, 1864–1868

F. Pfister, Ekstase: RAC 4, 1959, 944–987

J. Kirchmeyer, Extase B II, Extase chez les Pères de l'Eglise: DSp 4, 1961, 2087–2113

E. des Places, Extase A III. L'extase dans la Grèce classique: DSp 4, 1961, 2059–2067

W. J. Verdenius, Der Begriff der mania in Platons Phaidros: AGPh 44 (1962) 132–150

v. *ἔρως:* Horn/1925
  γνόφος: Daniélou/1953
  ἄσκησις: Lorié/1955

ἔκτυπος

G. Pflug, Ektypus 1–2: HWP 2, 1972, 436

ἔκφρασις

A. Hohlweg, Ekphrasis, in: RBK 2, 1967, 33–75

ἐλεγκτικὸς χαρακτήρ

v. *διδασκαλικὸς χαρακτήρ:* Schmidt/1962

ἔλεος

W. Schwer, Barmherzigkeit: RAC 1, 1950, 1200–1207

A. Klocker, Wortgeschichte von ἔλεος und οἶκτος in der griechischen Dichtung und Philosophie von Homer bis Aristoteles, Diss. Innsbruck 1953

W. Burkert, Zum altgriechischen Mitleidsbegriff, Diss. Erlangen 1955

   v. *ἀπάθεια:* Pire/1938
     ἀπάθεια: Primmer/1955
     φόβος: Pohlenz/1956
     φόβος: Flashar/1972

ἐλευθερία

E. Bismarck, Die Freiheit des Christen nach Paulus und die Freiheit des Weisen nach der jüngeren Stoa, Knechtsteden 1920

M. Mueller, Freiheit. Über Autonomie und Gnade von Paulus bis Clemens von Alexandrien: ZNW 25 (1926) 177–236

J. Gaïth, La conception de la liberté chez Grégoire de Nysse, Paris 1953

D. Nestle, Eleutheria. Studien zum Wesen der Freiheit bei den Griechen und im Neuen Testament, Teil I, Die Griechen, HUTh 6, Tübingen 1967; v. Selbstanzeige ABG 20, 1976, 142–144

M. M. Bergada, La concepción de la libertad en el "De hominis opificio" de Gregorio de Nyssa: Strom. 24 (1968) 243–263

M. Mindán, Verdad y liberdad: RF(M) 27 (1970) 5–26

A. Momigliano, La libertà di parola nel mondo antico: RSIt 83 (1971) 499–524

D. Nestle, Freiheit: RAC 8, 1972, 269–306

W. Warnach, Freiheit I–II: HWP 2, 1972, 1064–1083

O. Gigon, Der Begriff der Freiheit in der Antike: Gym. 80 (1973) 8–56

A. M. Malingrey, La christianisation du vocabulaire païen dans l'œuvre de Jean Chrysostome. Quelques exemples, in: Actes XIIᵉ conf. internat. d'Études class., Bukarest/Amsterdam 1975, 55–62

F. Pastor, Libertad helénica y libertad paulina: MCom 64 (1976) 97–113

   v. *παιδία:* Harnack/1918
     δουλεία: Oliver/1955

ἐλεύθεροι τέχναι

   v. *ἐγκύκλιος παιδεία:* Christes/1975

ἐλεύθερος

J. Drescher, Ἐλεύθερος once more: BSAC 20 (1969/70) 251–259

ἕλκειν τὰ ἕξ

R. Draguet, Une nouvelle attestation de ἕλκειν τὰ ἕξ, in: Mélange de Ghellinck, I, 287–291, ML.H 13, Gembloux 1951

Ἕλληνες

J. Juethner, Hellenen und Barbaren. Aus der Geschichte des Nationalbewußtseins, Leipzig 1923

H. J. Weyer, Über das Verhältnis der Begriffspaare „Hellenen – Barbaren" und „Christen – Heiden" bei den griechischen Kirchenvätern des 3. und 4. Jh., Diss. Köln 1953

K. Lechner, Hellenen und Barbaren im Weltbild der Byzantiner. Die alten Bezeichnungen als Ausdruck eines neuen Kulturbewußtseins, München 1954

Grecs et barbares, Entretiens sur l'antiquité classique 8, Fondation Hardt, Genf 1961

I. Opelt, Griechische und lateinische Bezeichnungen der Nichtchristen. Ein terminologischer Versuch: VigChr 19 (1965) 1–22

H. E. Stier, Die geschichtliche Bedeutung des Hellenismus, VAF-LNW.G 159, Köln/Opladen 1970

E. Arrigoni, Ecumenismo romano-cristiano a Bisanzio e tramonto del concetto di Ellade ed Elleni nell'impero d'Oriente prima del mille: NRS 55 (1971) 133–161

P. Wathelet, L'origine du nom des Hellènes et son développement dans la tradition homérique: EtCl 43 (1975) 119–128

Ἑλληνικόν

F. Gschnitzer, Τὸ Ἑλληνικόν neben οἱ Ἕλληνες, in: Natalitium C. Jax, I, Innsbruck 1955, 261–267

ἑλληνισμός

H. Volkmann, Hellenismus: KP 2, 1967, 1009–1010

ἐλλόγιμος

   v. διαδοχή: Javierre/1958

ἐλπίζειν

   v. ἐλπίς: Myres/1949
   ἐλπίς: Gleissner/1959

6*

ἐλπίς

F. Martinazzoli, Lo sdoppiamento di alcuni concetti morali in Esiode e la ἐλπίς: SIFC 21 (1946) 11—22

J. L. Myres, Ἐλπίς, ἔλπω, ἔλπομαι, ἐλπίζειν: ClR 63 (1949) 46

A. Gleissner, Die Sicherheit der Hoffnung. Eine Studie nach den ἐλπίς- und ἐλπίζειν-Stellen in den Schriftkommentaren der lateinischen Kirchenväter und Theologen bis zum 13. Jh., Diss. Greg. Rom 1959

O. Lachnit, Elpis. Eine Begriffsuntersuchung, Diss. Tübingen 1965

J. A. Schrijen, Elpis. De voorstelling van de hoop in de Griekse Literatuur tot Aristoteles, Diss. Amsterdam/Groningen 1965

H. G. Link, Hoffnung 1: HWP 3, 1974, 1157—1159

   v. *spes:* Hackl/1963
   αἰδώς: Péron/1976

ἐμπειρία

L. Pelloux, Un concetto di esperienza in Aristotele, in: Actes XIᵉ congr. internat. philos. 12, 1953, 96—100

F. P. Hager, Empeiria: HWP 2, 1972, 453—454

ἕν

M. von Brentano, Die Bedeutung des ἕν als Grundbegriff der aristotelischen Metaphysik, Diss. Freiburg/Brs. 1948

F. P. Hager, Der Geist und das Eine. Untersuchungen zum Problem der Wesensbestimmung des höchsten Prinzips als Geist oder als Eines in der griechischen Philosophie, Bern 1970

F. P. Hager, Hen: HWP 3, 1974, 1057—1058

   v. *ἐξ οὗ:* Doerrie/1969

ἐν ᾧ

   v. *ἐξ οὗ:* Doerrie/1969

ἐνανθρώπησις

A. Michel, Incarnation I,1, Etymologie: DThC 7b, 1923, 1446—1450

   v. *σάρκωσις:* Elze/1976

ἐναντίον

W. Beierwaltes, Gegensatz I,1—3: HWP 3, 1974, 105—111

ἐναντίωσις

G. Martino, L'ἐναντίωσις nel pensiero dei Greci: Atti accad. scienze mor. e pol. (Neapel) 73 (1962) 139—163

M. Carbonaro Naddei, L'ἐναντίωσις nel pensiero degli Arcaici:
Logos 4 (1972) 195–218

ἐνδελέχεια

E. Garin, Ἐνδελέχεια e ἐντελέχεια nelle discussioni humanistiche:
AeR 3,5 (1937) 177–187

ἐνδεχόμενον

W. Brugger, Kontingenz I,1–3: HWP 4, 1976, 1027–1029

ἐνέργεια

Ch. Rutten, La doctrine des deux actes dans la philosophie de Plotin:
RPFE 146 (1936) 100–106

G. Habra, La signification de la transfiguration dans la théologie
byzantine: COCR 25 (1961) 119–141

E. Fascher, Energeia: RAC 5, 1962, 4–51

G. A. Blair, The Meaning of "Energeia" and "Entelecheia" in Aristotle: IPQ 7 (1967) 101–117; v. Selbstanzeige ABG 13, 1969,
79–80

> v. *δύναμις:* Stallmach/1959
> *δύναμις:* Buchner/1970
> *κίνησις ἀκίνητος:* Gersh/1973
> *σοφία:* Chen/1976

ἔνθεος

O. Pelikan, Sur l'adjectif ἔνθεος: LFil 1941, 101–108

ἐνθουσιασμός

Fr. Pfister, Enthusiasmos: RAC 5, 1962, 455–457

ἐνιαυτός

> v. *χρόνος:* Philippson/1949

ἔννοια

F. H. Sandbach, Ennoia and Prolepsis in the Stoic Theory of Knowledge: CQ 24 (1930) 44–51

ἑνότης

L. W. Barnard, God, the Logos, the Spirit and the Trinity in the
Theology of Athenagoras: StTh(R) 24 (1970) 70–92

ἐνσάρκωσις

J. L. Oréja, Terminología patrística de la encarnación: Helm. 2 (1951) 129–160

ἐνσωμάτωσις

v. *ἐνσάρκωσις:* Oréja/1951
σάρκωσις: Elze/1976

ἐντελέχεια

v. *ἐνδελέχεια:* Garin/1937
ἐνέργεια: Blair/1967
σοφία: Chen/1976

ἐντολή

J. Drescher, Graeco-Coptica: Muséon 82 (1969) 85–100

ἐντυγχάνειν

v. *ἀναγιγνώσκειν:* Chantraine/1950

ἕνωσις

J. Rogge, Ἕνωσις und verwandte Begriffe in den Ignatiusbriefen, in: . . . und fragten nach Jesus. Beiträge aus Theologie, Kirche und Geschichte. Festsch. E. Barnikol, Berlin 1964, 45–51

J. R. Bouchet, Le vocabulaire de l'union et du rapport des natures chez saint Grégoire de Nysse: RThom 68 (1968) 533–582

v. *ὑπόστασις:* Sartori/1927
ἑνότης: Barnard/1970

ἕνωσις καθ' ὑπόστασιν

P. Galtier, L'unio secundum hypostasim chez saint Cyrill: Gr. 33 (1952) 351–398

ἐξ οὗ

H. Doerrie, Präpositionen und Metaphysik. Wechselwirkungen zweier Prinzipienreihen: MH 26 (1969) 217–228

ἐξαγοράζειν

S. Lyonnet, L'emploi paulinien de ἐξαγοράζειν au sens de « redimere » est-il attesté dans la littérature grecque?: Bib. 42 (1961) 85–89

ἐξαίφνης

W. Beierwaltes, Ἐξαίφνης oder: Die Paradoxie des Augenblickes: PhJ 74 (1966/7) 271–283

ἐξαπατᾶν

A. M. Battegazzore, La promessa e l'inganno nel passo conclusivo dello Ione platonico: AAST 108 (1974) 585–603

ἐξελίπτειν

H. Doerrie, Entwicklung B I e 2: RAC 5, 1962, 488–491

ἐξήγησις

H. J. Lawlor, Eusebius on Papias: Hermathena 43 (1922) 167–222
H. Schreckenberg, Exegese I. heidnisch, Griechen und Römer: RAC 6, 1966, 1174–1194
A. Eon, La notion plotinienne d'exégèse: RIPh 24 (1970) 252–289

ἕξις

Ch. Mugler, Ἕξις, σχέσις et σχῆμα chez Platon: REG 70 (1957) 72–92
G. Funke, Ἕξις, ἔθος, ἦθος, συνήθεια, νόμος und zweite Natur im klassischen Denken, in: Gewohnheit, ABG 3, 1958, 78–99
G. Funke, Hexis (habitus): HWP 3, 1974, 1120–1123

   v. *consuetudo:* Funke/1961
     σκοπός: Kamelger/1967

ἐξομολογεῖσθαι

H. Holstein, L'exhomologèse dans l'Adversus haereses de saint Irénée: RSR 35 (1948) 282–288

ἐξουσία

J. Solomon, Exousia in Plato: Platon (Athen) 18 (1967) 189–197

   v. *δύναμις:* Bieler/1937

ἐπαγωγή

D. W. Hamlyn, Aristotelian Epagoge: Phron. 21 (1976) 167–184
R. Ružička, Induktion 1: HWP 4, 1976, 323–326

ἔπαινος

F. Dornseiff, Was heißt ἔπαινος?: Philologische Wochenschrift 1934, 559–560

ἐπακούειν

E. Peterson, Ἐπακούειν = respondieren: JLW 11 (1931) 131

ἐπεισόδιον

K. Nickau, Epeisodion und Episode. Zu einem Begriff der aristotelischen Poetik: MH 23 (1966) 155–171

ἐπέκεινα

H. W. Thomas, ᾿Επέκεινα. Untersuchungen über das Überliefe-
rungsgut in den Jenseitsmythen Platons, Würzburg 1938

H. J. Kraemer, ᾿Επέκεινα τῆς οὐσίας. Zu Platon, Politeia 509 B:
AGPh 51 (1969) 1–30

J. Whittaker, ᾿Επέκεινα νοῦ καὶ οὐσίας: VigChr 23 (1969) 91–104

ἐπέκτασις

P. Deseille, Epectase: DSp 4, 1961, 785–788

v. *γνόφος:* Daniélou/1953

ἔπεσθαι

v. *ἀκολουθεῖν:* Kosmala/1963

ἐπιβολή

Th. Kobusch, Intuition: HWP 4, 1976, 524–540, hier 524–527

ἐπίγονος

M. Windfuhr, Der Epigone. Begriff, Phänomen und Bewußtsein:
ABG 4, 1959, 182–209

ἐπιδημία

R. Trevijano Etcheverría, ᾿Επιδημία y παρουσία en Origenes: Scr-
Vict 16 (1969) 313–337

ἐπίδοσις

v. *profectus:* Ritter/1972

ἐπιείκεια

A. von Harnack, Sanftmut, Huld und Demut, in: Festg. J. Kaftan,
1920, 113–129

A. di Marino, L'epikeia cristiana: DT(P) 55 (1952) 396–424

F. d'Agostino, Epieichia. Il tema dell'equità nell'antiquità greca,
Mailand 1973

v. *χρηστότης:* Spicq/1947

ἐπιεικής

v. *humanum:* Wehrli/1975

ἐπίθεσις χειρῶν

v. *χειροτονία:* Turner/1923

ἐπιθυμία

P. Wilpert, Begierde: RAC 2, 1954, 62–78

  v. ἔρως: Hyland/1968

ἐπίκλησις

J. W. Tyrer, The Meaning of Epiklesis: JThS 25 (1924) 139–150
R. H. Connoly, "The Meaning of Epiklesis": A Reply: JThS 25 (1924) 337–364

ἐπιλέγεσθαι

  v. ἀναγιγνώσκειν: Chantraine/1950

ἐπιλογίζεσθαι

G. Arrighetti, Sul valore di ἐπιλογίζεσθαι, ἐπιλογισμός, ἐπιλόγισις nel sistemo epicureo: ParPass 7 (1952) 119–144

ἐπινοεῖν

E. C. E. Owen, Ἐπινοέω, ἐπίνοια and allied words. ἐπιούσιος: JThS 140 (1934) 368–380

ἐπίνοια

A. Orbe, La Epinoia. Algunos preliminares históricos de la distinción κατ᾽ ἐπίνοιαν (Entorno a la filosofía de Leoncio Bizantino), Rom 1955

  v. ἐπινοεῖν: Owen/1934

ἐπιούσιος

F. Dornseiff, Ἐπιούσιος im Vaterunser: Glotta 35 (1956) 145–149

ἐπιποθεῖν

C. Spicq, Ἐπιποθεῖν, désirer ou chérir?: RB 64 (1957) 184–195

ἐπισκέπεσθαι

H. S. Gehman, Ἐπισκέπομαι, ἐπίσκεψις, ἐπίσκοπος and ἐπισκοπή in the Septuagint in Relation to paqad and other Hebrew Roots – a case of semantic development similar to that of Hebrew: VT 22 (1972) 197–207

ἐπίσκεψις

  v. ἐπισκέπεσθαι: Gehman/1972

ἐπισκιάζειν

  v. ἐπισκοπεῖν: Turyn/1927

ἐπισκοπεῖν

A. Turyn, Ἐπισκοπεῖν und ἐπισκιάζειν: Hermes 62 (1927) 371–372

ἐπισκοπή

v. *ἐπισκέπεσθαι:* Gehman/1972

ἐπίσκοπος

L. Porter, The Word ἐπίσκοπος in Pre-Christian Usage: AThR 21 (1939) 103–112

G. Kretschmer, Bischof: Glotta 31 (1951) 103–104

H. W. Beyer/H. Karpp, Bischof: RAC 2, 1954, 394–407

M. Guerra y Gómez, "Episcopado" o Patronado de los dioses griegos en los textos literarios anteriores al siglo 4 d. d. Jesucristo: Burg. 1 (1960) 233–250

G. Konidaris, Warum die Urkirche von Antiochien den προεστῶτα πρεσβύτερον der Ortsgemeinde als ὁ ἐπίσκοπος bezeichnet: MThZ 12 (1961) 269–283

M. Guerra y Gomez, Episcopos y presbyteros. Evolución semántica de los terminos ἐπίσκοπος – πρεσβύτερος desde Homero hasta el siglo segundo después de Jesucristo, Burgos, Sem. Metropol. 1962

K. Stalder, Ἐπίσκοπος: IKZ 61 (1971) 200–232

Chr. Mohrmann, Episcopos-speculator, in: Chr. Mohrmann, Études sur le latin des Chrétiens, IV, Rom 1977, 231–252

J. M. Balcer, The Athenian Episcopos and the Achaemenid "King's eye": AJP 98 (1977) 252–263

J. Muehlsteiger, Zum Verfassungsrecht der Urkirche: ZKTh 99 (1977) 129–155 u. 257–285

    v. *πρεσβύτερος:* Konidaris/1961
    χριστιανισμός: Bartelink/1969
    ἐπισκέπεσθαι: Gehman/1972

ἐπίσκοπος τῆς χώρας

R. Amadou, Chorévêques et périodeutes: OrSyr 4 (1959) 223–240

ἐπίστασθαι

v. *γιγνώσκειν:* Snell/1973

ἐπιστήθιος

J. Mehlmann, O Titulo de epistethios atribuido ao Apostolo S. Joâo: RCT 2 (1962) 181–191

ἐπιστήμη

R. Schaerer, Ἐπιστήμη et τέχνη. Etude sur les notions de connaissance et d'art d'Homère à Platon, Mâcon 1930

B. K. Stephanides, Οἱ ὅροι ἐπιστήμη καὶ ἐπιστημονάρχης παρὰ τοῖς Βυζαντινοῖς: EEBS 7 (1930) 153—158

F. P. Hager, Episteme: HWP 2, 1972, 588—593

D. Guerrière, The Aristotelian conception of episteme: Thom. 39 (1975) 341—348

  v. παιδία: Harnack/1918
    σοφία: Snell/1922
    ἐντολή: Drescher/1969
    γνῶσις: Lesher/1969
    πίστις: Ebert/1974

ἐπιστημονάρχης

  v. ἐπιστήμη: Stephanides/1930

ἐπιστρέφειν

P. Aubin, L'emploi des mots ἐπιστρέφειν et ἐπιστροφή dans la littérature chrétienne des trois premiers siècles. Contribution à la théologie de la conversion, Diss. Paris 1960

P. Aubin, Le problème de la «conversion». Etude sur un thème commun à l'héllénisme et au christianisme des trois premiers siècles, Paris 1963

J. W. Heikkinen, Notes on "Epistrepho" and "Metanoeo": Er. 19 (1967) 313—316

ἐπιστροφή

P. Hadot, «Epistrophe» et μετάνοια dans l'histoire de la philosophie, in: Actes XI. Congrès internat. Philosophie, Brüssel 1953, XII, 31—36

A. D. Nock, Bekehrung: RAC 2, 1954, 105—118

A. Méhat, Pour l'histoire du mot ἐπιστροφή. Aux origines de l'idée de conversion (Résumé): REG 68 (1955) 9

  v. ἐπιστρέφειν: Aubin/1960

ἐπιτήδειος

  v. οἰκεῖος: Eernstman/1932

ἐπιτηδειότης

R. B. Todd, Epitedeiotes in philosophical literature — Towards an analysis: ACl 15 (1972) 25—35

ἐπιτριβή
A. d'Alès, Glanes d'exégèse patristique: REG 34 (1921) XLVII

ἐπιτροπή
D. Baker, Die attische δίκη ἐπιτροπῆς: ZSRG.R 85 (1968) 30–93

ἐπιτυγχάνειν
R. A. Bower, The meaning of ἐπιτυγχάνω in the Epistles of St. Ignatius of Antioch: VigChr 28 (1974) 1–14

ἐπιφάνεια
F. Pfister, Epiphanie: PRE Suppl. 4, 1924, 277–323

Chr. Mohrmann, Epiphania: RSPhTh 37 (1953) 644–670 = diess., Études sur le latin des Chrétiens, I, Rom 1958, 245–275

E. Pax, Epiphaneia. Ein religionsgeschichtlicher Beitrag zur biblischen Theologie, Münster 1955

J. Daniélou, Les origines de l'Epiphanie et les Testimonia: RSR 52 (1964) 538–553 = ders., Etudes d'exégèse judéo-chrétienne (Les testimonia), Paris 1966, 15–27

A. J. Vermeulen, Le développement sémasiologique d'ἐπιφάνεια et la fête de l'Epiphanie, in: GLCP, Suppl. 1, Nimwegen 1964, 9–44

D. Luehrmann, Epiphaneia. Zur Bedeutungsgeschichte eines griechischen Wortes, in: Festsch. K. G. Kuhn, hrg. v. G. Jeremias, Göttingen 1971, 185–199

ἐπιχαιρεκακία
v. φθόνος: Stevens/1948

ἔπος
E. Hofmann, Qua ratione ἔπος, μῦθος, αἶνος, λόγος . . . in antiquo Graecorum sermone . . . adhibita sint, Göttingen 1922

ἐποχή
P. Couissin, L'origine et l'évolution de l'ἐποχή: REG 42 (1929) 373–397

M. Hessenfelder, Epoche I: HWP 2, 1972, 594–595

ἐρᾶν
J. E. Steinmueller, Ἐρᾶν, φιλεῖν, ἀγαπᾶν in Extrabiblical and Biblical Sources: StAns 27/28 (1951) 404–423

v. ἀγάπη: Spicq/1955

ἔργον

H. R. Immerwahr, History as a Monument in Herodotus and Thucydides: AJP 81 (1960) 261—290

J. C. Davies, Aristotle's conception of 'function' and its relation to his empirism: EM 37 (1969) 55—62

v. *πρᾶξις:* Hintikka/1973

ἔρημος

K. Bosl, ῎Ερημος-Eremus. Begriffsgeschichtliche Bemerkungen zum historischen Problem der Entfremdung und Vereinsamung des Menschen: ByF 2 (1967) 73—90 (Festsch. F. Dölger, Polychordia, II)

ἔρις

v. *αἰδώς:* Péron/1976

ἑρμένεια

H. E. H. Jaeger, Studien zur Frühgeschichte der Hermeneutik: ABG 18, 1974, 35—84

v. *ἐξήγησις:* Lawlor/1922

ἔρως

A. von Harnack, Der „Eros" in der alten christlichen Literatur, SPAW 1918, 5, 81—94

G. Horn, Amour et extase d'après Denys l'Aréopagite: RAM 6 (1925) 278—289

A. Nygren, Eros und Agape. Gestaltwandlungen der christlichen Liebe, 2 Bde, Gütersloh 1930 und 1937

G. Horn, L'amour divin. Note sur le mot «eros» chez S. Grégoire de Nysse: RAM 16 (1935) 378—389

C. C. Richardson, Love, Greek and christian: JR 22 (1943) 173—185

H. C. Graef, ῎Ερως et ᾽Αγάπη: VS.S 4 (1949/50) 99—105

A. Nygren, Eros and Agape, London 1953

H. Kuhn, Eros, Philia, Agape: PhR 2 (1954) 140—160; 4 (1956) 182—192

A. H. Armstrong, Platonic eros and Christian agape: DR 79 (1960/61) 105—127

J. M. Rist, Eros and Psyche. Studies in Plato, Plotinus and Origen, Toronto 1964

J. M. Rist, A Note on Eros and Agape in Pseudo-Dionysius: VigChr 20 (1966) 235—243

C. Schneider, Eros I (literarisch): RAC 6, 1966, 306–312

D. A. Hyland, Ἔρως, Ἐπιθυμία and Φιλία in Plato: Phron. 13 (1968) 32–46

    v. ἀγάπη: Spicq/1955

ἔσχατον

    v. εὐδαιμονία: Cooper/1975

ἔσω ἄνθρωπος

    v. παιδία: Harnack/1918

ἑταῖρος

    v. οἰκεῖος: Eernstman/1932

ἔτυμος

T. Krischer, Ἔτυμος und ἀληθής: Ph. 109 (1965) 161–174

εὖ δρᾶν

    v. τῦφος: Braun/1973

εὖ πράττειν

    v. τῦφος: Braun/1973

εὐαγγέλιον

M. Burrows, The Origine of the Term "Gospel": JBL 44 (1925) 21–33

O. Piper, The Nature of the Gospel according to Justin Martyr: JR 41 (1961) 155–168

    v. διδαχή: Wood/1959

εὐβουλία

F. J. Holtkemper, Eubulie: HWP 2, 1972, 818–819

    v. ὄρεξις: Radermacher/1973

εὐδαιμονία

W. Himmerich, Eudaimonia. Die Lehre des Plotin von der Selbstverwirklichung des Menschen: FNPG 13, 1959, 216ff

G. Mueller, Probleme der aristotelischen Eudaimonielehre: MH 17 (1960) 121–143

H. Musurillo, The illusion of prosperity in Sophocles and Gregory of Nyssa: AJP 82 (1961) 182–187

W. Pesendorfer, Zum Begriff der Eudaimonie bei Aristoteles, Diss. Wien 1971

J. Ritter, Glück, Glückseligkeit. I. Antike: HWP 3, 1974, 679–691
G. S. Bebis, The Concept of εὐδαιμονία in the Fathers of the Eastern Church: Kl. 7 (1975) 1–7
J. M. Cooper, Reason and human good in Aristotle, Cambridge Mass./London 1975
   v. *φιλία:* Vlastos/1973

εὐδαίμων

v. *μάκαρ:* de Heer/1969

εὐδοκία

E. R. Smothers, Ἐν ἀνθρώποις εὐδοκίας: RSR 24 (1934) 86–93

εὐεργέτης

E. Skard, Zwei religiös-politische Begriffe: euergetes/concordia, Oslo 1932
B. Koetting, Euergetes: RAC 6, 1966, 848–860
A. P. dell'Acqua, Euergetes: Aeg. 56 (1976) 177–191
   v. *σωτήρ:* Nock/1951

εὐθανασία

P. Villard, Reflexions sur un mot à retrouver. L'euthanasie est-elle l'euthanasia?: Provhist 25 (1975) 159–168

εὐθηνία

J. Triantaphyllopoulos, Εὐθηνία: REG 80 (1967) 353–362

εὐθυμία

A. Weische, Gleichmut: HWP 3, 1974, 672–673

εὐκοσμία

B. K. Gold, Εὐκοσμία in Euripides' Bacchae: AJP 98 (1977) 3–15

εὐκτήριον

S. Salaville, Eukterion au sens de monastère: EOr 21 (1922) 162–164
G. J. M. Bartelink, Maison de prière comme dénomination de l'église en tant qu'édifice, en particulier chez Eusèbe de Césarée: REG 84 (1971) 101–118

εὐλάβεια

K. Kerényi, Εὐλάβεια. Über einen Bedeutungswandel des lat. Wortes religio: BNGJ 8 (1931) 306–316
   v. *θρησκεία:* Van Herten/1934

εὐλογία

G. M. Gagov, Un significato poco noto del termino eulogia: MF 55 (1955) 387–394

A. Stuiber, Eulogia: RAC 6, 1966, 900–928

v. *ἀποφόρητον:* Voelkl/1954

εὔνοια

J. de Romilly, Eunoia in Isocrates or the Political Importance of Creating Good Will: JHS 78 (1958) 92–101

εὐνομία

V. Ehrenberg, Eunomia, in: Charisteria Rzach, Reichenberg 1930, 16–29

A. Andrewes, Eunomia: CQ 32 (1938) 89–102

H. J. Erasmus, Εὐνομία: ACl 3 (1960) 54–64

E. Pax, Eunomia, in: Studi in onore di G. Rinaldi, Genua 1967, 389–430

εὐπάρθενος

D. J. Georgacas, From the history of the Greek language: εὐπάρθενος etc, in: Festsch. A. Keramopoulos, 1953, 321–341

εὐπρόσωπος

N. A. Bees, Über den Bedeutungswandel von εὐπρόσωπος: WSt (1918) 80

εὕρεσις

Kl. Thraede, Das Lob des Erfinders. Bemerkungen zur Analyse der Heuremata-Kataloge: RMP 105 (1962) 158–186

εὐσέβεια

D. Loenen, Eusebeia en de kardinale deugden. Een studie over de functie van eusebeia in het leven der Grieken en haar verhouding tot de ethiek, MNAW 23,4, Amsterdam 1960

D. Kaufmann-Buehler, Eusebeia: RAC 6, 1966, 985–1052

S. M. Cohen, Sokrates on the Definition of Piety: Euthyphro 10 A–11 B: JHP 9 (1971) 1–13

J. Ibáñez, Naturaleza de la εὐσέβεια en S. Atanasio: ScrTh 3 (1971) 31–73

J. Ibáñez/F. Mendoza, Naturaleza de la εὐσέβεια en Gregorio de Nisa: RET 33 (1973) 339–362

J. Ibáñez/F. Mendoza, El tema literario de la "eusebeia" en Clemente Alejandrino: TE 17 (1973) 231–260

J. Ibáñez/F. Mendoza, Naturaleza de la εὐσέβεια en Gregorio de Nisa, in: Gregor von Nyssa und die Philosophie, hrg. v. H. Doerrie usw., Leiden 1976, 261–277

εὐσεβής

W. J. Terstegen, Εὐσεβής en ὅσιος in het grieksch taalgebruik na de IVᵉ eeuw, Diss. Utrecht 1941
 v. *ὅσιος:* Bolkestein/1936
 δίκαιος: Dihle/1968

εὐτελής

 v. *ἁπλοῦς:* Vischer/1965

εὐτραπέλεια

H. Rahner, Eutrapeleia: DSp 4, 1961, 1726–1729

εὐτυχής

 v. *μάκαρ:* de Heer/1969

εὐφημία

G. Balharek, Εὐφημία, εὐφημισμός in der Antike und neuzeitlicher Gebrauch des Terminus Euphemismus, Diss. Heidelberg 1958

εὐφημισμός

 v. *εὐφημία:* Balharek/1958

εὐφημιστοί

D. A. Petropoulos, Εὐφημιστοί: Hell. 24 (1971) 337–350

εὐφροσύνη

A. J. Festugière, Notules d'Exégèse. Εὐφροσύνη, Μυστήριον, Κύριος: RSPhTh 23 (1934) 359–362 und 588–589

εὐχαριστεῖν

J. P. Audet, Esquisse historique du genre littéraire de la bénédiction juive et de l'eucharistie chrétienne: RB 65 (1958) 371–399

εὐχαριστήρια

H. Schwarzmann, Zum Begriff der Eucharisteria in der griechischen Markusliturgie, in: Festsch. F. Tillmann, Düsseldorf 1950, 468 bis 476

εὐχαριστία

F. Cabrol, Eucharistie: DACL 5, 1922, 686−692

F. E. Vokes, Eucharistia: Her. 92 (1958) 31−44

P. M. Gy, Eucharistie et ecclesia dans le premier vocabulaire de la liturgie chrétienne: MD 130 (1977) 19−34

   v. *εὐχαριστεῖν:* Audet/1958

εὔχεσθαι

Zs. Ritoók, Εὔχομαι (deutsch, mit russ. Résumé): AAH 3 (1955/6) 288−299

A. Corlu, Recherches sur les mots relatifs à l'idée de prière d'Homère aux tragiques, Paris 1966

A. W. H. Adkins, Εὔχομαι, εὐχωλή and εὖχος in Homer: CQ 19 (1969) 20−33

J. L. Perpillou, Signification du verbe εὔχομαι dans l'épopée, in: Mélanges P. Chantraine, Paris 1972, 169−182

E. von Severus, Gebet I: RAC 8, 1972, 1134−1258

   v. *σπένδεσθαι:* Citron/1965

εὖχος

   v. *κλέος:* Greindl/1938

ἔφεσις

E. Ruschenbusch, Ἔφεσις: ZSRG.R 78 (1961) 386−390

ἐφήμερος

H. Fraenkel, Man's "ephemeros" nature according to Pindar and others: TPAPA 77 (1946) 131−145

H. Fraenkel, Ἐφήμερος als Kennwort für die menschliche Natur, in: ders., Wege und Formen frühgriechischen Denkens, hrg. von F. Tietze, München 1955, 23−39

ἔχειν

G. Cuendet, A propos du verbe ἔχειν et de sa traduction: Rev. Etudes indoeuropéennes 1938, 381−400

N. Fujisawa, Ἔχειν, μετέχειν, and idioms of "Paradeigmatism" in Plato's Theory of Forms: Phron. 19 (1974) 30−58

Z

ζῆλος

B. Reicke, Diakonie, Festfreude und Zelos in Verbindung mit der altchristlichen Agapenfeier, Uppsala 1951, 231–393

I. M. Sans, La envidia primigenia del diablo según la patrística primitiva, EstOn 3,6, 1963

ζηλωτής

K. Wegenast, Zeloten: PRE 2. Reihe 18, 1967, 2474–2499

ζημία

v. *ἱστορεῖν:* Szemerényi/1972

ζῆν τῷ θεῷ

F. Barberet, La formule ζῆν τῷ θεῷ dans le Pasteur d'Hermas: RSR 46 (1958) 379–407

ζητεῖν

E. des Places, La langue philosophique de Platon: SicGym 14 (1961) 71–83

ζήτησις

J. Daniélou, Recherche et tradition chez les Pères, in: TU 115, 1975, 3–13

ζωή

G. Gruber, Ζωή: Wesen, Stufen und Mitteilung des wahren Lebens bei Origenes, MThS 23, München 1962

G. Ph. Kostaras, Der Begriff des Lebens bei Plotin, Hamburg 1969

S. Zañartu, El concepto de ζωή en Ignacio de Antioquia, Madrid 1977

v. *δικαιοσύνη:* Hill/1967
esse: Hadot/1968
βίος: Gangutia Elícegui/1969

7*

ζώνη
K. Abel, Zone: PRE Suppl. 14, 1974, 989—1188

ζωοποιεῖν
v. *κύριος:* Montevecchi/1957

ζωοποιεῖσθαι
v. *παιδία:* Harnack/1918

H

ἡγεμονικόν

J. Schneider, Πνεῦμα ἡγεμονικόν: ZNW 34 (1935) 62−69
Fr. Adorno, Sul significato del termine ἡγεμονικόν in Zenone stoico: ParPass 14 (1959) 26−41
Th. Kobusch, Hegemonikon: HWP 3, 1974, 1030−1031

ἡγεμών

v. δουλεία: Oliver/1955

ἡδονή

H. G. Gadamer, Das Wesen der Lust nach den platonischen Dialogen, Diss. Marburg 1922
G. Lieberg, Die Stellung der griechischen Philosophie zur Lust: Gym. 66 (1959) 128−137
J. Haussleiter, Vorstufen des Gottgenießens in der griechischen Philosophie: FuF 36 (1962) 49−51
R. P. Haynes, The Theory of Pleasure of the old Stoa: AJP 83 (1962) 412−419
A. Hermann, Untersuchungen zu Platons Auffassung von der Hedone. Ein Beitrag zum Verständnis des platonischen Tugendbegriffs, Hyp. 35, Göttingen 1972
Ch. G. Soteropoulos, Ἡδονή − ὀδύνη κατὰ τὸν ῞Αγιον Μάξιμον τὸν ῾Ομολογήτην: Ekkl (A) 50 (1973) 531−532 und 577−578
H. G. Ingenkamp, Untersuchungen zu Platons Auffassungen von der Hedone, Göttingen 1974
F. Ricken, Der Lustbegriff in der Nikomachischen Ethik des Aristoteles, Hyp. 46, Göttingen 1976; v. Selbstanzeige ABG 21, 1977, 157−159

ἡδύ

F. P. Hager, Angenehm: HWP 1, 1971, 303−306

ἠθοποιία

H. M. Hagen, Ἠθοποιία. Zur Geschichte eines rhetorischen Begriffs, Diss. Erlangen/Nürnberg 1967

ἦθος

J. Schmidt, Ethos. Beiträge zum antiken Wertempfinden, Borna/ Leipzig 1941

E. Schuettrumpf, Die Bedeutung des Wortes ēthos in der Poetik des Aristoteles, Zet. 49, München 1970; v. Selbstanzeige ABG 16, 1972, 136

G. Funke, Ethos: HWP 2, 1972, 812−815.

J. Vogt, Von der Ethik zur Ethologie. Aussagen zur Begriffsge- schichte: Gym. 82 (1975) 331−338

   v. φύσις: Thimme/1935
    ἔθος: Eberle/1938
    ἕξις: Funke/1958
    consuetudo: Funke/1961
    ἀγωγή: García López/1969

ἤλεκτρον

L. Deroy/R. Halleux, A propos du grec ἤλεκτρον «ambre» et «or blanc»: Glotta 52 (1974) 36−52

ἡλικία

J. R. Buismann, Ἡλικία: NedThT 19 (1930) 139−145

ἡμέρα

A. J. Windekens, Over de semantische Ontwikkeling in grieksch ἡμέρα „dag", in: Philologische Studiën 11/2 (1939/40) 25−38

ἦν πότε ὅτε οὐκ ἦν ὁ υἱός

E. P. Meijering, Ἦν πότε ὅτε οὐκ ἦν ὁ υἱός. A Discussion on Time and Eternity: VigChr 28 (1974) 161−168 = ders., God Being History, Amsterdam/Oxford 1975, 81−88

ἤπιος

M. Lacroix, Ἤπιος, νήπιος, in: Mélanges A. M. Desrousseaux, Paris 1937, 261−272

ἠπιότης

   v. χρηστότης: Spicq/1947

ἥρως

R. Rieks, Held, Heros I: HWP 3, 1974, 1043−1045

ἡσυχία

I. Hausherr, L'hésychasme. Etude de spiritualité: OrChrP 22 (1956) 5−40 und 247−285

P. Adnès, Hésychasme. 1. Sens du mot Hésychia: DSp 7, 1969, 382—384

J. Meyendorff, L'hésychasme. Problèmes de sémantique, in: Mélanges Ch. Puech, Paris 1974, 543—547

ἦτος

T. Bolelli, Il valore semasiologico delle voci ἦτος, κῆϱ e καϱδίη nell'epos omerico: ASNSP 17 (1948) 65—75

Θ

θάνατος

E. Christen, Θάνατος und die ihm zugeordneten Begriffe beim hl. Justin, Diss. Pont. Univ. Greg., Rom 1962

I. Mossay, La mort et l'au-delà dans Saint Grégoire de Nazianze, Löwen 1966

θαρρεῖν

R. Joly, L'exhortation au courage (θαρρεῖν) dans les Mystères: REG 68 (1955) 164−180

θαῦμα

A. H. Ballina, Anotaciones filológicas y semánticas sobre el término θαῦμα: Studium Ovetense (Oviedo) 1 (1973) 7−53

v. *ἀκατάληπτος:* Daniélou/1950
θηεῖσθαι: Mette/1960

θαυμάζειν

G. Godin, La notion d'admiration: LTP 17 (1961) 35−75

P. P. Bratsiotis, Τὰ ῥήματα „θαυμάζειν" καὶ „ἄγασθαι" μετ' ἀλαφεμφάτου παρὰ Ξενοφῶντα, in: Festsch. I. I. Kourveris, 1964, 239−250

C. García Gual, Sobre el θαυμάζειν del filósofo, in: Actas III. congr. espag. Est. clas., II, Madrid 1968, 195−200

A. A. Roig, Sobre el asombro en los diálogos platónicos, in: Actas del primer Simp. nat. Est. clas., Mendoza 1972, 241−256

v. *θηεῖσθαι:* Mette/1960

θέαμα

v. *θηεῖσθαι:* Mette/1960

θεανδρική ἐνέργεια

A. Michel, Théandrique (opération): DThC 15,1, 1946, 205−216

θεᾶσθαι

L. Massa Positano, Θεάομαι e Θεάω: GIF 8 (1955) 349−358

θεία

D. Bremer, Theia bei Pindar – Mythos und Philosophie: AuA 21 (1975) 85–96

θεία μοῖρα

E. G. Berry, The history and development of the concept of θεία μοῖρα and θεία τύχη down to and including Plato, Chicago 1940

P. Impara, Θεία μοῖρα e ἐνθουσιασμός in Platone: Proteus 4 (1973) 41–56

θεία τύχη

v. *θεία μοῖρα:* Berry/1940

θεῖον

v. *φύσις:* Mondolfo/1935
θεός: Else/1949
θεός: Townsley/1975

θεῖος

R. Mugnier, Le sens du mot θεῖος chez Platon, Paris 1930

J. Van Camp/P. Canart, Le sens du mot theios chez Platon, Löwen 1956

G. Soleri, Il significato di theios in Platone: RSC 5 (1957) 269–286

H. Gundert, Θεῖος im politischen Denken Platons, in: Politeia und res publica, Gedenkschrift R. Stark, Wiesbaden 1969, 91–107

v. *κύριος:* Montevecchi/1957

θεῖος ἀνήρ

L. Bieler, Θεῖος ἀνήρ. Das Bild des „göttlichen Menschen" in Spätantike und Frühchristentum, Wien 1935

C. R. Holladay, Theios aner in hellenistic-Judaism. A critique of the use of this category in NT Christology, Missoula/Montana 1977

θέλειν

v. *βούλεσθαι:* Braun/1938/9
βούλεσθαι: Joüon/1940

θέμις

H. Vos, Θέμις, Diss. Utrecht 1956

θεοειδής

P. Heidrich, Gottförmig: HWP 3, 1974, 835–836

θεοκάπηλος

G. J. M. Bartelink, Θεοκάπηλος et ses synonymes chez Isidore de Péluse: VigChr 12 (1958) 227–231

θεολογεῖν

v. *θεολογία:* Kattenbusch/1930
θεολογία: Skouteris/1972

θεολογία

J. Stiglmayr, Mannigfache Bedeutung von „Theologie" und „Theologen": ThGl 11 (1919) 296–309

P. Batiffol, Theologia, Theologie: EThL 5 (1928) 205–220

F. Kattenbusch, Die Entstehung einer christlichen Theologie. Zur Geschichte der Ausdrücke θεολογία, θεολογεῖν, θεολόγος: ZThK 11 (1930) 161–205 = Darmstadt 1962, Wissenschaftliche Buchgesellschaft 6, libelli 69

M. Rothenhaeusler, La doctrine de la «Theologia» chez Diadoque de Photicé: Irén. 14 (1937) 536–553

M. J. Congar, Théologie. I. Introduction: le mot: DThC 15,1, 1946, 341–346

J. de Ghellinck, A propos des sens du mot «theologia», in: Le mouvement théologique du XIIᵉ siècle, Brüssel/Paris 1948, 91–93 (Append. I)

R. Roques, Note sur la notion de theologia chez le pseudo-Denys l'Aréopagite: RAM 25 (1949) 200–212

V. Goldschmidt, Theologia: REG 63 (1950) 20–42

W. Marcus, Der Subordinationismus als historiologisches Phänomen, München 1963

G. Mantzaridis, Ἡ ἔννοια τῆς θεολογίας. Résumé en français: Kl. 1 (1969) 103–120

K. Baerthlein, Θεολογία: JAC 15 (1972) 181–185

K. B. Skouteris, Le sens des termes «theologia», «theologein» et «theologos» dans l'enseignement des Pères et écrivains ecclésiastiques grecs jusqu'aux Cappadociens (griech.), Athen 1972

B. D. Dupuy, Aux origines de la notion de théologie: Prophétie et théologie chez Clément d'Alexandrie, in: Le Service théologique dans l'Église, Festsch. Y. Congar, Paris 1974, 151–162

R. Flacellière, La théologie selon Plutarque, in: Mélanges P. Boyancé, Rom 1974, 273–280

R. Bodéüs, En marge de la «théologie» aristotélicienne: RPL 73 (1975) 5–33

θεολόγος

L. Ziehen, Θεολόγος: PRE 2. Reihe 10, 1934, 2031–2033
v. θεολογία: Stiglmayr/1919
θεολογία: Batiffol/1928
θεολογία: Kattenbusch/1930
θεολογία: Skouteris/1972

θεονίκητος

P. Parente, Uso e significato del termine θεονίκητος nella controversia monotelitica: REByz 11 (1953) 241–251

θεοποιεῖν

J. Gross, La divinisation du chrétien d'après les Pères grecs, Paris 1938

I. H. Dalmais, Divinisation II, Patristique Grecque: DSp 3, 1957, 1376–1389

θεοποιεῖσθαι

v. παιδία: Harnack/1918

θεοπρεπής

H. A. Reiche, A history of the concepts θεοπρεπές and ἱεροπρεπές: HSCP 62 (1957) 148–151

O. Dreyer, Untersuchungen zum Begriff des Gottgeziemenden in der Antike mit besonderer Berücksichtigung Philos von Alexandrien, Spudasmata 27, Hildesheim/New York 1970

θεός

J. B. Wimmer, Die Etymologie des Wortes θεός: ZKTh 43 (1919) 193–212

W. Trellwitz, Griechisch θεός und die θεσ- beginnenden Wörter bei Homer, in: Festsch. A. Bezzenberger, Göttingen 1921, 121–126

O. Eissfeldt, Vom Werden der biblischen Gottesanschauung und von ihrem Ringen mit dem Gottesgedanken der griechischen Philosophie, Hallische Universitätsreden 42, 1929

A. d'Alès, Theos. En marge d'un dictionnaire grec: Études 233 (1937) 75–78

F. Kuhr, Die Gottesprädikation bei Philo von Alexandrien, Diss. Marburg 1944

G. F. Else, God and gods in early Greek Thought: TPAPA 80 (1949) 24–36

G. Piccoli, Gr. θεός, lat. deus. Ricerche etimologiche: RFIC 28 (1950) 223–228

J. Svennung, Zum Gebrauch des Wortes „Gott" in der Anrede in Griechisch und Latein, in: Misc. E. Hjärne, Uppsala 1952, 123–132

G. François, Le polythéisme et l'emploi en singulier des mots θεός et δαίμων, Paris 1958

I. Opelt, Christianisierung heidnischer Etymologien: JAC 2 (1959) 70–85

A. Brelich, A proposito del significato di „theos": SMSR 33 (1962) 44–50

C. Gallavotti, Morfologia di „theos": SMSR 33 (1962) 25–43

I. Opelt, The christianisation of Pagan Etymologies, in: TU 80, 1962, 532–540

J. O'Callaghan, El nombre de Dios en las cartas cristianas griegas del siglo VI: StPapy 2 (1963) 97–124

F. Sola, El uso del artículo delante de las palabras θεός y κύριος en las cartas cristianas griegas del siglo V, in: Atti XI. congr. di Papirologia, Mailand 1965, hrg. 1966, 126–134

L'analisi del linguaggio teologico. Il nome di Dio, in: AF, Padua 1969

B. A. Mastin, The Imperial cult and the ascription of the title θεός to Jesus (John XX,28), in: StEv 6, TU 112, 1973, 352–365

W. Burkert, Gott, I. Antike: HWP 3, 1974, 721–725

A. L. Townsley, Origen's θεός, Anaximander's τὸ θεῖον and a Series of worlds. Some Remarks: OrChrP 41 (1975) 140–149

v. *ἀναλογία:* Vuillemin/1967

θεὸς σωτήρ

H. Linssen, Θεὸς σωτήρ. Die Entwicklung und Verbreitung einer liturgischen Formelgruppe, JLW 8, Münster 1929

θεὸς ὕψιστος

M. Simon, Theos hypsistos, in: Studia G. Widengren obl., Leiden 1972, 372–385

P. Boyancé, Le Dieu très haut chez Philon, in: Mélanges d'histoire des religions offerts à H. Ch. Puech, Paris 1974, 139–149

θεὸς φιλάνθρωπος

M. Zitnik, Θεὸς φιλάνθρωπος bei Johannes Chrysostomus: OrChrP 41 (1975) 76–118

θεόν ἔχειν

H. Hanse, „Gott haben" in der Antike und im frühen Christentum, Berlin 1939, RVV 27, 108–115

θεοῦ φωνή

F. J. Doelger, Θεοῦ φωνή: Die „Gottesstimme" bei Ignatius von Antiochien, Kelsos und Origenes: AuC 5 (1936) 218–223

θεοσεβής

v. *φοβούμενοι τὸν θεόν:* Siegert/1973

θεότης

A. Horstmann, Gottheit I, 1–2: HWP 3, 1974, 836–838

θεοτόκος

H. Rahner, Hippolyt von Rom als Zeuge für den Ausdruck θεοτόκος: ZKTh 59 (1935) 73–81

F. J. Doelger, Zum Theotokos-Namen: AuA 5 (1936) 152

H. Rahner, Probleme der Hippolytüberlieferung. Zum Zeugnis Hippolyts von Rom für den Ausdruck θεοτόκος: ZKTh 60 (1936) 577–590

G. Giamberardini, „Sub tuum praesidium" e il titulo „Theotokos" nella tradizione egiziana: Mar. 31 (1969) 324–362

θεοῦσθαι

v. *θεοποιεῖν:* Dalmais/1957

θεοφιλία

F. Dirlmeier, Θεοφιλία – Φιλοθεία: Ph. 90 (1935) 57–77 und 176–193

M. Vidal, La θεοφιλία dans la pensée religieuse des Grecs: RSR 47 (1959) 161–185

θεόφιλος

v. *τῦφος:* Braun/1973

θεοφόροι

v. *παιδία:* Harnack/1918

θεραπευτής

H. G. Schwenfeld, Zum Begriff ‚Therapeutai' bei Philo von Alexandrien: RdQ 3 (1961) 219–240

θεράπων

v. *δοῦλος:* Gschnitzer/1976

θέσις

H. Throm, Die Thesis. Ein Beitrag zu ihrer Entstehung und Geschichte, Paderborn 1932

θεσμός

K. Latte, Θεσμός: PRE 2. Reihe 11, 1936, 31−33

θεωρεῖν

v. πράττειν: Morselli/1931
ὁρᾶν: Thordarson/1971

θεωρία

A. Vaccari, La θεωρία nella scuola esegetica di Antiochia: Bib. 1 (1920) 1−36

E. von Dobschuetz, Vom vierfachen Schriftsinn. Die Geschichte einer Theorie, in: Harnack-Ehrung, Leipzig 1921, 1−13

A. Vaccari, La „teoria" ascetica antiochena: Bib. 15 (1934) 94−101

A. J. Festugière, Contemplation et vie contemplative selon Platon, Paris 1937

I. Lemaître, La contemplation chez les Grecs et les autres Orientaux: RAM 26 (1950) 121−172

F. A. Seisdedos, La "teoria" antioquena: EstB 11 (1952) 31−67

R. Arnou, Contemplation A II: la contemplation chez les anciens philosophes du monde gréco-romain: DSp 2, 1953, 1716−1742

J. Lemaître/R. Roques/M. Viller, Contemplation A. III. Contemplation chez les Grecs et les autres orientaux chrétiens, 1. Étude de vocabulaire: DSp 2, 1953, 1762−1787

J. Lemaître, Contemplation A III 3. La contemplation ou «science véritable»: DSp 2, 1953, 1801−1855

R. Roques, Contemplation A III E. Contemplation, extase et ténèbre chez le Pseudo-Denys: DSp 2, 1953, 1885−1911

S. Rendina, La contemplazione negli scritti di San Basilio Magno, Rom 1959

D. Emmet, Theoria and the way of Life: JThS 17 (1966) 38−52

G. Redlow, Theoria. Theoretische und praktische Lebensauffassung im philosophischen Denken der Antike, Berlin 1966

C. J. De Vogel, Een bundel opstellen over de Griekse Wijsbegeerte, Assen 1967

J. Daniélou, La θεωρία chez Grégoire de Nysse, in: TU 108, 1972, 130−145 = Théorie, in: ders., L'être et le temps chez Grégoire de Nysse, Leiden 1970, 1−17

J. P. Anton, Tragic vision and philosophic θεωρία in classical Greece (mit griechischer Zusammenfassung): Diotima (Athen) 1 (1973) 11–31 und 225–226

O. Gigon, Theorie und Praxis bei Plato und Aristoteles: MH 30 (1973) 65–87 und 144–165

L. Ruggiu, Teoria e prassi in Aristotele, Neapel 1973

M. Kertsch, Gregor von Nazianz' Stellung zu Theorie und Praxis aus der Sicht seiner Reden: Byz. 44 (1974) 282–289

T. Spidlik, La θεωρία et la πρᾶξις chez Grégoire de Naziance, in: TU 117, 1976, 358–364

v. πρᾶξις: Arnou/1921
ἀλληγορεῖν: Bate/1923
θεωρός: Koller/1957/8
ἀκοή: Escribano Alberca/1966
λόγος: Dalmais/1967

θεωρός

H. Koller, Theoros und Theoria: Glotta 36 (1957/8) 273–286

θέωσις

M. Lot-Borodine, La doctrine de la déification dans l'Église grecque jusqu'au XIᵉ siècle: RHR 105 (1932) 5–43; 106 (1933) 525–574

P. B. T. Bilaniuk, The mystery of theosis or divinization: OrChrA 195 (1973) 337–359

θηεῖσθαι

H. J. Mette, Schauen und Staunen: Glotta 39 (1960) 49–71

θρησκεία

J. Van Herten, Θρησκεία. Bijdrage tot de kennis der religieuse terminologie in het Grieksch. With a Summary in English, Diss. Utrecht 1934

L. J. Philippidis, Θρησκεία. Ein Versuch einer endgültigen Etymologie des Wortes: Theol(A) 32 (1961) 5–11

θυμοειδής

W. Jaeger, A new Greek Word in Plato's Republic. The Medical Origin of the Theory of the θυμοειδές: Er. 44 (1946) 123–130

E. L. Harrison, The origin of θυμοειδές: ClR NF 3 (1953) 138–140

θυμός

V. Magnien, Quelques mots du vocabulaire grec exprimant des opérations ou des états d'âmes: REG 40 (1927) 117–141

F. Ruesche, Blut, Leben und Seele. Ihr Verhältnis nach Auffassung der griechischen und hellenistischen Antike, der Bibel und der alten alexandrinischen Theologen. Eine Vorarbeit zur Religionsgeschichte des Opfers, SGKA 5, Paderborn 1930

v. *ψυχή:* Schick/1948

φρένες: Onians/1952

θυσία

J. Casabona, Recherches sur le vocabulaire des sacrifices en grec, des origines à la fin de l'époque classique: Annales fac. lettres, sciences humaines d'Aix, 1966

ἰδέα

E. Panofsky, Idea: SBW 5, 1924, zweite verb. Aufl. Berlin 1960
P. Bieri, Zur Geschichte des Begriffsproblems: StGen 19 (1966)
462—476
H. Meinhardt, Idee I: HWP 4, 1976, 55—65

   v. *εἶδος:* Brommer/1940
     εἶδος: Diller/1971
     εἶδος: Innocenti/1972
     εἶδος: Sandoz/1972

ἰδέα τοῦ ἀγαθοῦ

E. De Stricker, L'idée du bien dans la République de Platon. Données philologiques et signification philosophique: AnCl 39 (1970)
450—467

ἰδεῖν

J. Bechert, Die Diathesen von ἰδεῖν und ὁρᾶν in Homer, München
1965

ἴδιον

   v. *διαφορά:* Maróth/1975

ἰδιώτης

G. Oury, Idiota 1—4: DSp 7, 1971, 1242—1244

ἱεραρχία

R. Roques, La notion de Hiérarchie selon le Pseudo-Denys: AHDL
17 (1949) 183—222; 18 (1950/1) 5—44
E. von Ivánka, „Teilhaben", „Hervorgehen" und „Hierarchie" bei
Pseudo-Dionysios und bei Proklos, in: Actes XIᵉ congr. internat.
de philos., XII, Amsterdam/Löwen 1953, 153—158
R. F. Hathaway, Hierarchy and the Definition of Order in the
Letters of Pseudo-Dionysius. A Study in the Form and Meaning
of the Pseudo-Dionysian Writings, Den Haag 1969

B. Brons, Gott u. die Seienden, Unters. z. Verhältnis von neuplat. Metaphysik u. christl. Trad. b. Dionysios Areop., Göttingen 1976

ἱερεύς

A. Quacquarelli, L'epiteto sacerdote (ἱερεύς) ai cristiani in Giustino Martire (Dial 116,3): VetChr 7 (1970) 5–19

ἱερόν

P. Joüon, Les mots employés pour désigner le temple dans l'Ancien Testament, le Nouveau Testament et Josèphe: RSR 25 (1935) 329–343

v. *διατριβή:* Pelletier/1967

ἱεροπρεπής

v. *θεοπρεπής:* Reiche/1957

ἱερός

J. Duchesne-Guillemin, Gr. ἱερός – skr. isira: AlPh 5 (1937) 333–338
A. Pagliaro, Riflessi linguistici della nozione di sacro in Grecia: SMSR 21 (1947/8) 32–57
P. Martitz von Wuelfling, Ἱερός bei Homer und in der älteren griechischen Literatur: Glotta 38 (1959/60) 272–307
P. Ramat, Gr. ἱερός, scr. isiráh e la loro famiglia lessicale: Die Sprache (Wien) 8 (1962) 4–28
J. P. Locher, Untersuchungen zu ἱερός hauptsächlich bei Homer, Diss. Bern 1963

ἱκέτης

v. *θρησκεία:* Van Herten/1934

ἱλάσκεσθαι

C. H. Dodd, Ἱλάσκεσθαι, its cognates, derivates and synonyms in the Septuagint: JThS 32 (1931) 352–360
G. Klingenschmidt, Griechisch ἱλάσκεσθαι: MSS 28 (1970) 75–88
v. *δικαιοσύνη:* Hill/1967

ἱλαστήριον

T. W. Manson, Ἱλαστήριον: JThS 46 (1945) 1–10

ἰσηγορία

A. G. Woodhead, Ἰσηγορία and the Council of 500: Hist. 16 (1967) 129–140

P. Hohti, Freedom of speech in speech sections in the Histories of Herodotus: Arctos 8 (1974) 19−27

ἴσον

L. Th. Lefort, Τὸ ἴσον = exemplum, exemplar: Muséon 47 (1934) 57−60

B. Borecký, Zum Ursprung der Vorstellungen von der Gleichheit (ἴσον ἔχειν, ἴσον διδόναι, ἴσον νέμειν), in: Acta antiqua Philippopolitana, 6. conf. internat. Et. class., hrg. v. B. Gero usw., Sofia 1963, 189−196

ἰσονομία

V. Ehrenberg, Isonomia: PRE 7, 1940, 293−301

Ch. Mugler, L'isonomie des atomistes: RPh 30 (1956) 231−250

J. Mau/E. Schmidt (Hrg.), Isonomia. Studien zur Gleichheitsvorstellung im griechischen Denken, Berlin 1964

B. Borecký, Die politische Isonomie: Eirene (Prag) 9 (1971) 5−24; v. Selbstanzeige ABG 17, 1973, 123

v. *φιλία:* Vlastos/1973

ἴσος

T. Cornall, Can Isos mean definite?: HeyJ 5 (1964) 65−67

S. L. Radt, ῎Ισος bei Euklid: Mn. 29 (1976) 80

ἰσόψυχος

A. Fridrichsen, ᾽Ισόψυχος = ebenbürtig, solidarisch: SO 18 (1938) 42−49

ἱστορεῖν

Th. Xydis, ῎Εργῳ καὶ λόγῳ ἀνιστοροῦμεν, Athen 1963

O. Szemerényi, Etyma Graeca, III (16−21), in: Mélanges P. Chantraine, hrg. v. A. Ernout, EeC, Paris 1972, 243−253

v. *ἵστωρ:* Frenkian/1938

ἱστορία

K. Keuck, Historia. Geschichte des Wortes und seiner Bedeutungen in der Antike und in den romanischen Sprachen, Diss. Münster 1934

P. Louis, Le mot ἱστορία chez Aristotle: RPh 29 (1955) 39−44

A. M. Frenkian, Die Historia des Pythagoras: Maia 11 (1959) 243−245

A. A. Tacho-Godi, La compréhension ionienne, attique, hellénistique du terme ‹histoire› et de ses dérivés (auf russisch): Voprosy klassičeskoj Filologii (Moskau) 2 (1969) 107–157
B. Uhde, Die Krise der Gegensätze: ἱστορίη bei Hekataios, Herodot und Thukydides: TPh 33 (1971) 559–571
F. P. Hager, Geschichte, Histoire. I. Antike: HWP 3, 1974, 344–345
R. Zoepfel, Historia und Geschichte bei Aristoteles, Heidelberg 1975, AHAW

    v. *σοφία:* Snell/1922
    ἴστωρ: Frenkian/1938
    saeculum: Diller/Schalk 1972
    γιγνώσκειν: Snell/1973

ἴστωρ

A. M. Frenkian, Ἴστωρ, ἱστορέω, ἱστορία: Revue des études indo-européennes (Mühldorf) 1938, 468–474

ἰσχύς

P. Chantraine, A propos d'un nom grec de force: ἰσχύς: EM 19 (1952) 134–143

ἴφθιμος

J. Warden, Ἴφθιμος. A semantic analysis: Phoenix (Toronto) 23 (1969) 143–158

K

κάθαρσις

F. Pfister, Katharsis: PRE Suppl. 6, 1935, 146–162

E. P. Papanoutsos, La catharsis aristotélicienne: Er. 46 (1948) 77–93

C. W. Van Boekel, Katharsis. En filologische reconstructie van de psychologie van Aristoteles omtrent het gevoelsleven, Utrecht 1957

L. Golden, Catharsis: TPAPA 93 (1962) 51–60

A. Nicev, Wie ist die tragische Katharsis zu deuten? Proklos über die Katharsis, in: Acta antiqua philippopolitana (Plovdiv) 1962, 215–228

H. D. F. Kitto, Catharsis, in: The Classical Tradition, Ithaca/New York, 1966, 133–147

J. Raasch, The monastic concept of purity of heart and its sources: StMon 8 (1966) 7–34 und 183–213; 10 (1968) 7–56; 11 (1969) 269–314; 12 (1970) 7–47

E. Schaper, Aristotle's Catharsis and Aesthetic Pleasure: PhQ 18 (1968) 131–143

W. Poetscher, Katharsis: KP 3, 1969, 165–166.

L. Golden, "Katharsis" as clarification: an objection answered: CQ 23 (1973) 45–46

R. H. Epp, Katharsis and the Platonic reconstruction of mystical terminology: Philosophia (Athen) 4 (1974) 168–179

J. Raasch, Κάθαρσις II, De l'ancien testament aux pères de l'Eglise: DSp 8, 1974, 1670–1683

J. Trouillard, Κάθαρσις I. Philosophie antique: DSp 8, 1974, 1665–1670

H. Flashar, Katharsis: HWP 4, 1976, 784–786

L. Golden, The clarification theory of katharsis: Ph. 104 (1976) 437–452

v. μίμησις: Golden/1969

καθῆκον

G. Nebel, Der Begriff des καθῆκον in der alten Stoa: Hermes 70 (1935) 439–460

D. Tsekourakis, Studies in terminology of early stoic ethics, Hermes, Einzelschriften 32, Wiesbaden 1974

v. τέλος: Wiersma/1937

κάθοδος

O. Geudtner, Die Seelenlehre der chaldäischen Orakel, Beiträge zur klassischen Philologie 35, Meisenheim/Glan 1971, 11–13

καθολική (ἐκκλησία)

H. Leclercq, Catholique: DACL 2, 1925, 2624–2639

A. García Diego, Katholikè Ekklesia. El significado del epíteto "católico" aplicado a Iglesia desde S. Ignacio de Antioquia hasta Origenes, Mexiko 1953

P. Stockmeier, Zum Begriff der καθολικὴ ἐκκλησία bei Ignatius von Antiochien, in: Ortskirche/Weltkirche, Festg. J. Döpfner, hrg. v. H. Fleckenstein, Würzburg 1973, 63–74

καθολικός

J. N. D. Kelly, Die Begriffe „katholisch" und „apostolisch" in den ersten Jahrhunderten, in: Katholizität und Apostolizität, KuD.B 2, Göttingen 1971, 9–21

M. Lods, A propos du premier emploi du mot «catholique»: PosLuth 19 (1971) 224–232

W. Beinert, Um das dritte Kirchenattribut, Bd. I, Essen, 1964, Koin. 5

v. οἰκουμενικός: Fascher/1960

καθόλου

J. Engmann, Aristotelian Universals: CP 73 (1978) 17–23

καινὴ κτίσις

v. παιδία: Harnack/1918

καινός

J. Zoa, Nomen novum: inquisitio exegetico-theologica de novitate christiana, Diss. Pont. Univ. Propaganda Fide, Rom 1953

καιρός

D. Levi, Il καιρός attraverso la letteratura greca: Rend. accad. naz. Lincei, Cl. scienze mor. e filol. 5,32 (1923) 260–281

D. Levi, Il concetto di καιρός e la filosofia di Platone: Rend. accad. naz. Lincei, cl. scienze mor. e filol. 33 (1924) 93–118

A. A. Papadopoulos, Καιρός: EEBS 4 (1927) 251–256

F. Pfister, Kairos und Symmetrie, in: Festg. H. Bulle, Würzb. Studien zur Altertumswissenschaft (Stuttgart) 13 (1938) 131–150

A. Levi, Il concetto del tempo nelle filosofie dell'età romana: RCSF 7 (1952) 173–200

P. M. Schuhl, De l'instant propice: RPFE 87 (1962) 69–72

P. Kucharski, Sur la notion pythagoricienne du καιρός: RevPhil 153 (1963) 141–169

I. Rodriguez, Del καιρός clásico al del S. Pablo: Helm. 15 (1964) 107–126

M. Kerkhoff, Zum antiken Begriff des καιρός: ZPhF 27 (1973) 156–274; v. Selbstanzeige ABG 19, 1975, 100

M. Berciano, Kairos. Tiempo humano e histórico-salvífico en Clemente de Alejandría, Burgos 1976

G. P. Chesnut, Kairos and Cosmic Sympathy in the Church Historian Socrates Scholasticus: ChH 44 (1975) 161–166

M. Berciano, Kairos. Tiempo humano e histórico-salvifico en Clemente de Alejandria, Burgos 1976

M. Kerkhoff, Kairos I: HWP 4, 1976, 667–668

    v. *χρόνος:* Philippson/1949
    μέτρον: Otten/1957
    κόσμος: Gribomont/1958

κακία

    v. *φθόνος:* Bartelink/1963

κακός

    v. *ἀγαθός:* Adkins/1975

καλεῖν

A. Vincent Cernuda, "Considerar", acepción axiológica de kaléo y su presencia en la Biblia: Aug. 15 (1975) 445–455

καλοκαγαθία

J. Juethner, Kalokagathia, in: Charisteria A. Rzach, 1930, 99ff

R. Bubner, Kalokagathia I, HWP 4, 1976, 681

καλὸν ἔργον

    v. *μέγα ἔργον:* Welskopf/1959

καλός

E. R. Smothers, Καλός in Acclamation: Tr. 5 (1947) 1–57

A. Amantos, Καλός: Nea Estia 52 (1952) 975f

G. Meiwes, Die kalos-Vorstellung bei Homer, Diss. Hamburg 1953

καλὸς κἀγαθός

J. Berlage, De vi et usu vocum καλὸς κἀγαθός, καλοκαγαθία: Mn. 60 (1933) 20–40

H. Wankel, Καλὸς καὶ ἀγαθός, Diss. Würzburg 1961

W. Donlan, The origin of καλὸς κἀγαθός: AJP 94 (1973) 365–374

  v. τῦφος: Braun/1973

καλύπτειν

R. R. Dyer, The Use of καλύπτω in Homer: Glotta 42 (1964) 29–38

κάματος

L. Radermacher, Κάματος: RMP 87 (1938) 285–286

  v. δηλοῦν: Drescher/1970

κανονίζειν

  v. ἐντολή: Drescher/1969

κανών

E. Mangenot, Canon des livres saints I, 1. Origine et signification primitive du mot: DThC 2b, 1923, 1550–1555

H. Oppel, Κανών. Zur Bedeutungsgeschichte des Wortes und seiner lateinischen Entsprechungen (regula, norma), Ph.S. 30,4, Leipzig 1937

A. A. Schiller, Κανών and κανονίζειν in the Coptic Texts: Bull. of the Byz. Institute 2 (1950) 175–184

R. C. Baud, Les «Règles» de la théologie d'Origène: RSR 55 (1967) 161–208

H. Gaertner/J. Wirsching, Kanon: KP 3, 1969, 108–110 (Redaktion), Kanon 4–5: HWP 4, 1976, 689–691

  v. παράδοσις: Van den Eynde/1933
    παράδοσις: Forni/1939
    κριτήριον: Striker/1974

κανὼν ἐκκλησιαστικός

  v. παράδοσις: Van den Eynde/1933

καπνίζειν

  v. ἐντολή: Drescher/1969

κάπνος

  v. ψυχή: Schick/1948

κάρα

LaR(ue) van Hook, On the idiomatic use of κάρα, κεφαλή and caput, Hesp., Suppl. 8, 413–414, 1950
D. J. Georgacas, Ἡ κάρα. The history of the word: ByZ 53 (1960) 20–25

καρδία

A. Guillaumont, Les sens des noms du coeur dans l'Antiquité: EtCarm 29 (1950) 41–81
A. Guillaumont, Cor et cordis affectus. 2. Le «cœur» chez les spirituels Grecs à l'époque ancienne: DSp 2, 1953, 2281–2288
F. Neyt, Précisions sur le vocabulaire de Barsanuphe et de Jean de Gaza, in: TU 115, 1975, 247–253

v. *ἦτος:* Bolelli/1948

καρτερία

v. *ὑπομονή:* Spanneut/1976

κατάβασις

R. Ganschinietz, Katabasis: PRE 20, 1919, 2359–2449

κατάθεσις

v. *depositio:* Stuiber/1964

κατακλυσμός

G. Bien, Kataklysmos: HWP 4, 1976, 707–708

καταληπτικὴ φαντασία

v. *κριτήριον:* Striker/1974

κατάληψις

H. J. Hartung, Ciceros Methode bei der Übersetzung griechischer philosophischer Termini, Diss. Hamburg 1970; v. Selbstanzeige ABG 20, 1976, 130–131
J. Mau, Katalepsis: HWP 4, 1976, 708–710

v. *κριτήριον:* Striker/1974

καταλογή

E. García Domingo, Sobre los significados de καταλογή en las versiones de documentos Romanos: Cuard. filología clásica (Madrid) 8 (1975) 329–333

κατάνυξις

J. Pegon, Componction I., Vocabulaire et sources: DSp 2, 1953, 1312–1314

κατάπαυσις

O. Hofius, Katapausis. Die Vorstellung vom endzeitlichen Ruheort im Hebräerbrief, Tübingen 1970

καταστείζεσθαι

A. Puech, Un mot à introduire dans les lexiques (καταστείζεσθαι, Macarius Magnes, Apocrit. III, 15): REG 37 (1924) 390–392

τὸ κατέχον

N. F. Freese, Τὸ κατέχον und ὁ κατέχων: ThStKr 93 (1921) 73–77

κατηγορία

Ch. Rutten, Les catégories du monde sensible dans les Ennéades de Plotin, Paris 1961

M. Bravo Cozano, Un aspecto de la latinización de la terminología filosófica en Roma: κατηγορία/praedicamentum: EM 33 (1965) 351–380

H. M. Baumgartner/G. Gerhard/K. Konhardt/G. Schoenrich, Kategorie I, Kategorienlehre. Antike: HWP 4, 1976, 714–720

κατηχεῖν

A. Turck, Catéchein et catéchésis chez les premiers Pères: RSPhTh 47 (1963) 361–372

R. B. Zuck, Greek Words for Teach: BS 122 (1965) 158–168

A. Knauber, Zur Grundbedeutung der Wortgruppe κατηχέω– catechizo: ORPB 68 (1967) 291–304; v. Selbstanzeige ABG 13, 1969, 95–97

v. *declamare:* Colson/1922

κατήχησις

v. *κατηχεῖν:* Turck/1963

καύχησις

R. Asting, Kauchesis. Et bijtrag ar den religiöse selvölelse hos Paulos, Oslo 1925

κελεύειν

v. *ἐντολή:* Drescher/1969

κενοδοξία

P. Miquel, Gloire (vaine gloire), I. Tradition monastique orientale:
DSp 6, 1967, 494–502

κενόν

Ch. Mugler, Le κενόν de Platon et le πάντα ὁμοῦ d'Anaxagore:
REG 80 (1967) 210–219

κένωσις

P. Henry, Art. Kenose: DBS 5, 1957, 1–136
I. Moutsoulas, Κένωσις, in: Θρησκευτικὴ καὶ ἠθικὴ ἐγκυκλοπαι-
δία, τ. ζ, Athen, 1965, 486–492

κέρας

G. Q. Reijners, The Terminology of the Holy Cross in Early Christian Literature as Based upon Old Testament Typology, GCP 2,
1965, 97–107

κεφαλή

Y. M. Congar, Céphas-Céphalè-caput: RMAL 8 (1952) 5–42
v. κάρα: LaR(ue) van Hook/1950

κήρ

v. ἦτος: Bolelli/1948

κήρυγμα

R. Taubenschlag, The Herald in the Law of the Papyri: AHDO 5
(1950) 189–194
K. Goldammer, Der Kerygma-Begriff in der ältesten christlichen
Literatur: ZNW 48 (1957) 77–101
E. Amand de Mendieta, The Pair κήρυγμα and δόγμα in the Theological Thought of St. Basil of Caesarea: JThS 16 (1965) 129–142
v. παράδοσις: Holstein/1949
διδαχή: Wood/1959
παράδοσις: De Boer/1970
ζήτησις: Daniélou/1975

κηρύσσειν

A. Rétif, Qu'est-ce que le kérygme?: NRTh 71 (1949) 910–922

κίνδυνος

H. J. Mette, Die „grosse Gefahr": Hermes 80 (1952) 409–419

κίνησις

J. B. Skemp, The Theory of motion in Plato's Later Dialogues, Cambridge 1942

H. Schroedter, Kinesis. Eine Untersuchung über Denkart und Erfahrungshorizont des Platonismus am Werk des Proklos, in: Parusia, Festg. J. Hirschberger, Frankfurt 1965, 219–237

κίνησις ἀκίνητος

S. E. Gersh, Κίνησις ἀκίνητος. A Study of spiritual motion in the philosophy of Proclus, Leiden 1973

κλέος

M. Greindl, Κλέος, κῦδος, εὖχος, τιμή, φᾶτις, δόξα. Eine bedeutungsgeschichtliche Untersuchung des epischen und lyrischen Sprachgebrauchs, Lengerich (Westfalen) 1938

κλῆσις

K. Holl, Die Geschichte des Wortes Beruf, SPAW 1924, XXIX ff = Gesammelte Aufsätze zur Kirchengeschichte, III, 1928, 189–219

κλυδών

P. Rougé, Tempête et littérature dans quelques textes chrétiens: NDid 12 (1962) 55–69

κοιμητήριοι

M. M. Beyenka, Cemetery, a word of consolation: ClB 28 (1951) 34

κοιναὶ ἔννοιαι

R. B. Todd, The stoic common notions: a re-examination and reinterpretation: SO 48 (1973) 47–75

κοινὴ πρόληψις

N. Zeegers-Van der Vorst, La « pré-notion commune » au chapitre 5 de la legatio d'Athénagore: VigChr 25 (1971) 161–170; v. Selbstanzeige ABG 19, 1975, 124

κοινωνία

P. J. T. Endenburg, Koinonia en Gemeenschap van Zaken bij Greeken in den klassieken Tijd, Amsterdam/Paris 1937

W. Browne, The Meaning of "Communicantes" in the Roman Canon of the Mass, Diss. Pont. Greg. Rom 1962

S. D. Currie, Κοινωνία in Christian Literature to 200 AD, Diss. Emery University 1962

K. J. Vourveris, Zum Begriff der Gemeinschaft bei Platon: Jahrb. der phil. Fak., Univ. Athen / Griech. Human. Gesellschaft 25, Athen 1964, 47—58

Augusta Marie (Soror), Κοινωνία. Its biblical Meaning and Use in Monastic Life: ABenR 18 (1967) 189—212

P. Lebeau, Koinonia. La signification du salut selon saint Irénée, in: Epektasis, Mélanges J. Daniélou, Paris 1972, 121—127

K. Duchatelez, La «koinonia» chez S. Basile le Grand: Communio 6 (1973) 163—180

H. Bacht, Koinonia. IV. Dans le monachisme: DSp 8, 1974, 1754—1758

H. J. Sieben, Koinonia I. Chez Platon et Aristote: DSp 8, 1974, 1743—1745

H. J. Sieben, Koinonia III. Chez les Pères: sens sacramentaire et ecclésiologique: DSp 8, 1974, 1750—1754

W. Popkes, Gemeinschaft: RAC 9, 1976, 1100—1145

    v. *μυστήριον:* Torrance/1956
    ἑνότης: Barnard/1970
    ὁμόνοια: de Romilly/1972
    λειτουργία: Dekkers/1973

κοινωνός

H. Grégoire, Du nouveau sur la hiérarchie de la secte montaniste: Byz. 2 (1925) 329—337

W. M. Calder/H. Grégoire, Paulinus κοινωνός de Sebaste de Phrygie: BCLAB 38 (1952) 163—183

κολοβοδάκτυλος

J. L. North, Μάρκος ὁ κολοβοδάκτυλος: Hippolytos, Elenchus VII, 30: JThS 28 (1977) 498—507

κόπος

A. von Harnack, Κόπος, κοπιᾶν, οἱ κοπιῶντες im frühchristlichen Sprachgebrauch: ZNW 27 (1928) 1—10

    v. *παράκλησις:* Matthei/1963
    δηλοῦν: Drescher/1970

κόρος

M. Harl, Recherches sur l'origénisme d'Origène: la «satiété» (κόρος) de la contemplation comme motif de la chute des âmes, in: TU 93, 1966, 373—405

    v. *ὄλβος:* Doyle/1970

κορσενήλιον

Th. Lefort, Un mot nouveau κορσενήλιον, κορσελήνιον: Muséon 36 (1923) 27–31

κοσμεῖν

v. *κόσμος:* Diller/1956

κοσμικός

v. *κόσμος:* Gribomont/1958
κόσμος: Orbán/1970

κόσμιος

H. J. Mette, Moschion ὁ κόσμιος: Hermes 97 (1969) 432–439

κοσμογονία

H. Schwabl, Weltschöpfung: PRE Suppl. 9, 1962, 1433–1582

κοσμοπολίτης

J. Newaldt, Das Weltbürgertum der Antike: Antike 4 (1926) 177–189

κόσμος

W. Kranz, Kosmos als philosophischer Begriff frühgriechischer Zeit: Ph. 93 (1938) 430–448

J. Baruzi, Le κόσμος de Plotin en face des gnostiques et les données scripturaires: RHR 139 (1951) 5–13

H. Diller, Der philosophische Gebrauch von κόσμος und κοσμεῖν, in: Festsch. Br. Snell, München 1956, 47–60

J. Gribomont, Le renoncement au monde dans l'idéal ascétique de S. Basile: Irén. 31 (1958) 288–307 und 460–476

W. Kranz, Κόσμος: ABG 2, 1958

J. Kerschensteiner, Kosmos. Quellenkritische Untersuchungen zu den Vorsokratikern, München 1962

V. Guazzoni Foà, Significato e importanza di alcuni termini della cosmologia greca: GM 18 (1963) 89–101

A. Lesky, Kosmos. Inaugurationsrede geh. am 30. Oktober 1963, Wien 1963

C. Haebler, Kosmos. Eine etymologisch-wortgeschichtliche Untersuchung: ABG 11, 1967, 101–118

W. L. Dulière, La haute terminologie de la redaction johannique, in: Coll. Latomus 114, Brüssel 1970, 7–20

A. P. Orbán, Les dénominations du monde chez les premiers auteurs chrétiens, CGP 4, Nimwegen 1970; v. Selbstanzeige ABG 16, 1972, 129–132

M. Ruiz Jurado, El concepto de mundo en los tres primeros siglos del Cristianismo, Diss. Greg. Rom 1971

M. Ruiz Jurado, El concepto de mundo en San Ireneo: EE 47 (1972) 205–226

M. Ruiz Jurado, Le concept de "monde" chez Clément d'Alexandrie: Revue d'histoire de la spiritualité (vorher RAM) 48 (1972) 5–23

M. Ruiz Jurado, Le concept de "Monde" chez Origène: BLE 75 (1974) 1–24

M. Gatzemeier, Kosmos I. Antike: HWP 4, 1976, 1167–1173

J. Puhvel, The origins of Greek κόσμος and Latin mundus: AJP 97 (1976) 154–167

M. Ruiz Jurado, El concepto "mundo" en los tres primeros siglos de la Iglesia (Panorama conclusivo): EE 51 (1976) 79–94

κόσμος νοητός

H. Cornélis, Les fondements cosmologiques de l'eschatologie d'Origène: RSPhTh 43 (1959) 32–80 und 201–247

κρᾶσις

W. J. Den Dulk, Κρᾶσις. Bijdrage tot de Grieksche Lexicographie, Leiden 1934

v. *fides:* Wolfson/1956
    ἕνωσις: Bouchet/1968

κριτήριον

G. Striker, Κριτήριον τῆς ἀληθείας: NGWG.PH 2, 1974, 51–110; v. Selbstanzeige ABG 21, 1977, 163–164

T. Borsche, Kriterium: HWP 4, 1976, 1247–1249

κριτική (τέχνη)

C. von Bormann, Kritik I, 1–2: HWP 4, 1976, 1249–1255

κτῆνος

J. Manessy-Guitton, Grec κτῆνος et les mots apparentés, Contribution à l'étude du vocabulaire de la «richesse»: Annales fac. lettres et sciences Nice 21 (1974) 99–112

κτῆσις

R. Nickel, Das Begriffspaar Besitzen und Gebrauchen. Ein Beitrag zur Vorgeschichte der Potenz-Aktbeziehung in der aristotelischen Ethik, Diss. Berlin 1970; v. Selbstanzeige ABG 16, 1972, 127–129

κτίζεσθαι

v. *παιδία:* Harnack/1918

κτίσις

J. Pelikan, Creation and causality in the history of Christian
Thought: JR 40 (1960) 246–255

G. Florovsky, The Concept of Creation in St. Athanasius, in: TU
81, 1962, 36–57

A. Ehrhardt, The Beginning. A study in the Greek philosophical
approach to the concept of creation from Anaximander to St.
John, Manchester 1968

κτίσμα

Ch. W. Lowry, Did Origen style the Son a κτίσμα?: JThS 39
(1938) 39–42

κτιστόν

v. *ἄκτιστον:* Chrestou/1974

κύκλος

J. de Romilly, Cycles et cercles chez les auteurs grecs de l'époque
classique, in: Le monde grec, Festsch. C. Préaux, Brüssel 1975,
hrg. v. J. Bingen, 140–152

κυριακή

A. Pompen, De oorsprong van het woord kerk. Bibliographische
aanteekeningen, in: Donum nat. Schrijnen, Nimwegen/Utrecht
1929, 516–532

W. Stott, A note on the word κυριακή in Rev. I,10: NTS 12
(1965/6) 70–75

κυριακόν

A. Hadrian Allcroft, The Circle and the Cross: ch. 28. The deriva-
tion of the Word "Church": AJ 85 (1928) 103–148

F. J. Doelger, Kirche als Name für den christlichen Kultbau. Sprach-
geschichtliches zu den Bezeichnungen κυριακόν, οἶκος κυριακός,
in: AuC 6, 1941, 161–195

P. Aebischer, La christianisation de l'Europe centrale d'après quelques faits lexicaux: SZG 20 (1970) 1–22

v. *ἐκκλησία:* Mohrmann/1962

κυριακὸς ἄνθρωπος

J. Lebon, St. Athanase a-t-il employé l'expression ὁ κυριακὸς ἄνθρωπος?: RHE 31 (1935) 324–329

A. Grillmeier, Ὁ κυριακὸς ἄνθρωπος. Eine Studie zu einer christologischen Bezeichnung der Väterzeit: Tr. 33 (1977) 1–63

A. Grillmeier, Jesus Christ, the Kyriakos Anthrōpos: TS 38 (1977) 275–293

κύριος

E. Williger, Kyrios: PRE 23, 1924, 176–183

O. Montevecchi, Dal paganesimo al cristianesimo. Aspetti dell'evoluzione della lingua greca nei papiri dell'Egitto: Aeg. 37 (1957) 41–59

W. Fauth, Kyrios: KP 3, 1969, 413–417

    v. εὐφροσύνη: Festugière/1934
      χάρις: Roslan/1938
      θεός: O'Callaghan/1963
      δεσπότης: Suñol/1965
      θεός: Sola/1966
      μυστήριον: Studer/1971

Λ

λαβύρινθος

    v. *ἄγγελος:* Smierzek/1927

λαγχάνειν

B. Borecký, Survivals of Some Tribal Ideas in Classical Greek. The Use and Meaning of λαγχάνω, δατέομαι and the Origin of ἴσον ἔχειν, ἴσον νέμειν and Related Idioms, Acta Univ. Carolinae, Monographia 10, 1965

λαϊκός

I. de la Potterie, L'origine et le sens du mot « laïc »: NRTh 80 (1958) 840—853 = La vie selon l'Esprit, condition du chrétien, UnSa 5, Paris 1965, 13—29

J. B. Bauer, Die Wortgeschichte von ‚laicus': ZKTh 81 (1959) 224—228

F. Wulf, Über die Herkunft und den ursprünglichen Sinn des Wortes „Laie": GuL 32 (1959) 61—63

M. Jourjon, Les premiers emplois du mot « laïc » dans la littérature patristique: LV(L) 65 (1963) 37—42

E. Lanne, Le laïcat dans l'Église ancienne, in: Ministères et laïcat, Taizé 1964, 105—126

λαμβάνειν

    v. *ἕνωσις:* Bouchet/1968

λαός

O. Kern, Λαοί, die Laien: ARW 30 (1933) 205—207

A. Dihle, Λαός, ἔθνος, δῆμος. Beiträge zur Entwicklungsgeschichte des Volksbegriffs im frühchristlichen Denken, Diss. Göttingen 1947

A. Heubeck, Gedanken zum griechischen λαός: Studi linguistici 5 (1969) 535—544

C. Vandersleyen, Le mot λαός dans la langue des papyrus grecs: CEg 48 (1973) 339—349

    v. *βασιλεύς:* Juret/1940

λέγειν

H. Fournier, Les verbes «dire» en grec ancien (exemple de conjugaison supplétive), Paris 1946

λειτουργεῖν

W. Brandt, Die Wortgruppe λειτουργεῖν im Hebräerbrief und bei Clemens Romanus, in: Jahrbücher der theologischen Schule Bethel 1930, 145–176

λειτουργία

O. Casel, Λειτουργία – munus: OrChr 3,7 (1932) 289–302

H. Frank, Λειτουργία – munus: JLW 13 (1935) 181–185

E. Raitz von Frentz, Der Weg des Wortes „Liturgie" in der Geschichte: EL 55 (1941) 74–80

A. Romeo, Il termine λειτουργία nella grecità biblica, in: Misc. liturgica, Festg. L. C. Mohlberg, II, Rom 1949, 467–519

N. Lewis, Leiturgia and Related Terms: GRBS 3 (1960) 175–184

P. Fernández Rodríguez, El término liturgia. Su etimología y su uso: CTom 97 (1970) 143–163

E. Dekkers, Politiek Morgengebed. Over enkele oudkristelijke technische termen in verband met het gebed, in: Zetesis, Album amicorum, Festsch. E. de Strycker, Antwerpen/Utrecht 1973, 637–645

λεκτόν

E. Orth, Lekton = dicibile: Helm. 10 (1959) 221–226

E. Orth, Stoicorum λεκτόν: iudicium dicibile: EM 30 (1962) 59–61

λέξις

v. πρᾶγμα: Lomiento/1965

λεπτότης

M. J. Le Guillou, Remarques sur la notion macarienne de «subtilité»: Ist. 19 (1974) 339–342

λευκός

G. Radke, Die Bedeutung der weißen und schwarzen Farbe in Kult und Brauch der Griechen und Römer, Diss. Berlin 1936

λήθη

W. Kroll, Lethe: PRE 23, 1924, 2124–2144

9*

λίβανος

W. W. Mueller, Zur Herkunft von λίβανος und λιβανωτός: Glotta 52 (1974) 53–61

λιβανωτός

v. *λίβανος:* Mueller/1974

λιμήν

C. Bonner, Desired Heaven: HThR 34 (1941) 49–67

λίσσεσθαι

v. *εὔχεσθαι:* Corlu/1966

λιτός

v. *ἁπλοῦς:* Vischer/1965

λογικὴ θυσία

O. Casel, Die λογικὴ θυσία der antiken Mystik in christlich-liturgischer Umdeutung: JLW 4 (1924) 37–47

λογικοὶ ἄνθρωποι

v. *λόγιος:* Pfligersdorffer/1943/4

λογικός

C. Mondésert, Vocabulaire de Clément d'Alexandrie. Étude sur l'emploi et les significations du mot λογικός chez Clément: RSR 42 (1954) 258–265

A. Louth, The concept of Soul in Athanasius, in: TU 116, 1975, 227–231

v. *rationabilis:* Mohrmann/1950
   ἀγέννητος: Barnard/1970

λόγιον

J. Donavan, The logia in ancient and recent literature, Cambridge 1924

R. Gryson, A propos du témoignage de Papias sur Matthieu. Le sens du mot λόγιον chez les Pères du IIe s.: EThL 41 (1965) 530–547

v. *ἐξήγησις:* Lawlor/1922

λόγιος

E. Orth, Logios, Leipzig 1926

E. Orth, Λόγιος: Philologische Wochenschrift 1931, 1564–1566

G. Pfligersdorffer, Λόγιος und die λογικοὶ ἄνθρωποι bei Demokrit: WSt 61/62 (1943–1947) 5–49

λογιότης

v. *λόγιος:* Orth/1926

λογισμοὶ πονεροί

A. Voegtle, Achtlasterlehre: RAC 1, 1950, 74–79

λογισμός

B. Wisniewski, La théorie de la connaissance d'Epicure: RPh 37 (1963) 68–75

H. Bacht, Logismos: DSp 9, 1976, 955–958

v. *παράκλησις:* Matthei/1963
αἴσθησις: Detel/1975
καρδία: Neyt/1975

λόγος

R. Niederberger, Die Logoslehre des hl. Cyrill von Jerusalem, Würzburg 1923

R. P. Casey, Clement and the two divine Logoi: JThS 25 (1924) 43–56

A. Busse, Der Wortsinn von λόγος bei Heraclit: RMP 75 (1926) 203–215

H. Leisegang, Logos: PRE 25, 1926, 1035–1081

A. Gaudel, La théologie du λόγος chez st. Athanase. Introduction: La date des trois discours contre Arius: RevSR 9 (1929) 524–539

J. Loosen, Logos und Pneuma im begnadeten Menschen bei Maximus Confessor, MBTh 24, 1941

W. Kranz, Der Logos Heraclits und der Logos des Johannes: RMP 93 (1950) 81–95

H. W. J. Schurig, De betekenis van Logos bij Herkleitos volgens de traditio en de fragmenten, Nimwegen 1951

T. F. Glasson, Heraclitus' Alleged Logos Doctrine: JThS 3 (1952) 231–238

U. Hoelscher, Der Logos bei Heraklit, in: Festschr. K. Reinhardt, 1952, 69–81

L. Randellini, Il Logos e l'Ellenismo: PalCl 32 (1953) 677–685

S. Emery, Il logos nel pensiero de Padri Apostolici: StPat 1 (1954) 400–424

E. Fruechtel, Der Logosbegriff bei Plotin, Diss. München 1955

G. Fraccari, Logos e culto religioso in Eraclito: Acme 9,3 (1956) 3–35

T. E. Pollard, Logos and son in Origen, Arius and Athanasius, in: TU 64, 1957, 282—287

C. Sorge, Il logos e gli opposti nel pensiero di Eraclito: GM 12 (1957) 367—383

H. Boeder, Der frühgriechische Wortgebrauch von Logos und Aletheia: ABG 4, 1959, 82—112

F. Dirlmeier, Vom Monolog der Dichtung zum „inneren" Logos bei Platon und Aristoteles: Gym. 67 (1960) 26—41

E. Lledó Iñigo, A propósito de una logica hermeneutica: RF(M) 20 (1961) 41—50

G. J. M. Bartelink, Jeux de mots autour de λόγος, de ses composés et dérivés chez les auteurs chrétiens, in: Mélanges Chr. Mohrmann, hrg. v. L. J. Engels usw., Utrecht 1963, 23—73

K. Deichgraeber, Rhythmische Elemente im Logos des Heraclit: AAWLM 1962, H. 9, 1963, 476—551

A. M. Frenkian, Le λόγος d'Héraclite et l'interprétation de A. Joja: ParPass 18 (1963) 124—126

P. Th. Camelot, Amour des lettres et désir de Dieu chez saint Grégoire de Nazianze, les logoi au service du logos, in: Littérature et Religion, Mélanges Coppin, Lille 1966, 23—30

W. J. Verdenius, Der Logosbegriff bei Heraklit und Parmenides: Phron. 11 (1966) 81—98; 12 (1967) 99—117

I. H. Dalmais, Le vocabulaire des activités intellectuelles, volontaires et spirituelles dans l'anthropologie de S. Maxime le Confesseur, in: Mélanges A. M. Chenu, Paris 1967, 189—202

A. Aall, Der Logos. Geschichte seiner Entwicklung in der griechischen Philosophie und der christlichen Literatur, Leipzig 1896/1899, unveränderter Nachdruck Frankfurt 1968

E. Fascher, Vom Logos des Heraclit zum Logos des Johannes, in: Frage und Antwort, Berlin, Studien zur Theologie- und Religionsgeschichte, 1968, 117—133

H. Doerrie/K. Wegenast, Logos: KP 3, 1969, 710—715

Ch. H. Kahn, Stoic logic and Stoic Logos: AGPh 51 (1969) 158—172

K. Held, Der Logos-Gedanke des Heraklit, in: Durchblicke M. Heidegger . . . , hrg. v. V. Klostermann, Frankfurt 1970, 162—206

J. Spanar, Der Logosbegriff bei Herakleitos von Ephesus: Zbornik Filozof. Fak. Univ. Komen. (Bratislawa) 1970, 3—48

Ch. Kannengiesser, Λόγος et νοῦς chez Athanase d'Alexandrie, in: TU 108, 1972, 199—202

U. Moulines, Un problema de interpretación, la significación del logos en Heráclito: Boll. Inst. de Estudios helénicos (Barcelona) 6,2 (1972) 77—91

D. K. Theraios, Logos bei Hesiod (Theog. 1—35): Hermes 102 (1974) 136—142

H. J. Vogt, Sohn Gottes — Logos des Schöpfers, Verwertung hellenistischer Gedanken bei den Kirchenvätern: ThQ 154 (1974) 250—265

N. Zeegers-Van der Vorst, Notes sur quelques aspects judaisants du logos chez Théophile d'Antioche, in: Actes XIIᵉ conf. internat. d'Études class., Eirene, Bukarest/Amsterdam 1975, 371—382

B. Jendorff, Der Logosbegriff. Seine philosophische Grundlegung bei Heraklit von Ephesus und seine theologische Indienstnahme durch Johannes den Evangelisten, Bern/Frankfurt 1976

A. Solignac, Logos 2: DSp 9, 1976, 959—960

> v. *ἔπος:* Hofmann/1922
> *ἰδέα:* Bieri/1966
> *πρόνοια:* Schubert/1968
> *αἴσθησις:* Andriopoulos/1972
> *δόξα:* Moreau/1972
> *νόμος:* Copeland/1973
> *εἶναι:* Martinez Marzoa/1974
> *sermo:* O'Rourcke Boyle/1977

λόγος γεγραμμένος

L. Gil, El logos vivo y la letra muerta. Entorno la valoración de la obra escrita en la antigüedad: EM 27 (1959) 239—268

λόγος ἐνδιάθετος

M. Muehl, Der λόγος ἐνδιάθετος und προφορικός von der älteren Stoa bis zur Synode von Sirmium 351: ABG 7, 1962, 7—56

G. Bavaud, Un thème Augustinien: le mystère de l'incarnation à la lumière de la distinction entre le verbe intérieur et le verbe proféré: REAug 9 (1963) 95—101

λόγος προφορικός

> v. *λόγος ἐνδιάθετος:* Mühl/1962

λόγος σπερματικός

J. H. Waszink, Bemerkungen zu Justins Lehre vom Logos spermatikos, in: Mullus, Festsch. Th. Klauser, Münster 1964, 380—390

P. Schwanz, Zum λόγος σπερματικός: Das Problem der Vermittlung: Kairos 17 (1975) 123—125

(τὸ) λοιπόν

A. Cavallin, (τὸ) λοιπόν. Eine bedeutungsgeschichtliche Untersuchung: Er. 39 (1941) 121—144

λύειν
D. Hill, Greek Words and Hebrew Meaning: MSSNTS 5 (1967) 49−81

λύπη
v. ποιεῖν: Tabachovitz/1929

λύσις
A. Gudemann, Λύσεις: PRE 25, 1926, 2511−2529

λύτρον
F. Lammert, Λύτρον: PRE 27, 1928, 72−76
v. δικαιοσύνη: Hill/1967

λυτροῦσθαι
C. Andresen, Erlösung. A. Terminologie: RAC 6, 1966, 55−61

M

μάθημα
v. σοφία: Snell/1922

μάθησις
G. Nenci, Il rapporto μάθησις/γνῶσις: ParPass 6 (1951) 123–128
F. de Gandt, La «Mathesis» d'Aristote. Introduction aux «Analytiques Seconds»: RSPhTh 59 (1975) 564–600

μαθητεύεσθαι
M. M. Estradé, Dos frases de la carta de S. Ignacio de Antioquia a los Romanos (Rom. 5,1 y Rom. 6,1): Helm. 1 (1950) 310–318

μαθητής
P. Zarella, La concezione del „discepolo" in Epitteto: Aevum 40 (1966) 211–230

μάκαρ/μακάριος
C. H. Turner, Μακάριος as a technical term: JThS 23 (1921/2) 31–35
C. de Heer, Μάκαρ, εὐδαίμων, ὄλβιος, εὐτυχής. A Study of the semantic field denoting happiness in Ancient Greek to the end of the 5th cent. B.C., Amsterdam 1969

μανθάνειν
J. Coste, Notion grecque et notion biblique de la «souffrance éducatrice»: RSR 43 (1955) 481–523
v. πάσχειν: Dörrie/1956
γιγνώσκειν: Snell/1973

μανία
J. L. Calvo Martinez, Sobre la μανία y el entusiasmo: EM 41 (1973) 157–182

μαννοδοσία
F. Mendoza Ruiz, Los "hapax legomena" en la Homilía Pascual de Melitón de Sardes, in: TU 115, 1975, 238–241

μάντις

v. *χρησμολόγοι:* Argyle/1970

μαργαρίτης

H. und R. Kahane, Pearls before swine? A reinterpretation of Matt 7,6: Tr. 13 (1957) 421–424

μαρτυρία

J. Beutler, Martyria. Traditionsgeschichtliche Untersuchungen zum Zeugnisthema bei Johannes, FTS 10, Frankfurt 1972

μαρτύριον

v. *κυριακόν:* Aebischer/1970

μάρτυς

H. Doergens, Zur Geschichte des Begriffs „Martyr": Kath. 21 (1918) 205–208

H. Delehaye, Martyre et confesseur: AnBoll 39 (1921) 20–49

Fr. Dornseiff, Die Begriffsentwicklung des Wortes μάρτυς: Verhandl. der Versammlung deutscher Philologen 53 (1921) 29–30

P. Peters, Les traductions orientales du mot ‹martyr›: AnBoll 39 (1921) 50–64

F. Dornseiff, Der Märtyrer. Name und Bewertung, ARW 1924, 133–153

E. Hocedez, Le concept de martyr: NRTh 55 (1928) 81–99 und 198–208

H. Lietzmann, Martys: PRE 28, 1930, 2044–2052

H. J. Kraus, Zeuge und Zeugnis im AT. Ein Beitrag zur Begriffsaufhellung der ntl. Wortgruppe und zum neuen Verständnis der urchristlichen Märtyreranschauung, Diss. Heidelberg 1944

A. Delatte, Le sage-temoin dans la philosophie stoïco-cynique: BCLAB 39 (1953) 166–186

E. Guenther, Μάρτυς. Die Geschichte eines Wortes, Gütersloh 1941

S. Giet, L'origine du nom de martyre, in: Mélanges M. Andrieu, Strassbourg 1956, 181–187

E. Guenther, Zeuge und Martyrer: ZNW 47 (1956) 145–161

A. A. Trites, Μάρτυς and martyrdom in the Apocalypse. A semantic Study: NT 15 (1973) 72–80

D. Van Damme, Martys-Christianus. Überlegungen zur ursprünglichen Bedeutung des altkirchlichen Märtyrertitels: FZPhTh 23 (1976) 286–303

v. *χριστιανισμός:* Bartelink/1969

μέγα βίβλιον

Th. M. Klein, Callimachus, Apollonius Rhodius and the concept of the 'Big Book': Er. 73 (1975) 16−25

μέγα ἔργον

E. C. Welskopf, Zum Inhalt der Begriffe μέγα ἔργον und καλὸν ἔργον von Homer bis Pindar, in: Philol. Vorträge, gehalten auf einer gemeinsamen Tagung der poln. u. deut. Philologen, hrg. v. J. Irmscher usw., Wrocław 1959, 47−57

μεγαλεῖον

N. Tomadakes, Τὸ μεγαλεῖον: EEBS 33 (1964) 240

μεγαλοπρέπεια

P. Stein, μεγαλοπρέπεια bei Plato, Diss. Bonn 1965

μεγαλοφροσύνη

v. οἰκονομία: Kertsch/1974

μεγαλοψυχία

R. A. Gauthier, Magnanimité. L'idéal de la grandeur dans la philosophie païenne et dans la théologie chrétienne, BiblThom 28, Paris 1951

H. G. Kirsche, Megalopsychia. Beiträge zur griechischen Ethik des vierten Jhs. v. Chr., Diss. Göttingen 1952

E. A. Schmidt, Ehre und Tugend. Zur Megalopsychia der aristotelischen Ethik: AGPh 49 (1967) 149−168

D. A. Rees, "Magnanimity" in the Eudemian and Nikomachian ethics, in: Peripatoi. Philol.-historische Studien zum Aristotelismus, hrg. v. P. Moraux, Berlin 1970

W. Haase, Großmut 1−2: HWP 3, 1974, 887−895

R. Rieks/A. Weische, Hochherzigkeit: HWP 3, 1974, 1147−1149

F. Marty, Magnanimité: DSp 10, 1977, 91−97

v. οἰκονομία: Kertsch/1974

μέγας

P. P. Spranger, Der Große. Untersuchungen zur Entstehung des historischen Beinamens in der Antike: Saec. 9 (1958) 22−58

μέγας ἀνήρ

H. J. Mette, Der „große Mensch": Hermes 89 (1961) 332−344

μέγεθος

R. Weber, Die Begriffe μέγεθος und ὕψος in der Schrift vom Erhabenen, Marburg 1935

v. *ὑποκείμενον:* Bärthlein/1968

μέθεξις

K. Ennen, Platons Erkenntnismetaphysik. Eine Studie zum Begriff der platonischen μέθεξις, Diss. Bonn 1947

H. Meinhardt, Teilhabe bei Platon. Ein Beitrag zum Verständnis platonischen Prinzipiendenkens unter besonderer Berücksichtigung des „Sophistes", Freiburg/München 1968; v. Selbstanzeige ABG 13, 1969, 99–100

F. Normann, Teilhabe – ein Schlüsselwort der Vätertheologie, Münster 1978, MBTh 42

μεθόριος

J. Daniélou, La notion de confins (μεθόριος) chez Grégoire de Nysse: RSR 49 (1961) 161–187 = ders., L'être et le temps chez Grégoire de Nysse, Leiden 1970, 116–132

M. Harl, Adam et les deux arbres du paradis (Gen 2–3) ou l'Homme milieu entre deux termes (μέσος – μεθόριος) chez Philon d'Alexandrie. Pour une histoire de la doctrine du libre arbitre: RSR 50 (1962) 321–388

N. Hinske, Horizont 1: HWP 3, 1974, 1188–1189

μελετᾶν

J. Muyser, Quelques indices sur l'existence de la méditation spontanée « non méthodique » dans la première école de spiritualité chrétienne: Cahiers Carmélitains 2 (1951) 83–114

μελέτη

F. Hieronymus, Μελέτη. Übung, Lernen und angrenzende Begriffe, Diss. Basel 1970

μελέτη θανάτου

J. A. Fischer, Μελέτη θανάτου. Eine Skizze zur frühen griechischen Patristik, in: Wegzeichen, Festg. Biedermann, Würzburg 1971, 43–54

μέλος

H. Koller, Melos: Glotta 43 (1965) 24–38

μέμφεσθαι

G. Gouilleau, Accusation de soi dans le monachisme antique: VS 116 (1967) 309–324

μερικώτερον

J. Pépin, Merikoteron – epoptikoteron (Proclus, In Tim I,204, 24–29). Deux attitudes exégétiques dans le platonisme, in: Mélanges d'histoire des religions offerts à H. Ch. Puech, Paris 1974, 323–330

μέρος

J. A. L. Lee, A Neglected Sense of μέρος: Antichthon 6 (1972) 39–42

μέσον

M. Pinnoy, Het Begrip Midden in de Ethica van Plutarchus, in: Zetesis, Album amicorum, Festsch. E. de Strycker, Antwerpen/ Utrecht 1973, 224–233

μέσος

v. *μέτρον:* Otten/1957
μεθόριος: Harl/1962

μεσότης

H. Schilling, Das Ethos der Mesotes, Tübingen 1930
G. P. Kousoulakos, Μεσότης and μέτρον in Greek thought, in: Festsch. Zepos, hrg. v. E. Caemmerer, I, Athen 1973, 203–265

μεταβολή

v. *ἀγωγή:* García López/1969
φύσις: Sandulescu/1975

μεταμορφοῦσθαι

v. *παιδία:* Harnack/1918

μετάνοια

G. Bardy, La conversion dans les premiers siècles chrétiens: ATh 2 (1941) 89–106 und 206–232
H. Emonds, Buße A u. B I. Begriffsgeschichtliches zu μετάνοια, paenitentia usw.: RAC 2, 1954, 802–805
R. Joly, Note sur μετάνοια: RHR 160 (1961) 149–156
J. Giblet, Pénitence: DBS 7, 1963, 628–687
S. G. Hall, Repentance in I Clement, in: TU 93, 1966, 30–43

H. G. Schoenfeld, Metanoia. Ein Beitrag zum Corpus hellenisticum NTi, Diss. Heidelberg 1970/1

H. A. Frei, Metanoia im „Hirten" des Hermas: IKZ 64 (1974) 118–139 u. 189–202; 65 (1975) 120–138 u. 176–204

C. Alvares Verdes, μετάνοια/μετανοεῖν en el griego extrabiblico, in: Festsch. J. Prado, hrg. v. C. Alvares Verdes usw., Madrid 1975, 503–525

D. Luehrmann, Henoch und die Metanoia: ZNW 66 (1975) 103–116

F. Leduc, Péché et conversion chez saint Jean Chrysostome: POC 26 (1976) 34–58; 27 (1977) 15–42

v. *ἐπιστροφή:* Hadot/1953

ἐκ μετανοίας

F. Paverd, The Meaning of ἐκ μετανοίας in the Regula fidei of St. Irenaeus: OrChrP 38 (1972) 454–466

μεταξύ

F. Noeggerath, Synthese und Systembegriff in der Philosophie. Mit einem Exkurs über den platonischen Begriff des μεταξύ, Diss. Erlangen 1930

M. Leroy, Μεταξύ: EtCl 35 (1967) 321–331

J. Annas, On the intermediates: AGPh 57 (1975) 146–166

μεταποιεῖν

v. *ἕνωσις:* Bouchet/1968

μετασχηματίζεσθαι

E. Bickel, Μετασχηματίζεσθαι. Ein übersehener Grundbegriff des Poseidonius (lat. „transfigurari". Sen. Ep. 94,48): RMP 100 (1957) 98–99

μεταφυσικά

H. Reiner, Die Entstehung der Lehre vom bibliothekarischen Ursprung des Namens Metaphysik: ZPhF 9 (1955) 77–99

Ph. Merlan, Metaphysik. Name und Gegenstand: JHS 77 (1957) 87–92

Ph. Merlan, On the terms "metaphysics" and "being qua being" (Aristotle): The Monist (La Salle) 52 (1968) 174–194

μετεμψύχωσις

J. Daniélou, Metempsychosis in Gregory of Nyssa: OrChrP 195 (1973) 227–243

μετέχειν

v. ἔχειν: Fujisawa/1974

μετέωρα

H. Koller, Jenseitsreise des Philosophen: AsSt 27,1 (1973) 35–57

μετεωρολογία

C. Gandin, Remarques sur la «météorologie» chez Platon: REA 72 (1970) 332–343

μετεωροπορεῖν

K. Skouterē, Μετεωροπορεῖν καὶ συμμετεωροπορεῖν παρὰ τῷ ἁγίῳ Γρηγορίῳ Νύσσης: Theol(A) 39 (1968) 423–439

μετουσία

D. L. Balás, Christian transformation of Greek philosophy illustrated by Gregory of Nyssa's use of the notion of participation: PACPA 40 (1966) 152–157

D. L. Balás, The idea of participation in the structure of Origen's thought. Christian transposition of a theme of the Platonic tradition, in: Origeniana, premier colloque internat. des Études origéniennes, Quaderni di „Vetera Christianorum" 12, Bari 1975, 257–276

μετουσία θεοῦ

D. L. Balás, Μετουσία θεοῦ. Man's Participation in God's Perfections according to Saint Gregory of Nyssa, Rom 1966

μετοχή

L. Sweeney, The Origin of participant and participated in Proclus' Elements of theology, in: Wisdom in depth. Essays in honor of H. Renard, Milwaukee 1966, 235–255

μέτρον

A. Moulard, Metron. Étude sur l'idée de mesure dans la philosophie antésocratique, Angers 1923

A. Cabassut, Discrétion II 1–3: DSp 3, 1957, 1314–1322

R. T. Otten, Μέτρον, μέσος and καιρός; a semasiological study, Diss. Michigan 1957

J. Schmidt, Μέτρον ἄριστον. Maß und Harmonie: EEPS 15 (1964/5) 514–563

v. μεσότης: Kousoulakos/1973

μηδὲν ἀγάν

C. J. Kraemer, Μηδὲν ἀγάν: CP 22 (1927) 223
H. J. Mette, Μηδὲν ἀγάν, München 1933

μῆνις

H. Frisk, Μῆνις. Zur Geschichte eines Begriffs: Er. 44 (1946) 28–40
(Kleine Schriften, Studia Graeca et Latina Gothoburgensia 21,
Göteborg 1966, 389–402)

μήτηρ

v. πατήρ: Chantraine/1946/7

μία ἐκκλησία

J. Daniélou, Μία ἐκκλησία chez les Pères grecs des premiers siècles,
in: 1054–1954, l'Église et les Églises, neuf siècles de douloureuse
séparation . . ., I, Chevetogne 1954, 129–139

μία οὐσία τρεῖς ὑποστάσεις

S. González, La formula μία οὐσία τρεῖς ὑποστάσεις en San Gregorio di Nissa: AnGr 21, Rom 1939

μία φύσις τοῦ θεοῦ λόγου σεσαρκωμένη

J. Van den Dries, The formula of Saint Cyrill of Alexandria μία
φύσις τοῦ θεοῦ λόγου σεσαρκωμένη, Rom 1939

μιερεύς

H. Delehaye, Μιερεύς. Note sur un terme hagiographique, in:
Mélanges d'hagiographie grecque et latine, SHG 42, Brüssel 1966,
240–245

μικρὸς κόσμος

R. Allers, Microcosmus from Anaximander to Paracelsus: Tr. 2
(1944) 319–407
H. Hommel, Mikrokosmos: RMP 92 (1944) 56–89

μιμεῖσθαι

G. F. Else, Imitation in the Fifth Century B.C.: CP 53 (1958)
73–80. 245

μίμησις

P. Cauer, Terminologisches zu Platon und Aristoteles: RMP 73
(1920) 161–174

H. Koller, Die Mimesis in der Antike, Dissertationes Bernenses 1,5, Bern 1954

G. Soerbom, Mimesis and art. Studies in the origin and early development of an aesthetic vocabulary, Stockholm 1966

L. Golden, Mimesis and Katharsis: CP 42 (1969) 145−153

B. M. Villanueva, El concepto de "Mimesis" en Platon: Perficit (Salamanca) 2 (1969) 181−246

St. Morawski, Μίμησις, in: Semiotica 2, Den Haag 1970, 35−58

L. Golden, Plato's concept of μίμησις: Brit. Journ. Aest. Art Crit. 33 (1974/5) 203−212

μῖξις

v. *fides:* Wolfson/1956
   ἕνωσις: Bouchet/1968

μισθός

E. Will, Notes sur μισθός, in: Le monde grec, Festsch. C. Préaux, hrg. v. J. Bingen, Brüssel 1975, 426−438

μισόκαλος

G. J. M. Bartelink, Note sur μνήμη: Er. 59 (1961) 84−85 37−44

μνήμη

G. J. M. Bartelink, Note sur μνήμη: Er. 59 (1961) 84−85

E. Heitsch, Wahrheit der Erinnerung: Hermes 91 (1963) 36−52

W. Theiler, Erinnerung: RAC 6, 1966, 43−54

J. E. Bamberger, μνήμη, διάθεσις. The Psychic Dynamism in the Ascetical Theology of St. Basil: OrChrP 34 (1968) 233−251

μνήμη θεοῦ

J. Lemaître, Contemplation A III B 2. Le «souvenir de Dieu»: DSp 2, 1953, 1858−1862

H. J. Sieben, Μνήμη θεοῦ: DSp 10, 1978, 404−411

μνημοσύνη

M. A. Koops, Quaeritur, quid significaverit μνημοσύνη apud Apollonium Tyanensem: Mn. 9 (1941) 101−104

B. Snell, Mnemosyne in der frühgriechischen Dichtung: ABG 9, 1964, 19−21

μνήσθη

A. Rehm, Μνήσθη: Ph. 94 (1941) 1−30

μοῖρα

E. Leitzke, Moira und Gottheit im alten griechischen Epos. Sprachliche Untersuchungen, Borna/Leipzig 1930

S. Eitrem, Schicksalsmächte: SO 13 (1934) 47−64

W. C. H. Greene, Moira, Fate, Good and Evil in Greek Thought, Cambridge 1944, 2. Aufl. 1948

W. Poetscher, Moira: KP 3, 1969, 1391−1396

v. *τύχη:* Anwander/1948f
   φρένες: Onians/1952

μοιχεία

K. Latte, Μοιχεία: PRE 30, 1932, 2446−2449

μοιχεύειν

H. Bogner, Was heißt μοιχεύειν?: Hermes 76 (1941) 318−320

μόνανδρος

J. B. Frey, La signification des termes μόνανδρος et univira: RSR 20 (1930) 48−60

μοναρχία

Th. L. Verhoeven, Monarchia, Oikonomia, Probola, in verband met de Triniteit, Amsterdam 1948

Th. L. Verhoeven, Monarchia dans Tertullien, adversus Praxean: VigChr 5 (1951) 43−48

μοναχός

A. Adam, Grundbegriffe des Mönchtums in sprachlicher Sicht: ZKG 65 (1953/4) 209−239 = ders., Sprache und Dogma, Gütersloh 1969, 71−100

L. Guillet, Note sur le mot Moine, in: Contacts (Nizza) 1960, 79−80

M. Harl, A propos des logia de Jésus: le sens du mot μοναχός: REG 73 (1960) 464−474

H. C. Puech, Μοναχός: AEPHE 1961/2, 90−93

A. Adam, Der Monachus-Gedanke innerhalb der Spiritualität der Alten Kirche, in: Glaube, Geist, Geschichte, Festsch. E. Benz, Leiden 1967, 259−265

A. Pluta, Ist die syrische Mönchskonzeption der īhīdājūtā im Sinne von „Christförmigkeit" Leitbild des Basilius?, in: Festsch. F. Loidl, III, hrg. v. E. Kovács, Wien 1971, 204−220

F. E. Morard, Monachos, Moine: Histoire du terme grec jusqu'au 4e siècle. Influence biblique et gnostique: FZPhTh 20 (1973) 332–411; v. Selbstanzeige ABG 18, 1974, 167–168

F. E. Morard, Monachos: une importation sémitique en Egypte?, in: TU 115, 1975, 242–246

E. A. Judge, The earliest use of monachus for 'Monk' (P. Coll. Youtie 77) and the Origins of Monasticism: JAC 20 (1977) 72–89

v. ἄσκησις: Lorié/1955

χριστιανισμός: Bartelink/1969

μονή

W. Beierwaltes, Eine Reflexion zum Geistbegriff des Proklos: AGPh 43 (1961) 119–127

J. Trouillard, La μονή selon Proclos, in: Le Néoplatonisme . . ., Paris 1971, 229–240

μονογενής

R. Rossini, Il primogenito in S. Cirillo allessandrino: StPat 12 (1965) 32–64

v. μοναχός: Adam/1953/4

μόνος θεός

G. Delling, Μόνος θεός, in: Studien zum NT und zum hellenistischen Judentum, Göttingen 1970, 391–400

μόνος πρὸς μόνον

E. Peterson, Herkunft und Bedeutung der μόνος πρὸς μόνον-Formel bei Plotin: Ph. 88 (1933) 30–41

μορφή

D. H. Wallace, A Note on morphe: ThZ 22 (1966) 19–25

C. von Bormann/W. Franzen/A. Krapiec/L. Oeing-Hanhoff, Form und Materie (Stoff) I: HWP 2, 1972, 977–986

C. Spicq, Note sur μορφή dans les papyrus et quelques inscriptions: RB 80 (1973) 37–45

v. εἶδος: Patzig/1959

esse: Hadot/1968

εἶδος: Sandoz/1972

μοσχοποιεῖν

A. Pelletier, Une création de l'apologétique chrétienne: μοσχοποιεῖν (Actes 7,14): RSR 54 (1966) 411–416

10*

μύησις

v. *προαίρεσις:* Imachi/1962

μῦθος

L. Mueller, Wort und Begriff μῦθος im klassischen Griechischen, Diss. Hamburg 1953

A. Rivier, Sur le rationalisme des premiers philosophes grecs: RThPh 5 (1955) 1–15

H. Doerrie, Der Mythos im Verständnis der Antike. Von Euripides bis Seneca: Gym. 73 (1966) 44–62

A. Lesky, Der Mythos im Verständnis der Antike. Von der Frühzeit bis Sophokles: Gym. 73 (1966) 27–44

v. *ἔπος:* Hofmann/1922
σημεῖον: Delling/1970

μυστήριον

H. U. von Balthasar, Le mysterion d'Origène: RSR 26 (1936) 513–562; 27 (1937) 38–64

H. G. Marsh, The Use of μυστήριον in the Writings of Clement of Alexandria: JThS 37 (1936) 64–80

K. Pruemm, „Mysterion" von Paulus bis Origenes. Ein Bericht und ein Beitrag: ZKTh 61 (1937) 391–425

K. Pruemm, „Mysterion" und Verwandtes bei Hippolyt: ZKTh 63 (1939) 207–225

K. Pruemm, „Mysterion" und Verwandtes bei Athanasius: ZKTh 63 (1939) 350–359

L. Bouyer, Mystique, essai sur l'histoire du mot: VS.S 9 (1949) 3–23 = Mysticism. An Essay on the history of a Word, in: Mystery and Mysticism, London 1956, 119–137

J. C. H. Fruytier, Het woord μυστήριον in de catechesen van Cyrillus van Jerusalem, Diss. Nimwegen 1950

L. Bouyer, Mysterion: VS.S 23 (1952) 397–412

A. D. Nock, Hellenistic mysteries and Christian sacraments: Mn. 4,5 (1952) 177–213

A. D. Nock, Mysterion: HSCP 60 (1952) 201–204

G. Fittkau, Der Begriff des Mysteriums bei Johannes Chrysostomus. Eine Auseinandersetzung mit dem Begriff des „Kultmysteriums" in der Lehre Odo Casels, Bonn 1953

B. Anagnostopoulos, Μυστήριον in the Sacramental Teaching of John of Damascus, in: TU 64, 1955, 167–174

J. Doignon, Sacrum, sacramentum, sacrificium dans le texte latin du livre de la Sagesse: REL 34 (1956) 240–253

A. Hoffmann, Der Mysterienbegriff bei Johannes Chrysostomus: FZPhTh 3 (1956) 418—422

T. F. Torrance, Le mystère du royaume: VC 10 (1956) 3—11

M. Verheijen, Μυστήριον, Sacramentum et la Synagogue: RSR 45 (1957) 321—337

H. Kraemer, Zur Wortbedeutung „Mysteria": WuD 6 (1959) 120—125

B. Studer, Spätlateinische Übertragungen griechischer christlicher Texte und Themen: SSPh 9 (1971) 179—195

J. D. B. Hamilton, The Church and the Language of Mystery. The First Four Centuries: EThL 53 (1977) 479—494

    v. εὐφροσύνη: Festugière/1934

    παράδοσις: Tibiletti/1962

μῶμος

G. J. M. Bartelink, Zur Spiritualisierung eines Opferterminus: Glotta 39 (1969) 43—48

N

ναός

v. *ἱερόν:* Joüon/1935

νεανίας

E. Schwyzer, Νεανίας, in: Mélanges E. Boisacq, II, Brüssel 1937, 231−238

νέμειν

E. Laroche, Histoire de la racine nem- en grec ancien (νέμω, νέμεσις, νόμος, νομίζω), Paris 1949, EeC 6

νέμεσις

v. *φθόνος:* Stevens/1948
αἰδώς: Péron/1976

νεφέλη

E. Manning, Le Symbolisme de la «Nubes» chez Origène et les Pères Latins: RSR 51 (1963) 96−111

νεώς

v. *ἐκκλησία:* Voelkl/1953

νήπιος

H. Herter, Das unschuldige Kind: JAC 4 (1961) 146−162

v. *παιδία:* Harnack/1918
ἤπιος: Lacroix/1937

νηστεία

Th. Pichler, Das Fasten bei Basileios dem Großen und im antiken Heidentum, Commentationes aenipontanae 11, Innsbruck 1955

νῆστις

R. Arbesmann, Fasten. A. Begriff und Terminologie: RAC 7, 1969, 447−451

Νικαιεύς

A. Debrunner, Nicänisch, eine falsche Schreibung: ThLZ 71 (1946) 396–397

νοεῖν

L. Tarán, El significado de νοεῖν en Parménides: AFC 7 (1959) 122–139

v. φρονεῖν: Loew/1929
νοῦς: von Fritz/1943
νοῦς: von Fritz/1945 und 1946
γιγνώσκειν: Snell/1973

νοερόν

W. Beierwaltes, Intellektuell: HWP 4, 1976, 444–445

νόημα

v. esse: Hadot/1968

νομίζειν

v. εἰδέναι: Huart/1968

νομίζειν θεούς

J. Tate, Greek for 'atheism': ClR 50 (1936) 3–5

νόμος

A. Bill, La morale et la loi dans la philosophie antique, Paris 1928
U. Galli, Platone e il νόμος, Turin 1937
F. Heinimann, Nomos und Physis. Herkunft und Bedeutung einer Antithese im griechischen Denken des 5. Jhs, Basel 1945, 2. Aufl. 1965
M. Pohlenz, Nomos: Ph. 97 (1948) 135–142
E. Laroche, Histoire de la racine νομ- en grec ancien, Paris 1949
M. Pohlenz, Nomos und Physis: Hermes 81 (1953) 418–438
A. Steinwenter, Nomos in den koptischen Rechtsurkunden, in: Studi A. Calderini/R. Paribeni, II, Mailand 1956, 461–469
M. Isnardi, Nomos e basileia nell'accademia antica: ParPass 12 (1957) 401–438
K. Gregoriades, Begriff und Wirklichkeit des Nomos bei den Griechen: Platon (Athen) 13 (1961) 205–226
D. Lanza, νόμος e ἴσον in Euripide: RFIC 91 (1963) 416–439
J. A. S. Evans, Despotes nomos (englisch): At. 43 (1965) 142–153
M. Ostwald, Nomos and the Beginnings of the Athenian Democracy, London/New York 1969

A. Marchianò Castellano, Vicende semantiche del gr. νόμος: AGI 55 (1970) 68–86
I. Muñoz Valle, Evolución del concepto de νόμος desde Hesíodo a la Estoa: MCom 51 (1970) 5–31
F. Quass, Nomos und Psephisma. Untersuchungen zu griechischem Staatsrecht, München 1971; v. Selbstanzeige ABG 17, 1973, 134–135
J. de Romilly, La Loi dans la pensée grecque, des origines à Aristote, Paris 1971
E. L. Copeland, "Nomos" as a medium of revelation – paralleling "Logos" – in Ante-Nicene Christianity: StTh 27 (1973) 51–61
G. Plumpe, Gesetz II, Die religiöse und theologische Bedeutung des Gesetzes. 1. der griechische Nomos: HWP 3, 1974, 494–495
R. Turasiewicz, Νόμου vox apud autores Graecos quid significaverit (auf polnisch, mit lat. Zusammenfassung): Mea. 29 (1974) 7–22
B. Effe, Das Gesetz als Problem der politischen Philosophie der Griechen: Sokrates, Platon, Aristoteles: Gym. 83 (1976) 302–324

  v. ἕξις: Funke/1958
  consuetudo: Funke/1961
  ἀγωγή: García Lopez/1969
  φύσις: Sandulescu/1975
  lex: Frezza/1968

νόμος βασιλεύς

H. E. Stier, Νόμος βασιλεύς: Ph. 37 (1928) 225–258
M. Gigante, Νόμος βασιλεύς, Ricerche Filologiche 1, Neapel 1956

νόμος ἔμψυχος

G. J. D. Aalders H. Wzn., Νόμος ἔμψυχος, in: Politeia und Res publica, Festsch. Starks, hrg. v. P. Steinmetz, Wiesbaden 1969, 315–329; v. Selbstanzeige ABG 16, 1972, 93–94

νόμος φύσεως

J. L. Adams, The Law of Nature in Graeco-Roman Thought: JR 25 (1945) 97–118
H. Koester, Νόμος φύσεως: The Concept of Natural Law in Greek Thought: SHR 14 (1968) 521–541

νόννος

J. M. Hanssens, Νόννος, νόννα et nonnus, nonna: OrChrP 26 (1960) 29–41

νόστος

S. Ramtos, Nostos: Philosophia (Athen) 2 (1972) 117–136

νοῦς

R. Schottlaender, Nus als Terminus: Hermes 64 (1929) 228–242

O. Perler, Der Nous bei Plotin und das Verbum bei Augustinus als vorbildliche Ursachen der Welt, Freiburg Schw. 1931

K. von Fritz, Νοῦς and νοεῖν in the Homeric Poems: CP 38 (1943) 79–92

K. von Fritz, Νοῦς, νοεῖν and their Derivations in Pre-Socratic Philosophy (excluding Anaxagoras): CP 40 (1945) 223–243; 41 (1946) 12–34

J. H. M. Loenen, De Νοῦς in het systeem van Plato's Philosophie, Diss. Amsterdam 1951

H. de Rietmatten, Sur les notions doctrinales opposées à Apollinaire: RThom 51 (1951) 353–372

J. Van der Meulen, Die aristotelische Lehre vom νοῦς in ihrer ontologischen Verwurzelung: ZPhF 14 (1960) 526–535

M. Detienne, Les origines religieuses de la notion d'intellect: Hermotime et Anaxagore: RevPhil 154 (1964) 167–178

K. von Fritz, Der νοῦς des Anaxagoras: ABG 9, 1964, 87–102

G. Jaeger, „Nus" in Platons Dialogen, Hyp. 17, Göttingen 1967; v. Selbstanzeige ABG 12, 1968, 127–133

H. Seidl, Der Begriff des Intellekts (νοῦς) bei Aristoteles im philosophischen Zusammenhang seiner Hauptschriften, Meisenheim/ Glan 1971; v. Selbstanzeige ABG 16, 1972, 136–137

J. H. Lesher, The meaning of νοῦς in Posterior Analytics: Phron. 18 (1973) 44–68; v. Selbstanzeige ABG 19, 1975, 104–105

H. J. Blumenthal, Νοῦς and soul in Plotinus, some problems of demarcation, in: Atti del convegno internat. sul tema: Plotino e il Neoplatonismo in Oriente e in Occidente, Rom 1974, 203–219

H. Crouzel, Geist (Heiliger): RAC 9, 1974, 490–545

   v. *θυμός:* Magnien/1927
    λόγος: Dalmais/ 1967
    esse: Hadot/1968
    λόγος: Kannengiesser/1972
    καρδία: Neyt/1975
    πνεῦμα: Crouzel/1976

Ξ

ξενιτεία

H. von Campenhausen, Die asketische Heimatlosigkeit, Tübingen 1930

E. Lanne, La « Xeniteia » d'Abraham dans l'œuvre d'Irénée. Aux origines du thème monastique de la « peregrinatio »: Irén. 47 (1974) 163–187

ξενοδοχεῖον

O. Hiltbrunner, Ξενοδοχεῖον, xenodochium: PRE 2. Reihe 18, 1967, 1487–1503

ξένος

M. Mentzou, Der Bedeutungswandel des Wortes ξένος. Die byzantinische Gelehrtengeschichte und die neugriechischen Volkslieder über den Fremden, Diss. Hamburg 1964

M. Mentzou, Σημασιολογικὰ τῆς λέξης „ξένος" σὲ ἐκκλησιαστικὰ κείμενα, in: Festsch. K. I. Bourbera, Athen 1964, 355–358

E. Fascher, Zum Begriff des Fremden: ThLZ 96 (1971) 161–168

Ph. Gauthier, Les ξένοι dans les textes athéniens de la seconde moitié du Vᵉs. av. J. C.: REG 84 (1971) 44–79

ξενών

H. Bolkestein, Ξενών. Gastverblijf, Pelgrimsherberg, Armhuis, MNAW.L 84, 1937, 107–146

ξύλον

N. V. Tomadakes, Ξύλον: Athena 70 (1968) 3–36

v. σταυρός: Reijners/1965

O

ὁδός

O. Becker, Das Bild des Weges und verwandte Vorstellungen im frühgriechischen Denken, Berlin 1937

E. Repo, Der Weg als Selbstbezeichnung des Urchristentums. Eine traditionsgeschichtliche und semasiologische Untersuchung, AASF 132,2, Helsinki 1964

ὀθόνιον

P. Savio, Ὀθόνια: Sal. 16 (1954) 411–422

S. Bartina, Ὀθόνια ex papyrorum testimoniis linteamenta: StPapy 4 (1965) 27–38

οἰκεία ἀρετή

C. Nardi, Il motivo dell' οἰκεία ἀρετή nel „Quod nemo laeditur nisi a seipso" di Giovanni Crisostomo: Prometheus (Florenz) 1 (1975) 266–272

οἰκεῖος

J. P. A. Eernstman, Bijdrage tot de kennis van de terminologie van de vriendschap bij de Grieken, Groningen 1932

J. Verpeaux, Les οἰκεῖοι, notes d'histoire institutionelle et sociale: REByz 23 (1965) 89–99

οἰκειότης

v. οἰκείωσις: Chroust/1963

οἰκείωσις

F. Dirlmeier, Die Oikeiosis-Lehre Theophrasts, Leipzig 1937

C. O. Brink, Οἰκείωσις and οἰκειότης. Theophrastus and Zeno in moral theory: Phron. 1 (1956) 123–145

J. Voelkl, Les rapports avec autrui dans la philosophie grecque d'Aristote à Panétius, Paris 1961

A. H. Chroust, Some historical observations on natural law on "according to nature": EM 31 (1963) 285–298

S. G. Pembroke, Oikeiosis, in: Problems in Stoicism, hrg. v. A. A. Long, London 1971, 114—149

v. *αἴσθησις:* Andriopoulos/1972

οἰκεύς

v. *δοῦλος:* Gschnitzer/1976

οἰκοδομεῖν

A. Thibaut, Edification, 2. La littérature patristique jusqu'au 5ᵉ siècle, 3. Le monachisme: DSp 4, 1960, 283—291

οἰκοδομή

Ph. Vielhauer, Oikodome. Das Bild vom Bau in der christlichen Literatur, vom NT bis Clemens Alexandrinus, Karlsruhe 1940

v. *aedificatio:* Schoenen/1956

οἰκονομία

A. d'Alès, Le mot οἰκονομία dans la langue théologique de saint Irénée: REG 32 (1919) 1—9

I. Brandt, Die Geschichte des Wortes ‚Ökonomie‘, Diss. Leipzig 1950

O. Lillge, Das patristische Wort οἰκονομία, seine Grundlage und Geschichte bis auf Origenes, Diss. Erlangen 1955; v. ThLZ 80 (1955) 239—240

M. Widmann, Der Begriff οἰκονομία im Werk des Irenäus und seine Vorgeschichte, Diss. Tübingen 1956

R. A. Markus, Trinitarian Theology and Economy: JThS 9 (1958) 89—102

J. Reumann, Oikonomia = "Convenant"; terms for 'Heilsgeschichte' in early christian usage: NT 3 (1959) 282—292

H. Thurn, Oikonomia von der frühbyzantinischen Zeit bis zum Bilderstreit. Semasiologische Untersuchungen einer Wortfamilie, Diss. München 1960

J. Reumann, Οἰκονομία as "ethical accommodation" in the fathers and its pagan backgrounds, in: TU 78, 1961, 370—379

F. J. Thomson, Economy: JThS 16 (1965) 368—420

K. Duchatelez, La notion d'économie et ses richesses théologiques: NRTh 92 (1970) 267—292

E. Moutsopoulos, Οἰκονομία ἐν τῇ δημιουργίᾳ παρὰ Πλάτωνι: EEPS 24 (1973/4) 301—308

M. Kertsch, Begriffsgeschichtliches aus den Grabreden Gregors von Nazianz: JÖB 23 (1974) 11—28

R. Waelkens, L'Economie, thème apologétique et principe hermé-
neutique dans l'Apocriticos de Macarios Magnès, Löwen 1974
B. Botte, Οἰκονομία. Quelques emplois spécifiquement chrétiens,
in: Corona Gratiarum, Misc. E. Deckers, I, Brügge 1975, 3–9
   v. μοναρχία: Verhoeven/1948
   παράδοσις: Tibiletti/1962

οἰκονόμος

J. Reumann, Stewards of God. Pre-christian religious application
of οἰκονόμος in Greek: JBL 77 (1958) 339–349

οἶκος
   v. ἐκκλησία: Voelkl/1953

οἶκος εὐκτήριος

G. J. M. Bartelink, «Maison de prière» comme dénomination de
l'Eglise en tant qu'édifice, en particulier chez Eusèbe de Césarée:
REG 84 (1971) 101–118

οἶκος θεοῦ
   v. ἐκκλησία: Mohrmann/1962

οἶκος κυριακός
   v. κυριακόν: Doelger/1941

οἰκουμένη

F. Gisinger, Oikumene: PRE 34, 1937, 2123–2174
R. Boehm, Studien zur Civitas Romana: Aeg. 42 (1962) 211–236
F. Lasserre, Oikumene: KP 4, 1972, 254–257
   v. τυκτός: Berlage/1925

οἰκουμενικός

E. Fascher, Ökumenisch und katholisch. Zur Geschichte zweier
heute viel gebrauchter Begriffe: ThLZ 85 (1960) 7–20
A. Tuilier, Le sens de l'adjectif oecuménique dans la tradition
patristique et dans le tradition byzantine: NRTh 86 (1964)
260–271

οἶκτος
   v. ἔλεος: Klocker/1953
   ἔλεος: Burkert/1955

ὄλβιος

v. μάκαρ: de Heer/1969

ὄλβος

R. E. Doyle, Ὄλβος, κόρος, ὕβρις and ἄτη from Hesiod to Aeschylos: Tr. 26 (1970) 293–303

ὀλιγοψυχία

v. παράκλησις: Matthei/1963

ὁλόκληρος

A. Debrunner, Ὁλόκληρος: Ph. 99 (1942) 174–176
W. den Boer, Ὁλόκληρος: Mn. 13 (1947) 143–144

ὅλον

F. Kaulbach, Ganzes/Teil I: HWP 3, 1974, 3–5

ὅλος

K. S. Wallach, Aus der Bedeutungsgeschichte von ὅλος. Die Definition des Aristoteles: Glotta 45 (1967) 23–39

ὅμιλος

F. R. Adrados, Sobre ὅμιλος, ἄμιλλα y ἄμαξα: EM 17 (1949) 119–147

ὀμνύναι

v. ὅρκος: Hiersche/1958

ὁμόθεος

C. Kern, «Homotheos» et ses synonymes dans la littérature byzantine, in: 1054–1954, L'Eglise et les Eglises, II, Chevetogne 1955, 15–28

ὁμοίιος

A. N. Athanassakis, The Etymology and Meaning of ὁμοίιος: RMP 119 (1976) 4–7

ὅμοιον ὁμοίῳ

C. W. Mueller, Gleiches zu Gleichem. Ein Prinzip frühgriechischen Denkens, Wiesbaden 1965

ὁμοῖος

H. D. Rankin, Ὁμοῖος in a Fragment of Thales: Glotta 39 (1960) 73–76

ὁμοίωμα

H. W. Bartsch, La technique de la langue religieuse dans le christianisme primitif, in: Tecnica e Casuistica, hrg. v. E. Castelli, Rom 1964, 231–239

ὁμοίωσις θεῷ

H. Merki, Ὁμοίωσις θεῷ. Von der platonischen Angleichung an Gott zur Gottähnlichkeit bei Gregor von Nyssa, Freiburg/Schw. 1952

D. Roloff, Gottähnlichkeit, Vergöttlichung und Erhöhung zu seligem Leben. Untersuchungen zur Herkunft der platonischen Angleichung an Gott, Berlin 1970

D. Roloff, Angleichung an Gott: HWP 1, 1971, 307–310

ὁμολογεῖν

F. Adorno, Appunti su ὁμολογεῖν e ὁμολογία nel vocabulario di Platone: Dialoghi di Archeologia (Rom) 2 (1968) 152–172

H. von Campenhausen, Das Bekenntnis im Urchristentum: ZNW 63 (1972) 210–253

ὁμολογία

G. Bornkamm, Ὁμολογία. Zur Geschichte eines politischen Begriffs: Hermes 71 (1936) 377–393

G. Bornkamm, Homologia. Zur Geschichte eines politischen Begriffs, München 1968, BEvTh 48

  v. *ὁμολογεῖν:* Adorno/1968
  ὁμολογεῖν: von Campenhausen/1972

ὁμόλογος

B. A. Van Groningen, Ὁμόλογος: Mn. 49 (1922) 124–137

ὁμολογουμένως τῇ φύσει ζῆν

B. Wisniewski, Sur les origines du ὁμολογουμένως τῇ φύσει ζῆν des Stoïciens: CM 22 (1961) 106–116

ὁμόνοια

W. G. Boruchowitsch, Die Bedeutung der Begriffe ὁμόνοια und εὔνοια in der Publizistik und Literatur Athens in der 2. Hälfte des 4. Jhts.: BCO 5 (1960) 22–23

A. Moulakis, Homonoia, Untersuchungen zum politischen Denken der Griechen, Diss. Bochum 1969; v. Selbstanzeige ABG 13, 1969, 101–102

J. de Romilly, Vocabulaire et propagande, ou les premiers emplois du mot ὁμόνοια, in: Mélanges P. Chantraine, hrg v. A. Ernout, EeC, Paris 1972, 199−209

J. de Romilly, Les différents aspects de la concorde dans l'œuvre de Platon: RPh 46 (1972) 7−20

W. C. West, Hellenic Homonoia and the New Decree from Platea: GRBS 18 (1977) 307−319

ὁμοούσιος

P. Galtier, L'ὁμοούσιος de Paul de Samosate: RSR 12 (1922) 30−45

H. Quilliet, Consubstantiel: DThC 3b, 1923, 1604−1615

R. Arnou, Unité numérique et unité de nature chez les Pères après le concile de Nicée: Gr. 15 (1934) 242−254

L. Bouyer, Ὁμοούσιος. Sa signification historique dans le Symbole de la Foi: RSPhTh 30 (1941/2) 52−62

I. Ortiz de Urbina, L'"homousios" preniceno: OrChrP 8 (1942) 194−209

P. Schepens, Ὁμοούσιος: RSR 35 (1948) 289−290

H. A. Wolfson, Philosophical Implications of the Theology of Cyril of Jerusalem: DOP 11 (1951) 1−19

J. Lebon, Le sort du consubstantiel nicéen: RHE 47 (1952) 485−529; 48 (1953) 632−682

H. Kraft, Ὁμοούσιος: ZKG 66 (1954/5) 1−24

L. M. Mendizábal, El homoousios preniceno extraeclesiastico: EE 30 (1956) 147−196

J. M. Dalmaù, El "homousios" en el concilio de Antioquía del año 268: MCom 34/35 (1960) 323−340

P. Nautin, Ὁμοούσιος unius esse (Jérôme, ep. 93): VigChr 15 (1961) 40−45

G. C. Stead, The Significance of the Homoousios, in: TU 78, 1961, 397−412

A. Tuilier, Le sens du terme ὁμοούσιος dans le vocabulaire théologique d'Arius et dans l'école d'Antioche, in: TU 78, 1961, 421−430

R. P. C. Hanson, Did Origen apply the word homoousios to the Son?, in: Epektasis, Mélanges J. Daniélou, hrg. v. J. Fontaine usw., Paris 1972, 293−303

G. C. Stead, Homoousios dans la pensée de saint Athanase, in: Politique et théologie chez Athanase d'Alexandrie, Actes du colloque de Chantilly, Paris 1974, 231−253

F. Dinsen, Homoousios. Die Geschichte des Begriffs bis zum Konzil von Konstantinopel (381), Diss. Kiel 1976

ὁμοούσιος ἡμῖν

M. Wiles, Ὁμοούσιος ἡμῖν: JThS 16 (1965) 454–461

ὄν

S. Gómez Nogales, The meaning of "being" in Aristotle: IPQ 12 (1972) 317–389

v. *οὐσία:* Nebel/1930
    esse: Hadot/1968

ὄν πολλαχῶς λεγόμενον

A. Guzzoni, Die Einheit des ὄν πολλαχῶς λεγόμενον bei Aristoteles, Diss. Freiburg/Brs. 1958

ὄνομα

O. Merlier, Ὄνομα et ἐν ὀνόματι: REG 47 (1934) 180–204
J. Ponthot, La signification religieuse du nom chez Clément de Rome et dans la Didachè: EThL 35 (1959) 339–361

v. *nomen:* Ferrua/1966

ὄνομα χριστιανόν

M. T. Antonelli, Il „nomen christianum" in Atenagora: GM 15 (1960) 623–637
M. Lauria, Ὄνομα χριστιανόν – nomen Christianorum: Atti accad. scienze mor. e pol. (Neapel) 79 (1968) 201–264

ὁρᾶν

E. Fascher, Deus invisibilis: MThSt 1 (1931) 41–77
G. Rudberg, Hellenisches Schauen: CM 5 (1942) 159–186
H. J. Mette, „Schauen" und „Staunen": Glotta 39 (1960) 49–71
F. Thordarson, Ὁρῶ – βλέπω – θεωρῶ. Some semantic Remarks: SO 46 (1971) 108–130

v. *ἰδεῖν:* Bechert/1965

ὄργανον

S. Byl, Note sur la polysémie d'ὄργανον et les origines du finalisme: AnCl 40 (1971) 121–133

ὄργια

C. Riggi, Vita cristiana e dialogo liturgico nel Simposio di Metodio (6,5): Sal. 37 (1975) 503–545

v. *ἀπόρρητα:* Van den Burg/1939

ὄρεξις

H. Radermacher, Die politische Ethik des Aristoteles. Ein Beitrag zur deontischen Logik: PhJ 80 (1973) 38–49

ὀρθὴ δόξα

R. W. Hall, Ὀρθὴ δόξα and εὐδοξία in the Meno: Ph. 108 (1964) 66–71

ὀρθοδοξία

M. Sesan, «Orthodoxie». Histoire d'un mot et de sa signification: Ist. 15 (1970) 425–434

ὀρθοέπεια

D. Fehling, Zwei Untersuchungen zur griechischen Sprachphilosophie, 1. Protagoras und die ὀρθοέπεια: RMP 108 (1965) 212–217

ὀρθὸς λόγος

K. Baerthlein, Der „Orthos Logos" in der großen Ethik des corpus Aristotelicum: AGPh 45 (1963) 213–258

K. Baerthlein, Der „Orthos Logos" und das ethische Grundprinzip in den platonischen Schriften: AGPh 46 (1964) 129–173

K. Baerthlein, Zur Lehre von der recta ratio in der Geschichte der Ethik von der Stoa bis Christian Wolff: KantSt 56 (1965/6) 125–155

v. *διαδοχή:* Abramowski/1976

ὅρκος

R. Hiersche, Note additionnelle relative à l'étymologie d'ὅρκος et d'ὀμνύναι: REG 71 (1958) 35–41

ὅρος

L. Gernet, Horoi, in: Studi U. E. Paoli, Florenz 1955, 345–353

v. *μίμησις:* Cauer/1920

ὄρος

H. Cadell/R. Rémondon, Sens et emploi de τὸ ὄρος dans les documents papyrologiques: REG 80 (1967) 343–349

ὁσία

H. Jeanmaire, Le substantif HOSIA et sa signification comme terme technique dans le vocabulaire religieux: REG 58 (1945) 66–89

M. H. A. Van der Valk, Quelques remarques sur le sens du nom
‹hosia›: REG 64 (1951) 417–422

ὅσιος

M. H. A. L. H. Van der Valk, Zum Worte ὅσιος: Mn. 10 (1941)
113–140
J. C. Bolkestein, Ὅσιος en εὐσεβής. Bijdrage tot de godsdienstige
en zedelijke terminologie van den Grieken, Utrecht/Amsterdam/
Paris 1936
G. Eatough, The Use of ὅσιος and kindred Words in Thucydides:
AJP 92 (1971) 238–251
   v. εὐσεβής: Terstegen/1941
      δίκαιος: Dihle/1968

οὐδέν

J. Klowski, Die Konstitution der Begriffe Nichts und Sein durch
Parmenides: KantSt 60 (1969) 404–416

οὐρανός

P. Nautin, Ciel, Pneuma et Lumière chez Théophile d'Antioche:
VigChr 27 (1973) 165–171
   v. θεός: Opelt/1959

οὐσία

R. Rougier, Le sens des termes οὐσία, ὑπόστασις et πρόσωπον
dans les controverses trinitaires postnicéennes: RHR 73 (1916)
48–63; 74 (1917) 133–189
G. Furlani, Studi Apollinaristici. I. La dottrina trinitaria di Apolli-
nare di Laodicea: Riv. studi filos. e relig. 2 (1921) 257–285
G. Nebel, Terminologische Untersuchungen zu οὐσία und ὄν bei
Plotin: Hermes 65 (1930) 422–445
G. Patzig, Die Entwicklung des Begriffs Usia in der Metaphysik
des Aristoteles, Diss. Göttingen 1951
A. Hoyos Ruíz, Estudio semántico del vocable οὐσία: Anales Univ.
de Murcia 10,3 (1951/2) 363–433
E. Hammerschmidt, Ursprung philosophisch-theologischer Termini
und deren Übernahme in die altkirchliche Theologie: OstKSt 8
(1959) 202–220
H. H. Berger, Ousia in de Dialogen van Plato, Leiden 1961
R. Marten, Οὐσία im Denken Platons, Meisenheim/Glan 1962
A. R. Lacey, Οὐσία and form in Aristotle: Phron. 10 (1965) 54–69
H. E. Pester, Platons bewegte Usia, Wiesbaden 1971

R. Huebner, Gregor von Nyssa als Verfasser der sog. ep. 38 des Basilius. Zum unterschiedlichen Verständnis der οὐσία bei den kappadozischen Brüdern, in: Epektasis, Festsch. J. Daniélou, hrg. v. J. Fontaine u. Ch. Kannengießer, Paris 1972, 463–490

P. Hadot, L'être et l'étant dans le néoplatonisme, in: Études Néoplatoniciennes, Neuchâtel o. J. (1973) 27–39

K. Wurm, Substanz und Qualität. Ein Beitrag zur Interpretation der plotinischen Traktate VI,1,2 und 3, Berlin/New York 1973; v. Selbstanzeige ABG 18, 1974, 180–182

E. D. Harter, Aristotle on primary οὐσία: AGPh 57 (1975) 1–20

B. Krivochéine, «Essence créée» et «Essence divine» dans la théologie spirituelle de s. Syméon le Nouveau Théologien, in: TU 116, 1975, 210–226

G. C. Stead, The concept of divine substance: VigChr 29 (1975) 1–14

D. L. Balás, The Unity of Human Nature in Basil's and Gregory of Nyssa's Polemics against Eunomius, in: TU 117, 1976, 275–281

G. Ch. Stead, Divine Substance, Oxford 1977

> v. πρόσωπον: Hodgson/1918
> φύσις: Tixeront/1921
> ὑπόστασις: Hammerschmidt/1955
> ἰδέα: Bieri/1966
> ὑποκείμενον: Baerthlein/1968
> κίνησις ἀκίνητος: Gersh/1973
> ὑπόστασις: Stead/1976

οὕτως ἔχεις

L. Rydén, A misinterpreted formula of appeal in Byzantine hagiography: Er. 72 (1974) 101–105

ὄχημα

R. C. Kissling, The ὄχημα-πνεῦμα of the neo-platonists and the De insomniis of Synhesius of Cyrene: AJP 43 (1922) 318–331

J. J. Poortman, Ochema. De zin van het hylische pluralism, Assen 1967

ὄφελος

v. τῦφος: Braun/1973

ὀψάριον

v. ὄψον: Kalitsunakis/1926

ὄψις

J. Brunschwig, Sur quelques emplois d'ὄψις dans la philosophie grecque, in: Zetesis, Festsch. E. de Strycker, Antwerpen/Utrecht 1973, 464–479

M. Harl, Note sur les variations d'une formule: Ὄψις/πίστις τῶν ἀδήλων τὰ φαίνομενα, in: Études sur l'antiquité grecque offertes à A. Plassart, Paris 1976, 105–117

ὄψον

I. E. Kalitsunakis, Ὄψον und ὀψάριον. Ein Beitrag zur griechischen Semasiologie, in: Festsch. P. Kretschmer, Wien 1926, 96–106

Π

πάθος

A. Voegtle, Affekt: RAC 1, 1950, 160–173

M. Flashar, Πάθος in der Schrift vom Erhabenen: ŽAnt 7 (1957) 17–39

J. Lanz, Affekt: HWP 1, 1971, 89–100, hier: 89–91

B. R. Rees, Pathos in the Poetics of Aristotle: GaR 19 (1972) 1–11

J. Bompaire, Le pathos dans le «Traité du Sublime»: REG 86 (1973) 323–343

παίγνιον

v. *nenia:* Heller/1943

παιδεία

J. Wytzes, Paideia and Pronoia in the Works of Clemens Alexandrinus: VigChr 9 (1955) 146–158

P. Stockmeier, Der Begriff παιδεία bei Klemens von Rom, in: TU 92, 1966, 401–408

J. Scho, Paideia bei Justin dem Martyrer, Diss. Trier 1969

παῖδες

A. Hug, Παῖδες: PRE 8, 1956, 374–400

παῖδες τοῦ θεοῦ

G. Germain, L'expression «Enfants de Dieu» selon Épictète et dans le NT: Présence orthodoxe (Paris) 1 (1967) 23–29

παιδεύειν

R. B. Zuck, Greek Words for Teach: BS 122 (1965) 158–168

παιδία

A. von Harnack, Die Terminologie der Wiedergeburt und verwandter Erlebnisse in der ältesten Kirche, in: TU 42,3,2, 1918

παῖς θεοῦ

A. von Harnack, Die Bezeichnung Jesu als „Knecht Gottes" und ihre Geschichte in der alten Kirche, SPAW.PH, Berlin 1926, 212–238

J. T. Brothers, The interpretation of παῖς θεοῦ in Justin Martyr's Dialogue with Trypho, in: TU 94, 1966, 127–138

παλιγγενεσία

J. Dey, Παλιγγενεσία: NTA H. 17,5, 1937

J. Solano, La παλιγγενεσία (Mt 19,28; Tit 3,5) según San Juan Crisóstomo, in: Misc. de la Univers. de Comillas 2, Santander 1944, 91–138

H. Leisegang, Palingenesia: PRE 36, 1949, 139–148

H. Doerrie, Palingenesia: KP 4, 1972, 428–429

   v. *παιδία:* Harnack/1918

   βαπτίζειν: Ysebaert/1962

πᾶν

W. Kiefner, Der religiöse Allbegriff des Aischylos. Untersuchungen zur Verwendung von πᾶν usw. als Ausdrucksmittel religiöser Sprache, Hildesheim 1965, Spudasmata 5

πάντα ἐν πᾶσιν

E. Peterson, Alte Schlußformeln und ihre Deutungen: ZNW 23 (1924) 293–298

παντοκράτωρ

H. Hommel, Pantokrator: ThViat 5 (1953/4) 322–378

O. Montevecchi, Pantokrator, in: Studi A. Calderini/R. Paribeni, II, Mailand 1956, 401–432

C. Capizzi, Παντοκράτωρ. Saggio d'esegesi letterario-iconografica: OrChrA 170, Rom 1964

D. L. Holland, Παντοκράτωρ in New Testament and Creed, in: StEv 6, TU 112, Berlin 1973, 256–266

πάπυρος

J. O'Callaghan, El papiro en el lenguaje de los Padres griegos, in: Atti XI. Congr. Internat. di Papirologia, Mailand 1965, hrg. 1966, 31–39

J. O'Callaghan, El papiro en los padres greco-latinos, Papyrologica Castroctaviana, Studia et Textus 1, Barcelona 1967

παραβολή

C. L. Francklin, Justin's concept of deliberate concealment in the
Old Testament: HThR 54 (1961) 300–301

παραγραφή

E. Schoenbauer, Παραγραφή, διαμαρτυρία, exceptio, praescriptio.
Zur antiken Einrede der Unzulässigkeit des Streitverfahrens:
AÖAW.PH 101,25 (1964) 202–231

παράδειγμα

P. Klinger, Παράδειγμα. Eine semasiologisch-bedeutungsgeschicht-
liche Untersuchung, Diss. Innsbruck 1960
v. *τύπος:* von Blumenthal/1928

παραδειγματίζειν

A. de Vogüé, Allusion mariale chez Dorothée de Gaza: StMon 5
(1963) 419–421

παραδιδόναι

v. *παράδοσις:* Deneffe/1931
  παράδοσις: Van den Eynde/1933

παράδοξα

H. Doerrie, Paradoxa: KP 4, 1972, 500–501

παράδοσις

A. Deneffe, Der Traditionsbegriff, Münster 1931
J. Salaverri, La idea de tradición en la Historia ecclesiástica de Euse-
bio Cesariense: Gr. 13 (1932) 211–240
B. Reynders, Paradosis. Le progrès de l'idée de tradition jusqu'à
saint Irénée: RThAM 5 (1933) 155–191
D. Van den Eynde, Les normes de l'enseignement chrétien dans la
littérature patristique des trois premiers siècles, Gembloux 1933
R. Forni, Problemi della tradizione: Ireneo di Lione, Mailand 1939
R. P. C. Hanson, Origen's doctrine of tradition: JThS 49 (1948)
17–27
H. Holstein, La tradition des Apôtres chez saint Irénée: RSR 36
(1949) 229–270
P. Smulders, Le mot et le concept de tradition chez les Pères grecs:
RSR 40 (1952) 41–62
D. F. Mitchell, The New Approach to "Paradosis": RTR 12 (1953)
43–51
J. Pieper, Über den Begriff der Tradition: TPh 19 (1957) 21–52

C. Tibiletti, Terminologia gnostica e cristiana in Ad Diognetum
VII,1: AAST 117 (1962/3) 105–119

E. Amand de Mendieta, The unwritten and secret apostolic traditions in the theological thought of St. Basil of Caesarea, Edinburgh 1965

G. S. Bebis, The Concept of Tradition in the Fathers of the Church:
GOTR 15 (1970) 22–55

S. De Boer, Paradosis, dogma en kerygma naar de opvatting van
Basilius de Grote: NedThT 24 (1970) 333–372

J. Daniélou, La tradition selon Clément d'Alexandrie: Aug. 12 (1972)
5–18

v. διαδοχή: Javierre/1962

παρακαταθήκη

A. Ehrhardt, Parakatatheke: ZSRG.R 75 (1958) 32–90; 76 (1959)
480–489

D. Simon, Quasi-παρακαταθήκη. Zugleich ein Beitrag zur Morphologie griechisch-hellenistischer Schuldrechtstatbestände: ZSRG.R
82 (1965) 39–66

παρακατατίθεσθαι

W. Schubert, Παρακατατίθεσθαι in der hellenistischen Amtsspra-
che: Philologische Wochenschrift 1932, 1077–1084

παράκλησις

M. Matthei, Aflicción y consuelo en los Padres del desierto: StMon
5 (1963) 7–25

παράκλητος

J. G. Davies, The primary meaning of παράκλητος: JThS 4 (1953)
35–38

παραμυθεῖσθαι

P. Joüon, Explication de la nuance méliorative des verbes tels que
alloquor, παραμυθέομαι: RSR 28 (1938) 311–314

παραπαίζων

v. εἰρεσιώνης: Follet/1974

παρατήρησις

H. J. Mette, Parateresis. Untersuchungen zur Sprachtheorie des Krates von Pergamon, Halle 1952

παρθένος

J. M. Ford, The Meaning of Virgin: NTS 12 (1966) 293−299

E. P. Hamp, Παρθένος and its cognates, in: Homenaje a A. Tovar,
Madrid 1972, 177−180

G. Klingenschmidt, Griechisch παρθένος, in: Antiquitates Germa-
nicae. Gedenkschrift H. Güntert, hrg. v. M. Mayrhofer, Innsbruck 1974, 273−278

παρουσία

P. L. Schoonheim, Een semasiologisch ondersoek van παρουσία
met betrekking tot het gebruik in Matthëus 24, Diss. Utrecht 1953

v. *ἐπιδημία:* Trevijano Etcheverría/1969

παρρησία

E. Peterson, Zur Bedeutungsgeschichte von παρρησία, in: Festsch.
R. Seeberg, I, 1929, 283−297

B. Steidle, Παρρησία − praesumptio in der Klosterregel St. Benedikts, in: Zeugnis des Geistes, 23. Beiheft von BenM 1947, 44−61

H. Jaeger, Παρρησία et fiducia. Étude spirituelle des mots, in: TU
63, 1957, 221−239

W. C. Van Unnik, Παρρησία in the "Catechetical Homilies" of
Theodor of Mopsuestia, in: Mélanges Chr. Mohrmann, Utrecht/
Antwerpen 1963, 12−22

G. Scarpat, Παρρησία: storia del termine e delle sue traduzioni in
latino, Brescia 1964

N. B. Tomadakes, Παρρησία − παρρησιαστικός: EEBS 33 (1964) 1

R. Joly, Sur deux thèmes mystiques de Grégoire de Nysse: Byz.
36 (1966) 127−143

E. F. F. Bishop, The unreserved Frankness of Privilege: BiTr 18
(1967) 175−178

G. J. M. Bartelink, Quelques observations sur παρρησία dans la
littérature paléochrétienne, GLCP, Suppl. III, Nimwegen 1970,
5−57

v. *fiducia:* Engels/1964
    δηλοῦν: Drescher/1970

παρρησιαστικός

v. *παρρησία:* Tomadakes/1964

παρῳδία

E. Poehlmann, Παρῳδία: Glotta 50 (1972) 144−156; v. Selbstanzeige
ABG 18, 1974, 172−173

πάσχα

B. Botte, Pascha: OrSyr 8 (1963) 213–226

πάσχειν

H. Doerrie, Leid und Erfahrung. Die Wort- und Sinnverbindung πάσχειν – μαθεῖν im griechischen Denken, AAWLM.G 1956, 5
L. C. Boreham, A Study of πάσχω in Greek Literature from Homer to 300 B.C., Diss. Birbeck College 1968/9
L. Boreham, The Semantic of πάσχω: Glotta 49 (1971) 231–244
v. *μανθάνειν:* Coste/1955

πατήρ

Ch. Autran, Πατήρ et ἀδελφός: Rev. Études indoeuropéennes 1938, 330–343
P. Chantraine, Les noms du mari et de la femme, du père et de la mère en grec: REG 59/60 (1946/7) 219–250
V. Grossi, Il titulo cristologico „Padre" nell'antichità cristiana: Aug. 16 (1976) 237–269

πατριάρχης

B. Pieroff, Die Bedeutung des Wortes Patriarch im Altertum: BCO 4 (1959) 255–256

πατριάρχης οἰκουμενικός

H. Grégoire, Patriarche écouménique = évêque supérieur: Byz. 8 (1933) 570–571

πατρίς

W. Keuffel, Der Vaterlandsbegriff in der frühgriechischen Dichtung, Würzburg 1942, Kieler Arbeiten zur Klass. Philologie 5
H. Weissenow, Bemerkungen zum Gebrauch von πατρίς bei Polybios: Ph. 120 (1976) 210–214

πατρῷοι θεοί

W. Aly, Patroioi theoi: PRE 36, 1949, 2254–2262

πείθειν

G. Schulz, Die Wurzel peith-, pith- im älteren Griechisch. Eine formal- und bedeutungsgeschichtliche Untersuchung, Diss. Bern 1952
A. Oguse, A propos de la syntaxe de πείθω et de πιστεύω: REG 78 (1965) 513–541
G. M. Pepe, Studies in πείθω, Diss. Princeton Univ. 1967

πεῖρα

P. Miquel, Contribution à l'étude du vocabulaire de l'expérience religieuse dans l'œuvre de Maxime le Confesseur, in: TU 92, 1966, 355–361

πειρασμός

J. H. Korn, Πειρασμός, BWANT 4,20, 1937
G. J. M. Bartelink, A propos de deux termes abstraits désignant le diable: VigChr 12 (1959) 58–60

πένθος

I. Hausherr, Penthos. La doctrine de la Componction dans l'Orient Chrétien, OrChrA 132, Rom 1944

πενία

J. Hemelrijk, Πενία en Πλοῦτος, Diss. Utrecht 1925
J. J. Van Manen, Πενία en Πλοῦτος in de periode na Alexander, Diss. Utrecht 1931

πέρας

G. Striker, Peras und Apeiron. Das Problem der Formen in Platos Philebos, Göttingen 1970; v. Selbstanzeige ABG 16, 1972, 138
M. Gatzemeier, Grenze: HWP 3, 1974, 873–875

περιγραφή

A. J. Festugière, Notes sur les Extraits de Théodote: VigChr 3 (1949) 199–202

περιεργία

H. J. Mette, Die περιεργία bei Menander: Gym. 69 (1962) 398–406
v. *curiositas:* Mette/1956

περίεργος

v. *curiositas:* Labhardt/1960

περιέχον

v. *κόσμος:* Guazzoni Foà/1963
ἄπειρον: Bicknell/1967

περίζυγος

v. *περίζυξ:* Tréheux/1958

περίζυξ

J. Tréheux, Le sens des adjectifs περίζυξ et περίζυγος: RPh 32 (1958) 84—91

περίπατος

A. Busse, Peripatos und Peripatetiker: Hermes 61 (1926) 335—342

περιπέτεια

D. J. Allan, Peripeteia quid sit, Caesar occisus ostendit: Mn. 29 (1976) 337—350

περιχωρεῖν

G. L. Prestige, Περιχωρέω and περιχώρησις in the Fathers: JThS 29 (1928) 242—252

περιχώρησις

v. *περιχωρεῖν:* Prestige/1928
fides: Wolfson/1956

πέτρος

H. Rheinfelder, Il nome di Pietro: RFIC 91 (1963) 5—29

πιστεύειν

v. *πείθειν:* Oguse/1965

πίστις

E. Fuchs, Glauben und Tat in den Mandata des Hirten des Hermas, Marburg 1931 (Teildruck)
M. Peisker, Der Glaubensbegriff bei Philon, hauptsächlich dargestellt an „Moses und Abraham", Aue i. Sa. 1936 (Teildruck)
E. Seidl, „Pistis" in der griechischen Literatur bis zur Zeit des Peripatos, Diss. Innsbruck 1953
G. H. Wikramanayake, A note on the πίστεις in Aristotle's Rhetoric: AJP 82 (1961) 193—196
D. Composta, Essere e „fede" nei presocratici: Sal. 23 (1962) 714—722
W. Schmitz, Ἡ πίστις in den Papyri, Diss. Köln 1964
J. T. Lienhard, A Note on the Meaning of πίστις in Aristotle's Rhetoric: AJP 87 (1967) 446—454
B. Mondin, Il problema dei rapporti tra fede e ragione in Platone e in Filone Alessandrino: Le Parole e le idee, Riv. internaz. di varia cultura (Neapel) 9 (1967) 9—16
W. Bondeson, Perception, True Opinion and Knowledge in Plato's Theaetetus: Phron. 14 (1969) 111—122

J. M. Cigüela, La fe como pathos filosofico en Heráclito de Efeso: Nordeste 11—13 (1969—1971) 65—89

S. Lilla, Clement of Alexandria. A Study in Christian Platonism and Gnosticism, Oxford 1971

F. Wolfram, Zum Begriff der πίστις in der griechischen Philosophie (Parmenides, Plato, Aristoteles), Diss. Wien 1972

D. Luehrmann, Pistis im Judentum: ZNW 64 (1973) 19—38

E. Tielsch, Die Wende vom antiken zum christlichen Glaubensbegriff. Eine Untersuchung über die Entstehung, Entwicklung und Ablösung der antiken Glaubensvorstellung und -definition in der Zeit von Anaxagoras bis zu Augustin (500 vor bis 400 nach Christus): KantSt 64 (1973) 159—199

T. Ebert, Meinung und Wissen in der Philosophie Platons. Untersuchungen zu Charmides, Menon und Staat, Berlin 1974

v. *fides:* Wolfson/1956
αἰδώς: Guazzoni Foà/1974
εἰκασία: Praus Sze/1977

πλάνη

J. E. Ménard, La πλάνη dans l'Évangile de Vérité: SMR 7 (1964) 3—36

I. Loewenclau, Die Wortgruppe πλάνη in den platonischen Schriften, in: Synusia, Festsch. W. Schadewaldt, hrg. v. H. Flashar, Pfullingen 1965, 111—122

πλάσμα

Ch. Mugler, Πλάσμα chez Aristote, in: Hommages à L. Delcour, Brüssel 1970, 162—167

πλεονεξία

H. O. Weber, Die Bedeutung und Bewertung der Pleonexie von Homer bis Isokrates, Diss. Bonn 1967

πλῆθος

F. Monticelli, Collegialità episcopale ed occidente nella visione de S. Basilio Magno. Le nozioni di πλῆθος ed ἀξιόπιστον: Annali Fac. Univ. Lecce (Bari) 6 (1967) 203—238

πλήρωμα

W. Ullmann, Fülle: HWP 2, 1972, 1032—1033

πλοῦτος

G. Lumbroso, Πλοῦτος καὶ δύναμις: APF 1923, 60
v. *πενία:* Hemelrijk/1925
　πενία: Van Manen/1931

πνεῦμα

E. W. Burton, Spirit, Soul and Flesh. The Usage of πνεῦμα, ψυχή and σάρξ in Greek Writings and Translated Works from the Earliest Period to 180 AD . . . and in Hebrew Old Testament, Chicago 1918

H. Leisegang, Pneuma Hagion, VFVRG 4, 1922, Neudr. 1970

A. d'Alès, La doctrine de l'Esprit en saint Irénée: RSR 14 (1924) 497–538

S. Hirsch, Die Vorstellung von einem weiblichen Pneuma Hagion im Neuen Testament und in der ältesten christlichen Literatur, Berlin 1927

F. Ruesche, Pneuma, Seele und Geist: PhGl 23 (1932) 606–625

J. D. Frangoulis, Der Begriff des Geistes (Πνεῦμα) bei Clemens Alexandrinus, Diss. Leipzig 1936

W. Wiersma, Die Aristotelische Lehre vom πνεῦμα: Mn. 11 (1943) 102–107

G. Verbeke, L'évolution de la doctrine du Pneuma, du stoïcisme à saint Augustin, Paris/Löwen 1945

E. Lutze, Die germanischen Übersetzungen von spiritus und pneuma. Ein Beitrag zur Frühgeschichte des Wortes Geist. Diss. Bonn 1950

A. Laurentin, Le pneuma dans la doctrine de Philon: EThL 27 (1951) 390–437

E. Best, The Use and non-use of πνεῦμα by Josephus: NT 3 (1959) 218–225

H. Opitz, Der Heilige Geist nach den Auffassungen der römischen Gemeinde bis ca. 150, Pneuma hagion im 1. Clemensbrief und im „Hirten" des Hermas, Berlin 1960

M. Garijo Guembe, Vocabulario Origeniano sobre el Espíritu Divino: ScrVict 10 (1964) 320–358

D. I. Koutsoyannopoulos, Πνεῦμα. Ἀπόρεια ἐννοιολογικῆς διακριβώσεως: Athena 69 (1966/7) 54–77

D. Hill, Greek Words and Hebrew Meanings: MSSNTS 5 (1967) 202–293

J. Boada, El pneuma en Origenes: EE 46 (1971) 475–510

M. Putscher, Pneuma, Spiritus, Geist. Vorstellungen vom Lebensantrieb in ihren geschichtlichen Wandlungen, Wiesbaden 1973

S. Sabugal, El vocabulario pneumatológico en la obra de San Justino y sus implicaciones teológicas: Aug. 13 (1973) 459–467

H. Saake, Pneuma: PRE Suppl. 14, 1974, 387–412
B. Schrott, Geist III. Der jüdische und christliche Geistbegriff: HWP 3, 1974, 162–169
G. Verbeke, Geist II. Pneuma: HWP 3, 1974, 157–162
R. G. Tanner, Πνεῦμα in Saint Ignatius, in: TU 115, 1975, 265–270
H. Crouzel, Geist (Heiliger Geist): RAC 9, 1976, 490–545
M. E. Isaacs, The Concept of Spirit: A Study of Pneuma in Hellenistic Judaism and its Bearing on the New Testament, London 1977

v. ὄχημα: Kissling/1922
θυμός: Ruesche/1930
χάρις: Roslan/1938
λόγος: Loosen/1941
δικαιοσύνη: Hill/1967
φῶς: Rius-Camps/1972
οὐρανός: Nautin/1973
νοῦς: Crouzel/1974

πνεύματα

P. G. Van der Nat, Geister (Dämonen) III. Apologeten und lateinische Väter: RAC 9, 1976, 715–759

πνεῦμα ἡγεμονικόν

J. Schneider, Πνεῦμα ἡγεμονικόν: ZNW 34 (1935) 62–69

πνευματικοί

v. παιδία: Harnack/1918
σοφός: Scroggs/1967

πνευματικὸς ἄνθρωπος

v. παιδία: Harnack/1918

πόθος

G. Broccia, Πόθος e ψόγος. Il frammento 6 dell'opera di Archilico, Rom 1959

ποιεῖν

D. Tabachovitz, Ein paar lexikalische Bemerkungen zur Historia Lausiaca des Palladius: ByZ 30 (1929) 228–231
A. Braun, I verbi del fare nel greco: SIFC 15 (1938) 243–296
P. Valesio, Un termine della poesia antica: ποιεῖν. Analisi semantica: Quaderni Istituto di Glottologia, Bologna 5 (1960) 97–111
v. πράττειν: Morselli/1931
esse: Hadot/1968

ποίημα

A. Ardizzoni, Ποίημα. Ricerche sulla teoria del linguaggio poetico nell'antichità, Bari 1953

A. Ardizzoni, Intorno a due definizioni antiche di ποίημα e di ποίησις: RFIC 40 (1962) 225–237

R. Haeussler, Poiema und Poiesis, in: Festsch. K. Büchner, hrg. v. W. Wimmel, Wiesbaden 1970, 125–137

ποίησις

E. Lledó, El concepto ποίησις en la filosofía griega, Diss. Madrid 1956

v. *ποίημα:* Haeussler/1970
πρᾶξις: Hintikka/1973
πρᾶξις: Ebert/1976

ποιητός

v. *τυκτός:* Berlage/1925

ποιόν

v. *ὑποκείμενον:* Baerthlein/1968

ποιός

v. *ὑποκείμενον:* Reesor/1957

ποιότης

M. Reesor, The Stoic Concept of Quality: AJP 75 (1954) 40–58

πόλις

K. L. Schmidt, Die Polis in Kirche und Welt. Eine lexikographische und exegetische Studie, Rektoratsprogramm Basel, Zürich 1940

C. Pugliese, La città platonica: ParPass 1 (1946) 6–21

G. Downey, "Polis" and "Civitas" in Libanius and St. Augustine. A contrast between East and West in late Roman Empire: BCLAB, V,52, 1966, 351–366

Z. Petre, Premisse ale formarii conceptului de πόλις: Studii clasice 17 (1977) 7–15

πολιτεία

F. Papazoglou, Une signification tardive du mot πολιτεία: REG 72 (1959) 100–105

v. *βασιλεία:* Cranz/1952

πολιτεύεσθαι

L. Alfonsi, Cittadini del cielo: RMP 107 (1964) 302–304

πολίτευμα

W. Ruppel, De historia vocis πολιτεύματος, Diss. Jena 1923
M. Engers, Πολίτευμα: Mn. 54 (1926) 154–161
M. A. Levi, Politeumata e la evoluzione della società ellenica nel
IV. sec. a. C.: ParPass 18 (1963) 321–336

πολιτικός

G. F. Bender, Der Begriff des Staatsmannes bei Thukydides, Würzburg 1938
H. Zeise, Der Staatsmann. Ein Beitrag zur Interpretation des platonischen Politikos, Ph.S 31, 1938

πολυπλούσιος

J. A. de Aldama, Πολυπλούσιος dans le Protévangile de Jacques
et l'Adversus Haereses d'Irénée: RSR 50 (1962) 86–89

πολυπραγμοσύνη

V. Ehrenberg, Polypragmosyne. A study in Greek polities: JHS 67
(1947) 46–67

πομπή

v. *pompa diaboli:* Rahner/1931
pompa: Boemer/1952

πόνος

v. *τῦφος:* Braun/1973

πορθεῖν

P. H. Menoud, Le sens du verbe πορθεῖν, in: Apophoreta, Festsch.
E. Haenchen, Berlin 1964, 178–186

πότνια

F. Doppler, Das Wort ‚Herr' als Göttername im Griechischen, in:
Opuscula Philologica, Wien 1926, 42–47

ποῦ εἰσιν

J. Bernardi, La formule ποῦ εἰσιν: saint Jean Chrysostome a-t-il
imité saint Grégoire de Nazianze?, in: TU 63, 1957, 177–181

πρᾶγμα

G. Lomiento, Πρᾶγμα e λέξις nell'Exhortatio ad martyrium di Origene: VetChr 2 (1965) 25–66

πρᾶξις

R. Arnou, Πρᾶξις et θεωρία. Étude de détail sur le vocabulaire et la pensée des Enneades de Plotin, Paris 1921, Présentation de T. Spidlik, Rom 1972
W. Jaeger, Über Ursprung und Kreislauf des philosophischen Lebensideals, in: Scripta minora, I, Rom 1960, 347–393
J. Hintikka, Remarks on praxis, poiesis and ergon in Plato and in Aristotle: Annales Univ. Turk. Sarja, B. Hum. 126, 1973, 53–62
Th. Ebert, Praxis und Poiesis. Zu einer handlungstheoretischen Unterscheidung des Aristoteles: ZPhF 30 (1976) 12–30
   v. *τύχη:* Weiss/1942
   λόγος: Dalmais/1967
   θεωρία: Gigon/1973
   θεωρία: Ruggiu/1973
   θεωρία: Kertsch/1974
   θεωρία: Spidlik/1976

πραότης

H. Martini, The concept of πραότης in Plutarch's Lives: GRBS 3 (1960) 65–73

πράττειν

E. Morselli, Πράττειν, ποιεῖν, θεωρεῖν: RF(T) 22 (1931) 132–147
H. F. Johansen, A political Term in Thucydides: CM 24 (1963) 20–26
   v. *ποιεῖν:* Braun/1938

πραΰτης

   v. *χρηστότης:* Spicq/1947

πρέπον

M. Pohlenz, To Prepon. Ein Beitrag zur Geschichte des griechischen Geistes: NGWG.Ph 16 (1933) 53–92
L. Labowsky, Der Begriff des πρέπον in der Ethik des Panaitios. Mit Analyse von Cicero, De officiis I,93–149 und Horaz, Ars poetica. Veröffentlicht unter dem Titel: Die Ethik des Panaitios. Untersuchungen zur Geschichte des Decorum bei Cicero und Horaz, Leipzig 1934
A. Mueller, Das Geziemende: HWP 3, 1974, 623–626

πρέσβυς

E. Fraenkel, Zur griechischen Wortforschung: Glotta 34 (1955) 301–309

πρεσβυτέριον

A. Vilela, Le presbyterium selon saint Ignace d'Antioche: BLE 74 (1973) 161–186

πρεσβύτερος

St. C. Caratzas, Sur l'histoire du suffixe de comparatif -τερος: Glotta 32 (1952) 248–261

A. Tomsin, Étude sur les πρεσβύτεροι des villages de la χώρα égyptienne: BCLAB 38 (1952) 95–130

G. I. Konidaris, Περὶ τοῦ τοπικοῦ καὶ χρονικοῦ περιορισμοῦ ἐν τῇ χρήσει τοῦ ὅρου ἐπίσκοπου: Praktika tes akademias Athenon 36 (1961) 215–230

A. E. Harvey, Elders: JThS 25 (1974) 318–332

C. Roberts, A Note: JThS 26 (1975) 403–405

    v. *πρεσβύτης:* d'Alès/1929

    ἐπίσκοπος: Guerra y Gomez/1962

    κυριακόν: Aebischer/1970

    ἱερεύς: Quacquarelli/1970

πρεσβύτης

A. d'Alès, Le πρεσβύτης de Saint Irénée: REG 42 (1929) 358–410

    v. *πρέσβυς:* Fraenkel/1955

προαίρεσις

H. Kuhn, Der Begriff der προαίρεσις in der Nikomachischen Ethik, in: Die Gegenwart der Griechen im neueren Denken, Festsch. Gadamer, Tübingen 1960, 123–140

T. Imachi, Die Notizen von der Metamorphose der klassischen Ethik bei den griechischen Kirchenvätern, in: TU 80, 1962, 499–507

    v. *λόγος:* Dalmais/1967

    ἑκούσιον: Van Reusel/1973

προβολή

    v. *ἀπόρροια:* Ratzinger/1959

πρόεδρος

H. Schaefer, Πρόεδρος: PRE 46, 1959, 2296–2308

προεστὼς πρεσβύτερος

v. *ἐπίσκοπος:* Konidaris/1961

προήγορος

H. Schaefer, Προήγορος: PRE 45, 1957, 104–107

προηγούμενος

M. Giusta, Sul significato filosofico del termine προηγούμενος: AAST 96 (1961/2) 229–271

A. Grilli, Contributo alla storia di προηγούμενος: Studi ling. V. Pisani, Brescia 1969, 409–500

M. Isnardi Parente, Ancora su προηγουμένως in Speusippo: Par-Pass 26 (1971) 120–128

πρόθεσις

v. *μυστήριον:* Torrance/1956

πρόθυμα

J. D. Mikalson, Prothyma: AJP 93 (1972) 577–583

προκαλεῖσθαι

R. Cadiou, Le mot juridique προκαλεῖσθαι. Résumé: REG 74 (1961) X–XI

προκοπή

O. Luschnat, Das Problem des ethischen Fortschritts in der alten Stoa: Ph. 102 (1958) 178–214

v. *profectus:* Ritter/1972

πρόληψις

N. Currie, Epicurean prolepsis: Phron. 6 (1961) 82

H. Ebeling, Antizipation: HWP 1, 1971, 419–425, hier: 419–421

N. Zeegers–Van der Vorst, La ‹prénotion commune› au ch. 5 de la legatio d'Athénagore: VigChr 25 (1971) 161–170

A. Manuwald, Die Prolepsislehre Epikurs, Bonn 1972

F. Juerss, Epikur und das Problem des Begriffs (Prolepse): Ph. 121 (1977) 211–225

v. *ἔννοια:* Sandbach/1930
αἴσθησις: Andriopoulos/1972
κριτήριον: Striker/1974
ἀντίληψις: Todd/1974

πρόνοια

V. Guazzoni Foà, Il concetto di provvidenza nel pensiero classico e in quello pagano: GM 14 (1959) 69–95

J. Trouillard, Notes sur προούσιος et πρόνοια chez Proclus: REG 73 (1960) 80–87

V. Schubert, Pronoia und Logos. Die Rechtfertigung der Weltordnung bei Plotin, München/Salzburg 1968

Ch. Parma, Pronoia und Providentia. Der Vorsehungsbegriff Plotins und Augustins: SPGAP 6, Leiden 1971; v. Selbstanzeige ABG 15, 1971, 153–155

M. Dragona-Monachou, Providence and fate in stoicism and praeneoplatonism. Calcidius as an authority on Cleanthes' Theodicy (SVF 2,933): Philosophia (Athen) 3 (1973) 262–306

P. H. Reardon, "Providence" in Origen's Contra Celsum: Ekklesiastikos Pharos (Addis Abeba) 55 (1973) 501–516

W. Beierwaltes, Pronoia und Freiheit in der Philosophie des Proklos: FZPhTh 24 (1977) 88–111

B. Brons, Pronoia und das Verhältnis von Metaphysik und Geschichte bei Dionysius Areopagita: FZPhTh 24 (1977) 165–186

H. Doerrie, Der Begriff „Pronoia" in Stoa und Platonismus: FZPhTh 24 (1977) 60–87

πρόοδος

M. Isnardi Parente, Proodos in Speusippo?: At. 53 (1975) 88–110

προούσιος

v. *πρόνοια:* Trouillard/1960

πρόρρησις

M. Piérart, Note sur la «prorrhesis» en droit attique: AnCl 42 (1973) 427–435

πρὸς ὄν

v. *ἐξ οὗ:* Doerrie/1969

πρός τι

v. *σχέσις:* Chevalier/1938
ὑποκείμενον: Baerthlein/1968

πρὸς τί πως ἔχον

v. *ὑποκείμενον:* Reesor/1957

προσαγγέλλειν

R. J. Loenertz, Προσαγγέλλειν ἑαυτόν: Byz. 29/30 (1959/60) 1—6

προσβολή

M. Ginsburg, The hellenistic προσβολή and the prosbul: Arctos 3 (1962) 37—44

προσευχή

F. Vattioni, Appunti sulla vita primitiva cristiana: Aug. 9 (1969) 455—483

M. Hengel, Proseuche und Synagoge. Jüdische Gemeinde, Gotteshaus und Gottesdienst in der Diaspora und in Palästina, in: Tradition und Glaube, Festg. K. G. Kuhn, hrg. v. G. Jeremias usw., Göttingen 1971, 157—184

πρόσεχε σεαυτῷ

R. Vernay, Attention I A, Ascèse: DSp 1, 1937, 1058—1063

προσήλυτος

N. Levison, Proselyte in biblical and early post-Biblical Times: SJTh 10 (1957) 45—46

K. G. Kuhn/H. Stegemann, Proselyten: PRE Suppl. 9, 1962, 1248—1283

J. A. Loader, An explanation of the term proselytos: NT 15 (1973) 270—277

πρόσθεσις

M. D. Philippe, Πρόσθεσις, ἀφαίρεσις, χωρίζειν dans la philosophie d'Aristote: RThom 48 (1948) 461—479

προσκυνεῖν

J. O'Callaghan, Proskynein en la correspondencia cristiana (siglos II a V): EstB 33 (1974) 187—189

προσκύνησις

B. M. Marti, Proskynesis and adorare: Lg. 12 (1936) 272—282

F. Altheim, Proskynesis: Paideia 5 (1950) 307—309

v. percussio frontis: Hakamies/1957

προστάτης

H. Schaefer, Προστάτης: PRE Suppl. 9, 1962, 1287—1304

M. Jourjon, Remarques sur le vocabulaire sacerdotal dans la Ia Clementis, in: Epektasis, Mélanges J. Daniélou, hrg. v. J. Fontaine usw., Paris 1972, 107–110

πρόσωπον

L. Hodgson, The Metaphysics of Nestorius: JThS 19 (1917/8) 47–55

A. Michel, L'évolution du concept de «personne» dans les rapports de la philosophie chrétienne avec la théologie: RevPhil 19 (1919) 351–383 und 487–515

B. Snell, Die Entdeckung des Geistes. Studien zur Entstehung des europäischen Geistes bei den Griechen, Hamburg 1946

M. Nédoncelle, Prosopon et persona dans l'antiquité classique, essai de bilan linguistique: RevSR 22 (1948) 277–299

C. Andresen, Zur Entstehung und Geschichte des trinitarischen Personbegriffs: ZNW 52 (1961) 1–39

J. Daniélou, La notion de personne chez les Pères grecs, in: Problèmes de la Personne, Paris 1973, 113–121

J. M. Dewart, The notion of "Person" underlying the Christology of Theodore of Mopsuetia, in: TU 115, 1975, 199–207

> v. *οὐσία:* Rougier/1916 und 1917
> *φύσις:* Tixeront/1921
> *μυστήριον:* Studer/1971
> *persona:* Szemerényi/1975

προτρεπτικὸς χαρακτήρ

> v. *διδασκαλικὸς χαρακτήρ:* Schmidt/1962

πρόφασις

G. M. Kirkwood, Thucydides's words for 'cause': AJP 73 (1952) 37–61

L. Pearson, Prophasis and aitia: TPAPA 83 (1952) 205–223

H. R. Rawlings, A semantic study of prophasis to 400 BC, Diss. Princeton 1970

C. Schaeublin, Wieder einmal πρόφασις: MH 28 (1971) 133–144

L. Pearson, Prophasis, a Clarification: TPAPA 103 (1972) 381–394; v. Selbstanzeige ABG 18, 1974, 172

H. R. Rawlings, A semantic study of Prophasis to 400 BC, Hermes, Einzelschriften H. 33, 1975

A. A. Nikitas, Zur Bedeutung von πρόφασις in der altgriechischen Literatur: AAWLM 1976, H. 4

F. Robert, Prophasis: REG 89 (1976) 317–342

προφητεία

E. Dekkers, Προφητεία – Praefatio, in: Mélanges Chr. Mohrmann, Utrecht/Antwerpen 1963, 190–195

προφήτης

E. Fascher, Προφήτης. Eine sprach- und religionsgeschichtliche Untersuchung, Giessen 1927

M. C. Van der Kolf, Prophetes: PRE 45, 1957, 797–814

S. Herrmann, Ursprung und Funktion der Prophetie im alten Israel, Rheinisch-Westfälische Akademie der Wiss., Vorträge, Opladen 1976; v. Selbstanzeige ABG 20, 1976, 132–133

πρωρεύς

J. Rougé, Πρωρεύς: RPh 39 (1965) 91–93

πρώτη οὐσία

E. D. Harter, Aristotle on primary οὐσία: AGPh 57 (1975) 1–20

πρώτη φιλοσοφία

K. Kremer, Erste Philosophie I: HWP 2, 1972, 726–727

τὸ πρῶτον κινοῦν ἀκίνητον

D. Z. Andriopoulos / J. Humber, Aristotle's concept of τὸ πρῶτον κινοῦν ἀκίνητον: a re-examination of the problem: Platon (Athen) 21 (1969) 113–120

πρωτότοκος

W. Michaelis, Der Beitrag der LXX zur Bedeutungsgeschichte von πρωτότοκος, in: Festsch. A. Debrunner, Bern 1954, 313–320

v. *μονογενής:* Rossini/1965

πτωχός

C. J. Ruijgh, Enige Griekse adjectiva die „arm" betekenen (Einige griechische Adjektiva, die „arm" bedeuten), in: Antidoron, Festsch. S. Antomiadis, Leiden 1965, 13–21

πῦρ

v. *φῶς:* Rius-Camps/1972

πύργος

N. B. Tomadakes, Πύργος – Πυργοῦμαι: EEBS 35 (1966/7) 128

πῶς ἔχον

v. *ὑποκείμενον:* Reesor/1957

P

ῥάβδος

v. *σταυρός:* Reijners/1965

ῥαχία

J. Callahan, The Serpent and ἡ ῥαχία in Gregory of Nyssa: Tr. 24 (1969) 17—41

ῥεμβασμός

A. J. Festugière, Une expression héllénistique de l'agitation spiri-tuelle: AEPHE 1951, 3—7

ῥυθμός

E. Wolf, Die Bedeutung von ῥυθμός in der griechischen Literatur bis auf Platon, Diss. Innsbruck 1947

E. A. Leemans, Rythme en ῥυθμός: ACl 17 (1948) 403—412

R. Waltz, Ῥυθμός et numerus: REL 26 (1948) 109—120

E. Wolf, Zur Etymologie von ῥυθμός und seiner Bedeutung in der älteren griechischen Literatur: WSt 68 (1955) 99—119

v. *ἀγωγή:* García Lopez/1969
εἶδος: Sandoz/1972

Σ

σάββατα

E. Schwyzer, Altes und Neues zu (hebr.-)griech. σάββατα, (griech.-) lat. sabbata usw.: ZVSF 62 (1934) 1–16

A. Dupont-Sommer, [Pour une histoire des noms grecs du sabbat et de la Pâque]: CRAI (1971) 77–83

A. Pelletier, Pour une histoire des noms grecs du sabbat et de la Pâque: CRAI (1971) 71–77

A. Pelletier, Σάββατα, transcription grecque de l'araméen: UT 22 (1972) 436–447

σαββώ

M. Schneller, Σαββώ und σαββάτωσις: Glotta 34 (1955) 298–300

σάρκωσις

M. Elze, Inkarnation I: HWP 4, 1976, 368–369

σάρξ

v. *πνεῦμα:* Burton/1918

σέβας

v. *φόβος:* Jaekel/1972
φόβος: Jaekel/1975

σέβεσθαι

L. H. Feldman, Jewish "sympathizers" in classical literature and inscriptions: TPAPA 81 (1950) 200–208

σελήνη

C. Préaux, La lune dans la pensée grecque, Brüssel 1973

σεμνός

F. Sasson, Gravis, qui in medio est, laudabilis: NP 28 (1942/3) 232–233

G. J. de Vries, Σεμνός and cognate words in Plato: Mn. 12 (1945) 151–156

σῆμα

v. *σῶμα:* Courcelle/1966

σημεῖον

G. Preti, Sulla dottrina del σημεῖον nella logica stoica: RCSF 11 (1956) 5–14

F. Formesyn, Le semeion johannique et le semeion héllénistique: EThL 38 (1962) 856–894

G. Delling, Wunder – Allegorie – Mythos bei Philo von Alexandreia, in: Studien zum NT und zum hellenistischen Judentum, hrg. v. F. Hahn usw., Göttingen 1970, 72–129

H. C. Yortie, Σημεῖον in the Papyri and its Significance for Plato, Epistle 13 (360a–b): ZPE 6 (1970) 105–116

v. *σταυρός:* Reijners/1965

σημεῖον ἐκπετάσεως

E. Stommel, Σημεῖον ἐκπετάσεως (Didache 16,6): RQ 48 (1953) 21–42

σιγή

R. Mortley, The theme of silence in Clement of Alexandria: JThS 24 (1973) 197–202

σιδηροφάγος

L. Ridén, Der Asket als Fresser: Er. 67 (1969) 48–53

σκάνδαλον

G. Staehlin, Skandalon. Untersuchungen zur Geschichte eines biblischen Begriffs, Gütersloh 1930

v. *φθόνος:* Bartelink/1963

σκοπός

M. Harl, Le guetteur et la cible: les deux sens de σκοπός dans la langue des Chrétiens: REG 74 (1961) 450–468

S. Kamelger, Wortgeschichtliche Untersuchungen im Griechischen (σκοπός, ἕξις, σχέσις, σχῆμα), Innsbruck 1967

M. J. Rondeau, D'où vient la technique exégétique utilisée par Grégoire de Nysse dans son traité «Sur les titres des psaumes»?, in: Mélanges d'histoire des religions offerts à H.-C. Puech, Paris 1974, 263–287

R. Alpers-Goelz, Der Begriff Skopos in der Stoa und seine Vorgeschichte. Mit einem Anhang: Materialien zum Zielbegriff in der griechischen und lateinischen Literatur, von W. Haase, Hildesheim/New York 1976

v. *ἐπίσκοπος:* Mohrmann/1977

σκότος

M. G. Ciani, Nota sul termine σκότος: Atti accad. Pat. scienze, lettere ed arti (Padua) 82 (1969/70) 221–229

v. *φθόνος:* Bartelink/1963

σκυλμός

A. Passoni dell'Acqua, Σκυλμός: Aeg. 54 (1974) 197–202

σοφία

B. Snell, Die Ausdrücke für den Begriff des Wissens in der vorplatonischen Philosophie, Diss. Göttingen 1922

B. Snell, Die Ausdrücke für den Begriff des Wissens in der vorplatonischen Philosophie: Philologische Unters. 29 (1924) 1–20

H. Leisegang, Sophia: PRE 2. Reihe 5, 1927, 1019–1039

M. Techert, La notion de sagesse dans les trois premiers siècles de notre ère: AGPh 39 (1930) 1–27

G. Crespy, Sagesse et sainteté: ETR 35 (1960) 171–196

H. Jaeger, The Patristic Conception of Wisdom in the Light of Biblical and Rabbinical Research, in: TU 79, 1961, 90–106

P. Pucci, Σοφία nell'Apologia platonica: Maia 13 (1961) 317–329

B. Gladigow, Sophia und Kosmos. Untersuchungen zur Frühgeschichte von σοφός und σοφίη, Spudasmata 1, Hildesheim 1964

D. Lanza, Σοφία e σωφροσύνη alla fine dell'Atene periclea: SIFC 37 (1965) 172–188

A. Lossev, Über die Bedeutung des Terminus σοφία bei Plato: Mea. 22 (1967) 340–347

H. Doerrie, Sophia: KP 5, 1975, 270–271

Ch.-H. Chen, Sophia. The Science Aristotle sought, Hildesheim/New York 1976

v. *φρόνησις:* Gigon/1975

σοφιστής

G. B. Kerferd, The first Greek sophists: ClR 64 (1950) 8–10

A. C. Cassio, Laso e Damone „sofisti" e „novatori": ParPass 26 (1971) 275–280

σοφός

W. Gent, Der Begriff des Weisen: ZPhF 20 (1966) 77–117

R. P. Scroggs, Σοφός and πνευματικός: NTS 14 (1967) 33–55

F. Maier, Der Sophos-Begriff. Zur Bedeutung, Wertung und Rolle des Begriffs von Homer bis Euripides, Diss. München 1970

G. B. Kerferd, The Image of the Wise Man in Greece in the Period before Plato, in: Images of Man in Ancient and Medieval Thought, Festsch. G. Verbeke, Löwen 1976, 17–28

v. σοφία: Gladigow/1964
γιγνώσκειν: Snell/1973

σπένδεσθαι

A. Citron, Semantische Untersuchungen zu σπένδεσθαι, σπένδειν, εὔχεσθαι, Winterthur 1965

σπήλαιον

G. J. M. Bartelink, Σπήλαιον/spelunca in christlichen Texten als abwertende Bezeichnung eines religiösen Versammlungsortes: Glotta 48 (1970) 212–214

σπονδή

J. Herrmann, Σπονδή und σπονδαί, in: Studi in onore di E. Volterra, III, Rom 1971, 135–142

στάσις

F. J. Doelger, Zum liturgischen Begriff Statio: AuC 6 (1941) 80

O. A. L. Dieter, Stasis, Speech Monographs 17,4 (1950) 345–369

P. Mikat, Die Bedeutung der Begriffe Stasis und Aponoia für das Verständnis des 1. Clemensbriefs, VAFLNW, Köln 1969

σταυρός

G. Q. Reijners, The terminology of the holy cross in the early Christian literature as based upon Old Testament typology, GCP 2, Nimwegen 1965

στέργειν

v. ἀγάπη: Spicq/1955

στέφανος

K. Baus, Der Kranz in Antike und Christentum. Eine religionsgeschichtliche Untersuchung mit besonderer Berücksichtigung Tertullians, Nachdruck der Auflage von 1940, Bonn 1965

ἀπὸ στήθους

Th. Lefort, Analecta philologica: Muséon 34 (1921) 173–177

στίχος

M. Leumann, Griech. στίχος/Vers und στίχες/Reihen: MSS 33 (1975) 79–84

στοιχεῖον

C. Blum, The meaning of στοιχεῖον and its derivates in the Byzantine age: Er. 44 (1946) 315–325

H. Koller, Στοιχεῖον: Glotta 34 (1955) 161–174

W. Burkert, Στοιχεῖον. Eine semasiologische Studie: Ph. 103 (1959) 167–197

Th. A. Druart, La stoicheiologie de Platon: RPL 73 (1975) 243–262

v. *elementum:* Vollgraff/1949
  ἀρχαί: Lapidge/1973

συγγένεια

E. des Places, Ipsius enim et genus sumus (Act 17,28): Bib. 43 (1962) 388–395

D. Musti, Sull'idea de συγγένεια in iscrizioni greche: ASNSP 32 (1963) 225–239

E. des Places, La syngeneia chrétienne: Bib. 44 (1963) 304–332

E. des Places, Συγγένεια: La parentée de l'homme avec Dieu d'Homère à la patristique, Paris 1964

συγκατάβασις

H. Pinard, Les infiltrations païennes dans l'ancienne loi d'après les pères de l'Église. La thèse de la condescendance: RSR 9 (1919) 197–221

P. Moro, La „condescendenza" divina in S. Giovanni Crisostomo: ED 11 (1958) 109–123

K. Duchatelez, La «condescendance» divine et l'histoire du salut: NRTh 95 (1973) 593–621

συγκατάθεσις

W. Goerler, Ἀσθενὴς συγκατάθεσις. Zur stoischen Erkenntnistheorie: Würzburger Jahrb. f. Altertumswissenschaft 3 (1977) 83–92

v. *fides:* Wolfson/1956

σύγκλητος

F. Ghinati, Ricerche sui synkletoi di Grecia: ParPass 15 (1960) 354–373

συγκρητισμός

A. Pariente, Συγκρητισμός: EM 37 (1969) 317–321

σύγκρισις

F. Focke, Synkrisis: Hermes 58 (1923) 327–368

συγκροτεῖν

v. *ποιεῖν:* Tabachovitz/1929

σύγχυσις

v. *fides:* Wolfson/1956
   ἕνωσις: Bouchet/1968

συλλογίζεσθαι

v. *συλλογισμός:* Duerlinger/1969

συλλογισμός

J. Duerlinger, Συλλογισμός and συλλογίζεσθαι in Aristotle's Organon: AJP 90 (1969) 320–328

συμβεβηκός

J. Day, Accidents in Aristotle Ath. Pol. 26,1: TPAPA 92 (1961) 52–65

v. *τύχη:* Weiss/1942
   accidens: Bravo Cozano/1964
   ὑποκείμενον: Baerthlein/1968
   διαφορά: Maróth/1975

σύμβολον

W. Mueri, Σύμβολον. Wort- und sachgeschichtliche Studie. Beilage zum Jahresbericht über das städt. Gymnasium in Bern 1931
S. Laeuchli, Origen's conception of Symbolon: AThR 33 (1951) 102–116

συμμετεωροπορεῖν

v. *μετεωροπορεῖν:* Skouterē/1968

συμπλοκή

F. W. Walbank, Symploke: its role in Polybius's Histories: Yale Classical Studies 24 (1975) 197–212

σύμπνοια

J. Daniélou, Conspiration chez Grégoire de Nysse, in: L'homme devant Dieu. Mélanges H. de Lubac, I, Paris 1963, 295–308 =

ders., L'être et le temps chez Grégoire de Nysse, Leiden 1970, 51–74

συμφωνία

C. A. Keys, The Word Symphony: CM 30 (1969) 578–594
W. Richter, Συμφωνία. Zur Früh- und Vorgeschichte eines musikalischen Begriffs, in: Convivium musicorum, Festsch. W. Boetticher, hrg. v. H. Hueschen, Berlin 1974, 264–290
v. ὁμόνοια: de Romilly/1972

συναίσθησις

H. R. Schwyzer, „Bewußt" und „Unbewußt" bei Plotin, in: Entretiens sur l'antiquité classique (Fondation Hardt) 5, Genf 1960, 343–378 (390)

συνάφεια

M. Thorborg, Συνάφεια, a key-word in the thinking of Nicholas Cabasilas, in: Studia in honorem H. Roos, Kopenhagen 1974, 60–62
v. fides: Wolfson/1956

σύνδεσμος

P. Somville, Σύνδεσμος et ἄρθρον dans la Poétique d'Aristote (XX 1456 b 38 – 1457 a 10): EtCl 43 (1975) 18–24
W. Belardi, Semantica di σύνδεσμος e di ἀσύνδετος in Aristotele: RFIC 105 (1977) 257–273

σύνδικος

J. T. Hooker, Σύνδικος in Pindar: Ph. 121 (1977) 300

συνείδησις

F. Tillmann, Zur Geschichte des Begriffs „Gewissen" bis zu den paulinischen Briefen, in: Festsch. S. Merkle, hrg. v. J. Hehn, Düsseldorf 1922, 335–347
F. Zucker, Syneidesis – Conscientia, Jenaer akadem. Reden, H. 6, 1928
H. Osborn, Συνείδησις: JThS 32 (1931) 167–179
H. Osborn, Συνείδησις and σύνεσις: ClR 45 (1931) 8–10
G. Jung, Syneidesis, Conscientia, Bewußtsein: Archiv für die gesamte Psychologie 89 (1935) 525–540

J. Dupont, Syneidesis. Aux origines de la notion chrétienne de conscience morale: StHell 5 (1948) 119–153

F. Sayre, Conscience in antiquity: CJ 45 (1950) 326–329

O. Seel, Zur Vorgeschichte des Gewissensbegriffs im altgriechischen Denken, in: Festsch. F. Dornseiff, Leipzig 1953, 291–319

J. Stelzenberger, Über συνείδησις bei Klemens von Alexandrien: MThZ 4 (1954) 27–33

J. Stelzenberger, Syneidesis, conscientia, Gewissen. Studie zum Bedeutungswandel eines moraltheologischen Begriffs, AMT 5, Paderborn 1963

J. Stelzenberger, Syneidesis bei Origenes, AMT 4, Paderborn 1963

A. Pelletier, Deux expressions de la notion de conscience dans le judaïsme hellénistique et le christianisme naissant: REG 80 (1967) 363–371

P. W. Schoenlein, Zur Entstehung eines Gewissensbegriffs bei Griechen und Römern: RMP 112 (1969) 289–305; v. Selbstanzeige ABG 16, 1972, 135

A. Cancrini, Syneidesis. Il tema semantico della „conscientia" nella Grecia antica, Rom 1970, Lessico intell. europeo 6; v. Selbstanzeige ABG 16, 1972, 98–100

E. Marietta, Conscience in Greek stoicism: Numen 17 (1970) 176–187

U. Stebler, Entstehung und Entwicklung des Gewissens im Spiegel der griechischen Tragödie, Bern/Frankfurt 1971, Europäische Hochschulschriften 15,5

v. *σύνεσις:* Cancrini/1970

συνειδός

v. *συνείδησις:* Pelletier/1967

συνένταρις

R. B. Todd, Συνένταρις and the stoic theory of perception, in: Grazer Beiträge 2, Amsterdam 1974, 251–261; v. Selbstanzeige ABG 21,1, 1977, 164–165

σύνεσις

H. R. Schwyzer, „Bewußt" und „Unbewußt" bei Plotin, in: Fondation Hardt, Entretiens sur l'antiquité classique 5, Vandœuvres-Genève 1960, 343–378 (390)

V. A. Rodgers, Σύνεσις and the expression of conscience: GRBS 10 (1969) 241–254

A. Cancrini, Synesis e syneidesis nell'etica di Aristotele: La Cultura (Rom) 8 (1970) 1–21

R. F. Levin, "Synesis" in Aristoxenian theory: TPAPA 103 (1972) 211–234

v. *σοφία:* Snell/1922
συνείδησις: Osborne/1931
ὄρεξις: Radermacher/1973

συνεχές

N. Herold, Kontinuum, Kontinuität I: HWP 4, 1976, 1044–1049

συνήθεια

v. *ἕξις:* Funke/1958
consuetudo: Funke/1961

συνήθης

H. W. Plehet, Συνήθης: Mn. 22 (1967) 439–440

συνιέναι

v. *γιγνώσκειν:* Snell/1973

σύνοδος

Poland, Σύνοδος 2: PRE 2. Reihe 8, 1932, 1420–1434
A. Lumpe, Zur Geschichte des Wortes σύνοδος in der antiken christlichen Gräzität: AHC 6 (1974) 40–53

σύνοδος οἰκουμενική

H. Chadwick, The Origin of the title "Oecumenical Council": JThS 23 (1972) 132–135

συντήρησις

M. Waldmann, Synteresis oder Syneidesis? Ein Beitrag zur Lehre vom Gewissen: ThQ 119 (1938) 332–371

συντίθεσθαι

v. *γιγνώσκειν:* Snell/1973

συντριβή

v. *contritio:* Loi/1966

συρμαιογραφεῖν

B. Hemmerdinger, Συρμαιογραφεῖν: Byz. 37 (1967) 75–81
R. Stichel, Τὸ συρμαῖον. Ein süditalienisches Zeugnis zur Terminologie der griechischen Schrift: Österr. Byz. Jahrb. 26 (1977) 185–192

σύστασις

W. Hogrebe, Konstitution I: HWP 4, 1976, 992–994

σφαίρη

V. Guazzoni Foà, Un ripensamento sulla σφαίρη di Parmenide: GM 21 (1966) 344–354; v. Selbstanzeige ABG 13, 1969, 84–86

σφαιροειδής

W. L. Knox, Origen's conception of the resurrection body: JThS 39 (1938) 247–248

σφαιροποιία

H. J. Mette, Sphairopoiia. Untersuchungen zur Kosmologie des Krates von Pergamon. Mit einem Anhang, München 1936

σφαῖρος

G. Rudberg, Zur vorsokratischen Abstraktion: Er. 52 (1954) 131–138

σφήν

U. Riedinger, Σφήν = Gewölbeschlußstein. Ein Hapaxlegomenon in den Erotapokriseis des Pseudo-Kaisarios, in: Polychronion, Festsch. F. Doelger, hrg. v. P. Wirth, Heidelberg 1966, 441–446

σφραγίς

J. Diehl, Sphragis, eine semasiologische Nachlese, Giessen 1938
A. Hamman, La signification de σφραγίς dans le Pasteur d'Hermas, in: TU 79, 1961, 286–290
J. M. Garrigues usw., Le caractère sacerdotal dans la tradition des Pères grecs: NRTh 93 (1971) 801–820
  v. *βαπτίζειν:* Ysebaert/1962

σχέσις

I. Chevalier, Le relatif « selon l'être » chez quelques témoins de la renaissance hellénistique: DT 16 (1938) 67–84
  v. *ἕξις:* Mugler/1957
    σκοπός: Kamelger/1967

σχῆμα

  v. *ἕξις:* Mugler/1957
    σκοπός: Kamelger/1967
    εἶδος: Sandoz/1972

σχηνοβατεῖν

v. *χοροβατεῖν:* Rotolo/1963

σχίσμα

M. Jugie, Schisme II. La notion de schisme. Aperçu historique
1–2: DThC 14,1, 1939, 1288–1292

σχολαστικός

A. Claus, Ὁ σχολαστικός, Diss. Köln 1965

σχολή

E. Manuald, Σχολή und σχολαστικός vom Altertum bis zur Gegenwart. Eine wortbiologische Untersuchung, Diss. Freiburg 1924
E. Mikkola, ‚Schole‘ bei Aristoteles: Arctos 2 (1958) 68–87
F. Solmsen, Leisure and play in Aristotle's ideal state: RMP 107
(1964) 192–220
R. Meridor, A Greek play on words in the Mishna?: Scripta class.
israelica 1 (1974) 131

σχόλιον

G. Zuntz, Die Aristophanesscholien der Papyri (Teil III): Byz. 14
(1939) 545–614

σώζειν

J. Molitor, Σώζω und σωτηρία in syrisch-georgischer Bibelüber-
setzung: BZ 11 (1967) 258–265

σώζειν τὰ φαινόμενα

F. Krafft, Die Bedeutung des σώζειν τὰ φαινόμενα (Rettung der
Phänomene) in Antike und beginnender Neuzeit: Deutsches
Museum, Abh. u. Berichte 33 (1965) 42–44

σῶμα

W. L. Knox, Parallels to the NT Use of σῶμα: JThS 39 (1938)
243–246
A. M. Javierre, Hacia una definición plena del σῶμα origenista?:
RET 9 (1949) 359–411
A. J. Festugière, Σῶμα: REG 66 (1953) 396–406
R. B. Onians, The Origins of European Thought about the Body,
the Mind, the Soul, the World, Time and Fate, Cambridge 1954
H. Koller, Σῶμα bei Homer: Glotta 37 (1958) 278–281

P. Courcelle, Tradition platonicienne et tradition chrétienne du corps-prison (Phédon 62b; Cratyle 400c): REL 43 (1965) 406–443; v. Zusammenfassung CRAI (1965) 341–343

P. Courcelle, L'âme en cage, in: Parusia, Festg. J. Hirschberger, Frankfurt 1965, 103–116

H. Herter, θεία σώματα, in: Philomathes. Studies and Essays in the Humanities in Memory of Ph. Merlan, hrg. v. R. B. Palmer, Den Haag 1971, 12–24

A. A. Tacho-Godi, La notion de la personne d'après les témoignages du terme σῶμα: Voprosy klassičeskoj Filologii (Moskau) 3/4 (1971) 273–297

P. Courcelle, Gefängnis der Seele: RAC 9, 1976, 294–318

v. *caput:* Radin/1929
paries: Courcelle/1966

σωτήρ

F. Dornseiff, Σωτήρ: PRE 2. Reihe 5, 1927, 1211–1221

H. Linson, Θεὸς σωτήρ. Entwicklung und Verbreitung einer liturgischen Formelgruppe: JLW 8 (1928) 1–75

A. Oxé, Σωτήρ bei den Römern: WSt 48 (1930) 38–61

G. Herzog-Hauser, Soter. Die Vorstellung des Retters im altgriechischen Epos, Wien 1931

H. Haerens, Soter und Soteria: StHell 5 (1948) 57–68

F. J. Doelger, Der Heiland: AuC 6 (1950) 241–272

A. D. Nock, Soter and Euergetes, in: The Joy of Study, Festsch. F. C. Grant, hrg. v. S. E. Johnson, 1951, 126–148

H. Kasper, Griechische Soter-Vorstellungen und ihre Übernahme in das politische Leben Roms, Diss. Mainz 1959

P. Janni, Σώτειρα e Σωτήρ in Pindaro: SUSF 39 (1965) 104–109

S. C. Mott, The Greek Benefactors and Deliverance from Moral Distress, Diss. Harvard 1971

v. *κύριος:* Montevecchi/1957
tertium genus: Mohrmann/1977

σωτηρία

E. Sandvoss, Soteria. Philosophische Grundlagen der platonischen Gesetzgebung, Göttingen usw. 1971

A. Brontesi, La soteria in Clemente Alessandrino, AnGr 186, Rom 1972

P. K. Chrestou, Ἡ ἔννοια τῆς σωτηρίας κατὰ τοὺς Καππαδόκας: Kl. 5 (1973) 347–374

J. Ibañez/F. Mendoza Ruiz, El concepto de "soteria" en las homilías pascuales de tradición asiatica: OrChrP 39 (1973) 333–362

M. Sachot, Pour une étude de la notion de salut chez les Pères Apostoliques, Présentation du vocabulaire: RevSR 51 (1977) 54—70

v. *σωτήρ:* Haerens/1948
σώζειν: Molitor/1967

σωφροσύνη

E. Weitlich, Quae fuerit vocis σωφροσύνη vis ac natura apud antiquiores scriptores graecos usque ad Platonem: Jahrb. philos. Fak. Göttingen, 1. Hälfte, Hist. Phil. Abt., Diss. Göttingen 1921

A. Kollmann, Sophrosyne: WSt 59 (1941) 12—34

G. J. de Vries, Σωφροσύνη en grec classique: Mn. 11 (1943) 81—101

H. F. North, Sophrosyne: Self-knowledge and Self-restraint in Greek CP 43 (1948) 1—17

F. H. Jr. Brigham, St. Basil and the Greeks: ClF 14 (1960) 35—38

H. F. North, Sophrosyne: Self-knowledge and Self-restraint in Greek Literature, New York 1968

R. Bubner, Besonnenheit I: HWP 1, 1971, 848—849

R. E. Jr. Lindahl, A Study of sophrosyne in non-theological Byzantine Literature, Diss. Tulane Univ. 1971

v. *σοφία:* Lanza/1965
ἁπλοῦς: Vischer/1965

T

τάγμα

v. *ordo:* Van Beneden/1969

τάξις

R. Roques, L'univers dionysien, Paris 1954

v. *παράδοσις:* Forni/1939
   ordo: Van Beneden/1969

ταπεινός

S. Rehrl, Das Problem der Demut in der profangriechischen Literatur. Im Vergleich zu Septuaginta und NT, Münster 1961, AeC 4

R. Leivestad, Ταπεινός, ταπεινόφρων: NT 8 (1966) 36—47

ταπεινοῦν

W. C. Van Unnik. Zur Bedeutung von ταπεινοῦν τὴν ψυχήν bei den apostolischen Vätern: ZNW 44 (1952/3) 250—255

ταπεινόφρων

v. *ταπεινός:* Leivestad/1966

ταπείνωσις

J. Martin Palma, Ταπείνωσις — Virtud, Ταπείνωσις — Estado. Orígenes y la exégesis moderna de Luc. 1,48, in: Misc. J. A. de Aldama, Granada 1969, 51—68

I. Lana, La cristianizzazione de alcuni termini retorici nella lettera ai Corinti di Clemente, in: Forma Futuri, Studi in onore di M. Pellegrino, Turin 1975, 110—118

τέκνον

G. Delling, Lexikalisches zu τέκνον, in: Studien zum NT und zum hellenistischen Judentum, Göttingen 1970, 270—280

τέλειον

E. Riondato, Problematica semantica ed etica nell'etica a Nicomaco, in: Scritti in onore di Carlo Diano, Bologna 1975, 367—383

τέλειος ἄνθρωπος

v. *παιδία:* Harnack/1918

τελειότης

v. *ἀντίληψις:* Todd/1974

τελέτη

C. Zijderveld, Τελέτη. Bijdrage tot de kennis der religieuse terminologie in het Grieksch, Diss. Utrecht 1934

D. Wachsmuth, Telete: KP 5, 1975, 572–573

τέλος

O. Rieth, Über das Telos der Stoiker: Hermes 69 (1934) 13–45

W. Wiersma, Τέλος und καθῆκον in der alten Stoa: Mn. 5 (1937) 219–228

D. Holwerda, Τέλος: Mn. 16 (1963) 337–363

G. Delling, Telos-Aussagen in der griechischen Philosophie: ZNW 55 (1964) 26–42 = Studien zum NT und zum hellenistischen Judentum, Göttingen 1970, 17–31

Z. P. Ambrose, The Homeric τέλος: Glotta 43 (1965) 38–62

U. Fischer, Der Telosgedanke in den Dramen des Aischylos, Hildesheim 1965, Spudasmata 6

A. Long, Carneades and the Stoic Telos: Phron. 12 (1967) 52–90

J. Moreau, Τέλος et ἀρετή d'après EE II, 1 et la tradition platonicienne, in: Peripatoi 1 (Untersuchungen zur eudemischen Ethik), Berlin 1971, 223–229

v. *σκοπός:* Alpers-Gölz/1976
   καθῆκον: Tsekourakis/1974

τέμνειν

B. Forssman, Τέμνω und τάμνω: Glotta 44 (1967) 5–14

τέχνη

F. Jeffré, Der Begriff Techne bei Plato, Diss. Kiel 1922

F. K. Berner, Techne und Tyche. Die Geschichte einer griechischen Antithese, Diss. Wien 1954

M. Isnardi, Techne: ParPass 16 (1961) 257–296

F. Heinimann, Eine vorplatonische Theorie der τέχνη: MH 18 (1961) 105–130

G. Vattino, Il concetto di fare in Aristotele, Turin 1961

K. Barwick, Das Problem der isokrateischen Techne: Ph. 107 (1963) 43–60

K. Bartels, Der Begriff Techne bei Aristoteles, in: Synusia, Festg. W. Schadewaldt, Pfullingen 1965, 275–287

A. Ortega, Aspectos del concepto de τέχνη en Aristotele: Helm. 16, 49 (1965) 61–83

M. Isnardi Parente, Techne. Momenti del pensiero greco da Platone ad Epicuro, Florenz 1966

J. Kube, Τέχνη und ἀρετή. Sophistisches und platonisches Tugendwissen, Berlin 1969, QSGP; v. Selbstanzeige ABG 16, 1972, 118–120

P. de Fidio, Il demiourgo e il ruolo delle "technai" in Platone: ParPass 26, 139 (1971) 233–263

A. Mueller, Kunst, Kunstwerk. I. Der Kulturbegriff der Antike: HWP 4, 1976, 1357–1365

A. Reckermann, Kunst, Kunstwerk, II. 1. Stoa und Neuplatonismus, 2. Patristische Rezeption der antiken Kunst-Theorie: HWP 4, 1976, 1365–1368

    v. *ἐπιστήμη:* Schaerer/1930
    φύσις: Timpanaro Cardini/1950
    τύχη: Joos/1955
    φύσις: Isnardi Parente/1969
    ἀρετή: Adkins/1973

τηρεῖν

Chr. Mohrmann, Le conflit pascal au IIe siècle. Note philologique: VigChr 16 (1962) 216–233 = dies., Études sur le latin des Chrétiens, IV, Rom 1977, 252–270

    v. *τῦφος:* Braun/1973

τὶ ἦν εἶναι

K. Arpe, Das τὶ ἦν εἶναι bei Aristoteles, Hamburg 1937

τιμή

J. Ch. Riedinger, Remarques sur la τιμή chez Homère: REG 89 (1976) 244–264

    v. *κλέος:* Greindl/1938
    αἰδώς: Guazzoni Foà/1974

τόλμα

R. J. O'Connel, The Plotinian Fall of the Soul in St. Augustine: Tr. 19 (1963) 1–35

J. R. Wilson, Τόλμα and the meaning of τέλος: AJP 92 (1971) 292–300

τόπος

Zs. Ritoók, Zur Geschichte des Topos-Begriffs, in: Actes de la XIIᵉ Conf. Internat. d'Études clas., Bukarest/Amsterdam 1975, 111−114

J. Sprute, Topos und Enthymem in der aristotelischen Rhetorik: Hermes 103 (1975) 68−90

v. *ἱερόν:* Joüon/1935
  locus: Chantraine/1940

τραγικός

J. Dalfen, Übertragener Gebrauch von τραγικός und τραγῳδεῖν bei Platon und anderen Autoren des 5. und 4. Jhs: Ph. 116 (1972) 76−92

τραγῳδεῖν

v. *τραγικός:* Dalfen/1972

τράπεζα

C. Goudineau, Ἱεραὶ τράπεζαι: MAH 79 (1967) 77−134

τρεῖς

E. Lease, The number Three, Mysterious, Mystic, Magie: CP 14 (1919) 56−73

W. Deonna, Trois, superlatif absolu: AnCl 23 (1954) 403−428

τρεπτός

M. V. Anastos, The immutability of Christ and Justinians condemnation of Theodore of Mopsuestia: DOP 6 (1951) 123−160

τρεπτότης

v. *τρεπτός:* Anastos/1951

τρέφειν

C. Moussy, Recherches sur τρέφω et les verbes grecs signifiant nourrir, EeC., Paris 1969

τρίτον γένος

v. *tertium genus:* Mohrmann/1977

τρίτος ἄνθρωπος

P. Wilpert, Das Argument vom „dritten" Menschen: Ph. 94 (1939) 51−64

τρόπαιον

J. Bernardi, Le mot τρόπαιον appliqué aux martyres: VigChr 8 (1954) 174–175

E. Dinkler, Bemerkungen zum Kreuz als τρόπαιον, in: Mullus, Festsch. Th. Klauser, hrg. v. A. Stuiber usw., Münster 1964, 71–78

τροπή

J. Daniélou, Le problème du changement chez Grégoire de Nysse: ArPh 29 (1966) 323–347 = Changement, in: ders., L'être et le temps chez Grégoire de Nysse, Leiden 1970, 95–115

τροπικός

v. ἀλληγορεῖν: Bate/1923

τρόπος

v. φύσις: Thimme/1935
ἀγωγή: García Lopez/1969

τυκτός

J. Berlage, De vocibus τυκτός, τετυγμένος, ποιητός, οἰκουμένη, aliis: Mn. 53 (1925) 289–298

τύπος

A. von Blumenthal, Τύπος und παράδειγμα: Hermes 63 (1928) 391–414

E. Amann, Type: DThC 15 b, 1950, 1935–1945

K. J. Woolcombe, Le sens de «Type» chez les Pères: VS.S 5 (1951) 84–100

G. Roux, Le sens de τύπος: REA 63 (1961) 5–14

τῦφος

R. Braun, Kohelet und die frühhellenistische Popularphilosophie, Berlin/New York 1973

τύχη

H. Weiss, Kausalität und Zufall in der Philosophie des Aristoteles, Darmstadt 1967, Nachdruck der Ausg. von Basel 1942

A. Anwander, Schicksal-Wörter in Antike und Christentum: ZRGG 1 (1948) 315–327; 2 (1949/50) 48–54 und 128–135

A. A. Buriks, Περὶ τύχης. De ontwikkeling van het begrip tyche tot aan de romeinse tijdt, hoofdzakelijk in de philosophie, Diss. Leiden 1948

P. Joos, Τύχη, φύσις, τέχνη. Studien zur Thematik frühgriechischer Lebensbetrachtung, Diss. Zürich 1955
A. Zimmermann, Tyche bei Platon, Diss. Bonn 1966
  v. *μοῖρα:* Eitrem/1934
    τέχνη: Berner/1954

ὕβρις

J. Fraenkel, Hybris, Proefschrift, Diss. Utrecht 1941

C. Dal Grande, Hybris. Colpa e Castigo nell'Espressione poetica e litteraria degli scrittori della Grecia antica da Omero a Cleante, Neapel 1947

R. Rieks, Hybris: HWP 3, 1974, 1234–1236

J. T. Hooker, The original meaning of ὕβρις: ABG 19, 1975, 125–137

D. M. MacDowell, Hybris in Athens: GaR 23 (1976) 14–31

N. R. E. Fisher, Hybris and Dishonor: GaR 24 (1977) 177–193

v. ὄλβος: Doyle/1970

ὑγίεια

E. Kornexl, Begriff und Einschätzung der Gesundheit des Körpers in der griechischen Literatur von ihren Anfängen bis zum Hellenismus, Commentationes Aenipontanae 21 (1970) 16–25

ὑδροδοσία

v. μαννοδοσία: Mendoza Ruiz/1975

υἱοθεσία

v. παιδία: Harnack/1918

υἱός

M. M. Jr. Johanning, The Notion of "Son" in Clement of Alexandria, Diss. Marquette Univ. 1971

υἱὸς τοῦ ἀνθρώπου

L. Bouyer, La notion christologique du Fils de l'homme a-t-elle disparu dans la patristique grecque?, in: Mélanges bibliques A. Robert, Paris 1957, 519–530

υἱὸς τοῦ θεοῦ

B. Tsakonas, A Comparative Study of the Term "Son of God" in St. Paul, the Old Testament, the Hellenistic World and in Philo: Theol(A) 36 (1965) 357–372 und 628–639; 37 (1966) 99–121

ὕλη

L. Cencillo, Hyle. Origin, concepto y funciones de la materia en el corpus aristotelicum, Madrid 1958

J. B. Skemp, Ὕλη and ὑποδοχή, in: I. Duering u. G. E. L. Owen, Aristotle and Plato in the Mid-Fourth Century, Göteborg 1960, 201–212

F. Solmsen, Aristotle's Word für „Matter", in: Didascaliae A. M. Albareda, hrg. v. S. Prete, New York 1961, 391–408

F. P. Hager, Die Materie und das Böse im antiken Platonismus: MH 19 (1962) 73–103

J. C. M. Van Winden, St. Ambrose's Interpretation of the Concept of Matter: VigChr 16 (1962) 205–215

E. Memullin, The Concept of Matter in Greek and Mediaeval Philosophy, Notre Dame 1965

H. A. Wolfson, Plato's Pre-Existant Matter in Patristic Philosophy, in: The Classical Tradition, Festsch. H. Caplan, New York 1966, 409 ff

Th. G. Sinnige, Matter and Infinity in the Presocratic Schools and Plato, Assen 1968

H. Happ, Hyle. Studien zum aristotelischen Materie-Begriff, Berlin 1971; v. Selbstanzeige ABG 16, 1972, 110–112

E. des Places, La matière dans le Platonisme moyen, surtout chez Numénius et dans les Oracles chaldaïques, in: Zetesis, Festsch. E. de Strycker, Antwerpen/Utrecht 1973, 215–223

W. Leszl, La materia in Aristotele: RCSF 28 (1973) 243–270 und 380–461; 29 (1974) 144–170

H. M. Robinson, Prime Matter in Aristotle: Phron. 19 (1974) 168–188

F. Solmsen, Epicurus on void, matter and genesis: Phron. 22 (1977) 263–281

E. Beck, Die Hyle bei Markion nach Ephräm: OrChrP 44 (1978) 5–30

v. ὑποκείμενον: Klowski/1966

ὑπακοή

J. Gribomont, Obéissance et évangile selon S. Basile le Grand: VS.S 5 (1952) 192–215

K. S. Frank, Gehorsam: RAC 9, 1976, 390–430

ὕπαρξις

v. esse: Hadot/1968

κίνησις ἀκίνητος: Gersh/1973

ὑπάρχειν

F. Adorno, Sul significato del termine ὑπάρχον in Zenone stoico: ParPass 12 (1957) 362–374

P. Hadot, Zur Vorgeschichte des Begriffes „Existenz" ὑπάρχειν bei den Stoikern: ABG 13, 1969, 115–127

A. Graeser, A propos de ὑπάρχειν bei den Stoikern: ABG 15, 1971, 299–305

V. Goldschmidt, Ὑπάρχειν et ὑφιστάναι dans la philosophie stoïcienne: REG 85 (1972) 331–344

ὑπερκόσμιος

K. Rahner, De termino aliquo in theologia Clementis Alexandrini, qui aequivalet nostro conceptui entis "supernaturalis": Gr. 18 (1937) 426–431

ὑπερουράνιος

A. Méhat, Le «lieu supracéleste» de saint Justin à Origène, in: Forma Futuri, Studi in onore di M. Pellegrino, Turin 1975, 282–294

ὑπερουράνιος τόπος

L. Tarán, Plotinos and the ὑπερουράνιος τόπος of the Phaedros: CM 30 (1969) 258–262

F. Solmsen, "Beyond the heavens": MH 33 (1976) 24–32

ὑπερφυής

K. Kremer, Hyperphysisch, Hyperphysik: HWP 3, 1974, 1239–1241

ὑπεύθυνος

F. Zucker, Verantwortung in Denken und Sprache der Griechen und Römer, in: Das Institut f. griech.-römische Altertumskunde, Deutsche Akad. Wiss. Berlin, Altertumskunde, Berlin 1957, 54–70

ὑπήκοος

v. δουλεία: Oliver/1955

ὑπηρέτης

L. J. D. Richardson, Ὑπηρέτης: CQ 37 (1943) 35–61

ὑπισχνεῖσθαι

v. ἐξαπατᾶν: Battegazzore/1974

ὕπνος γρηγορῶν

v. παρρησία: Joly/1966

ὑποδοχή

v. ὕλη: Skemp/1960

ὑπόθεσις

N. M. Thiel, Die Bedeutung des Wortes Hypothesis bei Aristoteles, Fulda 1919

L. Adam, Das Wahrheits- und Hypothesenproblem bei Demokrit, Epikur und Zenon dem Epikuräer (nach Philodem), Diss. Göttingen 1948

T. G. Rosenmeier, Plato's Hypothesis and the upward path: AJP 81 (1960) 393–407

H. P. Stahl, Ansätze zur Satzlogik bei Platon: Hermes 88 (1960) 411–451

F. Stoessl, Hypothesis: KP 2, 1967, 1286

A. Szabó, Hypothese, Hypothesis I: HWP 3, 1974, 1260–1261

v. παράδοσις: Forni/1939

ὑποθήκη

v. pignus: Condanari-Michler/1939

ὑποκείμενον

M. E. Reesor, The Stoic categories: AJP 78 (1957) 63–82

J. Klowski, Das Entstehen der Begriffe Substanz und Materie: AGPh 48 (1966) 2–42

K. Baerthlein, Zur Entstehung der aristotelischen Substanz-Akzidenz-Lehre: AGPh 50 (1968) 196–253

ὑποκριτής

A. Lesky, Hypokrites, in: Studi in onore di U. E. Paoli, Florenz 1956, 469–476

D. L. Page, Ὑποκριτής: ClR 6 (1956) 191–192

H. Koller, Hypokrisis und Hypokrites: MH 14 (1957) 100–107

G. F. Else, Hypokrites: WSt 72 (1959) 75–107

B. Zucchelli, Ὑποκριτής. Origine e storia del termine, in: Studi gramm. e ling., III, Mailand 1962

ὑπόληψις

G. Bien, Hypolepsis: HWP 3, 1974, 1252–1254

ὑπομονή

C. Spicq, Ὑπομονή – Patientia: RSPhTh 19 (1930) 95–106

A. J. Festugière, Ὑπομονή dans la tradition grecque: RSR 21 (1931) 477–486

M. Spanneut, Geduld: RAC 9, 1976, 243–294

ὑπόνοια

R. Laurenti, L'iponoia di Antistene: RCSF 17 (1962) 123–132

ὑπόστασις

A. Michel, Hypostase I. Chez les Pères: DThC 7a, 1922, 369–407

A. Sartori, Il concetto di ipostasi e l'enosi dogmatica ai concilii di Efeso e di Calcedonia, Turin 1927

G. L. Prestige, Clement of Alexandria, Stromata 2,8 and the meaning of hypostasis: JThS 30 (1929) 270–272

J. Vogelbacher, Begriff und Erkenntnis der Substanz bei Aristoteles, Limburg 1932

R. E. Witt, Ὑπόστασις, in: Amicitiae Corolla. A volume of essays presented to J. Rendell-Harris, London 1933, 319–343

F. Erdin, Das Wort Hypostasis. Seine bedeutungsgeschichtliche Entwicklung in der altchristlichen Literatur bis zum Abschluß der trinitarischen Auseinandersetzungen, FThSt, Freiburg/Brs. 1939

M. Richard, L'introduction du mot «hypostase» dans la théologie de l'incarnation: MSR 2 (1945) 5–32 und 243–270 = ders., Opera minora, II, Turnhout 1977, nr. 42

H. Doerrie, Ὑπόστασις. Wort- und Bedeutungsgeschichte, NGWG. Ph 1955, 3, 35–92

E. Hammerschmidt, Die Begriffsentwicklung in der altkirchlichen Theologie zwischen dem ersten Konzil von Nizäa (325) und dem zweiten allgemeinen Konzil von Konstantinopel (381): ThRv 51 (1955) 145–154

E. Hammerschmidt, Eine Definition von „Hypostasis" und „Ousia" während des 7. allgemeinen Konzils: Nicäa II 787: OstKSt 5 (1956) 52–55

D. I. Koutsoyannopoulos, Ὑπόστασις, Ἡ ἑνότης τῆς ἑλληνικῆς μεταφυσικῆς: EEPS 17 (1966/7) 305–337

J. G. Stack, Aristotle: The conception of substance in Book Zeta of the Metaphysics: MSM 44 (1966/7) 231–242

S. Otto, Person und Subsistenz. Die philosophische Anthropologie des Leontios von Byzanz. Ein Beitrag zur spätantiken Geistesgeschichte, München 1968

B. Studer, Hypostase: HWP 3, 1974, 1255–1259

G. C. Stead, Ontology and Terminology in Gregory of Nyssa, in: Gregor von Nyssa und die Philosophie. Zweites intern. Kolloquium über Gregor von Nyssa, hrg. v. H. Doerrie u. M. Altenburger, Leiden 1976, 107–127

v. *οὐσία:* Rougier/1916 und 1917
φύσις: Tixeront/1921
φύσις: Grandsire/1923
persona: de Ghellinck/1934
fides: Wolfson/1956
οὐσία: Hammerschmidt/1959
κίνησις ἀκίνητος: Gersh/1973
ἀντίληψις: Todd/1974

ὑπουργός

N. B. Tomadakes, ῾Υπουργός – πουργός – ὑπουργία: EEBS 35 (1966/7) 214

ὑστέρημα

K. N. Booth, "Deficiency": A Gnostic Technical Term, in: TU 117, 1976, 191–202

ὑφιστάναι

v. *ὑπάρχειν:* Goldschmidt/1972

ὕψος

J. H. Kuehn, ῞Υψος. Eine Untersuchung zur Entwicklungsgeschichte des Aufschwungsgedankens von Plato bis Poseidonios, WUNT 14, 1941

A. Mueller, Erhaben, das Erhabene I: HWP 2, 1972, 624–626

v. *μέγεθος:* Weber/1935
ταπείνωσις: Lana/1975

Φ

φαινόμενα

H. Diller, Ὄψις ἀδήλων τὰ φαινόμενα: Hermes 67 (1932) 14—42
W. Kranz, Zwei kosmologische Fragen: RMP 100 (1957) 124—129

φαντασία

R. J. Roth, The Aristotelian Use of phantasia and phantasma: NSchol 37 (1963) 312—326
K. Lycos, Aristotle and Plato on "Appearing": Mind 73 (1964) 496—514
D. A. Rees, Aristotle's treatment of φαντασία, in: Essays in ancient Greek philosophy, hrg. v. J. P. Anton, New York 1971, 491—504
F. H. Sandbach, Phantasia kataleptike, in: A. A. Long, Problems in stoïcism, London 1971, 9—21
v. αἴσθησις: Andriopoulos/1972

φάντασμα

v. φαντασία: Roth/1963

φάος

M. G. Ciani, Φάος e termini affini nella poesia greca. Introduzione a una fenomenologia della luce, Florenz 1974

φάρμακον

W. Artel, Studien zur Geschichte der Begriffe ,,Heilmittel" und ,,Gift". Urzeit, Homer, corpus hippocraticum, Leipzig 1937

φθάνειν

v. ἐγγίζειν: Berhey/1963

φθονεῖν

E. W. Walton, Envy in Greek Literature to the End of the Fifth Century B.C., Diss. Johns Hopkins Univ. 1970

φθόνος

W. Steinlein, Φθόνος und verwandte Begriffe in der älteren griechischen Literatur, Diss. Erlangen 1943

E. B. Stevens, Envy and pity in Greek philosophy: AJP 69 (1948) 171–189

G. J. M. Bartelink, Abstracta als duivelsnamen: Hermeneus (Zwolle) 34 (1963) 175–177

E. Milobenski, Der Neid in der griechischen Philosophie, Wiesbaden 1964

Th. Nikolaov, Der Neid bei Johannes Chrysostomos unter Berücksichtigung der griechischen Philosophie, Bonn 1969

φθορά

N. P. Williams, The ideas of the fall and of the original sin, London 1927

φιλαδελφία

C. Brady, Brotherly Love. A study of the Word φιλαδελφία and its Contribution to the biblical Theology of Brotherly Love. Diss. Freiburg Schw. 1961

φιλανθρωπία

P. de Labriolle, Philanthropie, in: Congrès de l'Ass. G. Budé à Nîme, Paris 1932, 300–302

S. Tromp de Ruiter, De vocis quae est φιλανθρωπία significatione atque usu: Mn. 59 (1932) 271–306

Carré, Le mot philanthropia et ses succédanés latins, mémoire de diplôme d'études sup. Fa. Lett., Paris 1936

H. I. Bell, Philanthropia in the papyri of the roman period, in: Coll. Latomus, 2, Brüssel 1949, 31–37

A. J. Festugière, Les Inscriptions d'Asoka et l'idéal du roi hellénistique: RSR 39 (1951) 31–46

G. Downey, Philanthropia in religion and statecraft in the fourth century after Christ: Hist. 4 (1955) 199–208

C. Spicq, La philanthropie hellénistique, vertu divine et royale: StTh 12 (1958) 169–191

J. Kabiersch, Untersuchungen zum Begriff der Philanthropie bei dem Kaiser Julian, Wiesbaden 1960

H. I. Martin, The concept of philanthropia in Plutarch's lives: AJP 82 (1961) 164–175

D. J. Constantelos, Philanthropia as an Imperial Virtue in the Byzantine Empire of the Tenth Century: AThR 44 (1962) 351–365

H. Hunger, Φιλανθρωπία. Eine griechische Wortprägung auf ihrem Wege von Aischylos zu Theodorus Metochites, AAWW.Ph 1963, 1 = ders., in: Byz. Grundlagenforschung, Gesammelte Aufsätze, London 1973, Nr. 13

R. Le Déaut, Φιλανθρωπία dans la littérature grecque jusqu'au Nouveau Testament (Tite III,4), in: Mélanges E. Tisserant, I, Rom 1964, 255–294

N. Egender, La philanthropie de Dieu chez les Pères grecs: ASeign 57 (1965) 62–75

L. J. Daly, Themistius's Concept of Philanthropia: Byz. 45 (1975) 22–40

M. Zitnik, Θεὸς φιλάνθρωπος bei Johannes Chrysostomos: Or-ChrP 41 (1975) 76–118

φιλάνθρωπον

U. Galli, Il concetto di φιλάνθρωπον secondo la Poetica di Aristote: AeR 12 (1931) 243–253

M. T. Lenger, La notion de bienfait (φιλάνθρωπον) royal et des ordonnances des rois lagides, in: Studi in onore di V. Arangio-Ruiz, I, 1953, 483–499

W. Waldstein, Untersuchungen zum römischen Begnadigungsrecht: Commentationes Aenipontanae 18 (1964) 34–41

φιλάνθρωπος

D. Montmollin, Le sens du terme φιλάνθρωπος dans la Poétique d'Aristote: Phoenix (Toronto) 19 (1965) 15–23

v. δίκαιος: Dihle/1968

φιλαυτία

I. Hausherr, Philautie. De la tendresse pour soi à la charité selon s. Maxime le Confesseur: OrChrA 137, Rom 1952

K. Gantar, Amicus sibi. I. Zur Entstehungsgeschichte eines ethischen Begriffs in der antiken Literatur: ZAnt 16 (1966) 135–175

K. Gantar, Zur Entstehungsgeschichte des aristotelischen Begriffs der φιλαυτία, in: Studien zur Geschichte und Philosophie des Altertums, hrg. v. J. Harmutta, Amsterdam 1968, 90–97

φίλαυτος

v. amicus sibi: Gantar/1976

φιλεῖν

R. Joly, Le vocabulaire chrétien de l'amour est-il original? φιλεῖν et ἀγαπᾶν dans le grec antique, Brüssel 1968

v. *ἀγαπᾶν:* Hogg/1927
  ἐρᾶν: Steinmueller/1951
  ἀγάπη: Spicq/1955
  ἀγάπη: Giblet/1970

φιλέλλην

I. Irmscher, Φιλέλλην in mittelgriechischem Sprachgebrauch: ByF 2 (1967) 238–246 (Festschrift F. Dölger, II)
I. Irmscher, Φιλέλλην im spätantikem Sprachgebrauch, in: TU 107, 1970, 183–186

φιλία

W. Ziebis, Der Begriff der φιλία bei Plato, Diss. Breslau 1927
C. Brescia, La φιλία in Epicuro: GIF 8 (1955) 314–332
J. Steinberger, Begriff und Wesen der Freundschaft bei Aristoteles und Cicero, o.O. 1956
K. Treu, Φιλία und ἀγάπη. Zur Terminologie der Freundschaft bei Basilius und Gregor von Nazianz: Studii clasice (Bukarest) 3 (1961) 421–427
I. F. Wilkerson, The concept of friendship in the Nicomachian ethics of Aristotle, Diss. Cath. Univ. America 1963
A. Tuilier, La notion de φιλία dans ses rapports avec certains fondements sociaux de l'épicurisme, in: Actes du VIIIᵉ congrès Assoc. Budé, Paris 1969, 319–329
G. Vlastos, Platonic Studies, Princeton 1973, 3–42
J. C. Fraisse, Philia. La notion d'amitié dans la philosophie antique. Essai sur un problème perdu et retrouvé, Paris 1974
  v. *ἔρως:* Richardson/1943
  ἔρως: Kuhn/1954 und 1956
  ἔρως: Hyland/1968

φιλόθεος

E. Peterson, Der Gottesfreund. Beiträge zur Geschichte eines religiösen Terminus: ZKG 42 (1923) 161–202

φιλόκολπος

A. Barigazzi, Atena φιλόκολπος in Teofilo di Antiochia: ParPass 16 (1961) 373–381
E. Degani, Atena philokolpos?: RMP 107 (1964) 92–94

φιλολογεῖν

H. Kuch, Vom Namen der Philologie: Altertum 11 (1965) 151–157
  v. *φιλόλογος:* Nuchelmans/1950
  φιλόλογος: Girardet/1970

φιλολογία

v. *φιλόλογος:* Nuchelmans/1950

φιλόλογος

K. M. Abbott, Φιλόλογος: PRE 38, 1938, 2510–2514

G. F. R. M. Nuchelmans, Studien über φιλόλογος, φιλολογία und φιλολογεῖν, Amsterdam 1950

H. Kuch, Φιλόλογος. Untersuchungen eines Wortes von seinem ersten Auftreten in der Tradition bis zur ersten überlieferten lexikalischen Festlegung, Berlin 1965

H. Kuch, Φιλόλογος in der Ἐκκλησιαστικὴ Ἱστορία des Sozomenus: Klio 43–45 (1965) 337–343

K. Girardet, Φιλόλογος und φιλολογεῖν: Kl. 2 (1970) 323–333

φίλος

F. Dirlmeier, Φίλος und φιλία im vorhellenistischen Griechentum, Diss. München 1931

F. Normann, Die von der Wurzel φιλ- gebildeten Wörter und die Vorstellung der Liebe im Griechischen, Diss. Münster 1952

A. W. H. Adkins, Friendship and selfsuffiency in Homer and Aristotle: CQ 13 (1963) 30–45

M. Landfester, Das griechische Nomen philos und seine Ableitungen, Spudasmata 11, Hildesheim 1966

v. *οἰκεῖος:* Eernstman/1932

φίλος τοῦ θεοῦ

v. *παιδιά:* Harnack/1918

φιλοσοφία

H. Wersdoerfer, Die Philosophie des Isokrates im Spiegel ihrer Terminologie. Untersuchungen zur frühattischen Rhetorik und Stillehre, Leipzig 1940

A. H. Chroust, Philosophy, its essence and meaning in the ancient world: PhRev 1947, 19–58

G. Bardy, «Philosophie» et «philosophe» dans le vocabulaire chrétien des premiers siècles: RAM 25 (1949) 97–108

G. J. M. Bartelink, «Philosophie» et «philosophe» dans quelques oeuvres de Jean Chrysostome: RAM 36 (1960) 486–492

W. Burkert, Platon oder Pythagoras? Zum Ursprung des Wortes „Philosophie": Hermes 88 (1960) 159–177

J. E. Heyde, Διὸ ποίησις . . . (Arist., Poet. 9: 1451 b 6). Ein kritischer Beitrag zur Geschichte des Wortes φιλοσοφία, in: Worte und Werte, Festsch. B. Markwardt, Berlin 1961, 123–141

J. E. Heyde, Φιλοσοφία bzw. lat. philosophia = dt. Philosophie?: FuF 35 (1961) 219–243

A. M. Malingrey, Philosophie. Etude d'un groupe de mots dans la littérature grecque, des Présocratiques au 4. siècle après J. C., Paris 1961

J. E. Heyde, Das Bedeutungsverhältnis von φιλοσοφία und ,,Philosophie": PhN 7 (1962) 144–155

H. Sanborn, Philosophia as a term: ClB 40 (1964) 70–71 und 73–74

D. I. Koutsoyannopoulos, Φιλοσοφία. Ἐτυμολογία καὶ ἔννοια: Athena 69 (1966/7) 191–197

F. K. Mayr, Der Name ,,Philosophie" und die griechische Tragödie: WiWei 39 (1976) 143–171

  v. φιλόσοφος: Doelger/1940

φιλόσοφος

F. Doelger, Zur Bedeutung von ,,Philosophos" und ,,Philosophie" in byzantinischer Zeit, in: Tessarakontateris Th. Borea, I, Athen 1940, 125–136

A. H. Chroust, Origin of the term "philosophe": NSchol 38 (1964) 423–434

R. Joly, Platon ou Pythagore? Héraclide pontique fr. 87–88 Wehrli, in: Coll. Latomus 114, Brüssel 1970, 137–142

  v. φιλοσοφία: Bardy/1949
  φιλοσοφία: Bartelink/1960

φιλοτιμία

  v. οἰκονομία: Kertsch/1974

φιλόχριστος πόλις

I. Irmscher, Ἡ φιλόχριστος πόλις (Zu Anthologia Graeca XVI 282), in: TU 77, 1961, 323–330

φόβος

E. Boularand, Crainte III. Rôle de la crainte dans la vie chrétienne d'après les Pères grecs. IV. La crainte servile et la crainte filiale dans saint Augustin: DSp 2, 1953, 2475–2492

M. Pohlenz, Furcht und Mitleid? Ein Nachwort: Hermes 84 (1956) 49–74

J. Gruber, Über einige abstrakte Begriffe des frühen Griechentums, Diss. Erlangen 1963, 15–39

H. Flashar, Furcht und Mitleid: HWP 2, 1972, 1147–1149

S. Jaekel, Φόβος und σέβας im frühen Griechischen: ABG 16, 1972, 141–165

S. Jaekel, Ergebnisse der Semantik in ihrer Bedeutung für die Literaturwissenschaft, in: Actes XIIᵉ conf. internat. d'Etudes class., Bukarest/Amsterdam 1975, 177–181

v. *ἀκατάληπτος:* Daniélou/1950

φοβούμενοι

v. *σέβεσθαι:* Feldman/1950

φοβούμενοι τὸν θεόν

F. Siegert, Gottesfürchtige und Sympathisanten: Journal for the Study of Judaism in Persian, Hellenistic . . . Period 4 (1973) 109–164

φόρος

O. Murray, Ὁ ἀρχαῖος δασμός: Hist. 15 (1966) 142–156

φρατρία

J. Seyfarth, Φράτρα und φρατρία im nachklassischen Griechentum: Aeg. 35 (1955) 3–38

φρέαρ

S. G. Kapsomenos, Ἡ λέξις φρέαρ εἰς τὴν μεταγενεστέραν καὶ νέαν ἑλληνικήν: Deltion Akad. Athenon 1 (1939) 40–72

φρένες

R. B. Onians, The Origin of European thought about the body, the mind . . ., Cambridge 1952

B. Snell, Φρένες – φρόνησις: Glotta 55 (1977) 34–64

    v. *θυμός:* Magnien/1927
    θυμός: Rüsche/1930
    ψυχή: Schick/1948

φρίκη

v. *ἀκατάληπτος:* Daniélou/1950

φρονεῖν

E. Loew, Die Ausdrücke φρονεῖν und νοεῖν bei den Vorsokratikern: Philol. Wochenschrift 47 (1929) 526–529 und 491–495

P. N. Lockhart, Φρονεῖν in Homer: CP 61 (1966) 99–102

φρόνησις

J. Hirschberger, Die Phronesis in der Philosophie Platons vor dem Staate, Ph.S 25,1 1932

A. Malcherek, Das pädagogische Problem der phronesis. Aristoteles, Nikomachische Ethik, Diss. Freiburg 1955

Fr. Hueffmeier, Phronesis in den Schriften des corpus Hippocraticum: Hermes 89 (1961) 51–84

P. Aubenque, La prudence chez Aristote, Paris 1963

P. Aubenque, La «Phronesis» chez les stoïciens, in: Actes VIIe congr. assoc. Budé, Paris 1964, 291–293

H. Jones, Φρόνησις in Heraclitus, Diss. Indiana Univ. 1970

C. J. Rowe, The Eudemian and Nicomachean Ethics: A Study in the development of Aristotle's Thought, Cambridge 1971

C. J. Rowe, The meaning of φρόνησις in the Eudemian ethics, in: Untersuchungen zur Eudemischen Ethik, hrg. v. P. Moraux usw., Berlin 1971, 73–92

O. Gigon, Phronesis und Sophia in der Nicomach. Ethik des Aristoteles, in: Kephalaion, Festsch. C. J. de Vogel, hrg. v. J. Mansfeld, Assen 1975, 91–104

> v. ὄρεξις: Radermacher/1973
> φρένες: Snell/1977

φρουρά

P. Boyancé, Note sur la φρουρά platonicienne: RPh 37 (1963) 7–11

R. Loriaux, Note sur la φρουρά platonicienne: EtCl 36 (1968) 28–36

> v. σῶμα: Courcelle/1965 (zweimal)
> σῶμα: Courcelle/1976

φυλακτήριον

G. J. M. Bartelink, Φυλακτήριον–phylacterium, in: Mélanges Chr. Mohrmann, Utrecht/Amsterdam 1973, 25–60

φυσικὸς λόγος

H. Leisegang, Griechische Philosophie als Mysterion: Philologisches Wochenblatt 1932, 1189–1196

φύσις

J. W. Beardslee, The Use of φύσις in the Fifth Century Greek Literature, Diss. Chicago 1918

W. B. Veazie, The word φύσις: AGPh 33 (1920) 1–22

M. Tixeront, Des concepts de nature et de personne dans les Pères et les écrivains ecclésiastiques des Ve et VIe siècles, in: Mélanges de patrologie et d'histoire des dogmes, Paris 1921, 210–227

A. Grandsire, Nature et hypostasis dans saint Basile: RSR 13 (1923) 130–152

E. Grumach, Φύσις und ἀγαθόν in der Alt-Stoa, Problemata 6, 1932

R. Mondolfo, Φύσις e θεῖον. Intorno al carattere e al concetto centrale de la filosofia presocratica: AeR 3 (1935) 79—100

O. Thimme, Φύσις, τρόπος, ἦθος. Semasiologische Untersuchungen über die Auffassung des menschlichen Wesens und Charakters in der älteren griechischen Literatur, Quackenbrück 1935

H. Diller, Der griechische Naturbegriff: Neues Jahrb. f. Antike und deutsche Bildung 2 (1939) 241—257

H. Leisegang, Physis. 2. Physis (natura) als philosophisch-wissenschaftlicher Begriff und terminus technicus: PRE 39, 1941, 1130—1164

H. Patzer, Physis. Grundlegungen zu einer Geschichte des Wortes, Diss. Marburg 1945

A. O. Lovejoy, "Nature" as Norm in Tertullian, in: Essays in the History of Ideas, John Hopkins Univ. Press 1948, 308—338

C. A. Disandro, Entorno al problema de la φύσις: AFC 4 (1947/9) 183—210

J. N. Langmead Casserley, Nature in Early and Mediaeval Christian Thought: CQR 149 (1950) 138—151

R. Muth, Zum Physis-Begriff bei Platon: WSt 64 (1950) 53—70

M. Timpanaro Cardini, Φύσις e τέχνη in Aristotele, in: Studi filosofia greca . . . in onore di R. Mondolfo, Bari 1950, 277—305

W. Kranz, Das Gesetz des Herzens: RMP 94 (1951) 222—241

H. Simon, Die Ideologiefunktion der alten Stoa (Der Begriff der stoischen Ethik), Diss. Berlin 1951

K. Deichgraeber, Natura varie ludens. Ein Nachtrag zum griechischen Naturbegriff, AAWLM 1954, 3, 67—86

D. Holwerda, Commentatio de vocis quae est φύσις vi atque usu praesertim in graecitate Aristoteli anteriore, Groningen 1955

A. Pellicier, La traduction latine de φύσις, dons naturels: Pallas, fasc. 3, Annales publ. par la Fac. Lettres Toulouse 8 (1959) 15—21

M. Heidegger, Vom Wesen und Begriff der φύσις. Aristoteles Phys. B 1, Mailand 1960

B. Wasniewski, La conception de la φύσις chez les philosophes de la nature: GIF 13 (1960) 225—230

M. Michler, Die praktische Bedeutung des normativen Physisbegriffs in der hippokratischen Schrift De fracturis — De articulis: Hermes 90 (1962) 385—401

L. F. Beeretz, Die Bedeutung des Wortes φύσις in den Spätdialogen Platos, Diss. Köln 1963

J. Sánchez Lasso de la Vega, Notas sobre φύσις, in: Actas II. congr. espagñ. Est. class., Madrid 1964, 178—190

W. R. Schoedel, A Blameless Mind "not on loan" but "by nature" (Ignatius Trall 1,1): JThS 15 (1964) 308−316

J. Igal Alfaro, El concepto de physis en la República de Platón: Pens. 23 (1967) 407−436

B. L. J. Hijmans, A Note on φύσις in Epictetus: Mn. 20 (1968) 279−284

M. Isnardi Parente, Physis et techné dans quelques textes épicuriens, in: Actes VIIIᵉ congr. assoc. Budé, Paris 1969, 263−271

D. Mannsperger, Physis bei Platon, Berlin 1969; v. Selbstanzeige ABG 16, 1972, 123−125

R. Mueller, Sur le concept de Physis dans la philosophie épicurienne du droit, in: Actes VIIIᵉ congr. assoc. Budé, Paris 1969, 305−318

R. Kuhn, Physis. Ein geschichtlicher Beitrag zu ihrem Verständnis in der Alten Theologie im Hinblick auf Chalkedon, Diss. Freiburg Brs.1970

W. S. Thurman/N. C. Asheville, A Juridical and Theological Concept of Nature in the Sixth Century A.D.: BySl 32 (1971) 77−85

H. Doerrie, Physis: KP 4, 1972, 841−843

D. Manetti, Valore semantico e risonance culturali della parola φύσις (De genitura, De natura pueri, De morbis IV): ParPass 28 (1973) 426−444

T. Organ, Φύσις and ἄφυσις in Aristotle: Thom. 39 (1975) 575−601

C. Sandulescu, Sullo significato dei termini „physis", „nomos" e „metabole" nella collezione ippocratica, in: Actes XIIᵉ conf. internat. d'Études class., Bukarest/Amsterdam 1975, 147−151; v. Selbstanzeige ABG 21,1, 1977, 160

K. McLeish, Φύσις: A bawdy joke in Aristophanes?: CQ 27 (1977) 76−79

> v. τύχη: Weiss/1942
> νόμος: Pohlenz/1953
> τύχη: Joos/1955
> κόσμος: Guazzoni Foà/1963
> νόμος: Heinimann/1965
> εἶναι: Martinez Marzoa/1974

φωνή

M. Leroy, Sur un emploi de φωνή chez Platon: REG 80 (1967) 234−241

ἀπὸ φωνῆς

M. Richard, Ἀπὸ φωνῆς: Byz. 20 (1950) 191−222 = Opera minora, II, Turnhoute 1977, nr. 60

φῶς

F. N. Klein, Die Lichtterminologie bei Philon von Alexandrien und in den hermetischen Schriften. Untersuchungen zur Struktur der religiösen Sprache der hellenistischen Mystik, Leiden 1962

M. Martinez, Teología de la luz en Orígenes ("De principiis", "In Johannem"): MCom 39 (1963) 69—308

J. Rius-Camps, Consideración catafática de la naturaleza de Dios . . . φῶς, πύρ, πνεῦμα: OrChrP 38 (1972) 430—453

    v. *lux:* Martinez Pastor/1973
    οὐρανός: Nautin/1973

φῶς ἱλαρόν

G. Dévai, Notes on φῶς ἱλαρόν: AAH 13 (1965) 455—461

φωτίζειν

    v. *βαπτίζειν:* Ysebaert/1962
    παιδία: Harnack/1918

χαῖρε ἱερὸν φῶς

F. J. Doelger, Χαῖρε ἱερὸν φῶς als antike Lichtbegrüßung bei Nikarchos und Jesus als heiliges Licht bei Klemens von Alexandrien: AuC 6 (1941) 147–151

χαίρειν

J. Latacz, Zum Wortfeld „Freude" in der Sprache Homers, Heidelberg 1966

χάος

F. Solmsen, Chaos and apeiron: SIFC 24 (1950) 235–248
J. Ternus, Chaos: RAC 2, 1954, 1031–1040

χαρακτήρ

A. Koerte, Χαρακτήρ: Hermes 64 (1929) 69–86
B. A. Van Groningen, Χαρακτῆρες: Mn. 58 (1930) 45–53
F. Will, The Concept of χαρακτήρ in Euripides: Glotta 39 (1961) 233–238

χάρη

L. Polites, Χάρη: Hell. 13 (1954) 339–345

χάρις

J. W. Hewitt, The terminology of "gratitude" in greek: CP 22 (1927) 142–161
N. N. Gloubokowsky, The Use and Application of the Expression and Conception of χάρις in the Greek Fathers down to and including Saint John of Damascus, in: The Doctrine of Grace, hrg. v. W. T. Whitley, London 1932, 87–105
W. Roslan, Die Grundbegriffe der Gnade nach der Lehre der apostolischen Väter: ThQ 119 (1938) 200–225, 275–317, 470–503
J. A. Montgomery, Hebrew hesed and Greek χάρις: HThR 32 (1939) 97–102
T. F. Torrance, The Doctrine of Grace in the Apostolic Fathers, Edinburgh 1948

H. U. von Balthasar, Charis und Charisma: LuM 26 (1957) 56–67
Ch. Baumgartner, Grâce I. Sens du mot grâce: DSp 6, 1967, 704–708
J. W. Franzmann, The Early Development of the Greek Concept of χάρις, Diss. Univ. Wisconsin 1972

   v. *gratia:* Bonwetsch/1921
   ἀρετή: Hooker/1974

χάρισμα

A. C. Piepkorn, Charisma in the New Testament and the Apostolic Fathers: CTM 42 (1971) 369–389
A. M. Ritter, Charisma im Verständnis des Johannes Chrysostomus und seiner Zeit. Ein Beitrag zur Erforschung der griechisch-orientalischen Ekklesiologie in der Frühzeit der Reichskirche, Göttingen 1972; v. Selbstanzeige ABG 19, 1975, 106–108
J. R. MacRay, Charismata in the Second Century, in: TU 115, 1975, 232–237

   v. *χάρις:* von Balthasar/1957

χείρ

K. Gross, Lob der Hand im klassischen und christlichen Altertum: Gym. 83 (1977) 423–440

χειρόγραφον

H. Burnickel, Das χειρόγραφον im ptolemäischen Recht, Diss. Erlangen 1950

χειροθεσία

   v. *χειροτονία:* Turner/1923
   βαπτίζειν: Ysebaert/1962

χειροποιητά

L. Ramaroson, Contre des temples faits de mains d'homme: RPh 43 (1969) 217–238

χειροτονεῖν

E. Ferguson, Eusebius and Ordination: JEH 13 (1962) 139–144

χειροτονία

C. H. Turner, Χειροτονία, χειροθεσία, ἐπίθεσις χειρῶν (and the accompanying verbs): JThS 24 (1923) 496–504
M. A. Siotis, Die klassische und christliche χειροτονία in ihrem Verhältnis: Theol(A) 20 (1949) 314–334

M. A. Siotis, Die klassische und christliche Cheirotonie in ihrem Verhältnis, Athen 1951

χειροῦσθαι

J. Kerschensteiner, Zur Bedeutung von χειρόομαι: MSS 15 (1959) 39–64

χειρῶναξ

v. *δημιουργός:* Chantraine/1956

χήρα

G. Staehlin, Das Bild der Witwe. Ein Beitrag zur Bildsprache der Bibel und zum Phänomen der Personifikation in der Antike: JAC 17 (1974) 5–20

χοροβατεῖν

V. Rotolo, Accezioni particulari dei verbi χοροβατῶ e σχηνοβατῶ in alcuni autori bizantini: Byz. 33 (1963) 231–239

χρεία

H. R. Hollerbach, Zur Bedeutung des Wortes χρεία, Diss. Köln 1965

χρή

G. Redard, Recherches sur χρή, χρῆσθαι: BEHE.H 303 (1953) 82–91
S. Bernadete, Χρή and δεῖ in Plato and Others: Glotta 43 (1965) 285–301

χρῆμα

L. Bergson, Zum periphrastischen χρῆμα: Er. 65 (1967) 79–117

χρῆσις

v. *φύσις:* Schoedel/1964
   κτῆσις: Nickel/1970

χρησμολόγοι

A. W. Argyle, Χρησμολόγοι and μάντεις: ClR 20 (1970) 139

χρηστός

v. *χριστός:* Ganszyniec/1921/2

χρηστότης

C. Spicq, Benignité, mansuétude, douceur, clémence: RB 54 (1947) 321–339

L. R. Stachowiak, Chrestotes. Ihre biblisch-theologische Entwicklung und Eigenart, SF 17, 1957

χριστέμπορος

S. Tromp, Χριστέμποροι καὶ χριστοκάπηλοι: Gr. 16 (1935) 452–455

χριστιανισμός

G. J. M. Bartelink, Eunape et le vocabulaire chrétien: VigChr 23 (1969) 293–303

R. Schaefer, Christentum, Wesen des: HWP 1, 1971, 1008–1016, hier 1008–1009

χριστιανός

E. J. Bickerman, The Name of Christians: HThR 42 (1949) 109–124

H. Karpp, Christennamen II, 2. Christiani: RAC 2, 1954, 1131–1138

C. Cecchelli, Il nome e la setta dei cristiani: RivAC 31 (1955) 55–73

K. H. Kritzer, Selbstbezeichnungen der Christen in der frühchristlichen, nichtbiblischen Literatur des ersten und zweiten Jahrhunderts, Diss. Salzburg 1970

v. *christianus:* Labriolle/1929

χριστοκάπηλος

v. *χριστέμπορος:* Tromp/1935

χριστός

R. Ganszyniec, Χριστός/χρηστός: Eos (Warschau) 1921/22, 60–70

S. Sabugal, El titulo χριστός en los Padres Apostolicos y Apologistas griegos: Aug. 12 (1972) 407–423

Χριστὸς ἄγγελος

J. Barbel, Christos Angelos. Die Anschauung von Christus als Bote und Engel in der gelehrten und volkstümlichen Literatur des christlichen Altertums, Bonn 1941

Χριστὸς βασιλεύς

P. Van der Aalst, Christus Basileus bij Johannes Chrysostomus, Nimwegen 1966

χριστοφόρος

F. J. Doelger, Christophorus als Ehrentitel des Asketen Paphnutius: AuC 5 (1963) 79–80

χρόνος

P. Philippson, Il concetto greco di tempo nelle parole aion, chronos, kairos, eniautos: RCSF 4 (1949) 81–97

S. Accame, La concezione del tempo nell'età omerica ed arcaica: RFIC 39 (1961) 359–394

A. M. Komornicka, La notion du temps chez Pindare. Divers emplois et aspects du terme ‹chronos›: Eos 64 (1976) 5–15

οἱ χρόνοι καὶ οἱ καιροί

E. Lucchesi, Précédents non bibliques à l'expression néotestamentaire: «Les temps et les moments»: JThS 28 (1977) 537–540

χωρεῖν

St. J. Grobowski, God "contains" the Universe. A Study in Patristic Theology: RUO 26 (1956) 90–113

χωρίζειν

v. *πρόσθεσις:* Philippe/1948

χωρισμός

v. *ἰδέα:* Bieri/1966

Ψ

ψάλλειν
Ch. Robertson, The Meaning and Use of ψάλλω: RestQ 6 (1962)
19−31 und 57−66

ψαλλιστής
v. *ψελλιστής:* Botte/1958

ψελλιστής
B. Botte, Ψελλιστής − ψαλλιστής: REByz 16 (1958) 162−165

ψευδόμαντις
v. *ψευδοπροφήτης:* Corssen/1918

ψευδομάρτυς
v. *ψευδοπροφήτης:* Corssen/1918

ψευδοπροφήτης
P. Corssen, Über Bildung und Bedeutung der Komposita ψευδο-
προφήτης, ψευδόμαντις, ψευδομάρτυς; eine Erwiderung:
Zeitsch. f. d. Gymnasialwesen 1918, 106−114
G. Otranto, Matteo 7, 15−16a e gli ψευδοπροφῆται nell'esegesi
patristica: VetChr 6 (1969) 33−45
J. Reiling, The use of ψευδοπροφήτης in Septuagint, Philo and
Josephus: NT 13 (1971) 147−156

ψεῦδος
J. Kaetzler, Ψεῦδος, δόλος, μηχανή in der griechischen Tragödie,
Diss. Tübingen 1959
v. *ἀλήθεια:* Komornicka/1972
   ἀληθής: Levet/1976

ψήφισμα
v. *νόμος:* Quass/1971

ψόγος
v. *πόθος:* Broccia/1959

ψυχαγωγία

I. Hadot, Seneca und die griechisch-römische Tradition der Seelen-leitung, Berlin 1969

ψυχαῖος σπινθήρ

M. Tardieu, Ψυχαῖος σπινθήρ (Scintilla animae). Histoire d'une métaphore dans la tradition platonicienne jusqu'à Eckhart: REAug 21 (1975) 225–255

ψυχή

J. Boehme, Die Seele und das Ich im homerischen Epos, Leipzig 1929
E. Benveniste, Grec Ψυχή: BSL 1932, 165–168
J. Moreau, L'âme du monde de Platon aux Stoïciens, Paris 1939
C. Schick, Il concetto dell'anima presso gli Indo-Europei attraverso la terminologia greca: RCSF 3 (1948) 213–236
D. J. Furley, The early history of the concept of soul: BICS 3 (1956) 1–18
E. W. Handley, Words for "soul", "heart" and "mind" in Aristo-phanes: RMP 99 (1956) 205–225
B. Lifshitz, Der Ausdruck ψυχή in den griechischen Grabinschrif-ten: ZDPV 76 (1960) 159–160
V. Cilento, Psyche: ParPass 16 (1961) 190–211
T. J. Saunders, The structure of the soul and the state in Plato's Law: Er. 60 (1962) 37–55
R. W. Hall, Ψυχή as Differenciated Unity in the Philosophy of Plato: Phron. 8 (1963) 63–82
M. Simonetti, Ψυχή et ψυχικός nella gnosi valentiniana: RSLR 2 (1966) 1–47; v. Selbstanzeige ABG 13, 1969, 107–109
D. B. Claus, Psyche: A Study in the Language of the Self before Plato, Diss. Yale Univ. 1969
J. Hirschberger, Seele und Leib in der Spätantike, Wiesbaden 1969
J. Warden, Ψυχή in homeric death-descriptions: Phoenix (Toronto) 25 (1971) 95–103
M. C. Nussbaum, Ψυχή in Heraclitus: Phron. 17 (1972) 1–16 u. 153–170
H. G. Ingenkamp, Inneres Selbst und Lebensträger. Zur Einheit des Psyche-Begriffs: RMP 118 (1975) 48–61

   v. *πνεῦμα:* Burton/1918
    θυμός: Ruesche/1930
    φρένες: Onians/1952
    ἔρως: Rist/1964

τῆς ψυχῆς πτέρωμα

P. Courcelle, Tradition néoplatonicienne et tradition chrétienne des ailes de l'âme, in: Atti del convegno internaz. sul tema: Plotino e il Neoplatonismo in Oriente e in Occidente, Rom 1974, 265–325

ψυχικός

v. *ψυχή:* Simonetti/1966

Ω

ὠφέλεια

v. *καθῆκον:* Tsekourakis/1974

ὠφέλημα

E. Skard, Ὠφελεῖν τὸν κοινὸν βίον. A remark on Prom. 613: SO 27 (1949) 11—18

A

abalienatio

F. de Visscher, Abalienatio: REL 14 (1936) 130—134

abbas

H. Emonds, Abt: RAC 1, 1950, 45—55
A. de Vogüé, La communauté et l'abbé dans la règle de saint Benoît.
Coll. TET, Brügge/Paris 1961

abbatissa

H. Emonds, Äbtissin: RAC 1, 1950, 126—128

abdicatio

v. ἀποκήρυξις: Wurm/1972

aberrare

A. Pittet, Vocabulaire philosophique de Sénèque. 1. Lief., Paris 1937

abhorrere

v. *aberrare:* Pittet/1937

abolitio

W. Waldstein, Untersuchungen zum römischen Begnadigungsrecht:
abolitio, indulgentia, venia, Commentationes Aenipontanae 13,
Innsbruck 1964

abominari

L. J. Engels, De geschiedenis van het woord „abominabel", Groningen 1958

aboriri

B. Löschhorn, Aboriri, ʽoboriri, oriri, exoriri u.ä.: Glotta 52 (1974)
288—290

abracadabra

A. Nelson, Abracadabra: Er. 44 (1946) 326—336

A. A. Barb, Abraxas-Studien, in: Hommages à W. Deonna, Brüssel 1957, 67–86

abrenuntiatio diaboli

J. Kirsten, Abrenuntiatio diaboli. Eine Untersuchung zur Bedeutungsgeschichte des altkirchlichen Taufritus, Diss. Heidelberg 1952

abrogatio

A. Biscardi, Aperçu historique du problème de l'abrogatio legis: RIDA 18 (1971) 449–470

absens

v. *consens:* Pascucci/1961

absolutus

v. *aberrare:* Pittet/1937

absolvere

P. A. Vaccari, Absolvere – déjeuner: ALMA 2 (1925) 184–185

v. *liberare:* Cody/1973

abyssus

K. Schneider, Abyssus: RAC 1, 1950, 60–62

v. *obstetrix:* Reiter/1919

accidens

M. Bravo Cozano, La expresión de lo accidental en la literatura filosofica latina hasta el fin del impero: RF(M) 23 (1964) 325–345

accidenter

M. Bravo Cozano, Die Prägung des Terminus accidenter im Lateinischen durch Boëthius: Vivarium 5 (1967) 1–7

accidere

v. *evenire:* Shipp/1937

accipere

F. Stummer, Lexikographische Bemerkungen zur Vulgata, in: Misc. biblica, Rom 1934, 179–202

acclamatio

Th. Klauser, Akklamation: RAC 1, 1950, 216–233

acedia

J. Balogh, Acedia: ZNW 29 (1930) 158–159
G. Bardy, Acedia: DSp 1, 1937, 166–169
A. Voegtle, Acedia: RAC 1, 1950, 62–63
S. Wenzel, "Acedia" and Related Terms in Medieval Thought, with
  Special Emphasis on Middle English Literature: DissAb 21 (1960)
  1197–1198
S. Wenzel, Acedia, 700–1200: Tr. 22 (1966) 73–102
R. Hauser, Acedia: HWP 1, 1971, 73–74
E. Peters, Notes toward an archeology of boredom: Social Research
  (Albany, New York) 42 (1975) 493–511
  v. *siccitas:* Lot-Borodine/1937

acies

A. W. Van Burens, Acies and arces: ClR 34 (1920) 26–29

acolytus

G. Giangrande, On the origin of the spelling acolytus: JThS 28
  (1977) 112–113

acquirere

W. H. Kirk, A note on latin verbs of acquisition: CP 21 (1926)
  77–80

acta

M. Fuhrmann, Acta: KP 1, 1964, 54–56

actio

O. Casel, Actio in liturgischer Verwendung: JLW 1 (1921) 34–39
O. Casel, Actio: RAC 1, 1950, 82–83
K. S. Frank, Actio und Contemplatio bei Gregor dem Großen: TThZ
  78 (1969) 283–295
  v. *meritum:* Ellebracht/1963

actiones arbitrariae
  v. *arbiter:* Duel/1931

actor
  v. *auctor:* Chenu/1927

actus

J. R. San Miguel, Los términos "acto" y "potencia" en la filosofía
  neoplatónica y agustiniana: Augustinus 4 (1959) 203–237

adesse
v. *esse:* Siegert/1952

adorare
v. προσκύνησις: Marti/1936
servitus: Pascher/1940

adoratio
H. Stern, Remarks on the adoratio under Diocletian: JWCI 17 (1954) 184—189

adstipulator
G. Scherillo, L'adstipulator: RIDA 10 (1963) 241—245

adulescens
B. Axelson, Die Synonyme adulescens und iuvenis, in: Mélanges Marouzeau, Paris 1948, 7—17

adulescentia
v. *infantia:* Eyben/1973

adunatim
I. Ijsewijn, De vocabulis «adunatim» et «caespitare» apud Fortunatianum Episcopum: Lati. 11 (1963) 225—229

adversa
v. *diversa:* De Veer/1968

adversarius
v. *diabolus:* Bartelink/1970

advocatio
v. *advocatus:* Schneider/1965

advocatus
J. Schneider, Das Fortleben der antiken Wortgruppe advocatus—advocatio im mittelalterlichen Latein des deutschen Raumes, in: Neue Beitr. z. Geschichte der Alten Welt, hrg. v. E. Ch. Welskopf, II, Berlin 1965, 113—117

aedes
v. *domus:* Ernout/1931

aedificatio

A. Schoenen, Aedificatio. Zum Verständnis eines Glaubenswortes in Kult und Schrift, in: Enkainia, Festschrift zum 800jährigen Weihegedächtnis der Abteikirche Maria Laach . . ., Düsseldorf 1956, 14—29

aemulatio

F. Figua, Aemulatio e retractatio: Rendiconti Accad. Scienze (Bologna) 63 (1974/5) 127—165

aenigma

C. Van Luyten, Het klassieke aenigma: Philol. Studien 8 (1936/7) 174—189

T. P. O'Malley, Tertullian and the Bible. Language, imagery, exegesis, Nimwegen 1967, LCP 21

aequabilitas

E. Fantham, "Aequabilitas" in Ciceros political theory and the Greek tradition of proportional justice: CQ 23 (1973) 285—290; v. Selbstanzeige ABG 18, 1974, 160

aequalitas numerosa

W. Beierwaltes, Aequalitas numerosa. Zu Augustins Begriff des Schönen: WiWei 38 (1975) 140—157

aequitas

A. Beck, Christentum und nachklassische Rechtsentwicklung. Bemerkungen zum Problem ihrer gegenseitigen Beeinflussung, in: Atti congresso internaz. di diritto Romano, II, Bologna und Rom 1933, 89—122

E. J. Jonkers, Aequitas: RAC 1, 1950, 141—144

O. Robleda, La aequitas en Ciceron: Hum(C) 2 (1950) 31—57

J. Dupont, Aequitas romana. Notes sur Actes 25, 16: RSR 49 (1961) 354—385

F. Pringsheim, Römische Aequitas der christlichen Kaiser, in: Ges. Abhandlungen I, 1961, 154—172 und 224—246

Th. Mayer-Maly, Aequitas: KP 1, 1964, 97—98

A. Zamboni, L'aequitas in Cicerone: Arch. Giuridico 170 (1966) 167—203

Th. Mayer-Maly, Aequitas evidens, in: Sein und Werden im Recht, Festsch. U. Lübtow, Berlin 1970, 339—352

G. Ciulei, L'équité chez Cicéron, Amsterdam 1972

aequitas animi

v. *εὐθυμία:* Weische/1974

aequum

J. Cousin, Quintilien et la notion d'aequum, in: Hommages à M. Renard, hrg. v. J. Bibauw, I, Brüssel, 1969, 260—267

v. *bonum:* Pringsheim/1932

aera

H. Mordek, Aera: DA 25 (1969) 216—222

aerius

A. Lunelli, Aerius. Storia di una parola poetica, Rom 1969

aerugo

H. de Sainte-Marie, Etude sur l'emploi des mots aerugo, aurugo et rubigo dans la Vulgate, in: Mélanges Marouzeau, Paris 1948, 529—535

aestimare

P. M. Quantin, Aestimare et Aestimatio: ALMA 22 (1951/2) 171—183

aestimatio

v. *aestimare:* Quantin/1951/2

aetas

v. *aevum:* Slusanski/1974

aetas aurea

A. Kurfess, Aetas aurea: RAC 1, 1950, 144—150

N. Sacerdoti, E Pitagorica la concezione dell'età dell'oro?, in: Festsch. H. H. Paoli, Varese 1956, 265—273

aetas spiritalis

Chr. Gnilka, „Aetas spiritalis". Die Überwindung der natürlichen Altersstufen als Ideal frühchristlichen Lebens, Bonn 1972

aeternalis

I. Kajanto, On the idea of eternity in latin Epitaphs: Arctos 8 (1974) 59—69

aeternitas

H. U. Instinsky, Kaiser und Ewigkeit: Hermes 77 (1942) 313–355
W. Deonna, Eternité, in: Hommages à J. Bidez et à F. Cumont, Brüssel 1949, 71–76, Coll. Latomus 2
  v. *providentia:* Charlesworth/1936
  veritas: Blanchard/1962

aeternus

  v. *aevum:* Benveniste/1937
  aeternalis: Kajanto/1974

aevum

E. Benveniste, Expression indo-européenne de l'éternité: BSL 112 (1937) 103–112
W. Wieland, Aevum: HWP 1, 1971, 88–89
D. Slusanski, Le vocabulaire latin des gradus aetatum: Rev. roumaine de linguistique (Bukarest) 19 (1974) 103–121, 267–296, 345–369, 437–451, 563–578

affectio

  v. *πάθος:* Voegtle/1950

affectus credulitatis

  v. *initium fidei: Chéné/1948*

Africa

M. Fruyt, D'« Africa ventus » à « Africa terra »: RPh 50 (1976) 221–238

ager

G. Rohlfs, Ager, area, atrium. Eine Studie zur romanischen Wortgeschichte, Diss. Berlin 1920

agere

  v. *ποιεῖν:* Braun/1938
  procedere: Bastiaensen/1962
  esse: Hadot/1968

agere paenitentiam

A. de Vogüé, Sur la terminologie de la pénitence dans la Règle de saint Pachôme: StMon 17 (1975) 7–12

agrestis

F. Heerdegen, Agrestis und rusticus: Zwei lateinische Wortbegriffe in historischer Entwicklung: Verhandlungen und Versammlungen deutscher Philologen und Schulmänner 55 (1925) 25—26

album

J. Vercoullie, Album, Brüssel 1927

alienatio

R. A. Markus, Alienatio. Philosophy and Eschatology in the Development of an Augustinian Idea, in: TU 94, 1966, 431—450

E. Ritz, Entfremdung 1—2: HWP 2, 1972, 509—525, hier 509—512

alienus

v. *gentes:* Opelt/1965

allegoria

J. Pépin, Les deux approches du christianisme, Paris 1961

v. *aenigma:* O'Malley/1967

almus

R. Waltz, „Alma Venus": REA 59 (1957) 51—71

amare

P. Kretschmer, Lat. amo: Glotta 13 (1924) 114—115

H. de Sainte-Marie, Le vocabulaire de la charité dans la Règle de saint Benoît, in: Mélanges Chr. Mohrmann, Utrecht 1963, 112—120

amen

P. Glaue, Amen nach seiner Bedeutung und Verwendung in der alten Kirche: ZKG 44 (1925) 184—198

P. Glaue, Amen: RAC 1, 1950, 378—380

B. Botte, Amen, in: L'ordinaire de la messe, texte critique, traduction et études par B. Botte et Chr. Mohrmann, Etudes liturgiques, II, Paris 1952, 97—104

A. Stuiber, Amen: JAC 1 (1958) 153—159

amicitia

V. Nolte, Augustins Freundschaftsideal in seinen Briefen. Unter Hereinbeziehung seiner Jugendfreundschaften gemäß den philosophischen Schriften und den Confessiones, Cass. 6, Würzburg 1939

U. Knoche, Der Gedanke der Freundschaft in Senecas Briefen an Lucilius: Arctos 1 (1954) 83—96

M. A. McNamara, Friendship in saint Augustine, Freiburg/Schw. 1958

W. Brinkmann, Der Begriff der Freundschaft in Senecas Briefen, Diss. Köln 1963

I. Libratore, Analisi critica e comento dell'amicizia nell'opere di Sant'Agostino, Diss. Rom 1964/5

P. A. Brunet, Amicitia in the late roman republic: PCPS 1965, 1—20

E. Mayer, Amicitia bei Hieronymus, Ambrosius und Augustinus, Diss. Wien 1971

E. Boularand, L'amitié d'après saint Ambroise dans le De officiis ministrorum: BLE 73 (1972) 103—123

R. Bodéüs, L'amour naturel du genre humain chez Cicéron: EtCl 42 (1974) 50—57

C. Peroni, Amicizia e mistero cristiano in S. Ambrogio: SeL 102 (1974) 429—450

H. J. Diesner, „Amicitia" bei Isidor von Sevilla, in: Forma futuri, Studi in onore di M. Pellegrino, Turin 1975, 229—231

    v. ἔρως: Richardson/1943
    amor: Horváth/1961
    fides: Hellegouarc'h/1963

amicus

H. Storch, Freundschaft, Freundlichkeit und Liebe in den Oden des Horaz: Altsprachlicher Unterricht 13,5 (1970) 5—26

amicus sibi

K. Gantar, Amicus sibi. Zur Entstehungsgeschichte eines ethischen Begriffs in der antiken Literatur: ŽAnt 16 (1966) 135—175; 17 (1967) 49—80; v. Selbstanzeige ABG 15, 1971, 151—152

K. Gantar, La préhistoire d'amicus sibi chez Horace: EtCl 44 (1976) 209—221

amor

A. Nygren, Die Ehrenrettung von amor bei Augustin, in: Dragma M. P. Nilsson, Lund 1939, 367—373

E. Burck, Amor bei Plautus und Properz: Arctos 1 (1954) 32—60

G. Bardy, Amour et charité, in: BAug 35, 1959, 529—531

I. K. Horváth, Amor und amicitia bei Catull. Amor — adulterium — amicitia: AAH 9 (1961) 71—97

R. T. Otten, Amor, caritas and dilectio. Some Observations on the Vocabulary of Love in the Exegetical Works of St. Ambrose, in:

Mélanges Chr. Mohrmann, hrg. v. L. J. Engels usw., Utrecht 1963, 73—83

E. Fischer, Der Begriff amor in der römischen Literatur bis Ovid, Diss. Wien 1968; v. Selbstanzeige ABG 16, 1972, 102—103

E. Fischer, Amor und Eros. Eine Untersuchung des Wortfeldes Liebe im Lateinischen und Griechischen, Hildesheim 1973

v. ἔρως: Richardson/1943
caritas: Pétré/1948

amor amoris dei

J. Balogh, Unbeachtetes in Augustins Konfessionen: Did. 3/4 (1926) 5—21

ancilla domini

J. Vogt, Ecce ancilla Domini: VigChr 23 (1969) 241—263

angelus

M. Pastore, Gli angeli in S. Ambrogio, Rom 1949

W. G. Rusch, Some Observations on Hilary of Poitiers's Christological Language in De Trinitate, in: TU 115, 1975, 261—264

angor

J. J. M. Zonneveld, Angore metuque. Woordstudie over de angst in De rerum natura van Lucretius, Diss. Utrecht/Nimwegen 1959

anima

S. K. Birngruber, Studien zu den Wörtern für Seele in der altrömischen Liturgie, Diss. Wien 1940

G. Radhuber, Studien zu den Wörtern für Seele im altchristlichen Latein, Diss. Wien 1940

P. Agaësse, Anima, animus, mens, spiritus (bei Augustinus), in: BAug 16, 1955, 581—583

J. Nemeth, Das Wort Anima und sein Verhältnis zu Animus, Diss. Wien 1969

W. Gewehr, Zu den Begriffen „anima" und „cor" im frühmittelalterlichen Denken: ZRGG 27 (1975) 40—55

v. animus: d'Agostino/1937
ψυχή: Cilento/1961
animus: Reis/1962
animus: Wald/1968
animus: Lathière/1972

anima ecclesiae

E. Lamirande, Anima ecclesiae chez saint Augustin: REAug 13 (1967) 319–320

anima naturaliter christiana

G. Quispel, „Anima naturaliter christiana“: Latomus 10 (1951) 163–169

animus

R. Bidagor, Animus en derecho canónico, in: Misc. Vermeersch, I, Rom 1935, 377–392

V. d'Agostino, Studi sul significato delle voci animus, anima e mens e sui loro reciproci rapporti: AASt 73 (1937) 114–127

H. Reis, Die Vorstellung von den geistig-seelischen Vorgängen und ihrer körperlichen Lokalisation im Altlatein. Eine Untersuchung mit besonderer Berücksichtigung der bezüglichen Substantive (animus, anima, cor, pectus, mens, ingenium, indoles), MSS München 1962

L. Wald, Observations sur l'emploi de animus, anima et mens dans l'œuvre de Lucrèce, in: Studien zur Geschichte und Philosophie des Altertums, hrg. v. J. Harmatta, Amsterdam 1968, 135–144

A. M. Lathière, Lucrèce traducteur d'Épicure: animus, anima dans les livres 3 et 4 du De rerum natura: Phoenix (Toronto) 26 (1972) 123–133

   v. *anima:* Agaësse/1955
   spiritus: Kohlenberger/1974

antenna crucis

H. Rahner, Antenna crucis: ZKTh 65 (1941) 123–152; 66 (1942) 89–118 u. 196–227; 75 (1953) 129–173 u. 345–410 = ders., Symbole der Kirche, die Ekklesiologie der Väter, Salzburg 1964, 239–565

antiqui

   v. *modernus:* Hartmann/1974

antistes

   v. *ecclesia:* Janssen/1936

aperire

   v. *salus:* Meillet/1928

apex mentis

E. von Ivánka. Apex mentis. Wanderung und Wandlung eines stoischen Terminus: ZKTh 72 (1950) 129—176

apis

J. Handel, Apis — opus, in: Charisteria Morawski, Krakau 1922, 10—14

apocrisiarius

O. Treitinger, Apocrisiarius: RAC 1, 1950, 501—504

apostolatus

v. *papa:* Batiffol/1925
sedes apostolica: Marot/1965

apostolicus

L. M. Dewailly, Notes sur l'histoire de l'adjectif apostolique: MSR 5 (1948) 141—152

H. Holstein, L'évolution du mot « Apostolique» au cours de l'histoire de l'Église, in: L'Apostolat. Problèmes de la religieuse d'aujourd'hui, 1957, 41—62

W. Nagel, Der Begriff des Apostolischen in der Frühzeit bis zur Kanonbildung, Diss. Leipzig 1958

M. Wilks, The 'apostolicus' and the bishop of Rome, I: JThS 13 (1962) 290—317

G. G. Blum, Der Begriff des Apostolischen im theologischen Denken Tertullians: KuD 9 (1963) 102—121

v. *sedes apostolica:* Marot/1965
catholicus: Kelly/1969

appellatio

K. M. Girardet, Appellatio. Ein Kapitel kirchlicher Rechtsgeschichte in den Kanones des vierten Jahrhunderts: Hist. 32 (1974) 98—127

aputactitae

v. *μόναχος:* Morard/1973

arbiter

R. Duell, Beitrag zur Lehre der Bedeutung von arbiter, actiones arbitrariae, Verfahren in iure und exceptio, München 1931

arbor scientiae

H. G. Leder, Arbor scientiae. Die Tradition vom paradiesischen Apfelbaum: ZNW 52 (1961) 156–189

arcanum

V. Loi, Il termine "arcanum" et la "disciplina dell' arcano" nelle testimonianze di Lattanzio: Annali fac.lett. fil. Cagliari 37 (1974/5) 71–89

v. *deus summus:* Bartalucci/1967

archivum

H. Volkmann, Archiv: KP 1, 1964, 514–517

area

v. *ager:* Rohlfs/1920

argumentatio

v. *argumentum:* Evans/1976

argumentum

G. R. Evans, Argumentum and argumentatio. The development of a technical terminology up to c. 1150: ClF 30 (1976) 81–93

ariditas

v. *siccitas:* Lot-Borodine/1937

ars

v. *doctor:* Hus/1974

artes liberales

R. Giacone, Arti liberali e classificazione delle scienze. L'esempio di Boezio e Cassiodoro: Aevum 48 (1974) 58–72

v. *ἐγκύκλιος παιδεία:* Christes/1975

artifex

P. F. Mueller, Ars divina. Eine Interpretation der Artifex-Deus-Lehre des hl. Augustinus, Diss. München 1956

v. *deus summus:* Bartalucci/1967

arx cerebri

E. Bickel, Arx cerebri: Philolog. Wochenschrift (Leipzig) 49 (1929) 1103–1104

Asia

D. J. Georgacas, The name 'Asia' for the continent, its history and origin and three reviews on Roman names: Journal American name society 17 (1969) 1—106

assequi

v. *acquirere:* Kirk/1926

assuescere

P. Evieux, La théologie de l'accoutumance chez saint Irénée: RSR 55 (1967) 5—54

assumere

J. Doignon, Adsumo et adsumptio comme expression du mystère de l'incarnation chez Hilaire de Poitiers: ALMA 23 (1953/4) 123—135

assumptio

v. *assumere:* Doignon/1953/4

assumptus homo

A. G., Assumptus homo (bei Augustinus), in: BAug 9, 1947, 359—362

H. Diepen, Assumptus Homo à Chalcédoine: RThom 51 (1951) 573—608; 53 (1953) 254—286

H. Diepen, L'assumptus homo patristique: RThom 63 (1963) 225—245 u. 363—388; 64 (1964) 32—52 u. 364—386

atrium

v. *ager:* Rohlfs/1920

auctor

H. Wagenvoort, Studies, Leiden 1956, 45—79

A. Pariente, Auctor y auctoritas, in: Actas II. congr. españ. de Estudios clas., Madrid 1962, 228—237

M. D. Chenu, Auctor, actor, autor (author): ALMA 3 (1927) 81—87

auctor criminis

v. *diabolus:* Bartelink/1970

auctoratus

W. Kunkel, Auctoratus: Eos 48 (1956) 207—226

auctoritas

R. Heinze, Auctoritas: Hermes 60 (1925) 348—366

F. Fuerst, Die Bedeutung der auctoritas im privaten und öffentlichen Leben der römischen Republik, Marburg 1934

R. Cadiou, Notes sur la première théologie de saint Augustin: RSR 27 (1937) 597—614

U. Gmelin, Auctoritas. Römischer Princeps und päpstlicher Primat, in: Geistige Grundlagen römischer Kirchenpolitik, hrg. v. E. Seeberg, FKGG 11, Stuttgart 1937, 1—154

A. E. Giffard, Le sens du mot auctoritas dans les lois relatives à l'usucapion: RHDF 17 (1938) 339—364

H. Wagenvoort/G. Tellenbach, Auctoritas: RAC 1, 1950, 902—909

J. Clémence, Auctoritas, ratio (bei Augustinus), in: BAug 8, 1951, 494—496

J. Béranger, Recherches sur l'aspect idéologique du principat: SBA 6 (1953) 96—106

W. Ensslin, Auctoritas und potestas: HJ 74 (1954) 661—668

H. Hohensee, The Augustinian Concept of Authority: Folia. Suppl. 2, 1954

J. P. V. D. Balsdon, Auctoritas, dignitas, otium: CQ 10 (1960) 43—50

G. Hoek, Augustin und die antike Tugendlehre: KuD 6 (1960) 104—130

J. Collart, A propos du mot auctoritas: Helikon, Riv. di trad. e cult. clas. (Neapel) 1 (1961) 211—216

I. de Varenne, Convenationes, I: auctoritas: ALMA 34 (1964) 99—124

W. Hessler, Auctoritas im deutschen Mittellatein. Eine Zwischenbilanz im mittellateinischen Wörterbuch: AKuG 47 (1965) 255—265

J. Fueyo, Die Idee der „auctoritas": Genesis und Entwicklung, in: Epirrhesis, Festg. C. Schmidt, hrg. v. H. Barion usw., I, Berlin 1968, 213—235

H. K. Luetcke, „Auctoritas" bei Augustin. Mit einer Einleitung zur römischen Vorgeschichte des Begriffs, TBAW 33, Stuttgart 1968

H. Rabe, Autorität. Elemente einer Begriffsgeschichte. Konstanzer Universitätsreden, Konstanz 1972

S. H. Kelley, Auctoritas in Tertullian. The nature and order of authority in his thought, Diss. Atlanta 1974

J. Irmscher, Wertbegriffe des Römertums in griechischer Umsetzung, in: Actes XIIe conf. internat. d'Études class., Bukarest/Amsterdam 1975, 43–48

    v. *aequitas:* Beck/1933
      vir gravis: Hiltbrunner/1954
      auctor: Wagenvoort/1956
      ratio: Daoust/1962
      auctor: Pariente/1962
      fides: Hellegouarc'h/1963
      ratio: Cantin/1972
      ratio: Gonzáles/1974

auctoritas maiorum

J. C. Plumpe, Wesen und Wirkung der auctoritas maiorum bei Cicero, Bochum 1935

auctoritas patrum

H. Siber, Auctoritas patrum und auctoritas senatus, in: Festsch. G. Boehmer, Bonn 1954, 22–33

auctoritas senatus

    v. *auctoritas patrum:* Siber/1954

audiens

    v. *ecclesia:* Janssen/1936

audire

W. Gottschalk, Lat. „audire" im Französischen, Gießen 1921
P. Tombeur, « Audire » dans le thème hagiographique de la conversion: Latomus 24 (1965) 159–165

auditus

    v. *auris:* Bork/1977

augmentum fidei

    v. *initium fidei:* Chéné/Pintard/1962

augur

A. Ernout, Augur, Augustus: MSLP 22 (1922) 224–238
K. Latte, Augur und Templum in der varronischen Auguralformel: Ph. 97 (1948) 143–159

augustus

F. Mueller-Izn, Augustus: MNAW.L 63, A 11 (1927) 275–347

A. E. Glauning, „Augustus", in: Festg. O. Glauning, Leipzig 1936, 54–60

M. Bucklisch, Augustus als Titel und Name bis zum Ende des Mittelalters, Diss. Münster 1957

   v. *augur:* Ernout/1922
   felicitas: Erkell/1952

auricula

   v. *auris:* Bork/1977

auris

H. D. Bork, Lateinisch-romanisch auris/auricula/auditus: Glotta 55 (1977) 156–158

aurugo

   v. *aerugo:* de Saint-Marie/1948

autor

   v. *auctor:* Chenu/1927

auxilium

A. Bloch, Zwei Beiträge zur lateinischen Wortkunde, 2. auxilium: MH 15 (1958) 136–138

B

baptismus

V. Loi, Note sulla terminologia battesimale latina, in: Misc.
A. Pagliaro, III, Rom 1969, 67−84

baptizare

S. Prete, Nota agostiniana. Baptizare, perfundere nella polemica
pelagiana: Paideia (Arona) 14 (1959) 250−252

barbarus

H. Werner, Barbarus: NJKA 21 (1918) 389−418
L. Van Acker, Barbarus und seine Ableitungen im Mittellatein:
AKuG 47 (1965) 125−140
I. Opelt/W. Speyer, Barbar: JAC 10 (1967) 251−290
B. Wiele, Der Aspektwandel des Barbarenbegriffs bei den Römern
als Ausdruck der wachsenden Wertschätzung des patrius sermo,
in: Festsch. W. Hartkes, hrg. v. H. Scheel, Berlin 1973, 106−115
v. *Romani:* Christ/1959

basilica

A. Ferrua, I più antichi esempi di basilica per aedes sacra: AGI 25
(1931/3) 142−146
F. J. Doelger, ,Kirche' als Name für den christlichen Kultbau: AuC 6
(1941/50) 161−195
C. Battisti, Il problema linguistico di ,basilica', in: Settimana del
Centro di Studi sull'alto Medioevo, Spoleto 1960, II, 805−847
P. Aebischer, L'antécédence d'‹ecclesia› sur ‹basilica› au sens de
bâtiment servant au culte chrétien prouvée par les Évangiles?:
RCCM 7 (1965) 6−12
v. *capa:* Van den Bosch/1969
domus dei: Bussi Trovabene/1974
βασιλική: Lazaros/1974
ἐκκλησία: Mohrmann/1962

beata solitudo

E. Bierzychudek, Beata Solitudo. La soledad cristiana en el vocabulario agustiniano: CDios 179 (1966) 5—46

beatitudo

R. Holte, Béatitude et Sagesse. Saint Augustin et le problème de
la fin de l'homme dans la philosophie ancienne, Paris 1962

beatus

R. Braun, La notion de bonheur dans le latin des chrétiens, in:
TU 107, 1970, 177—182

v. *pax:* Laufs/1973

bellum (iustum)

H. Drexler, Iustum bellum: RMP 102 (1959) 97—140
W. C. Korfmacher, Cicero and the bellum iustum: ClB 48 (1972)
49—52

benedictio

J. Hennig, Benedictio. Begriff und Gebrauch im jüdischen und
christlichen Frömmigkeitsleben: HlD 21 (1967) 101—106

beneficentia

v. *caritas:* Pétré/1948

beneficium

V. Poeschl, Grundwerte römischer Staatsgesinnung in den Ge-
schichtswerken des Sallust, Berlin 1940, 91—100
P. Kranz, Beneficium im politischen Sprachgebrauch der ausgehen-
den Republik, Diss. Münster 1964

v. *officium:* Lopez Kindler/1968

benignitas

P. Laborderie-Boulon, Benignitas. Essai sur la pensée charitable aux
temps classiques: RHDF 26 (1948) 137—144

benignus

F. B. J. Wubbe, Benignus redivivus, in: Symbolae iuridicae et historicae M. David dedicatae, hrg. v. J. A. Ankum usw., I, Leiden
1968, 237—262

biblia pauperum

A. Weckwerth, Der Name ‚Biblia pauperum': ZKG 83 (1972) 1–33;
v. Selbstanzeige ABG 21, 1977, 165–166

bibliotheca

A. Mundo, Bibliotheca. Bible et lecture du carême d'après S. Benoît:
RBen 60 (1950) 65–92

K. Th. Schaefer, Bibliotheca: RAC 2, 1954, 230–231

bona

J. F. Lamarignier, L'apparition du mot bona dans la langue juridique
au temps de Naevius et de Plaute: RHDF 21 (1942) 224–233

bona fides

v. *fides:* Lombardi/1961

bona opera

v. *caritas:* Pétré/1948

boni

G. Achard, L'emploi de ‹boni, boni viri, boni cives› et de leurs
formes superlatives dans l'action politique de Cicéron: EtCl 41
(1973) 207–221; v. Selbstanzeige ABG 18 (1974) 150

bonum

F. Pringsheim, Bonum und aequum: ZSRG.R 52 (1932) 78–155

A. Locher, Gut, das Gute, das Gut, II. Der Begriff des Guten von
Cicero bis Boethius und Pseudo-Dionysius Areopagita: HWP 3,
1974, 946–951

bonum est diffusivum sui

J. Péghaire, L'axiome ‹bonum est diffusivum sui› dans le néoplatonisme et le thomisme: RUO 1 (1932) 5–30

K. Kraemer, Das Warum der Schöpfung. Quia bonus vel/et quia
voluit? Ein Beitrag zum Verhältnis von Neuplatonismus und
Christentum an Hand des Prinzips bonum est diffusivum sui,
in: Parusia, Festsch. J. Hirschberger, Frankfurt 1965, 241–264

bonus

A. Bourgery, Sur le sens de bonus: Humanités, Rev. d'enseignement
second. et d'éducation (Paris) 20 (1947) 126–127

W. Havers, Lateinisch bonus, gut, in: Festsch. F. Sommer, hrg. v.
H. Krahe, Wiesbaden 1955, 69–72

C

cadere

v. *evenire:* Shipp/1937

caedere

v. *necare:* Adams/1973

caelestia

T. P. O'Malley, The Opposition caelestia – terrena in Tertullian, in: TU 107, 1970, 190–194

caelum caeli

J. Pépin, Recherches sur le sens et les origines de l'expression caelum caeli dans le livre XII des Confessions de saint Augustin: ALMA 23 (1953) 185–274

caelum empyreum

G. Maurach, Coelum Empyreum. Versuch einer Begriffsgeschichte, Wiesbaden 1968

caerimonia

H. Wagenvoort, Caerimonia: Glotta 26 (1937) 115–131
K. H. Roloff, Caerimonia und ritus im alten Latein, Diss. Göttingen 1950
K. H. Roloff, Caerimonia: Glotta 32 (1952/3) 101–138
H. Wagenvoort, Caerimonia: RAC 2, 1954, 820–822

calamitas

P. T. Tjeung Hen, „Calamitas" bei Gregor dem Großen, Diss. Rom (Gregoriana) 1969

calor fidei

V. Skaenland, Calor fidei: SO 32 (1956) 86–104

candidatus

A. Kurfess/A. Hermann, Candidatus: RAC 2, 1954, 838–842

canon

L. Wenger, Canon in den römischen Rechtsquellen und in den Papyri. Eine Wortstudie, Wien 1942

cantare

W. Allen, Ovid's cantare and Cicero's cantatores Euphorionis: TPAPA 103 (1972) 1−14

cantor

v. *musicus:* Gurlitt/1950

capa

J. Van den Bosch, Capa, basilica, monasterium et le culte de saint Martin de Tours. Étude lexicologique et sémasiologique, Nimwegen 1969

capacitas

J. L. Marion, Distance et béatitude. Sur le mot «capacitas» chez saint Augustin: Resurrection, rev. de doctrine chrétienne 29 (1969) 58−80; v. REAug 16 (1970) 317

capella

P. Aebischer, Esquisse du processus de dissémination de capella en Italie: ALMA 5 (1930) 5−44

captivus

Ph. Haerle, Captivus, cattivo, chétif. Zur Einwirkung des Christentums auf die Terminologie der Moralbegriffe, Romanica Helvetica, Bern 1955

caput

M. Radin, Caput et σῶμα, in: Mélanges P. Fournier, Paris 1929, 651−663

W. F. Gosling, That word caput: GaR 9 (1939) 26−28

C. Gioffredi, Caput: SDHI 11 (1945) 301−313

W. Goffard, Caput and Colonate: towards a history of late Roman taxation (Three meanings of caput): Phoenix (Toronto), Suppl. 12, 1974, 41−65

v. κάρα: LaR(ue) van Hook/1950
κεφαλή: Congar/1952

cara

S. Antès, Cara, tête, visage, est-il un mot latin?: RPh 48 (1974)
310–312

cardinalis

S. Kuttner, Cardinalis: The history of a Canonical Concept: Tr. 3
(1945) 129–214

C. G. Fuerst, Cardinalis. Prolegomena zu einer Rechtsgeschichte des
römischen Kardinalskollegiums, München 1967

caritas

A. Beck, Christentum und nachklassische Rechtsentwicklung: Atti
congr. internaz. diritto Romano, Rom, II, 1933, 89–122

S. Marsili, Giovanni Cassiano ed Evagro Pontico. Dottrina sulla
carità e contemplazione, StAns 5, Rom 1936

H. Pétré, Étude sur le vocabulaire latin de la charité chrétienne,
Löwen 1948

T. Bolelli, Storia di una parola: RFIC 28 (1950) 117–141

V. J. Nugent, The Concept of charity in the writings of St. Gregory
the Great, Washington 1951

A. Nygren, Eros et Agape. La notion chrétienne de l'amour et ses
transformations, Paris 1962

R. T. Otten, Caritas and the Assent Motif in the Exegetical Works
of St. Ambrose, in: TU 93, 1966, 442–448

D. Marin, Charitas: Annali fac. lett. Bari 17 (1974) 161–234

    v. *ecclesia:* Janssen/1936
    ἔρως: Richardson/1943
    amor: Bardy/1959
    veritas: Blanchard/1962
    amor: Otten/1963

caritas ordinata

F. Chatillon, Au dossier de la caritas ordinata: RMAL 4 (1948)
65–66

carmen

H. Lietzmann, Carmen – Taufsymbol, in: Kleine Schriften, 3. Studien zur Liturgie- und Symbolgeschichte. Zur Wissenschafts-
geschichte, in: TU 74, 1962, 54–55

caro

F. Husner, Leib und Seele in der Sprache Senecas, Ph.S 17,3, 1924

caro passibilis

S. Vicastillo, La 'caro passibilis' en la anthropologia di Tertulliano: Pens. 134 (1978) 197—203

carptim

B. R. Voss, Carptim, in: Festg. f. O. Hiltbrunner, hrg. v. H. T. Johann, Münster 1974, 162—166

castus

G. Madec, Ex tua castitate (Conf. IV,2,3). Adulescens valde castus (ibid. IV,3,6): REAug 7 (1961) 245—247

catalogus

P. Antin, «Catalogus» chez Jérôme et Erasme: REAug 18 (1972) 191—193

catechizare

v. κατηχεῖν: Turck/1963
κατηχεῖν: Knauber/1967

catechumenus

v. ecclesia: Janssen/1936

catena aurea

W. Fauth, Catena aurea. Zu den Bedeutungsvariationen eines kosmischen Sinnbildes: AKuG 56 (1974) 270—295

cathedra

E. Stommel, Bischofsstuhl und Hoher Thron: JAC 1 (1958) 52—78
v. provincia: Mazzini/1974/5

cathedra Petri

P. Batiffol, Cathedra Petri. Études d'histoire ancienne de l'Église, UnSa 4, Paris 1938
M. Maccarrone, „Cathedra Petri" und die Idee der Entwicklung des päpstlichen Primates vom 2. bis 4. Jahrhundert: Saec. 13 (1962) 278—292

catholica

P. M. Brlek, De vocis «catholica» origine et notione (disquisitio historico-iuridica): Anton. 38 (1963) 263—287

catholicus

A. Anglada, Christiano mihi nomen est, catholico vero cognomen a la luz de la doctrina grammatical (englische Zusammenfassung): EM 32 (1964) 253–266

J. N. D. Kelly, «Catholique» et «Apostolique» aux premiers siècles: Ist. 14 (1969) 33–45 = Die Begriffe Katholisch und Apostolisch in den ersten Jahrhunderten, in: Katholizität und Apostolizität. Theologische Studien einer gemeinsamen Arbeitsgruppe . . ., KuD.B II, Göttingen 1971, 9–21

v. *militia:* Sainio/1940

causa

V. A. Georgesco, Essai sur le mot causa dans le latin juridique. Etude de philologie juridique: Rivista clasica (Bukarest) 1934/5, 90–142

E. Bickel, Αἰτία in der Bedeutung causa ‚Krankheit' (zu Epikurs Brief an Menoikeus): Glotta 23 (1935) 213–220

V. A. Georgesco, Le mot causa dans le latin juridique, in: Etudes de philologie juridique, 1939

P. J. Miniconi, Esquisse d'une histoire du mot causa: REL 21 (1943/4) 82–86

P. J. Miniconi, Causa et ses dérivés. Contribution à l'étude historique du vocabulaire latin, Paris 1951

A. Soellner, Die causa im Konditionen- und Vertragsrecht des Mittelalters bei den Glossatoren, Kommentatoren und Kanonisten: ZRGS.R 77 (1960) 182–296

Th. Mayer-Maly, Causa: KP 1, 1964, 1093–1095

causa finita est

K. Adam, „Causa finita est", in: Festg. A. Ehrhardt, hrg. v. A. M. Königer, Bonn 1922, 1–23

caverna

v. *cavum:* Heine/1971

cavum

R. Heine, „Cavum" und „Caverna": Glotta 49 (1971) 266–289

celebrare

B. Droste, „Celebrare" in der römischen Liturgiesprache, München 1963, MThS.S 26

v. *meritum:* Ellebracht/1963

censere

v. *decernere:* Fridh/1956

census

v. *substantia:* Moingt/1966

character

N. M. Haering, St. Augustine's Use of the word "Character": MS 14 (1952) 79—97

N. M. Haering, Charakter, signum und signaculum. Die Entwicklung bis nach der karolingischen Renaissance: Schol. 30 (1955) 481—512

N. M. Haering, Charakter, signum und signaculum. Die Einführung in die Sakramententheologie des XII. Jahrhunderts: Schol. 32 (1956) 182—212

charisma veritatis certum

N. Brox, Charisma veritatis certum (zu Irenäus Adv. haer. IV, 26, 2): ZKG 75 (1964) 327—331

L. Ligier, Le charisma veritatis certum des évêques. Ses attaches liturgiques, patristiques et bibliques, in: Mélanges H. de Lubac, I, Paris 1964, 247—268

christianitas

M. Hélin, Christianitas: ALMA 29 (1959) 229—237

v. *cultura: Niedermann/1941*

christianus

P. de Labriolle, Christianus: ALMA 5 (1929/30) 69—88

P. de Labriolle, Histoire du mot christianus: BSAF 74 (1930) 100—101

E. Bickermann, The name of Christians: HThR 42 (1949) 109—124

J. Moreau, Le nom des Chrétiens: NC 1/2 (1949/50) 190—192

H. Fuchs, Tacitus über die Christen: VigChr 4 (1950) 65—93

E. Peterson, Christianus, in: Misc. G. Mercati, I, 1946, StT 121, 355—372 = ders., Frühkirche, Judentum und Gnosis. Studien und Untersuchungen, Rom/Freiburg/Wien 1959, 64—87

H. B. Mattingly, The origin of the name christiani: JThS 9 (1958) 26—37

C. Spicq, Ce que signifie le titre de chrétien: StTh 15 (1961) 69—72

B. Lifshitz, L'origine du nom des Chrétiens: VigChr 16 (1962) 65—70

E. Lamirande, La signification de «christianus» dans la théologie de S. Augustin et la tradition ancienne: REAug 9 (1963) 221—234

G. M. Lee, Varia Graeca et Latina («christiani»): Mea. 22 (1967) 57—59

christus

J. Doignon, «Christ» ou «Oint». Un vocable biblique appliqué par Hilaire de Poitiers à l'évèque Rhodanius de Toulouse: RHE 72 (1977) 317—326

Christus exemplum

W. Geerlings, Christus exemplum bei Augustinus, Studien zur Christologie und Christusverkündigung Augustins, Mainz 1978

Christus hic est

S. G. Mercati, Sulle formule epigrafiche «Christus hic est» e Χριστὸς ἐνθάδε κατοικεῖ: APARA 1, 1923

W. Deonna, Christos propylaios ou «Christus hic est»: RAr 22 (1925) 66—74

Christus imperator

E. Peterson, Christus als Imperator: Cath(M) 5 (1936) 64—72

v. *imperator:* Cancik/1975

Christus mediator

G. Rémy, Le Christ médiateur dans l'oeuvre de S. Augustin, Diss. Straßburg 1977

Christus medicus

R. Arbesmann, The Concept of Christus medicus in St. Augustine: Tr. 10 (1954) 1—28

J. C. Eijkenboom, Het Christus-medicus-motief in de preken van S. Augustinus, Assen 1960

Christus mercator

S. Poque, Christus mercator. Notes Augustiniennes: RSR 48 (1960) 564—577

Christus redemptor

J. C. Eijkenboom, Christus redemptor in the Sermons of St. Augustine, in: Festsch. Chr. Mohrmann, Utrecht 1963, 233—239

Christus victor

G. Aulen, Christus Victor. La notion chrétienne de rédemption, Paris 1949

circumcelliones

R. Lorenz, Circumcelliones-cotopitae-cutzupitani: ZKG 82 (1971) 54–59

circumscriptio

W. Stegemann, Ciceros Ausdrücke für περίοδος und ihre griechischen Äquivalente: Philol. Wochenschrift (Leipzig) 52 (1932) 1083–1090

civilis

I. Lana, Civilis, civiliter, Civilitas in Tacito e in Suetonio. Contributo a la storia del lessico politico romano nell'età imperiale: AAST 106 (1972) 465–487

civilisatio

E. Benveniste, Civilisation: contribution à l'histoire du mot, in: Hommage à L. Febvre, Paris 1954, 47–54

G. M. Pflaum, Geschichte des Wortes Zivilisation, Diss. München 1961

civilitas

N. Scivoletto, La civilitas del IV secole e il significato del Breviarium di Eutropio: GIF 22 (1970) 14–45

   v. *cultura:* Niedermann/1941
     civilis: Lana/1972

civitas

R. T. Marshall, Studies in the Political and Socio-Religious Terminology of the "De Civitate Dei", Washington 1952

G. del Estal/J. J. R. Rosado, Equivalencia de civitas en el De Civitate Dei: CDios 167 (1965) 367–454

J. C. Mann, Civitas. A further Comment: Antiquity 35 (1961) 142–143

D. Medicus, Civitas: KP 1, 1964, 1198–1199

   v. *vicus:* Bruppacher/1961/2
     libertas: Levy/1961
     πόλις: Downey/1966

civitas dei

G. Bardy, La formation du concept de « Cité de Dieu » dans l'oeuvre de s. Augustin: AThA 13 (1952) 113–129

F. G. Maier, Augustin und das antike Rom: Tübinger Beitr. zur Altertumswissenschaft 39 (1955) 145–167

17*

M. J. Congar, « Civitas Dei » et « Ecclesia » chez saint Augustin:
REAug 3 (1957) 1–14

L. J. Van der Lof, Die Übersetzung von „Civitas Dei" ins Deutsche
und Niederländische: Aug(L) 13 (1963) 373–386

J. Campos, La Ciudad de Dios según la mente y sentir de los Padres
de la Iglesia: CDios 184 (1971) 495–597

S. Folgado Flóres, Sentido eclesial católico de la "Civitas Dei".
Puntos de eclesiología agustiniana: Aug. 14 (1974) 91–146

civitas terrena

M. Seybold, Zu Augustins „civitas terrena": MThZ 17 (1966)
243–252

clamor cordis

Arimaspus, Clameur du coeur: RMAL 2 (1946) 179–180

claritas

v. *meritum:* Ellebracht/1963
tertium genus: Mohrmann/1977

claustrum

J. Leclercq, Le cloître est-il une prison?: RAM 47 (1971) 407–420

claustrum animae

G. Bauer, „Claustrum animae". Untersuchungen zur Geschichte der
Metapher vom Herzen als Kloster, Bd I, Entstehungsgeschichte,
München 1973

clementia

E. Villa, La clemenza politica di Roma, Biella 1946

E. Bux, Clementia Romana: Würzburger Jahrbücher f. Altertumswissenschaft 3 (1948) 201–231

K. Winkler, Clementia: RAC 3, 1957, 206–231

T. Adam, Clementia principis. Der Einfluß hellenistischer Fürsten-
spiegel auf den Versuch einer rechtlichen Fundierung des Prinzipats durch Seneca, Stuttgart 1970

G. Voi, „Clementia" e „Lenitas" nella terminologia e nella propaganda cesariana, in: Contributi dell'Istituto di Storia Antica, hrg.
v. M. Sordi, Mailand 1972, 121–125

B. Martureux, Recherches sur le « De Clementia » de Sénèque. Vocabulaire et composition, coll. Latomus 128, Brüssel 1973

clementia Caesaris

M. Treu, Zur Clementia Caesaris: MH 5 (1948) 197–217
O. Leggewie, Clementia Caesaris: Gym. 65 (1958) 17–36
M. Lossau, Suetons clementia Caesaris: Hermes 103 (1975) 496–502

clerici

L. Hardick, Gedanken zu Sinn und Tragweite des Begriffs Clerici:
AFH 10 (1957) 7–26
v. *clerus:* Gryson/1966

clerus

R. Gryson, Les dégrés du clergé et leurs dénominations chez saint
Ambroise de Milan: RBen 76 (1966) 119–127
v. *ecclesia:* Janssen/1936

cliens

H. Dubled, Cliens: RMAL 6 (1950) 317–319

coaeternus

H. Echternach, Koäternität: HWP 4, 1976, 863–865

coartare

D. Behrens, Coartare: ZSRG.R 67 (1950) 519–526

coena caelestis

K. Goldammer, Coena caelestis. Ein nicht-mystisches Überbleibsel
in der Sprache der christlichen Mystik, in: Festsch. F. Heiler, hrg.
v. C. M. Schroeder, Basel 1942, 177–199

cogitare

Ch. Boyer, Le «cogito» dans saint Augustin, in: Congrès Descartes,
Travaux du IXe congrès internat. de Philosophie, hrg. v. R. Bayer,
fasc. 1, Paris 1937, 89–92 = Cartesio. Nel terzo centenario del
„Discorso del metodo", Mailand, Vita e Pensiero 1937, 79–83
G. Verbeke, Pensée et discernement chez saint Augustin. Quelques
reflexions sur le sens du terme «Cogitare», in: RechAug, II, Paris
1962, 59–80
E. Katayanagi, Augustins "cogito": Theological Studies in Japan
(Kyoto) 11 (1972) 16–18

cogitatio

R. G. Gassert, The Meaning of "Cogitatio" in St. Augustine: MSM
25 (1947/8) 238–245

cognitus

F. O. Lindeman, Latin cognitus et grec ἀγνοέω: SO 38 (1963) 69–75

cognomen

A. Ferrua, Antichità cristiana. I nomi degli antichi cristiani: CivCatt 117 (1966) 492–498

cognoscere

v. *decernere:* Fridh/1956
confiteri: Meershoek/1966

coire

C. Saumagne, Coire, convenire, colligi: RHDF 32 (1954) 254–263

colere

v. *cultura:* Niedermann/1941

collecta

B. Capelle, Collecta: RBen 42 (1930) 197–204

collegium

F. Heichelheim, Berufsvereine: KP 1, 1964, 870–872

colligere

v. *accipere:* Stummer/1934

colligi

v. *coire:* Saumagne/1954

comitas

K. H. Heuer, Comitas, facilitas, liberalitas. Studien zur gesellschaftlichen Kultur der ciceronischen Zeit, Diss. Münster 1941

commentarius

H. Drexler, Parerga Caesariana. e. Zum Begriff Commentarii: Hermes 70 (1935) 227–234

commercium

G. Sautel, Essai sur la notion romaine de commercium à l'époque ancienne, in: Varia, Etudes de droit Romain, Paris 1952
M. Kaser, Vom Begriff des „commercium", in: Studi in onore di V. Arangio-Ruiz, II, Neapel 1953, 131–167

commonitorium

S. Prete, Il „Commonitorium" nella litteratura cristiana antica, Bologna 1962

communicantes

J. Crehan, The Meaning of "Communicantes" in the Canon of the Mass: DR 86 (1968) 40—44

v. κοινωνία: Browne/1962

communicatio

A. Matellanes Crespo. El tema de la "communicatio" en los escritos penitenciales y bautismales de San Cipriano de Cartago: Studia Granatensia 2, 1965

A. Matellanes, Communicatio. El contenido de la communión eclesial en san Cipriano: Communio 1 (1968) 19—64 und 347—401

v. communio: Dewailly/1970

communio

L. von Hertling, Communio und Primat: MHP 7 (1943) 1—48 = ders., (leicht überarbeitet) Communio. Chiesa et papato nell'antichità cristiana, Rom 1961

L. M. Dewailly, Communio/communicatio. Brèves notes sur l'histoire d'un sémantème: RSPhTh 54 (1970) 46—64

v. κοινωνία: Popkes/1976

communis sensus

H. J. Thomson, Communis sensus: ClR 34 (1920) 18—21

competentes

B. Botte, Competentes: RAC 3, 1957, 266—268

compunctio

P. R. Regamey, La componction du coeur, portrait spirituel du chrétien, Paris 1963, 76—116

concentus

v. temperare: Spitzer/1945
consensus: Ernout/1954
sphaera: Alberte Gonzales/1975

conciliare

E. Fantham, Ciceronian Conciliare and Aristotelian Ethos: Phoenix (Toronto) 27 (1973) 262—275

concilium

A. Lumpe, Zur Geschichte der Wörter concilium und synodus in der antiken christlichen Latinität: AHC 2 (1970) 1—9

A. Lumpe, ‚Concilium' als repraesentatio totius nominis Christiani bei Tertullian: AHC 7 (1975) 79—81

concinnare

M. Schuster, Zur Bedeutung von concinnare: Glotta 16 (1927) 131—135

conclusio

v. *circumscriptio:* Stegemann/1932

concordia

E. Skard, Zwei religiös-politische Begriffe. Euergetes. Concordia, Oslo 1932

A. Benesch, Concordia, Diss. Wien 1943

M. Amit, Concordia. Idéal politique et instrument de propagande: Iura 13 (1962) 133—169

R. Hošek, Die Auffassung der concordia bei Titus Livius: Sbornik praci filosofiche fak. Brnenske univ. 13 (1966/7) 7—13

R. Hošek, Die Auffassung der concordia bei den Dichtern des Prinzipats, in: Sbornik Praci Fil. Fak. Brnenké University 16, Brno 1967, 153—162

R. Hošek, Concordia imperatorum et populi, in: Antiquitas Graeco-Romana ac tempora nostra. Actus congr. internat., hrg. v. J. Burian usw., Prag 1968, 107—113

v. *temperare:* Spitzer/1945
pax civilis: Jal/1961

concupiscentia

R. Orbe, San Agustín y el problema de la concupiscentia en su marco historico: RET 1 (1940/1) 313—317

Ch. Baumgartner, Concupiscence. IV Dans l'anthropologie occidentale 1—2: DSp 2, 1953, 1356—1359

F. J. Thonnard, La notion de concupiscence en philosophie augustinienne, RechAug 3, 1965, 59—105

J. Hengelbrock, Konkupiszenz: HWP 4, 1976, 968—970

v. *libido:* Bonner/1962

concurrere

E. Schiltz, Concurrere, concursus. L'usage de ces mots en doctrine christologique de S. Cyprien à Dun Scot: RSR 26 (1936) 92—98

concursio

v. *concutere:* d'Alès/1937

concursus

v. *concurrere:* Schiltz/1936

concussor

v. *concutere:* d'Alès/1937

concussura

v. *concutere:* d'Alès/1937

concutere

A. d'Alès, Concutere, concussio, concussura, concussor: RSR 27 (1937) 97—99

condere

v. *deus:* Braun/1962

conditio

A. Ernout, Condicio et conditio: RPh 23 (1949) 107—119
P. Michaud-Quantin, Condicio—conditio. Notes de lexicographie médiévale, in: Mélanges M. D. Chenu, Paris 1967, 399—417

confessio

M. Wagner, Plan in the Confessions of St. Augustine: PQ 23 (1944) 1—23
J. Ratzinger, Originalität und Überlieferung in Augustins Begriff der confessio: REAug 3 (1957) 375—392

v. *confiteri:* Rheinfelder/1949
meritum: Ellebracht/1963

confessor

B. Botte, Confessor: ALMA 16 (1941) 137—148

v. *confiteri:* Rheinfelder/1949
confessus: Torres Rodriguez/1962

confessus

C. Torres Rodriguez, El "confessus" y "confessor" de las lápidas sepulcrales y de los cartularios gallegos, residuo tardío de una antigua disciplina penitencial: CEG 17 (1962) 154—174

confestim

G. von Beseler, Confestim, continuo: ZSRG.R 51 (1931) 188—202

conficere corpus Christi

B. Botte, Conficere corpus Christi: ATh 8 (1947) 309—315

confirmatio

B. Botte, Le vocabulaire ancien de la confirmation: MD 54 (1958) 5—22

confiteri

H. Rheinfelder, Confiteri, confessio, confessor im Kirchenlatein und in den romanischen Sprachen: Die Sprache 1 (1949) 56—67 (Festsch. Havers)

M. Verheijen, Eloquentia Pedisequa — Observations sur le style des Confessions de s. Augustin, LCP 10, Nimwegen/Utrecht 1949, 8—82

G. Bornkamm, Lobpreis, Bekenntnis und Opfer, in: Apophoreta, Festsch. E. Haenchen, Berlin 1964, 46—63

G. Q. A. Meershoek, Le Latin biblique d'après Jérôme. Aspects linguistiques de la rencontre entre la Bible et le monde classique, LCP 19, Nimwegen/Utrecht 1966

v. *ecclesia:* Janssen/1936
sacerdos: Mouterde/1962

coniux

v. *femina:* Adams/1972

conscientia

J. Hebing, Über conscientia und conservatio in philosophischem Sinne von Cicero bis Hieronymus, Fulda 1922 = PhJ 33 (1922) 136—152; 215—231; 298—326

W. J. Aalders, Het geweten, Groningen 1935

R. Lindemann, Der Begriff der conscience im französischen Denken: Berliner Beitr. z. roman. Philologie, 8,2, Jena 1938

J. Stelzenberger, Conscientia bei Tertullianus, in: Vitae et veritati, Festg. f. K. Adam, Düsseldorf 1956, 28—43

J. Stelzenberger, Conscientia bei Augustinus. Studie zur Geschichte der Moraltheologie, Paderborn 1959

J. Stelzenberger, Conscientia in der ost-westlichen Spannung der patristischen Theologie: RhQ 141 (1961) 174—205

J. Campos, Tradición semántica de la conscientia latina hasta Tertuliano: Salm. 9 (1962) 23—51

G. Molenaar, Seneca's use of the term conscientia: Mn. 22 (1969) 170–180

B. L. J. Hijmans, Conscientia in Seneca; three footnotes: Mn. 23 (1970) 189–192

H. Reiner, Gewissen: 1. der Gewissensbegriff der Bibel, 2. der Gewissensbegriff der Bibel und der Kirchenväter: HWP 3, 1974, 574–581

M. Testard, Observations sur le thème de la «conscientia» dans le «de officiis ministrorum» de saint Ambroise: REL 51 (1974) 219–261

> v. συνείδησις: Zucker/1928
> συνείδησις: Jung/1935
> συνείδησις: Stelzenberger/1963
> nosce te ipsum: Lloyd/1964
> syneidesis: Cancrini/1969

consecratio

> v. dedicatio: Michels/1956

consenescere

P. Treves, The Meaning of consenescere: AJP 63 (1942) 129–153

consens

G. Pascucci, Consens, praesens, absens: SIFC 33 (1961) 1–61

consensus

H. U. Instinsky, Consensus universorum: Hermes 75 (1940) 265 bis 278

A. Pittet, Let mot consensus, ses acceptions philosophique et politique: REL 30 (1952) 60–61

A. Ernout, Consensus, concentus, consentaneus, in: Commentationes E. Linkomies, Arctos, NS 2 (Helsinki) 1954, 78–79

A. Pittet, Le mot consensus chez Sénèque. Ses acceptions philosophique et politique: MH 12 (1955) 35–46

L. Koep, Consensus: RAC 3, 1957, 294–303

> v. electio: Bartelink/1972

consensus iuris

H. P. Kohns, Consensus iuris – communio utilitatis: Gym. 81 (1974) 485–498

consensus omnium

K. Oehler, Der Consensus omnium als Kriterium der Wahrheit in der Patristik. Eine Studie zur Geschichte des Begriffs der allge-

meinen Meinung: AuA 10 (1961) 103–129 = ders., Antike Philosophie und Byzantinisches Mittelalter, München 1969, 234–271
R. Schian, Untersuchungen über das argumentum „e consensu omnium", Hildesheim 1973; v. Selbstanzeige ABG 19, 1975, 114–115

consequentia

E. Morscher, Der Begriff „consequentia" in der mittelalterlichen
Logik: ABG 15, 1971, 133–139

conservatio

v. *conscientia:* Hebing/1922
συντήρησις: Waldmann/1938

consilium

K. Jungwirth, Consilium, exilium und ihre Wortfamilien (zur Klar-
stellung einer alten Etymologienreihe): Die Sprache 3 (1957)
168–171
H. Lott, Consilium. Versuch einer semasiologischen Darstellung des
Begriffs für die Zeit der römischen Republik unter Berücksichtigung von Vergil und Horaz, Diss. Freiburg 1959

consolatio

M. M. Beyenka, Consolation in St. Augustine, Washington 1950

consonantia

v. *sphaera:* Alberte Gonzales/1975

consors naturae

M. Poirier, «Consors naturae» chez saint Ambroise. Copropriété de
la nature ou communauté de nature?, in: Ambrosius Episcopus.
Atti del congresso internaz. di studi ambrosiani . . ., hrg. v. L.
Lazzati, II, Mailand 1976, 325–335

constitutio

v. σύστασις: Hogrebe/1976

consubstantialis

B. Studer, Il concetto di „consostanziale" in Leone Magno: Aug. 13
(1973) 599–607
B. Studer, Consubstantialis patri – consubstantialis matri, une anti-
thèse christologique chez Léon le Grand, in: TU 116, 1975,
286–294
v. *substantia:* Moingt/1966
substantia: Carle/1975

consuetudo

J. Ranft, Consuetudo: RAC 3, 1957, 379–390
G. Funke, Gewohnheit: ABG 3, 1961
M. Fornasari, De consuetudine eiusque functione iuridica apud Patres: Apoll. 35 (1962) 116–136
L. Alfonsi, La "consuetudo" nei Protrettici: VigChr 18 (1964) 32–36
B. Schmiedel, Consuetudo im klassischen römischen Recht, Forschungen zum römischen Recht 22, Graz/Köln 1966
J. G. Prendiville, The development of the idea of habit in the thought of Saint Augustine: Tr. 28 (1972) 29–99
   v. *observatio: Pauw/1942*

consul

J. Straub, Iuppiter Consul: Chiron (München) 2 (1972) 545–562

consulares philosophi

M. Ruch, Consulares philosophi chez Cicéron et saint Augustin: REAug 5 (1959) 99–102
J. Glucker, Consulares philosophi Again: REAug 11 (1965) 229–234

consumere

   v. *metus:* Beseler/1935

consummare

B. Botte, Consummare: ALMA 12 (1937) 43–44

contaminare

J. B. Hofmann, Contaminare: IGF 53 (1935) 187–195
R. Waltz, Contaminare chez Térence: REL 16 (1938) 269–274
W. Beare, Contaminare in Plautus and Terence: RPh 14 (1940) 28–42

contemplatio

A. Ménager, Les divers sens du mot «contemplatio» chez saint Grégoire le Grand: VS.S 59 (1939) 145–169 und 60 (1939) 39–56
M. Olphe-Galliard, La contemplation dans la littérature chrétienne latine: DSp 2, 1953, 1911–1929
   v. *actio:* Frank/1969

contemplatio caeli

   v. *status rectus:* Wlosok/1960

contemplativus

E. Coreth, In actione contemplativus: ZKTh 76 (1954) 55−82

contingens

M. Freundlieb, Zur Entstehung des Terminus contingens: PhJ 47 (1934) 432−440
A. Becker-Freyseng, Die Vorgeschichte des philosophischen Terminus contingens. Die Bedeutungen von contingere bei Boethius und ihr Verhältnis zu den aristotelischen Möglichkeitsbegriffen, Heidelberg 1938

   v. *ἐνδέχομενον:* Brugger/1976

contingentia futura

D. Frede, Aristoteles und die Seeschlacht. Das Problem der Contingentia Futura in De Interpretatione 9, Göttingen 1970, Hyp. 27; v. Selbstanzeige ABG 15, 1971, 149−151

contingere

   v. *evenire:* Shipp/1937

continuo

   v. *confestim:* Beseler/1931

continuum

   v. *συνεχές:* Herold/1976

contritio

W. Schmid, „Contritio" und „Ultima linea rerum" in neuen epikureischen Texten: RMP 100 (1957) 301−327
V. Loi, Influssi dell'esegesi biblica nello sviluppo del termine contritio: VetChr 3 (1966) 69−83

controversio

J. Stroux, Controversio: Ph. 84 (1929) 368−376

conubium

J. Wackernagel, Conubium, in: Festsch. P. Kretschmer, Wien 1926, 289−306

convenire

   v. *coire:* Saumagne/1954

conventus

I. Kalitsunakes, Conventus — κομβένδος — κουβένδα, in: Eis mnemen Sp. Lamprou, 1933/4, 470—474

conversatio

H. Hoppenbrouwers, Conversatio. Une étude sémantique, in: GLCP, Suppl. 1, 1964, 47—95

conversatio morum

N. Wuermseer, Conversatio morum suorum: SMGB 57 (1939) 99—112

F. Friedrich, Conversatio morum: SMBO 59 (1942) 200—326

Ph. Schmitz, Conversatio (conversio) morum: DSp 2, 1953, 2206—2212

J. Winandy, Conversatio morum: COCR 22 (1960) 378—386

conversio

A. D. Nock, Conversion. The old and the new in religion from Alexander the Great to Augustine of Hippo, Oxford 1933

P. Agaësse, La «conversion» augustinienne, in: BAug 16, 1955, 576—578

P. Hadot, Conversio: HWP 1, 1971, 1033—1036

v. *circumscriptio:* Stegemann/1932
gloria: Freudenthal/1959

conversio morum

M. Rothenhaeusler, Conversio morum: RAC 3, 1957, 422—424

convicium

G. Hendrickson, Convicium: CP 21 (1926) 114—119

cor

W. Beare, Plautus Mil. 786: ClR 41 (1927) 10—11

A. Guillaumont, Les sens des noms du cœur dans l'antiquité, in: Le cœur, EtCarm 29, Paris 1950, 41—81

H. Flasche, El concepto de "cor" en la Vulgata: EstB 10 (1951) 5—49

A. Ernout, Cor et c(h)orda: RPh 26 (1952) 157—161

F. Sperka, Cor und pectus. Untersuchungen zum Leib-Seele-Problem bei den Römern, Diss. Tübingen 1952

E. de la Peza, El significado de "cor" en San Agustín: REAug 7 (1961) 339—368

A. Hermann, Das steinharte Herz. Zur Geschichte einer Metapher: JAC 4 (1961) 77—107

E. de la Peza, El significado de "cor" en San Agustín, Paris 1962,
Études Augustiniennes; v. REAug 7 (1961) 339−368

    v. *animus:* Reis/1962
    anima: Gewehr/1975

cor tangere

E. G. Schmidt, Cor tetigisse querella: Ph. 118 (1974) 281−285

cordis affectus

J. Chatillon, Cor et cordis affectus, 3,1 Origine de l'expression
‹cordis affectus›: DSp 2, 1953, 2288−2291

corpus

F. de Visscher, La notion du «corpus» et le régime des associations
privées à Rome, in: Scritti in onore di C. Ferrini, IV, Mailand
1949, 43−54

K. Forster, Die ekklesiologische Bedeutung des corpus-Begriffs im
liber regularum des Tyconius: MThZ 7 (1956) 173−183

O. Hiltbrunner, Corpus (Beiträge aus der Thesaurusarbeit VII):
MH 9 (1952) 42−47

E. A. Hahn, Body and Soul in Vergil: TPAPA 92 (1961) 193−215

    v. *caritas:* Pétré/1948
    deus: Braun/1962

corpus Christi

H. Schlier, Corpus Christi: RAC 3, 1957, 437−453

corpus christianorum

C. Saumagne, Corpus christianorum: Rev. internat. droits 7 (1960)
437−478 und 8 (1961) 257−279

corpus mysticum

M. Roberti, Il corpus mysticum nella storia della persona giuridica,
in: Studi de storia e diritto in onore di E. Besta, IV, Mailand
1939, 35−82

H. de Lubac, Corpus Mysticum. Étude sur l'origine et les premiers
sens de l'expression: RSR 29 (1939) 257−302, 429−480; 30 (1940)
40−80, 191−226

A. Ehrhardt, Das Corpus Christi und die Korporationen im spät-
römischen Recht: ZSRG.R 70 (1953) 299−347

correptio secreta

L. J. Van der Lof, La «correptio secreta» chez s. Augustin. Deux questions préliminaires: Augustinus 12 (1967) 449–472

correptus

G. Hendrickson, Correptus, corruptus, corruptiare, corruciare: CP 36 (1941) 240–245

corruptus

v. *correptus:* Hendrickson/1941

creare

v. *deus:* Braun/1962
divinitas: Loi/1970
facere: Plagnieux/1975

creatio ex nihilo

A. Ehrhardt, Creatio ex nihilo: STh 4 (1950) 13–43
G. May, Schöpfung aus dem Nichts. Die Entstehung der Lehre von der creatio ex nihilo, Berlin/New York 1978

credere

A. Meillet, Latin credo et fides: MSLP 22 (1922) 215–218
K. Dahinten, Die Verbalausdrücke für den Begriff des Glaubens im Latein, Diss. Jena 1930
G. Dumézil, Latin credo, arménien arit; mots et légendes: RPh 12 (1938) 313–317
P. Th. Camelot, Credere Deo, credere Deum, credere in Deum. Pour l'histoire d'une formule traditionnelle: RSPhTh 30 (1941/2) 149–155
Chr. Mohrmann, Credere in deum. Sur L'interprétation théologique d'un fait de langue, in: Mélanges J. de Ghellinck, I, Gembloux 1951, 277–285 = dies., Études sur le latin des Chrétiens, I, Rom 1958, 195–203
A. Pariente, Sobre credere, sacerdos y el grupo de verbos ab-, ad-, in-, per-, subdere: EM 35 (1967) 1–43

creditum

A. d'Ors, Creditum: AHDE 33 (1963) 345–364

credo in remissionem peccatorum

V. Grossi, La formula „credo (in) remissionem peccatorum" agli inizi della polemica pelagiana, in: TU 117, 1976, 429–442

credo quia absurdum
J. B. Bauer, „Credo, quia absurdum" (Tertullian, De carne Christi):
Festsch. F. Loidl, I, Wien 1970, 9—12

crimen
O. Immisch, Crimen: Glotta 13 (1924) 32—42

crimen maiestatis
v. *maiestas:* Levi/1969

crimen regni
L. Bruno, „Crimen regni" e „superbia" in Tito Livio: GIF 19 (1966)
236—259

culpa
H. Koch, Culpa — Paenitentia — Venia und ihre griechischen Entsprechungen in den Darstellungen der römischen deditio bei
republikanischen und augusteischen Historikern, München 1955
v. *custodia:* MacCormack/1972

cultura
J. Niedermann, Kultur. Werden und Wandlungen des Begriffs und
seiner Ersatzbegriffe von Cicero bis Herder, Florenz 1941, Bibl.
„Archivum Romanicum" I,28

cultus
W. Schmidt-Biggemann, Kult A,1: HWP 4, 1976, 1300

cunctus
v. *solus:* Hofmann/1948

cura
M. Hauser, Der römische Begriff cura, Winterthur 1954
R. Stark, (Besprechung von M. Hauser): Gnomon 28 (1956) 218—223
v. *potestas:* Visscher/1925

curiositas
H. J. Mette, Curiositas, in: Festsch. Snell, München 1956, 227—235
A. Labhardt, Curiositas. Notes sur l'histoire du mot et de la notion:
REL 37 (1959) 75—76
A. Labhardt, Curiositas. Notes sur l'histoire d'un mot et d'une
notion: MH 17 (1960) 206—224

H. Blumenberg, Augustins Anteil an der Geschichte des Begriffs der theoretischen Neugierde: REAug 7 (1961) 35–70

R. Joly, Curiositas: AnCl 30 (1961) 5–32

S. Lancel, «Curiositas» et préoccupations spirituelles chez Apulée: RHR 160 (1961) 25–46

H. Blumenberg, Curiositas und Veritas. Zur Ideengeschichte von Augustin, Confessiones X,35, in: TU 81, 1962, 294–302

H. Ruediger, Curiositas und Magie. Apuleius und Lucius als literarische Archetypen der Faust-Gestalt, in: Wort und Wahrheit, Festsch. F. Schalk, Frankfurt 1963, 57–82

H. Blumenberg, Die Legitimität der Neuzeit, Frankfurt 1966, 201–432

A. Wlosok, Zur Einheit der Metamorphosen des Apuleius: Ph. 113 (1969) 68–84

H. Blumenberg, Neugierde und Wissenstrieb. Supplemente zu curiositas: ABG 14 (1970) 7–40

H. J. Mette, Neugier und Neuzeit. Ein unzeitgemäßes Problem?: AuA 16 (1970) 1–11

C. Moreschini, Ancora sulla curiositas in Apuleio, in: Studi classici in onore di Q. Cataudella, III, Catanea 1972, 517–524

curiosus

A. Levi, Etimologie: AAST 70 (1934/5) 50–53

cursus

v. *circumscriptio:* Stegemann/1932

custodia

G. MacCormack, Custodia and culpa: ZSRG.R 89 (1972) 149–219

custos

D. Michel, A propos d'un ange gardien: REA 51 (1949) 68–82

D

daemon

H. J. Geerlings, De antieke daemonologie en Augustinus' geschrift de divinatione daemonum, S'Gravenhage 1953

daemonium meridianum

R. Arbesmann, The "daemonium meridianum" and Greek and Latin Patristic Exegesis: Tr. 14 (1958) 17–31

damnare

v. *metus:* Beseler/1935
damnum: Liebs/1968

damnatio memoriae

F. Vittinghoff, Der Staatsfeind in der römischen Kaiserzeit. Untersuchung zur damnatio memoriae: NDF, Alte Geschichte 13,2, 1936

damnum

D. Daube, On the use of the term damnum, in: Studi in onore di S. Solazzi, Neapel 1948, 93–156

D. Liebs, Damnum, damnare und damnans. Zur Bedeutungsgeschichte einiger lateinischer Rechtswörter: ZSRG.R 85 (1968) 173–252

decalogus

v. *obstetrix:* Reiter/1919

decanus

H. U. Instinsky, Decanus: RAC 3, 1957, 603–611

decernere

A. J. Fridh, Terminologie et Formules dans les Variae de Cassiodore. Études sur le développement du style administratif aux derniers siècles de l'antiquité, Stockholm 1956

declamare

F. H. Colson, „Declamare"− κατηχεῖν: ClR 36 (1922) 116−117

declamatio

G. François, Declamatio et disputatio: AnCl 32 (1963) 513−540

declarare

v. *decernere:* Fridh/1956

declarare voluntatem

E. Betti, „Declarare voluntatem" nella dogmatica bizantina, in: Studi in memoria di E. Albertario, II, Mailand 1953, 419−462

decolorare

J. H. Baxter, Notes on the latin of st. Ambrose: MB 32 (1928) 97−107

decorum

M. Thurmair, Das „decorum" als zentraler Begriff in Ciceros Schrift de officiis, in: Festsch. E. Grassi, hrg. v. E. Hora, München 1973, 63−78

decretum

D. Medicus, Decretum: KP 1, 1964, 1413−1415

v. *decernere:* Fridh/1956

decurio

R. Brósz, Use and meaning for the words "decurio" and "curialis" in the sources of Roman Law, in: Annales Univers. scientiarum Budapestiensis, Sect. iur. 3, 1962, 133−146

dedicatio

Th. Michels, Dedicatio und consecratio in früher römischer Liturgie, in: Enkainaia. Gesammelte Arbeiten zum 800jährigen Weihegedächtnis der Abteikirche Maria Laach, Düsseldorf 1956, 62−109

defensor ecclesiae

B. Fischer, Defensor ecclesiae: RAC 3, 1957, 656−658

definire

v. *decernere:* Fridh/1956

definitio
v. *decernere:* Fridh/1956

deformus
v. *formus:* Mueller-Graupa/1948/51

deificari
G. Bardy, Divinisation, III. Chez les Pères Latins: DSp 3, 1957, 1389–1398

deificari in otio
G. Folliet, Deificari in otio. Augustin, Epistula 10,2, in: RechAug 2, 1962, 225–236

delegatio
W. Endemann, Der Begriff der delegatio im klassischen römischen Recht, Marburg 1959

dementia
v. *furor:* Solazzi/1924

depositio
W. Wenger/K. Hofmann, Absetzung: RAC 1, 1950, 35–41
A. Stuiber, Depositio – κατάθεσις, in: Mullus, Festsch. Th. Klauser, hrg. v. A. Stuiber u. A. Hermann, Münster 1964, 346–351

depositum
J. Ranft, Depositum: RAC 3, 1957, 778–784

descensus
J. Kroll, Zur Geschichte des Spieles von Christi Höllenfahrt: VBW 7 (1931) 257–301

desertum civitas
G. J. M. Bartelink, Les oxymores desertum civitas et desertum floribus vernans: StMon 15 (1973) 7–15

destinatio
F. de Visscher, La destinatio: ParPass 5 (1950) 118–131

destituere
E. Vetter, Destituere. Eine bedeutungsgeschichtliche Studie: Mitteilungen des Vereins klass. Philologen in Wien 1929, 74–79

deus

C. M. Ramsey, The Concepts of God and Salvation in the Writings of Irenaeus of Lugdunum, Diss. Duke University 1944

R. Lecrompe, Étude sémantique comparée au singulier et au pluriel du mot deus dans la littérature latine jusqu'à Sénèque, Diss. Lüttich 1945

R. Braun, «Deus Christianorum». Recherches sur le vocabulaire doctrinal de Tertullien, Paris 1962, 2. erweiterte Aufl. 1977

H. Bouillard, Le nom de Dieu dans le Crédo, in: L'analisi del linguaggio teologico. Il nome di Dio, AF, Padua 1969, 327–340

O. García de la Fuente, Valor de las fórmulas a Deo, ex Deo y de Deo en S. Agustín: CDios 183 (1970) 569–582

A. Wlosok, Römischer Religions- und Gottesbegriff in heidnischer und christlicher Zeit: AuA 16 (1970) 39–53

R. Schilling, L'originalité du vocabulaire religieux latin: RBelge 49 (1971) 31–54

H. Wagenvoort, Wesenszüge altrömischer Religion, in: Aufstieg und Niedergang der römischen Welt, I,2, Berlin 1972, 348–376

  v. *θεός:* Piccoli/1950
    θεός: Opelt/1962
    dominus: Borias/1969
    divinitas: Loi/1970

deus invisibilis

E. Fascher, Deus invisibilis: MThSt 1 (1931) 41–77

deus omnipotens

A. de Halleux, «Dieu le Père tout-puissant»: RThL 8 (1977) 401–422

deus summus

A. Bartalucci, Considerazioni sul lessico cristiano del De errore profanarum religionum di Firmicio Materno: SIFC 39 (1967) 165–185

  v. *divinitas:* Loi/1970

deum videre

L. Cilleruelo, "Deum videre" en San Agustín: Salm. 12 (1965) 3–31; 13 (1966) 231–281

dei gratia

C. Richter, Der Sinn der Dei-gratia-Formel in den französischen und deutschen Dynastenurkunden bis zum Jahre 1000, untersucht mit besonderer Berücksichtigung der Geschichte dieser Formel von der paulinischen Zeit an, Diss. Frankfurt 1974

deo plenus

v. *amor amoris dei:* Balogh/1926

devotio

A. Daniels, Devotio: JLW 1 (1921) 40–60
J. Chatillon, Devotio: La devotio dans la langue classique. La devotio dans la langue chrétienne 1–3: DSp 3, 1957, 703–710
K. Winkler/A. Stuiber, Devotio: RAC 3, 1957, 849–862
H. S. Versnel, Two Types of Roman Devotio: Mn. 29 (1976) 365–410

v. *meritum:* Ellebracht/1963

di certi

E. Bickel, Der altrömische Gottesbegriff. Eine Studie zur antiken Religionsgeschichte, Leipzig/Berlin 1921
G. Wissowa, Die varronischen di certi und incerti: Hermes 56 (1921) 113–130

diabolus

G. J. M. Bartelink, Les dénominations du diable chez Grégoire de Tours: REL 48 (1970) 411–432

diabolus interpolator

J. Fontaine, Sur un titre de Satan chez Tertullien: diabolus interpolator: SMSR 38 (1967) 197–216

diaria

H. J. Thomson, Diaria: Philol. Wochenschrift (Leipzig) 48 (1928) 448

dicere

v. *salus:* Meillet/1928

dicibile

v. *signum:* Wald/1975

dictare

A. Ernout, Dictare, dicter, allemand dichten: REL 29 (1951) 155–161
N. J. Herescu, Le mode de composition des écrivains («dictare»): REL 34 (1957) 132–146

dictator

Th. Birt, Was heißt dictator?: RMP 86 (1927) 198–204

v. *populus:* Philipp/1959

dictatura

R. Stark, Ursprung und Wesen der altrömischen Diktatur: Hermes 75 (1940) 206–214

dictio

v. *signum:* Wald/1975

dies

J. B. Hofmann, Das Geschlecht von dies: Ph. 93 (1938) 265–273

dies natalis

A. Traina, Primus dies natalis: Maia 18 (1966) 279–280

sine differentia discretionis

A. Segovia, La clausula "sine differentia discretionis sentimus" del Prefacio Trinitario, y sus precedentes patristicos, in: Mélanges J. de Ghellinck, I, Gembloux 1951, 375–386

dignitas

E. Remy, Dignitas cum otio: MB 32 (1928) 113–127

H. Wegehaupt, Die Bedeutung und Anwendung von dignitas in den Schriften der republikanischen Zeit, Diss. Breslau 1932

E. Garin, La dignitas hominis e la letteratura patristica: Rin. 1 (1938) 102–146

P. Boyancé, «Cum dignitate otium»: REA 43 (1941) 172–191

Ch. Wirszubski, Ciceros "cum dignitate otium": a reconsideration: JRS 44 (1954) 1–13

W. Duerig, Dignitas: RAC 3, 1957, 1024–1035

M. Fuhrmann, Cum dignitate otium. Politisches Programm und Staatstheorie bei Cicero: Gym. 67 (1960) 481–500

K. Raaflaub, Dignitatis contentio. Studien zur Motivation und politischen Taktik im Bürgerkrieg zwischen Caesar und Pompeius, München 1974

v. *honos:* Klose/1938
   vir gravis: Hiltbrunner/1954
   auctoritas: Balsdon/1960
   fides: Hellegouarc'h/1963

digressio

J. C. Davies, Some comments on Cicero's use of digressio: Latomus 27 (1968) 894–903

dilectio

v. *ecclesia:* Janssen/1936
ἔρως: Richardson/1943
amor: Otten/1963

dilige et quod vis fac

J. Gallay, Dilige et quod vis fac. Notes d'exégèse augustinienne:
RSR 43 (1955) 545–555

diligentia

G. Kuhlmann, Diligentia. Der Begriff in seiner Funktion, Diss.
Münster 1958

diligere

v. *caritas:* Pétré/1948
amare: de Sainte-Marie/1963

directum

v. *ius:* García Gallo/1960

disciplina

V. Morel, Le développement de la «disciplina» sous l'action du
Saint-Esprit chez Tertullien: RHE 35 (1939) 243–265
H. Altevogt, Der Bildungsbegriff im Wortschatze Ciceros, Diss.
Münster 1940
O. Mauch, Der lateinische Begriff Disciplina. Eine Wortunter-
suchung, Freiburg/Schw. 1941
V. Morel, Disciplina, le mot et l'idée représentée par lui dans
l'œuvre de Tertullien: RHE 40 (1944/5) 5–46
W. Duerig, Disciplina, eine Studie zum Bedeutungsumfang des Wor-
tes in der Sprache der Liturgie und der Väter: SE 4 (1952) 245–279
J. Leclercq, Disciplina 1–2: DSp 3, 1957, 1291–1297
V. Morel, Disciplina: RAC 3, 1957, 1213–1229
P. Borella, Benedizione alle lettura e disciplina in materia liturgica:
Ambrosius 41 (1965) 297–331
J. Campos, "Disciplina" y su tradición en la vida monástica: Helm.
20 (1969) 105–132
G. Juessen/G. Schrimpf, Disciplina, doctrina: HWP 2, 1972, 256–261

J. Campos, Valores penitenciales de "disciplina" en la ascetica monástica: CDios 89 (1973) 5–19

  v. *doctrina:* Marrou/1934
  dogma: Pantaleo/1935
  doctor: Hus/1974

discretio

D. Feuling, Discretio: BenM 7 (1925) 241–258 u. 349–366

I. Windmann, Discretio (διάκρισις). Zur Bedeutungsgeschichte: SMGB 58 (1940) 21–28

F. Busch, Discretio est mater virtutum. Ein Versuch zur Entwicklungsgeschichte der discretio und des Mönchslebens, Diss. Bonn 1950

W. Duerig, Discretio: RAC 3, 1957, 1230–1235

R. Appel, Cassian's discretio – A timeless Virtue: ABenR 17 (1966) 20–29

F. Dingjan, Discretio. Les origines patristique et monastique de la doctrine sur la prudence chez saint Thomas d'Aquin, Assen 1967

G. Switek, Discretio Spirituum. Ein Beitrag zur Geschichte der Spiritualität. I. Discretio spirituum in der Väterzeit: ThPh 47 (1972) 36–54

  v. *διάκρισις πνευμάτων:* Bardy/1957

dispensatio

  v. *pondus:* Walter/1941
  substantia: Moingt/1966

dispositio

  v. *pondus:* Walter/1941
  natura: Otto/1960
  substantia: Moingt/1966
  divinitas: Loi/1970

disputatio

  v. *declamatio:* François/1963

dissentire

D. Carlo, Dissentio – διαισθάνομαι e il problema della memoria, in: Scritti Epicurei, Florenz 1974, 281–287

distentio

L. Alici, La funzione della distentio nella dottrina agostina del tempo: Aug. 15 (1975) 325–345

G. O'Daly, Time as distentio and St. Augustine's Exegesis of Philippians 3,12–14: REAug 23 (1977) 265–271

v. *intentio:* Rigobello/1972

diversa

A. C. de Veer, „Diversa" et „Adversa" (bei Augustinus), in: BAug 31 (1968) 830–832

diversi

H. de Lubac, A propos de la formule Diversi sed non adversi: RSR 40 (1952) 27–40

H. Silvestre, Diversi sed non adversi: RThAM 31 (1964) 124–132

divinitas

J. Béranger, L'expression de la divinité dans les Panégyriques latins: MH 27 (1970) 242–254

V. Loi, Lattanzio nella storia del linguaggio e del pensiero teologico preniceno, Zürich 1970

v. *deus:* Braun/1962
  substantia: Moingt/1966

divinus

L. Drewniak, Divinus als marianisches Attribut. Eine semasiologisch-theologische Untersuchung: FZPhTh 11 (1964) 364–389

divisio

D. Noerr, Divisio und Partitio. Bemerkungen zur römischen Rechtsquellenlehre und zur antiken Wissenschaftstheorie, Berlin 1972; v. Selbstanzeige ABG 17, 1973, 134

divus

W. Schulze, Beiträge zur Wort- und Sittengeschichte: SPAW 1918, 769–791

F. Martroye, L'épithète divus appliqué aux empereurs chrétiens: BSNAF 1928, 297–299

Y. Geerts, Histoire du mot divus et attaches romaines de la divinisation, Diss. Brüssel 1936/7

L. Koep, Divus: RAC 3, 1957, 1251–1257

docere

A. Hus, Docere et les mots de la famille de docere. Étude de sémantique latine, PUF, Paris 1965; v. Selbstanzeige ABG 19, 1975, 99–100

A. Hus, Docere et les verbes de sens voisin en latin classique: RPh 45 (1971) 258–273

doctor

A. Hus, Doctor, doctrina et les mots de sens voisin en latin classique: RPh 48 (1974) 35–45
D. Slusanski, Suétone – critique littéraire. Problèmes de vocabulaire, in: Actes XIIe conf. internat. d'Études class., Bukarest/ Amsterdam 1975, 115–119

doctrina

H. I. Marrou, Doctrina et disciplina dans le langage des Pères de l'Église: ALMA 9 (1934) 5–25
I. Opelt, Doctrina und doctrina christiana: Der altsprachliche Unterricht, Arbeitshefte (Stuttgart) 9 (1966) 5–22
E. Kevane, Translatio imperii: Augustine's "De Doctrina Christiana" and the Classical Paideia, in: TU 117, 1976, 446–460
   v. *disciplina:* Juessen/Schrimpf/1972
   doctor: Hus/1974

doctus

A. Hus, Doctus et les adjectifs de sens voisin en latin classique: RPh 46 (1972) 238–245

dogma

F. J. Doelger, Dogma bei Tertullian (De Anima 33): AuC 3 (1932) 80
P. Pantaleo, Dogma e disciplina: Rel. 11 (1935) 231–238
K. J. Becker, Dogma. Zur Bedeutungsgeschichte des lateinischen Wortes in der christlichen Literatur bis 1500: Gr. 57 (1976) 307–350 u. 658–701
   v. δόγμα: Deneffe/1931
   traditio: Deneffe/1934
   δόγμα: Elze/1964

dogmata

   v. *sphaera:* Alberte Gonzales/1975

dogmaticus

O. Ritschl, Das Wort ‚dogmaticus' in der Geschichte des Sprachgebrauchs bis zum Aufkommen des Ausdrucks „theologia dogmatica", in: Festg. J. Kaftan, Tübingen 1926, 260–272

domina

L. Stoianovici, Semantismul termenului «domina»: Studii clasice 4 (1962) 333–339

domina Roma

H. Hommel, Domina Roma: Antike 18 (1942) 127–158

dominicati rhetorici

P. Grosjean, Dominicati rhetorici: ALMA 25 (1955/6) 41–46

dominicum

F. J. Doelger, Kirche als Namen für den christlichen Kultbau: Sprach- und Kulturgeschichtliches zu den Bezeichnungen dominicum, basilica: AuC 6 (1940) 161–195

G. Garitte, Dominicum, in: Misc. J. Gessler, Löwen 1948, 522–525

v. ἐκκλησία: Mohrmann/1962

dominus

H. Kusch, Studien über Augustinus, 2. Der Titel Gottes „Dominus" bei Augustinus und Thomas von Aquino, in: Festsch. F. Dorn- seiff, Leipzig 1953, 124–200, hier 184–200

Z. Zlatuška, Dominus als Anrede und Titel unter dem Prinzipat, in: Charisteria F. Novotný, hrg. v. F. Stiebitz u. R. Hošek, Prag 1962, 147–150

A. Borias, «Dominus» et «Deus» dans la Règle de S. Benoît: RBen 79 (1969) 414–423

v. mysterium: Studer/1971

dominus apostolicus

v. vita apostolica: Frank/1975

dominus salvator

v. μυστήριον: Studer/1971

dominus vobiscum

W. C. Van Unnik, Dominus vobiscum: the background of a litur- gical formula, in: New Testament Essays, Studies in Memory of Th. W. Manson, Manchester 1959, 270–305

B. Botte, Dominus vobiscum: BVC 62 (1965) 33–38

apud dominum

v. perfectio: Finé/1958

domus

A. Ernout, Un exemple de répartition sémantique: les mots qui se rapportent à la maison: REL 9 (1931) 40–41

A. Ernout, Domus, fores, et leurs substituts: RPh 6 (1932) 297–314

domus dei

Chr. Mohrmann, Domus Dei chez saint Augustin, in: Hommages à M. Niedermann, Brüssel 1956, 244–250 = dies., Études sur le latin des Chrétiens, II, Rom 1961, 73–79

J. Gaillard, Domus Dei, 3. Le langage chrétien: Les Pères, 4. La liturgie de la Dédicace: DSp 3, 1957, 1558–1567

G. Bussi Trovabene, Le antiche denominazioni degli edifici cristiani di culto: FR 7/8 (1974) 259–277

v. *populus dei:* Ratzinger/1954
ἐκκλησία: Mohrmann/1962

donum

v. *meritum:* Ellebracht/1963

dubitare

E. Loefstedt, Some changes of sense in Late and Medieval Latin: Er. 44 (1946) 340–354

M. Leumann, Drei Beispiele lat. Wortgeschichte, in: Kleine Schriften, Zürich 1959, 191–195

dulcedo

J. Chatillon, Dulcedo, dulcedo Dei: DSp 3, 1957, 1777–1795

dulia

v. *servitus:* Pascher/1940

dux

E. Knierim, Die Bezeichnung „dux" in der politischen Terminologie von Cicero bis Juvenal, Gießen 1939

E

ecclesia

H. Janssen, Kultur und Sprache. Zur Geschichte der alten Kirche im Spiegel der Sprachentwicklung. Von Tertullian bis Cyprian, LCP 8, Nimwegen 1936

W. Kamlah, Ecclesia und regnum Dei bei Augustin: Ph. 93 (1938) 248—264

R. Evans, Westliche Züge im Kirchenbegriff Tertullians, in: Antidosis, Festsch. Krems, WSt Beiheft 5, 1972, 103—123

R. Verstegen, L'Église dans l'œuvre de Tertullien. Pour une réinterprétation: Bijdr. 35 (1974) 393—410

    v. *basilica:* Aebischer/1965
    domus dei: Bussi Trovabene/1974
    provincia: Mazzini/1974/5
    ἐκκλησία: Mohrmann/1962
    tertium genus: Mohrmann/1977

ecclesia caelestis

E. Lamirande, L'église céleste selon s. Augustin, Paris 1963

ecclesia catholica

    v. *ecclesia:* Janssen/1936

ecclesia mater

J. C. Plumpe, Ecclesia Mater: TPAPA 70 (1939) 535—555

J. C. Plumpe, Mater Ecclesia. An inquiry into the concept of the Church as mother in the Early Christianity, Washington 1943

P. Rinetti, S. Agostino e „l'Ecclesia Mater": AugM 2, 1954, 827—834

B. A. Senger, Mater Ecclesia. Die Vorstellungen über die Kirche als Mutter von der Antike bis in die Karolingerzeit, Diss. Bonn 1955

K. Delahaye, Ecclesia mater chez les Pères des trois premiers siècles. Pour un renouvellement de la pastorale d'aujourd'hui, Paris 1964

D. Casagrande, La „ecclesia mater" negli scritti di S. Ambrogio: Ecclesia mater 3 (1965) 182—184

R. Palmero Ramos, Ecclesia Mater en San Agustín. Teología de la imagen en los escritos antidonatistas, Madrid 1970

A. P. Orbán, Der Ursprung des Ausdrucks mater ecclesia: ABG 21, 1977, 114–119

ecclesia Petri propinqua

A. v. Harnack, Ecclesia Petri propinqua: SPAW. H 2, 1927

ecclesia principalis

A. d'Alès, Ecclesia principalis: RSR 11 (1921) 374–380

v. *cathedra Petri:* Batiffol/1938

ecclesiam adunare

J. Gribomont, Ecclesiam adunare. Un écho de l'Eucharistie africaine et de la Didaché: RThAM 27 (1960) 20–28

J. W. Halporn, „Ecclesiam adunare" in Cassiodorus: RThAM 28 (1961) 333–334

ediscere

Th. Klauser, Auswendiglernen: RAC 1, 1950, 1030–1039

educare

J. W. Mckail, On the word educare: ClR 35 (1921) 26–27

educatio

C. A. Tonsor/G. B. Beach, Educatio: ClW 53 (1959/60) 101–103

effectus

W. Diezinger, Effectus in der römischen Liturgie. Eine kultursprachliche Untersuchung, Bonn 1961

effigies

v. *species:* Pearcy/1974
imago: Daut/1975

electio

G. J. M. Bartelink, Electio et Consensus dans le vocabulaire chrétien jusqu'au VIIe siècle environ: Concilium (Nimwegen) 77 (1972) 149–155

v. *praedestinatio:* Dalmaù/1954

eleemosyna

v. *militia:* Sainio/1940
caritas: Pétré/1948

elegantia

H. Kliem, Elegantia. Ein römischer Kultur- und Stilbegriff, Diss.
Marburg 1952

elementum

Ch. Rogge, Nochmals lat. elementum: ZVSF 51 (1923) 154–158

W. Vollgraff, Elementum: Mn. 4,2 (1949) 89–115

A. Lumpe, Elementum: RAC 4, 1959, 1073–1100

A. Lumpe, Der Begriff „Element" im Altertum: ABG 7, 1962,
285–293

A. Adam, Die sprachliche Herkunft des Wortes elementum: NT 6
(1963) 229–232

encaenia

H. Emonds, Enkainia – Weihe und Weihegedächtnis, in: Enkainia,
Gesamm. Arbeiten zum 800jährigen Weihegedächtnis der Abteikirche Maria Laach, Düsseldorf 1956, 30–57

enucleatus

W. Stegemann, Enucleatus als rhetorischer Terminus technicus bei
Cicero: Glotta 20 (1932) 183–186

epiclesis

O. Casel, Zur Epiklese: JLW 3 (1923) 100–102

episcopalis audientia

A. Steinwenter, Audientia episcopalis: RAC 1, 1950, 915–917

J. N. Bakhuizen van den Brink, Episcopalis audientia: MNAW.L
19,8, 1956

H. Jaeger, Justinien et l'«episcopalis audientia»: RHDF 38 (1960)
214–262

episcopus

   v. *ecclesia:* Janssen/1936
     sacerdos: Mouterde/1962
     clerus: Gryson/1966

episcopus episcoporum

A. Vellico, „Episcopus episcoporum" in Tertulliani libro De pudi-
citia: Antike 5 (1930) 25–56

epulum

R. Petraglio, Epulum, epulae, epulatio nella Volgata. Considerazioni sul latino biblico, Brescia 1973

eremita

v. *eremus:* Leclercq/1963

eremus

J. Leclercq, Eremus et eremita. Pour l'histoire du vocabulaire de la vie solitaire: COCR 25 (1963) 8–30

v. ἔϱημος: Bosl/1967

error

J. G. Wolff, Error im römischen Vertragsrecht, Köln/Graz 1961

eruditio

v. *cultura:* Niedermann/1941
   doctor: Hus/1974

esse

A. Meillet, Latin esse: BSL 23 (1922) 80–81

L. Spitzer, Soy quien soy: Nueva revista de Filologia Hispánica (Mexiko) 1 (1947) 113–127 und 2 (1948) 275

H. Siegert, Lat. esse und adesse als Bewegungsverba: MS 9 (1952) 182–191

R. Berlinger, Der Name Sein. Prolegomena zu Augustins Exodus-Metaphysik. Wirklichkeit der Mitte, in: Beiträge zu einer Strukturanthropologie, Festg. f. A. Vetter, München 1968, 80–94

R. Berlinger, La palabra ser. Interpretación Agustiniana al Exodo 3,14, in: Mélanges Capanaga, II, Madrid 1968, 99–108

P. Hadot, Porphyre et Victorinus, Paris 1968

essentia

J. de Ghellinck, L'entrée d'essentia, substantia et autres mots apparentés dans le latin médiéval: ALMA 16 (1941) 77–112

J. de Ghellinck, Essentia et substantia. Note complémentaire: ALMA 17 (1942) 129–133

L. Salbego, "Essentia" nel de Trinitate di S. Agostino e nel Monologion di S. Anselmo: Analecta Anselmiana 5 (1976) 205–220

v. *deus:* Braun/1962

19*

etiam

F. Chatillon, Etiam (animadvertationes Augustinianae): RMAL 9 (1953) 267—342

etiam peccata

A. M. La Bonnardière, «Etiam peccata» et saint Augustin: REL 33 (1955) 132—134

Europa

H. Gollwitzer, Zur Wortgeschichte und Sinndeutung von Europa: Saec. 2 (1951) 161—171

E. Epperlein, Zur Bedeutungsgeschichte von „Europa", „Hesperia" und „occidentalis" in der Antike und im frühen Mittelalter: Ph. 115 (1971) 81—92

v. *oriens:* Fischer/1957

evenire

G. P. Shipp, Chance in Latin vocabulary (evenire, cadere, accidere, contingere): ClR 51 (1937) 209—212

evocatio

F. Pfister, Evocatio: RAC 6, 1966, 1160—1165

examinatio

H. Jaeger, Examinatio (Epreuve de la foi) 3. Examinatio chez les Pères: DSp 4, 1961, 1857—1863

exceptio

v. *praescriptio:* Kolitsch/1959
παραγραφή: Schoenbauer/1964

excludere

I. D. Hyskell, Some rare meanings of "excludere": CP 13 (1918) 401—409

v. *excudere:* Rehm/1936

excolere

v. *cultura:* Niedermann/1941

excommunicatio

C. M. Chartier, L'excommunication ecclésiastique d'après les écrits de Tertullien: Anton. 10 (1935) 301—344 u. 499—536; 14 (1939) 17—42 u. 135—156

A. Russo, „Excommunicatio" e „anathema" nella litteratura cristiana antica: Asp. 8 (1961) 240–251

excudere

B. Rehm, Excudere, excludere: Glotta: 24 (1936) 266–277

execratio vastationis

H. Bévenot, Execratio vastationis: RB 45 (1936) 53–65

exemplum

H. Kornhardt, Exemplum. Eine bedeutungsgeschichtliche Studie, Göttingen 1936

H. Pétré, L'exemplum chez Tertullien, Dijon 1940

H. Pétré, Exemplum I, Epoque patristique: DSp 4, 1961, 1886–1892

A. Lumpe, Exemplum: RAC 6, 1966, 1229–1257

v. *forma:* Doignon/1958
sacramentum: Côté/1967

exercitatio

v. *doctrina:* Kevane/1976

exercitatio animi

P. Agaësse, Exercitatio animi (bei Augustinus), in: BAug 16, 1955, 612/614

exercitium

J. Leclercq, Exercices spirituels I, 1. L'Antiquité: DSp 4, 1961, 1903–1905

exhibere

E. Sachers, Exhibere: PRE Suppl. 10, 1965, 191–221

exilium

E. Grasmueck, Exilium, Untersuchungen zur Verbannung in der Antike, Paderborn 1978

v. *consilium:* Jungwirth/1957

exomologesis

v. *traditio:* Lessaint/1966

expiatio

S. Lyonnet, Expiation et intercession. A propos d'une traduction de saint Jérôme, in: AnBib 11, Rom 1959, 317–333

extensio
  v. *intentio:* Rigobello/1972

exterior
  v. *interior:* Aubin/1974

exterior homo
O. Hiltbrunner, Exterior homo: VigChr 5 (1951) 55–60

extraneus
A. Guarino, Extraneus: ZSRG.R 61 (1941) 378–396

exultare
  v. *laetari:* Humbert/1942

F

facere

J. Plagnieux/F. J. Thonnard, « Faire » et « créer » chez saint Augustin, in: BAug 22, 1975, 767−774

    v. *ποιεῖν:* Braun/1938

    deus: Braun/1962

facies dei

T. Klauser, Angesicht Gottes, II. Kirchenväter: RAC 1, 1950, 438−440

facilitas

    v. *comitas:* Heuer/1941

factio

R. Saeger, Factio: some observations: JRS 62 (1972) 53−58

A. Bartole, Usi e valori del termine factio alla fine dell'età repubblicana: Boll. di studi latini (Neapel) 5 (1975) 3−12

    v. *fides:* Hellegouarc'h/1963

familia

R. Henrion, Des origines du mot familia: AnCl 10 (1941) 37−69 und 11 (1942) 253−287

fas

C. Peeters, Fas en nefas. Een semantische Studie (with English summary), Diss. Utrecht 1945

K. Latte, Religiöse Begriffe im frührömischen Recht: ZSRG.R 67 (1950) 47−61

H. Fugier, Recherches sur l'expression du sacré dans la langue latine, Paris 1963

fatum

G. Pfligersdorffer, Fatum und Fortuna. Ein Versuch zu einem Thema frühkaiserzeitlicher Weltanschauung: LWJ 2 (1961) 1−30

H. O. Schroeder, Fatum (Heimarmene), A. Nichtchristlich I. Wort und Bedeutungsgeschichte: RAC 7, 1969, 524–531

J. Ruhnau, Fatum: HWP 2, 1972, 915–916

R. F. Lebrun, La notion de fatum dans l'œuvre de Virgile, Löwen 1974

W. Poetscher, Fatum, in: Grazer Beiträge 2, Amsterdam 1974, 171–187

R. F. Lebrun, La notion de fatum dans l'œuvre de Virgile: EtCl 44 (1976) 35–44; v. Selbstanzeige ABG 21, 1977, 148–149

v. τύχη: Anwander/1948ff

μοῖρα: Green/1948

favor libertatis

L. Huchthausen, Zum Problem der Freiheitsbegünstigung (favor libertatis) im römischen Recht: Ph. 120 (1976) 47–72

felicissime

H. Leclercq, Félicissime, Félicité et Félix: DACL 5, 1922, 1249–1259

felicitas

H. Erkell, Augustus, Felicitas, Fortuna. Lateinische Wortstudien, Göteborg 1952

G. P. Calasso, Appunti sul concetto di felicitas: AeR 7 (1962) 15–30

J. Gagé, Felicitas: RAC 7, 1969, 711–723

L. Zieske, Felicitas. Eine Wortuntersuchung, Hamburger philol. Studien 23, Hamburg 1972

    v. *felicissime:* Leclercq/1922

    beatus: Braun/1970

felix

    v. *felicissime:* Leclercq/1922

    beatus: Braun/1970

felix culpa

C. G. Gunsalus, The Place of the Concept "felix culpa" in Christian Doctrine: DissAB 26 (1965/6) 2892

femina

G. Cortellezi, Il concetto della donna nelle opere di Tertulliano: Did. 1 (1923) 5–29, 57–79, 43–100

J. Fontaine, La femme dans la poésie de Prudence: REL 47 (1969) 55–83

J. N. Adams, Latin words for woman and wife: Glotta 50 (1972) 234–255

fermentum

J. A. Jungmann, Fermentum. Ein Symbol kirchlicher Einheit und sein Nachleben im Mittelalter, in: Colligere fragmenta, Festsch. A. Dold, Beuron 1952, 185–190

v. ἀποφόρητον: Völkl/1954

ferocia

H. W. Traub, Tacitus' use of ferocia: TPAPA 84 (1953) 250–261

K. Eckert, Ferocia – Untersuchungen eines ambivalenten Begriffs: Der altsprachliche Unterricht 5 (1970) 90–106

ferri

G. de Plinval, Mouvement spontané ou mouvement imposé? Le feror Augustinien: REAug 5 (1959) 13–19

fervor

R. Brunet/M. M. Philipp, Ferveur, 1. vocabulaire et notion 1–3: DSp 5, 1964, 204–207

fidelis

H. Leclerq, Fidelis: DACL 5, 1922, 1586–1593

H. Tescari, In Tertulliani Apologeticum 46, 14 adnotiuncula: RivAC 23/4 (1947/8) 349–352

fides

R. Heinze, Fides: Hermes 64 (1929) 140–166

G. von Beseler, Fides, in: Atti congr. internaz. di Diritto Romano (Bologna/Rom), I, Pavia 1934/5, 133–167

W. Weigel, El concepto de la fe, según los semipelagianos: Anales fac. teologica Santiago 25 (1940) 35–53

W. Wallisfurth, Cassian und sein Glaubensbegriff, Santiago 1943

J. E. Emmenegger, The functions of the faith and reason in the theology of Saint Hilary of Poitiers, SCA 1948

J. Imbert, „Fides" et „Nexus", in: Studi in onore di V. Arangio-Ruiz, I, Neapel 1952, 339–363

A. Lang, Der Bedeutungswandel der Begriffe fides und haeresis: MThZ 4 (1953) 133–146

M. Lemosse, L'aspect primitif de la „Fides", in: Studi in onore di P. de Francisci, II, Mailand 1954, 38—67

M. Loehrer, Der Glaubensbegriff des hl. Augustinus in seinen ersten Schriften bis zu den Confessiones, Einsiedeln 1955

J. Paoli, Quelques observations sur la «Fides», l'imperium et leurs rappports, in: Aequitas et bona fides, Festg. A. Simonius, Basel 1955, 281—285

H. A. Wolfson, The philosophy of the Church Fathers, vol. I, Faith, Trinity, Incarnation, Cambridge Mass. 1956

P. Oksala, „Fides" und „Pietas" bei Catull: Arctos 2 (1958) 88—103

J. Imbert, De la sociologie au droit. La fides romaine, in: Mélange H. Levy-Bruhl, Paris 1959, 407—415

L. Lombardi, Dalla „fides" alla „bona fides", Mailand 1961

P. Boyancé, Fides et serment: Latomus 58 (1962) 324—341

J. Hellegouarc'h, Le vocabulaire latin des relations et des partis politiques sous la république, Paris 1963

M. Merton, Fides Romana bei Livius, Diss. Frankfurt 1965

C. Becker, Fides: RAC 7, 1969, 801—839

J. Perret, Fides et la Fortuna (Hor. C I 35, 21—78), in: Festsch. K. Buechner, Wiesbaden 1970, 244—253

A. Peñamaría, Fides en Hilario de Poitiers: MCom 29 (1971) 5—102

A. R. Fromchuck, The concept of fides in the histories of Tacitus, Diss. Bryn Mawr College 1972

A. Peñamaría, Exégesis alegórica y significados de Fides en San Hilario de Poitiers: MCom 30 (1972) 65—91

P. Stockmeier, Zum Verhältnis von Glaube und Religion bei Tertullian, in: TU 108, 1972, 242—246

P. Grimal, «Fides» et le secret: RHR 185 (1974) 141—155

v. credere: Meillet/1922
voluntas: Dulckeit/1939

fiducia

E. Peterson, Fiducia in den altrömischen Sakramentaren: LiZs 5 (1933) 144—173

E. Peterson, Fiducia in den altrömischen Sakramentaren: LiLe 1 (1934) 224—231

W. Erbe, Die Fiduzia im römischen Recht, Weimar 1940

G. Puccioni, Quae sit fiducia capto: ParPass 9 (1954) 431—438

L. J. Engels, Fiducia dans la Vulgate. Le problème de la traduction parresia-fiducia, GLCP Suppl. 1, Nimwegen 1964, 97—144

H. Jaeger, Foi et confiance (Vocabulaire et notion de la «fiducia» à l'époque classique et patristique): DSp 5, 1964, 619—630

L. J. Engels, Fiducia: RAC 7, 1969, 839—877

L. J. Engels, Fiducia. Influence de l'emploi juridique sur l'usage commun et paléo-chrétien, GLCP, Suppl. 3, Nimwegen 1970, 5–118

v. παρρησία: Jaeger/1957
παρρησία: Scarpat/1964

figulus

M. Mayer, Figulus noster est Christus. Consideraciones sobre la tayectoria del términe figulus en los auctores latinos cristianos: Bol. Inst. Est. Hellen. 7 (1973) 35–51

figura

E. Auerbach, Figura: Archivum Romanicum (Genf, Florenz) 22 (1938) 436–489
V. Saxer, Figura corporis et sanguinis Domini. Une formule eucharistique des premiers siècles chez Tertullien, Hippolyte et Ambroise: RivAC 47 (1971) 65–89
U. Dierse, Figur I: HWP 2, 1972, 948–949
G. Trettel, „Figura" e „Veritas" nell'opera di San Cromazio vescovo di Aquileia: ScC 102 (1974) 3–23

v. forma: Doignon/1958
aenigma: O'Malley/1967

filius

A. Meillet, Le nom de fils: MSLP 21 (1920) 45–48
E. Risch, Das älteste lateinische Wort für „Sohn", in: Festsch. P. Kretschmer, II, Wiesbaden 1957, 109–112
M. Lejeune, Fils et fille dans les langues de l'Italie ancienne: BSL 62 (1967) 67–86

filius dei

v. divinitas: Loi/1970

filius hominis

C. Colpe, Der Begriff Menschensohn und die Methode der Erforschung messianischer Prototypen: Kairos 11 (1969) 241–263; 12 (1970) 81–112; 13 (1971) 1–17; 14 (1972) 241–257

finis

V. d'Agostino, Finis, terminus e voci connesse: Appunti lessicali, Asti 1941
V. Bertoldi, Storia d'una tradizione mediterranea di lengua e di cultura: MH 5 (1948) 69–82

firmamentum

G. Sixdenier, Notes sur l'emploi par la Vulgate du mot firmamentum: ALMA 19 (1945/6) 17−22

firmare

L. Spitzer, Firmare in Isidore: AJP 61 (1940) 357−358

firmus

J. Fahrenschon, Firmus. Geschichte der Bedeutung dieses Wortes und seiner Ableitungen in den romanischen Sprachen, Diss. München 1938

fiunt non nascuntur christiani

E. Bickel, Fiunt non nascuntur christiani, in: Pisciculi, Festsch. F. J. Doelger, hrg. v. Th. Klauser, Münster 1939, 54−61

foedus naturae

v. *ratio:* Ludwig/1976

fons et origo

C. Brakman, The expression "fons et origo": ClR 37 (1923) 26−27
J. H. Baxter/K. Strecker, Fons et origo: ALMA 7 (1932) 227

fores

v. *domus:* Ernout/1931
  domus: Ernout/1932

forma

L. Falletti, Notes sur l'emploi du terme forma dans les textes juridiques, in: Mélanges P. Fournier, Paris 1929, 219−232
E. Evans, Tertullian's theological terminology: CQR 277 (1944/5) 56−77
A. Dold, Forma und Formata. Zwei liturgische Begriffe aus alten lateinischen Bischofsweihe-Riten: Scr. 5 (1951) 214−221
J. Doignon, La trilogie «forma, figura, exemplum», transposition du grec τύπος dans la tradition ancienne du texte latin de S. Paul: Latomus 17 (1958) 329−349

  v. *formus:* Mueller-Graupa/1948/51
  species: Pegon/1951
  substantia: Moingt/1966
  esse: Hadot/1968

forma dei

P. Galtier, La Forma dei et la Forma servi selon saint Hilaire: RSR
48 (1960) 101–118

forma essendi

P. Hadot, Forma essendi. Interprétation philologique et interprétation philosophique d'une formule de Boèce: EtCl 38 (1970)
143–156

forma servi

v. *forma dei:* Galtier/1960

formata

v. *forma:* Dold/1951

formidare

v. *metuere:* Gernia/1970

formus

E. Mueller-Graupa, Zum altlat. formus: Glotta 31 (1948–1951)
129–152

fortuna

A. Passerini, Il concetto antico di Fortuna: Ph. 90 (1935) 90–97
F. M. Lazarus, Fortuna in seleceted republican authors, Diss. Cornell University 1972
G. Busch, Fortuna resistere in der Moral des Seneca: AuA 16 (1961)
131–153 = G. Maurach [Hrg.], Seneca als Philosoph, Darmstadt
1975, 53–94
P. Colaclidès, Notes sur l'emploi de fortuna chez Virgile: Glotta 51
(1973) 140–142
  v. *felicitas:* Erkell/1952
  tempus: Roulleau/1973

forum

B. Fries, Forum in der Rechtssprache, MThS.K 17, 1963

fractio panis

F. Cabrol, Fractio panis: DACL 5, 1922, 2103–2116

fragilitas humana

G. J. M. Bartelink, „Fragilitas humana" chez saint Ambroise, in:
Ambrosius Episcopus. Atti congr. internaz. di Studi Ambrosiani,
hrg. v. L. Lazzati, II, Mailand 1976, 130–142

frater

H. Leclercq, Frères: DACL 5, 1922, 2578–2585
P. del Rio, Frater-germanus: EM 7 (1939) 1–5
A. Graf-Stark, Zur Geschichte von lat. „frater" und „soror" im Italienischen und Rätoromanischen mit Ausblick auf die Frühromania, Diss. Zürich 1955
J. O'Callaghan, Persistencia del trato de "hermano" entre cristianos del siglo V: AST 35 (1961) 217–222
v. *caritas:* Pétré/1948

fraus

H. Krueger/M. Kauer, Fraus: ZSRG.R 63 (1943) 117–174

frenosus

A. Szantyr, Frenosus: VigChr 24 (1970) 45–48

frequens

K. Muenscher, Frequens – ἄθροος: Berliner Philol. Wochenschrift 34 (1919) 212–216

fructificare

v. *fruticare:* Bach/1919

frui

F. Cayré, Frui et uti: ATh 10 (1949) 50–53
F. Cayré, Frui et uti (bei Augustinus), in: BAug 11, 1949, 558–561
A. di Giovanni, La dialettica dell'amore. „Uti-frui" nelle preconfessioni di Sant'Agostino, Itinerari critici 5, Rom 1965
G. Crifò, Lo schema dialettico „uti–frui" ed una congettura sul „fructus sine uso", in: Festsch. J. Macqueron, Aix-en-Provence 1970, 209–214
G. Pfligersdorffer, Zu den Grundlagen des augustinischen Begriffspaars „uti-frui": WSt 84 (1971) 195–224

fruitio

A. Grion, La „fruizione" nella storia della teologia. I: la fruizione in S. Agostino: SapDom 17 (1964) 186–208
J. Brechtken, Fruitio und Agape. Der Liebesgedanke bei Augustin: ThGl 59 (1969) 446–463

fruitio dei

R. Lorenz, Fruitio Dei bei Augustin: ZKG 63 (1950/1) 75–135

R. Lorenz, Die Herkunft des augustinischen frui deo: ZKG 64
(1952/3) 34–60

J. Haussleiter, Zur Herkunft der fruitio dei. Eine Ergänzung zum
Aufsatz von R. Lorenz in der ZKG 1952–1953: ZKG 70 (1959)
292

P. Agaësse, Fruitio Dei I. La „Fruitio" Augustinienne: DSp 5, 1964,
1547–1552

H. Boeder, Fruitio Dei, in: Forschungen zur römischen Literatur,
Festsch. K. Buechner, hrg. v. W. Wimmel, Wiesbaden 1970,
14–20

J. Haussleiter, Fruitio Dei: RAC 8, 1972, 538–555

frutex

A. Ernout, Frutex: frutico: RBPH 27 (1948) 85–92

fruticare

R. Bach, Fruticare und fructificare bei Tertullian: Wochenschrift f.
klass. Philologie 1919, 501

fuga mundi

Z. Alszeghy, Fuite du monde 1–3: DSp 5, 1964, 1575–1599

fuga saeculi

R. J. Halliburton, The Concept of the "Fuga saeculi" in St. Augustine: DR 85 (1967) 249–261

fulmen

J. Berlage, Fulmen: Mn. 47 (1920) 248–252

H. Rubenbauer/G. Dittmann, Fulmen – Stütze: Ph. 75 (1920)
351–355

furor

S. Solazzi, Furor vel dementia: Mouseion 2 (1924) 10–40

furtum

A. Tebera, La definición de furtum en las Etimologias de S. Isidoro:
SDHI 8 (1942) 23–47

futurus

R. Westman, Das Futurpartizip als Ausdrucksmittel bei Seneca,
Societas Scient. Fennica, Comment. Lit. 27, 3, Helsinki 1961,
135–138

G

gaudere

A. Bordes, Le vocabulaire de la joie et du bonheur dans les « Enarrationes in Psalmos » et sa signification pour saint Augustin, Dijon 1971

gaudium

W. Meyer-Luebke, Gaudium: LFil 45 (1927) 272—275

geminae gigas substantiae

J. Mehlmann, Geminae gigas substantiae. Historia di una fórmula cristológica: Verbum (Rio de Janeiro) 28 (1971) 139—178

genius

D. Fishwick, Genius and Numen: HThR 62 (1969) 356—367

gens

v. *civitas:* Marshall/1952

gentes

I. Opelt, Griechische und lateinische Bezeichnungen der Nichtchristen. Ein terminologischer Versuch: VigChr 19 (1965) 1—22

genuinus

A. Meillet, Latin genuinus: BSL 27 (1927) 54—55

Germani

E. Norden, Germani, ein grammatisch-ethnologisches Problem: SPAW 1918, 95—138

W. Steinhauser, Herkunft, Anwendung und Bedeutung des Namens „Germanen", in: Festsch. D. Kralik, Horn 1954, 9—25

T. Pekkanen, Sul problema del nome ‚Germani': QUCC 18 (1974) 39—55

Germania

A. A. Lund, De Germaniae vocabulo (Taciti Germaniae 2, 5): Glotta 55 (1977) 93–111

germanus

v. *frater:* del Rio/1939

gliscere

C. Moussy, Les sens de glisco: RPh 49 (1975) 49–66

globus

v. *sphaera:* Alberte Gonzales/1975

globus horribilis

F. Decret, Le Globus horribilis dans l'eschatologie manichéenne, d'après les traités de s. Augustin, in: Mélanges d'histoire des religions offerts à H. Ch. Puech, PUF, Paris 1974, 487–492

gloria

H. Rheinfelder, Gloria, in: Festsch. K. Vossler, 1932, 46–57

U. Knoche, Der römische Ruhmgedanke: Ph. 89 (1934) 102–124

A. D. Leeman, Gloria. Ciceros waardering van de roem en haar achterground in de hellenistische wijsbegeerte en de romeinse samenleving, Rotterdam 1949

M. Durry, De gloria: REL 29 (1951) 82–84

L. B. Bucklin, Gloria: Nueva Rev. Filologia hispanica (Mexiko) 8 (1954) 71–77

A. J. Vermeulen, The semantic development of gloria in early-christian latin, Nimwegen 1956, LCP 12

A. J. Windekens, Zur Erklärung von lat. gloria „Ruhm": Glotta 35 (1956) 301–304

K. F. Freudenthal, Gloria, temptatio, conversio. Studien zur ältesten deutschen Kirchensprache, AUG 65, 2, Stockholm 1959

H. Drexler, Gloria: Helikon, Riv. de trad. e cult. clas. (Neapel) 2 (1962) 3–36

A. Fierro, Sobre la gloria en San Hilario. Una sintesis doctrinal sobre la noción biblica de „Doxa", AnGr 144, Rom 1964

V. Hand, Augustin und das klassische römische Selbstverständnis. Eine Untersuchung über die Begriffe Gloria, Virtus, Justitia und Res Publica in „De Civitate Dei", Hamburger philol. Studien 13, Hamburg 1970; v. Selbstanzeige ABG 18, 1974, 160–162

A. Parvulescu, Gloria dans l'Enéide. Essai sémantique et etymologique: Studii clasice 15 (1973) 87–98

A. Haury, Cicéron et la gloria, une pédagogie de la vertu, in:
Mélanges P. Boyancé, Rom 1974, 401–417

T. Sarafov, A propos d'une nouvelle étymologie de lat. «Gloria»,
in: Actes XIIᵉ conf. internat. d'Études class., Bukarest/Amsterdam 1975, 203–204

A. v. Mueller, Gloria bona fama bonorum. Studien zur sittlichen
Bedeutung des Ruhmes in der frühchristlichen und mittelalterlichen Welt, Hist. Studien 428, hrg. v. W. Berges usw., Husum
1977

> v. *meritum:* Ellebracht/1963
>   *fides:* Hellegouarc'h/1963
>   *confiteri:* Meershoek/1966
>   μυστήριον: Studer/1971
>   *tertium genus:* Mohrmann/1977

gradus

> v. *substantia:* Evans/1944/5
>   *substantia:* Moingt/1966

Graecia

P. Charanis, Graecia in Isidore of Seville: ByZ 64 (1971) 22–25

Graecus

E. Goldmann, „Graecus" – „gebildet": AIPh 5 (1937) 399–409

grammaticus

D. P. Henry, Why "grammaticus"?: ALMA 28 (1958) 165–180

> v. *litterator:* Bowra/1961
>   *doctor:* Slusanski/1975

grandis

> v. *magnus:* Castellano/1961

gratia

N. Bonwetsch, Zur Geschichte des Begriffs Gnade in der alten
Kirche, in: Festg. H. v. Harnack, Tübingen 1921, 93–101

E. W. Watson, Grace in the latin Fathers to St. Augustine, in: The
Doctrine of Grace, hrg. v. W. T. Whitley, London 1932, 106–113

K. Hanell, Bemerkungen zu der politischen Terminologie des Sallustius: Er. 43 (1945) 263–276

A. Arias, Gratia Christiana. Iuxta methodum P. H. Del Val, Madrid
1964

C. Moussy, Gratia et sa famille, Paris 1966, PUF

H. Drexler, Gratia: Romanitas 10 (1970) 85—126

v. *gratus:* Frisk/1940
gratus: Wistrand/1941

gratia generalis

P. De Letter, Gratia Generalis in the De vocatione omnium gentium and in St. Augustine, in: TU 117, 1976, 393—401

gratia supponit naturam

J. B. Beumer, Gratia supponit naturam. Zur Geschichte eines theologischen Prinzips: Gr. 20 (1939) 381—406 u. 535—552

B. Stoeckle, „Gratia supponit naturam". Geschichte und Analyse eines theologischen Axioms. Unter besonderer Berücksichtigung seines patristischen Ursprungs, seiner Formulierung in der Hochscholastik und seiner zentralen Position in der Theologie des 19. Jh., StAns 49, Rom 1962

gratiosus

v. *gratus:* Wistrand/1940

gratis

v. *gratus:* Wistrand/1940

gratus

H. Frisk, Gratus, gratia und Verwandtes: Er. 38 (1940) 26—30

E. Wistrand, Grates, gratus, gratia, gratiosus: Er. 39 (1941) 17—26

W. Havers, Zur Wortsippe gratus, grates, gratulator und Verwandtes, in: Festsch. P. Kretschmer, I, Wiesbaden 1956, 154—157

C. Moussy, Gratus et iucundus: REL 42 (1964) 389—400

gravis

A. Fontán, Gravis, gravitas en los textos y en la consciencia romana antes de Ciceron: EM 31 (1963) 243—283

F. Casaceli, Osservazioni sul linguaggio tecnico-retorico di Cicerone. A proposito di gravis: Helikon 11/12 (1971) 461—465

gravitas

H. Wagenvoort, Gravitas et Maiestas: Mn. 5 (1952) 287—306

H. Drexler, Gravitas: Aevum 30 (1956) 291—306

v. *iuventus:* de Ghellinck/1948
maiestas: Dumézil/1952
gravis: Fontán/1963
infantia: Eyben/1973

20*

gremium
M. Bartoli, Una questione di cronologia: la coppia latina gremium e grex: AAST 72 (1936/7) 223–230

grex
v. *gremium:* Bartoli/1936/7

gubernare
C. M. Moschetti, Gubernare navem, gubernare rem publicam. Contributo alla storia del diritto marittimo e del diritto pubblico romano, Quad. Studi Senesi 16, 1966

gula
C. Meyer, Gula: Ph. 89 (1934) 447–450
W. Yeomans/A. Derville, Gourmandise et Gourmandise spirituelle, 2. Tradition patristique: DSp 6, 1967, 614–620

H

habitare secum

P. Courcelle, «Habitare secum» selon Perse et selon Grégoire le Grand: REA 69 (1967) 266–279

haemorrhoissa

J. O'Callaghan, Sobre el latino "haemorrhoissa": ECI 12 (1968) 583–584

haeresis

J. de Guibert, La notion d'hérésie chez s. Augustin: BLE 21 (1920) 368–382

A. Michel, Hérésie, hérétique I,1. Étymologie: DThC 6b, 1920, 2209–2211

H. Pétré, Haeresis, schisma et leurs synonymes latins: REL 15 (1937) 316–325

   v. *ecclesia:* Janssen/1936
     fides: Lang/1953

haereticus

   v. *militia:* Sainio/1940

harmonia

O. Gigon, Zum antiken Begriff der Harmonie: StGen 19 (1966) 539–547

H. Hueschen, Der Harmoniebegriff im Mittelalter: StGen 19 (1966) 548–554

hereditas

H. Kornhardt, Beiträge aus der Thesaurus-Arbeit VI: Ph. 95 (1943) 287–298

heres

H. Lévy-Bruhl, Heres: RIDA 3 (1949) 137–176

heros

H. Kornhardt, Beiträge aus der Thesaurus-Arbeit V: heros: Ph. 93 (1938) 476–482

Hesperia

v. *Europa:* Epperlein/1971

hesterni

A. Casamassa, L'accusa di „hesterni" e gli scrittori cristiani del II secolo: Ang. 20 (1943) 184–194

hic

F. Chatillon, Hic, ibi, interim: RAM 98–100 (1949) 194–199

hilaris

F. Vercauteren, Avec le sourire, in: Mélanges R. Lejeune, Gembloux 1969, 45–56

historia

F. Mueller, De „historiae" vocabulo atque notione: Mn. 54 (1926) 234ff

K. Keuck, Historia. Geschichte des Wortes und seiner Bedeutungen, Diss. Münster 1934

G. Amari, Il concetto di Storia in S. Agostino, Rom 1951

L. Boehm, Der wissenschaftliche Ort der historia im frühen Mittelalter, in: Speculum historiale. Geschichte im Spiegel von Geschichtsschreibung und Geschichtsdeutung, Festsch. J. Spörl, hrg. v. C. Bauer usw., München 1965, 663–693

G. Scholtz, Geschichte II. Der Geschichtsbegriff der Bibel, der Patristik und des lateinischen Mittelalters: HWP 3, 1974, 345–352

historia profana

v. *historia sacra:* Schmoelz/1961

historia sacra

F. M. Schmoelz, „Historia Sacra et Profana" bei Augustin: FZPhTh 8 (1961) 308–321

hodie

J. Van Wageningen, Hodie: Mn. 46 (1918) 161–164

homo

O. E. Nybakken, Humanitas Romana: TPAPA 70 (1939) 396–413

J. Schrijnen, Homo in het oudchristelijk Latijn, Amsterdam 1936, MNAW.L 81, A 6 (= Homo im altchristlichen Latein, in: Collect. Schrijnen, Nimwegen 1939, 364 ff)

B. H. J. Weerenbeck, Le pronom «on» en français et en provençal, Amsterdam 1943, VNAW 48,2

N. I. Herescu, Homo – humus – humanitas. Préface à un humanisme contemporain: BAGB 5 (1948) 64–76

T. Van Bavel, Recherches sur la Christologie de S. Augustin, l'humain et le divin dans le Christ, Fribourg 1954, Par. 10

A. Ernout, Homo – Ner – Vir, in: Festsch. A. Grenier, 3, Brüssel 1962, 567–570 (= Philologica, 3, Paris 1965, 90–92, EeC 59)

G. Perl, Römischer Humanismus vor Ausprägung des Humanitas-Begriffs: Ph. 117 (1973) 49–65

v. *humanitas:* Rieks/1967

homo caelestis

W. von den Steinen, Der himmlische und der irdische Mensch: Antaios (Stuttgart) 3 (1961) 138–144

homo dei

B. Steidle, „Homo Dei Antonius". Zum Bild des „Mannes Gottes" im alten Mönchtum: StAns 38 (1956) 148–200

homo dominicus

v. ἄνθρωπος κυριακός: Grillmeier/1977

homo interior

A. Solignac, Homo interior, 2. âge patristique: DSp 7, 1969, 653–658

G. Madec, L'homme intérieur selon saint Ambroise, in: Ambroise de Milan, XVIᵉ centenaire de son élection épiscopale, Paris 1974, 283–308

H. P. Rueger, Hieronymus, die Rabbinen und Paulus. Zur Vorgeschichte des Begriffspaars „innerer und äußerer Mensch": ZNW 68 (1977) 132–137

homo lapsus

G. H. Allard, «Homo lapsus» chez Augustin. Études d'histoire littéraire et doctrinale, Montréal 1968

homo secundus deus

V. Ruefner, Homo secundus deus: PhJ 63 (1955) 248–291

homo terrenus
v. *homo caelestis:* von den Steinen/1961

honestas
v. *honos:* Tranchand/1936

honestas morum
M. Rothenhaeusler, Honestas morum. Eine Untersuchung zu cp 73,3 der Regula S. Benedicti, in: Studia Benedictina in memoriam . . . S. P. Benedicti, Vatikanstadt 1947, 127—156

honestum
v. *utile:* Buechner/1974

honestus
v. *honos:* Klose/1933
   honos: Tranchand/1936

honorare
v. *confiteri:* Meershoek/1966

honorare omnes homines
A. de Vogüé, Honorer tous les hommes. Les sens de l'hospitalité bénédictine: RAM 40 (1964) 129—138

honos
J. Stutz, Honos, De vocabuli significatione Romana, Diss. Berlin 1924
F. Klose, Die Bedeutung von honos und honestus, Diss. Breslau 1933
Tranchand, Le groupe honos, honestus, honestas jusqu'au début de notre ère. Mémoire de diplôme, Paris 1936
F. Klose, Altrömische Wertbegriffe (honos und dignitas): NJADB 1938, 268—278
M. Morreale, Honor, honra, fama y gloria (a propósito de una monografía sobre el latín cristiano): Rev. port. filol. (Coimbra) 9 (1958/9) 159—174

hosanna
J. H. Lehmann, Hosanna, a philological discussion in the Old Church, in: Armeniaca. Mélanges d'études arméniennes, St. Lazare, Venedig 1969, 165—174

hostia

P. Krause, Hostia: PRE Suppl. 5, 1931, 236–282

v. *meritum:* Ellebracht/1963

hostis

P. Jal, «Hostis (publicus)» dans la littérature latine de la fin de la république: REA 65 (1963) 53–79

humanitas

I. Heinemann, Humanitas: PRE Suppl. 5, 1931, 282–310

P. de Labriolle, Pour l'histoire du mot humanité: Les humanités 8 (1932) 421–427 u. 478–484

R. Harder, Nachträgliches zu humanitas: Hermes 69 (1934) 64–74

H. Bolkestein, Humanitas bei Lactantius. Christlich oder orientalisch?, in: Pisciculi, Festsch. F. J. Doelger, hrg. v. Th. Klauser u. A. Ruecker, Münster 1939, 62–65

J. Mayer, Humanitas bei Cicero, Diss. Freiburg/Brs. 1950

L. Alfonsi, Studi boeziani: Aevum 25 (1951) 132–146 u. 210–229

B. Biondi, „Humanitas" nelle leggi degli imperatori romano-cristiani, in: Misc. G. Galbiati, II, Mailand 1951, 81–94

F. Beckmann, Humanitas, Ursprung und Idee, Münster 1952

H. Haffter, Neuere Arbeiten zum Problem der humanitas: Ph. 100 (1956) 287–304

W. Schmid, Besprechung von F. Beckmann, Humanitas: Gn. 28 (1956) 589–601

R. Newald, Humanitas, Humanismus, Humanität, in: Probleme des deutschen Humanismus, Berlin 1963, 1–67

J. Schneider, Untersuchungen über das Verhältnis von humanitas und Gerechtigkeit bei Cicero, Diss. Freiburg 1964

J. Besselaer, Humanitas Romana: RH(SP) 31 (1965) 265–287

D. Galliardi, Il concetto di humanitas da Terenzio a Cicerone. Appunti per una storia dell'umanesimo romano: Le parole e le idee (Neapel) 7 (1965) 187–198

W. Hering, Der politische Inhalt des Humanitas-Begriffs bei Caesar: Eirene (Prag) 5 (1966) 67–77

K. Buechner, Humanitas: KP 2, 1967, 1241–1244

R. Rieks, Homo, humanus, humanitas. Zur Humanität in der lateinischen Literatur des ersten nachchristlichen Jahrhunderts, München 1967

I. Roeser, Humanitas und Agape, Diss. Leipzig 1969/70

F. Wehrli, Vom antiken Humanitätsbegriff, in: Theoria und Humanitas. Gesammelte Schriften zur antiken Geisteswelt, Zürich/München 1972, 5–26

C. Schaeublin, Christliche Humanitas − christliche Toleranz: MH
32 (1975) 209−220
> v. *caritas:* Pétré/1948
> *humanum:* Büchner/1961
> *doctor:* Hus/1974

humanum

K. Buechner, Humanum und humanitas in der römischen Welt:
StGen 14 (1961) 636−646

F. Wehrli, Zur griechischen Begriffsgeschichte des Humanum: MH
32 (1975) 124−132

humanus

S. Prete, „Humanus" nella letteratura arcaica latina. Collezione filol.,
diretta da G. B. Pighi, Serie B,8, Mailand 1948
> v. *humanitas:* Rieks/1967

humilitas

E. Dekkers, De humilitate. Een bijdrage tot de geschiedenis van
het begrip humilitas: Horae monasticae I, o.J., 67−80

J. K. Liang, Het begrip deemoed in I Clemens. Bijdrage tot de
geschiedenis van de oudchristelijke ethiek, Utrecht 1951

A. Dihle, Antike Höflichkeit und christliche Demut: SIFC 26 (1952)
169−190

A. Dihle, Demut: RAC 3, 1957, 735−778

O. Schaffner, Christliche Demut, des hl. Augustinus Lehre von der
Humilitas, Cass. 7, Würzburg 1959

J. N. Bakhuizen van den Brink, Humilitas bij Pascal en Augustinus,
's Gravenhage 1966

P. Adnès, Humilité 3,A. Les Pères, B. Tradition monastique ancienne: DSp 7, 1969, 1152−1164
> v. *superbia:* Heinlein/1921

ibi
v. *hic:* Chatillon/1949

identidem
J. B. Hofmann, Identidem, identitas: Ph. 89 (1934) 450—451

identitas
v. *identidem:* Hofmann/1934

idipsum
M. F. Berrouard, „Idipsum" (bei Augustinus), in: BAug 71, 1969, 845—848
J. Leclercq, « Idipsum ». Les harmoniaques d'un mot biblique dans S. Bernard, in: Scientia augustiniana, Festsch. A. Zumkeller, hrg. v. C. P. Mayer usw., Cass. 30, Würzburg 1975, 170—183

ignis aeternus
H. J. Horn, Ignis aeternus. Une interprétation morale du feu éternel chez Origène: REG 82 (1969) 76—88

ignis purgatorius
P. Jay, Le purgatoire dans la prédication de saint Césaire d'Arles: RThAM 24 (1957) 5—14

ignis sapiens
W. Bulhart, Ignis sapiens: SE 13 (1962) 60—61

ignominia
B. Forssman, Ignominia: ZVSF 81 (1967) 72—103

ignorantia
v. *infamia:* Kaser/1956
scientia: Merzbacher/1965

ignoscere

O. Immisch, Ignoscere: Glotta 19 (1930) 16–24
J. Wackernagel, Ignosco, in: Symbolae philologicae, Festg. O. A. Danielsson, Uppsala 1932, 383–390
E. Hermann, Ignosco: ZVSF 63 (1936) 259–260
F. Specht, Lat. ignosco: ZVSF 69 (1948) 124–126

illabi

M. Dupuy, Illapsus, 1. De l'imagerie païenne à un concept théologique: DSp 7, 1971, 1326

illuminatio

M. Stumpf, Selbsterkenntnis und illuminatio bei Augustinus. Eine quellenanalytische Studie mit besonderer Berücksichtigung des Werkes 'De trinitate', München 1945
G. Bracci, Tentativo di una nuova interpretazione della illuminazione agostiana: Rivista Rosminiana di filosofia e di cultura 58 (1964) 35–50
W. Beierwaltes, Erleuchtung: HWP 2, 1972, 712–717

v. *signum:* Wienbruch/1971

imago

W. Duerig, Imago. Ein Beitrag zur Terminologie und Theologie der Römischen Liturgie, München 1952
R. A. Markus, "Imago" and "Similitudo" in Augustine: REAug 10 (1964) 125–143
A. Solignac, Image et Ressemblance, II B dans la patristique latine: DSp 7, 1971, 1406–1425
R. Daut, Untersuchungen zum Bildbegriff der Römer, Heidelberg 1975; v. Selbstanzeige ABG 21, 1977, 138–139

v. εἰκών: Gerlitz/1963
ἀκοή: Escribano Alberca/1966
species: Pearcy/1974

imago dei

F. K. Schumann, Imago Dei, in: Imago Dei, hrg. v. H. Bornkamm, Gießen 1932, 167–180
J. Jervell, Imago Dei. Gen 1,26f im Spätjudentum, in der Gnosis und in den paulinischen Briefen, Oslo 1959
A. Altmann, Homo imago Dei in Jewish and Christian Theology: JR 48 (1968) 235–259

P. Schwanz, Imago Dei als christologisch-anthropologisches Problem in der Geschichte der alten Kirche von Paulus bis Klemens von Alexandrien, Halle 1970

imber lacrimarum

v. *amor amoris dei:* Balogh/1926

imitari

J. de Ghellinck, Imitari, imitatio: ALMA 15 (1940) 151–159

imitatio

B. Botte, Imitatio: ALMA 16 (1941) 149–154

v. *imitari:* de Ghellinck/1940

imitatio dei

A. Heitmann, Imitatio Dei. Die ethische Nachahmung Gottes nach der Väterlehre der zwei ersten Jahrhunderte, StAns 10, Rom 1940

immensus

C. Moreschini, Il linguaggio teologico di Ilario di Poitiers: ScC 103 (1975) 339–375

immolare

H. Petersmann, Zu einem altrömischen Opferritual: RMP 116 (1973) 238–255

immortalitas

v. *perfectio:* Finé/1958

immutabile

v. *mutabilis:* Trapé/1959

immutabilitas

E. Brunn, L'immutabilité de Dieu selon saint Augustin: NV 41 (1966) 219–225
R. Cantalamessa, Incarnazione e immutabilità di Dio. Una soluzione moderna nella patristica?: RFNS 67 (1975) 631–647

imperator

D. McFayden, The history of the title imperator under the Roman Empire, Chicago 1920
E. Peterson, Christus als Imperator: Cath(M) 5 (1936) 64–72

J. Béranger, Recherches sur l'aspect idéologique du principat: SBA 6 (1953) 37–54

R. Combès, Imperator. Recherches sur l'emploi et la signification du titre d'imperator dans la Rome républicaine, Paris 1966

H. Cancik, Christus Imperator. Zum Gebrauch militärischer Titulaturen im römischen Herrscherkult und im Christentum, in: Der Name Gottes, hrg. v. H. von Stietencron, Düsseldorf 1975, 112–130

J. Béranger, La terminologie impériale: une application à Ammien Marcellin, in: Mélanges d'histoire ancienne et d'archéologie offerts à P. Collart, Cahiers d'archéologie Romande, nr. 5, Lausanne 1976, 56–57

imperium

H. Wagenvoort, Imperium. Studien over het "mana"begrip in zeda en taal der Romeinen, Amsterdam/Paris 1941

F. G. Maier, Augustin und das antike Rom: Tübinger Beiträge zur Altertumswissenschaft 39 (1955) 118–145

U. Coli, Sur la notion d'imperium en droit publique romain: RIDA 7 (1960) 361

A. A. T. Ehrhardt, Imperium und humanitas. Grundlagen des römischen Imperialismus: StGen 14 (1961) 646–664

P. Stockmeier, „Imperium" bei Papst Leo dem Großen, in: TU 78, 1961, 397–412

T. Orlandi, Imperium e res publica nel De Civitate Dei di Agostino: RIL 101 (1967) 81–100

J. Straub, Imperium et libertas: Der altsprachliche Unterricht, Beiheft 1 zur Reihe 14, 1971, 9–22

v. *fides:* Paoli/1955

impetrare

H. Vogt, Impetrare – impetrire: SO 8 (1929) 98–99

impetrire

v. *impetrare:* Vogt/1929

impetus

S. Pinès, Saint Augustin et la théorie de l'impetus: AHDL 44 (1969) 7–21

impius

v. *gentes:* Opelt/1965

incarnatio

v. σάρκωσις: Elze/1976

incarnatus

V. Loi, La latinità cristiana nel de Trinitate di Novaziano: RCCM 13 (1971) 136–177

incedere

E. Koestermann, Incedere und incessere: Glotta 21 (1932) 56–62

incessere

v. *incedere:* Koestermann/1932

incitare

Th. Michels, Incitare in Fifth Century Liturgy, in: Sarmenta. Gesammelte Studien von Th. Michels, hrg. v. N. Brox, Münster 1972, 59–63

inclutus

O. Prinz, Inclutus: Glotta 29 (1941) 138–147

incomprehensibilis

v. ἀκατάληπτος: d'Alès/1933

indemutabilis

v. *immensus:* Moreschini/1975

indifferentia

v. *natura:* Schurr/1935

indigena

J. Chicharro de León, Indigena: REL 13 (1935) 270–271

individuum

Th. Kobusch, Individuum, Individualität: HWP 4, 1976, 300–304

individuus

v. *sphaera:* Alberte Gonzales/1975

indoles

v. *animus:* Reis/1962

inductio

v. ἐπαγωγή: Ruzicka/1976

indulgentia

v. *meritum:* Ellebracht/1963
  abolitio: Waldstein/1964

industrius

v. *oraculum:* Benveniste/1948

inebriare

v. *decolorare:* Baxter/1928

infamia

M. Kaser, Infamia und Ignorantia in den römischen Rechtsquellen:
ZSRG.K 73 (1956) 220–278

infantia

E. Eyben, Die Einteilung des menschlichen Lebens im römischen
Altertum: RMP 116 (1973) 156–190

inferi

v. *perfectio:* Finé/1958

infernus

M. Richardine, Infernus in classical and late latin usage: CJ 50
(1954) 124–125

T. Van Bavel, Inferas – inducas. A propos de Mtt 6,13 dans les
œuvres de s. Augustin: RBen 69 (1959) 348–351

infidelis

H. Schmeck, Infidelis. Ein Beitrag zur Wortgeschichte: VigChr 5
(1951) 129–147

v. *gentes:* Opelt/1965

infidus

H. Schmeck, Infidus – infoedus: EM 18 (1950) 440–443

infirmitas

S. Calderone, Paullo infirmior, unus multorum, in: Studi classici in
onore di Q. Cataudella, III, Catanea 1972, 241–249

infoedus

v. *infidus:* Schmeck/1950

ingenium

v. *animus:* Reis/1962

ingens

K. E. Ingvarsson, Ingens dans la poésie et chez Tacite: Er. 48 (1950) 66—70

inhumanatio

v. σάρκωσις: Elze/1976

inimicus

v. *diabolus:* Bartelink/1970

ininvestigabilis

v. *immensus:* Moreschini/1975

initiari

B. Botte, Paschalibus initiata mysteriis: EL 61 (1947) 77—87

initium fidei

J. Chené, Que signifiaient initium fidei et affectus credulitatis?: RSR 35 (1948) 566—588

J. Chené/J. Pintard, La signification d'«initium fidei» et «augmentum fidei», in: BAug 24, 1962, 808—810

iniuria

D. V. Simon, Begriff und Tatbestand der ‚iniuria' im altrömischen Recht: ZSRG.R 82 (1965) 132—187

P. B. H. Birks, The early history of iniuria: Revue d'histoire du droit 37 (1969) 163—208

inlocalis

F. Boehmer, Der lateinische Neoplatonismus und Neupythagorismus und Claudianus Mamertus in Sprache und Philosophie: KPS 7 (1936) 11—128

innocens

H. Leclercq, Innocens: DACL 7, 1926, 602—608

H. Wieland, Beiträge aus der Thesaurusarbeit. Innocens (zur pelagianischen Definition): MH 17 (1960) 225—228

inpudentia

v. *rubor:* La Penna/1975

inquisitio
Th. Buehler-Reimann, Enquête – Inquesta – Inquisitio: ZSRG. K 61 (1975) 53–62

insertus
S. Lundstroem, Insertus statt insitus: ALMA 27 (1957) 231–240

insitus
v. *insertus*: Lundstroem/1957

insomnia
v. *somnium*: De Ruyt/1946

instauratio
W. Eisenhut, Instauratio: PRE Suppl. 14, 1974, 197–205

instituere
v. *doctrina*: Kevane/1976

institutio
v. *repraesentatio*: Schnorr von Carolsfeld/1939

instrumentum
v. *deus*: Braun/1962

integer
v. *solus*: Hofmann/1948

intellectualis
P. Agaësse/A. Solignac, «Intellectuel» et «intelligible» (bei Augustinus), in: BAug 49, 1972, 566–568

intellectus
v. *intelligentia*: Hus/1969
ratio: Van den Linden/1957

intelligentia
A. Hus, «Intelligentia» et «intelligens» chez Cicéron, in: Coll. Latomus 70, Brüssel 1964, 264–280
A. Hus, Intelligentia et Intellectus en latin impérial, in: Hommages à M. Renard, hrg. v. J. Bibauw, I, Brüssel 1969, 449–462
v. *esse*: Hadot/1968

intelligibilis

v. *intellectualis:* Agaësse, Solignac/1972

intempesta nocte

P. Courcelle, Intempesta nocte, in: Mélanges W. Seston, Paris 1974, 127–134

intentio

A. Rigobello, Intentio – extensio – distentio; modello ermeneutico della antropologia agostiniana, in: Scritti in onore di C. Giacon, Padua 1972, 135–146

intercedere

v. *meritum:* Ellebracht/1963

interficere

A. Thierfelder, Interficere: Glotta 20 (1932) 172–175

interim

v. *hic:* Chatillon/1949

interior

P. Aubin, Intériorité et extériorité dans les Moralia in Job de saint Grégoire le Grand: RSR 62 (1974) 117–166

intermundia

C. Schaeublin, Intermundien: HWP 4, 1976, 514

internus

v. *interior:* Aubin/1974

interpolare

v. *polire:* Vendryes/1929

interpolatio

A. Vaccari, Ad Corpus Christianorum, ser. lat. XX, Tyrannii Rufini Opera recognovit Manlius Simonetti, animadversio: SE 14 (1963) 231–235

interpretari

v. *patrare:* Pariente/1950

21*

interpretatio
M. Fuhrmann, Interpretatio. Notizen zur Wortgeschichte, in: Sympotica, Festg. F. Wieacker, hrg. v. D. Liebs, Göttingen 1970, 80–110; v. Selbstanzeige ABG 16, 1972, 105–106

intestinus
v. *interior:* Aubin/1974

intimus
v. *interior:* Aubin/1974

intus reformari
P. de Puniet, «Intus reformari». Témoignages liturgiques sur le mystère de l'Emmanuel: EL 52 (1938) 125–140

investigabilis
A. Labhardt, Investigabilis – ἀνεξιχνίατος, in: Festg. M. Niedermann, Brüssel 1956, 199–205

invictus
M. Imhof, Invictus: MH 14 (1957) 197–215
v. *victor:* Weinstock/1957

invidia
V. d'Agostino, L'invidia nella letteratura latina, in: Spigolature Classiche, aspetti di vita e di pensiero greco-romano, Turin 1944, 29–35
E. Wistrand, Invidia. Ein semasiologischer Beitrag: Er. 44 (1946) 355–369
I. Odelstierna, Invidiosus, and invidiam facere. A semantic investigation, Uppsala 1949
M. Schaupp, Invidia. Eine Begriffsuntersuchung, Diss. Freiburg 1962

inviduosus
v. *invidia:* Odelstierna/1949

invisibilitas
v. *incarnatus:* Loi/1971

invocatio
G. A. Michell, Firmilian and eucharistic consecration: JThS 5 (1954) 215–220

ite missa est

F. J. Doelger, Ite missa est in kultur- und sprachgeschichtlicher Betrachtung: AuC 6 (1940) 81–132

iubere

J. B. Hofmann, Iubere – velle: Philol. Wochenschrift (Leipzig) 49 (1929) 796–797

iubilatio

A. Solignac, Jubilation, 2. Pères de l'Église: DSp 8, 1974, 1472–1473

iubilator

R. Cagnat, A propos du mot iubilator: RAr 19 (1924) 24–28

iucundus

v. *gratus:* Moussy/1964

iudicium

M. Nicolau, Notes sur la terminologie juridique latine: RPh 10 (1935) 352–354

R. E. Buckenmeyer, The Meaning of "judicium" and its Relation to Illumination in the Dialogues of Augustin: Augustinian Studies (Villanova University) 1 (1970) 89–132; v. REAug 17 (1971) 358

Iuppiter optimus maximus

R. Schilling, A propos de l'expression Iuppiter optimus maximus, in: Acta philologica, f. N. E. Herescu, III, Rom 1964, 342–348

iurisdictio

F. Calasso, „Jurisdictio" nel diritto comune classico, in: Studi in onore di V. Arangio-Ruiz, II, Neapel 1953, 423–443

ius

R. Orestano, Dal ius al fas. Rapporto fra diritto divino e umano in Roma dall'età primitiva all'età classica: Boll. Ist. Diritto Romano 5 (1939) 194–273

G. Dumézil, A propos du latin ius: RHR 134 (1947/8) 95–112

A. García Gallo, Ius y derecho: AHDE 30 (1960) 5–47

K. Kroeschell, Recht und Rechtsbegriff im 12. Jh., in: Probleme des 12. Jh.s, Konstanzer Arbeitskreis für mittelalterl. Geschichte, Stuttgart/Konstanz 1968, 309–335

D. V. Simon, Jus: KP 3, 1969, 11–18

O. Behrends, Jus und jus civile. Untersuchungen zur Herkunft des ius-Begriffs im römischen Zivilrecht, in: Sympotica F. Wieacker, hrg. v. D. Liebs, Göttingen 1970, 11—58; v. Selbstanzeige ABG 16, 1972, 95—96

v. *mos:* Dumézil/1954
   lex: Biondi/1965

ius civile

v. *ius:* Behrends/1970

ius controversum

W. Kranz, Das ius controversum: RMP 96 (1953) 190—191

ius divinum

U. A. Wolf, Ius divinum. Erwägungen zur Rechtsgeschichte und Rechtsgestaltung, München 1970

ius gentium

G. Lombardi, Sul concetto di ‚ius gentium‘, Rom 1947
P. Frezza, Ius gentium: RIDA 2 (1949) 259—308
J. Michel, Sur les origines du ius gentium: RIDA 3 (1956) 313—348
A. d'Ors, Entorno a la definición isidoriana del "ius gentium", in: Derecho de gentes y organisación internacional, I, Santiago de Compostella 1956, 9—40

ius in re

F. Wubbe, Ius in re: PRE Suppl. 10, 1965, 333—343

ius naturale

C. A. Maschi, Un problema generale del diritto in San' Ambrogio e nelle fonti romano-classiche, in: Sant'Ambrogio nel XVI centenario della nascita, Mailand 1940, 421—430

iusperitus sacerdos

D. Noerr, Iusperitus sacerdos, in: Festsch. P. J. Zepos, hrg. v. E. Caemmerer, I, Athen 1973, 555—572

iustificare

H. Rosman, „Iustificare" est verbum causativum: VD 21 (1941) 144—147

iustitia

J. Plagnieux, Le binôme «iustitia-potentia» dans la sotériologie augustinienne et anselmienne: SpicBec 1 (1959) 141–154

M. T. Clark, Augustine on Justice: REAug 9 (1963) 87–94

V. Loi, Il concetto di „iustitia" e i fattori culturali dell'etica di Lattanzio: Sal. 28 (1966) 583–625

K. Buechner, Justitia in Ciceros De Republica, in: Resultate römischen Lebens in römischen Schriftwerken, Studien zur römischen Literatur 6, Wiesbaden 1967, 76–82

H. Dieler, Der iustitia-Begriff Ciceros: Eirene (Prag) 7 (1968) 33–48

A. Davids, Le concept de ‹Justice› dans la littérature patristique (holländisch, Resumé auf franz.): TTh 17 (1977) 145–170

   v. *iustus:* Donatuti/1921
     gloria: Hand/1970

iustus

G. Donatuti, Iustus, iuste, iustitia nel linguaggio dei giuristi classici: Annali fac. giur. Univers. Perugia 1921

iuvare

A. Spengel, Noch einmal iuvare: ZVSF 68 (1943) 52–57

iuvenis

   v. *aevum:* Benveniste/1937
     adulescens: Axelson/1948

iuventus

J. de Ghellinck, Iuventus, gravitas, senectus, in: Studia medievalia in honorem R. J. Martin, Brügge 1948, 39–59

   v. *infantia:* Eyben/1973

L

labarum

K. H. Schaefer, Das Rätsel des Mainzer Rades: MZ 1941, 49—57

R. Verdière, Une nouvelle étymologie de «labarum» et la vision constantinienne chez Lactance: RSC 12 (1964) 20—29

L. J. D. Richardson, Labarum: Euphrosyne (Lissabon) 5 (1972) 415—421

labor

A. T. Geoghegan, The Attitude toward labor in Early Christianity and Ancient Culture, Washington 1945

M. von Albrecht, Arbeit: KP 1, 1964, 490—494

J. Stachniw, Labor as a key to the Aeneid: ClB 50 (1973/4) 49—53

D. Lau, Der lateinische Begriff Labor, München 1975; v. REL 53 (1976) 433—435

laborare

G. Keel, Laborare und Operari. Verwendungs- und Bedeutungsgeschichte im Lateinischen und Gallo-Romanischen, Bern 1942

laetari

P. Humbert, Laetari et exultare dans le vocabulaire religieux de l'Ancien Testament: RHPhR 22 (1942) 185—214

laetitia

G. Kilb, Ethische Grundbegriffe der alten Stoa und ihre Übertragung durch Cicero im dritten Buch de finibus bonorum et malorum, Diss. Freiburg/Brs. 1939

laicus

J. Hervada, Notas sobre el uso del término laico en los siglos VI al XI: JC 12 (1972) 351—367

   v. *ecclesia:* Janssen/1936
     λαϊκός: de la Potterie/1958
     λαϊκός: Lanne/1964

lapis quadratus
A. Ehrhardt, Vir bonus quadrato lapidi comparatur: HThR 38 (1945) 177—193

lapsus
H. Goelzer, Lapsus oder lapsum: ALMA 3 (1927) 157—158

laqueus
J. T. Muckle, The use of the term laqueus by Guigo and St. Ambrose: MS 13 (1951) 225—226

latinitas
M. C. Díaz y Díaz, Latinitas. Sobre la evolución de su concepto: EM 19 (1951) 35—50

latria
v. *servitus:* Pascher/1940

lectio divina
A. Pantoni, La "lectio divina" nei suoi rapporti con la Bibbia e la Liturgia: VM 14 (1960) 167—174
R. T. Meyer, „Lectio divina" in Palladius, in: Kyriakon, Festsch. J. Quasten, II, Münster 1970, 580—584
J. Rousse, Lectio divina et lecture spirituelle, I, La lectio divina: DSp 9, 1976, 470—487

legatus a latere
F. Wasner, Legatus a latere. Addenda varia: Tr. 16 (1960) 405—416

legere
U. O. Paoli, „Legere" e „recitare": AeR 3 (1922) 205—207

legitima eucharistia
J. Pinell, Legitima eucharistia. Cuestiones sobre la anamnesis y la epiclesis en el antiguo rito galicano, in: Mélanges B. Botte, Löwen 1973, 445—460

lenis
K. Jaberg, Lenis-latinus, in: Mélanges Duraffour, Paris 1939, 115—131
v. *levis:* Wallden/1942

lenitas

v. *clementia:* Voi/1972

letum

J. H. Waszink, Letum: Mn. 19 (1966) 249—260

levantes manus puras

M. A. Bellis, „Levantes manus puras" nell'antica letteratura cristiana: RicRel 1 (1954) 9—39

levis

S. Wallden, Lat. levis und lenis. Eine wortgeschichtliche Untersuchung: Ph. 49 (1942) 142—160

lex

E. Weiss, Lex: PRE 23, 1924, 2315—2319
B. Biondi, Lex et ius: RIDA 12 (1965) 169—202
P. Frezza, Lex et νόμος: Boll. Ist. Diritto Romano 71 (1968) 1—29
J. Maier, Thora, Lex und Sacramentum: MM 6 (1969) 65—83
H. Volkmann, Lex: KP 3, 1969, 603—609

v. *mos:* Dumézil/1954

liber

E. Benveniste, Liber et liberi: REL 14 (1936) 51—58

liber vitae

J. Campos, El "Libro de la Vida": Helm. 20 (1970) 249—303

liberalitas

H. Berve, Liberalitas: PRE 25, 1926, 82—93
F. Pringsheim, Liberalitas, in: Studi in memoria di E. Albertario, I, Mailand 1953, 659—683
H. Gugel, Liberalitas: KP 3, 1969, 622

v. *comitas:* Heuer/1941
libertas: Stylow/1972

liberalitas principis

H. Kloft, Liberalitas principis. Herkunft und Bedeutung. Studie zur Prinzipatsideologie, Köln/Wien 1970; v. Selbstanzeige ABG 16, 1972, 114—116

liberare

J. M. Cody, The Use of "libero-damno" and "absolvo-condemno" in the juridical proceedings of the late republic: CP 68 (1973) 205–208

liberi

v. *liber:* Benveniste/1936

libertas

H. Kloesel, Libertas, Diss. Breslau 1935

W. Jens, Libertas bei Tacitus: Hermes 84 (1956) 331–352 = WdF 135, Darmstadt, 391–420

E. Levy, Libertas und Civitas: ZSRG.R 78 (1961) 142–172

H. Huerten, Libertas in der Patristik – libertas episcopalis im Frühmittelalter: AKuG 45 (1963) 1–14

H. Oppermann, Libertas, in: ders., Römische Wertbegriffe, Darmstadt 1967, 120ff

Ch. Wirszubski, Libertas als politische Idee im Rom der späten Republik und des frühen Prinzipats, Darmstadt 1967

A. A. R. Bastiaensen, L'église à la conquête de sa liberté. Recherches philologiques dans le sacramentaire de Vérone, GLCP, Suppl. 3, 121–153, Nimwegen 1970

A. V. Stylow, Libertas und liberalitas. Untersuchungen zur innenpolitischen Propaganda der Römer, Diss. München 1972

C. Mazzucco, Il significato cristiano della „libertas" proclamata dai martiri della „Passio Perpetuae", in: Forma futuri, Studi in onore di M. Pellegrino, Turin 1975, 542–565

M. Ducos, La liberté chez Tacite: droits de l'individu ou conduite individuelle?: BAGB 1977, 194–217

libertas episcopalis

v. *libertas:* Huerten/1963

libido

G. I. Bonner, "Libido" and "concupiscentia" in Saint Augustine, in: TU 81, 1962, 303–314

v. *natura:* Sharpe/1957

limbus puerorum

R. Weberberger, „Limbus puerorum". Zur Entstehung eines theologischen Begriffs: RThAM 35 (1968) 83–133 und 241–259

lingua Romana

H. F. Mueller, On the use of the expression "lingua Romana" from the first to the ninth century: ZRP 1923, 9–23

littera

A. Pariente, Littera: EM 17 (1949) 158–164

litterae

C. A. Cannata, La distinction «re – verbis – litteris – consensu» et les problèmes de la pratique (Etudes sur les obligations 1), in: Sein und Werden im Recht, Festsch. U. Lübtow, Berlin 1970, 431–455

v. *doctrina:* Kevane/1976

litterator

E. W. Bowra, Some Technical Terms in Roman Education: Hermes 89 (1961) 462–477

litteratus

v. *doctor:* Slusanski/1975

litus

V. Skaenland, Litus – „Meer": Er. 55 (1957) 62–65

locus

P. Chantraine, Remarques sur le parallélisme sémantique latin locus et grec τόπος, in: Mélanges A. Ernout, Paris 1940, 51–60

logistoricus

G. Broccia, Logistoricus. Per la storia del termine (attestazioni e significato), Città di Castello Tiferno 1971

logos

J. Martin, „Logos" bei Priscillianus: Tr. 31 (1975) 317–318

lucrari

J. Odelstierna, Lucrari, in: Festsch. Persson, Uppsala 1922, 163–167

ludus

A. Yon, A propos de latin: ludus, in: Mélanges A. Ernout, Paris 1940, 389–395

luere

H. Beikircher, Was heißt „foedus luere" (Verg. Aen. 12, 695)? Zur Semasiologie von „luere", in: Antidosis, Festsch. W. Kraus, hrg. v. R. Hanslik, Wien/Köln/Graz 1972, 31–40

luna

M. Françon, Un symbole de l'Eglise catholique: Luna: Publications modern language association 69 (1945) 59–65

lux

F. J. Thonnard, La notion de lumière en philosophie augustinienne, in: RechAug 2, 1962, 125–175

M. Martínez Pastor, La simbología y su desarollo en el campo semantico de "lux" en Origenes-Rufino: EM 41 (1973) 183–208; v. Selbstanzeige ABG 18, 1974, 171

luxuria

B. D. Shaw, Dept in Sallust: Latomus 34 (1975) 188–196

M

magia

M. E. Keenan, The terminology of witchcraft in the works of Augustine: Cp 35 (1940) 294—297

magis esse

E. Zum Brunn, La dialectique du magis esse et du minus esse chez s. Augustin, in: Le néoplatonisme, Actes du coll. Royaumont, Paris 1971, 373—383

magisterium

Y. Congar, Pour une histoire sémantique du terme ‹magisterium›: RSPhTh 60 (1976) 85—98

Y. Congar, Histoire du mot magisterium: Conc(F) 117 (1976) 129—141

magnanimitas

v. μεγαλοψυχία: Rieks/Weische/1974

magnitudo animi

U. Knoche, Magnitudo animi. Untersuchungen zur Entstehung und Entwicklung eines römischen Wertgedankens, Ph.S, Leipzig 1935

magnus

A. Castellano, Una lotta di parola; magnus et grandis: Arch. glottologico ital. 46 (1961) 148—171

maiestas

B. Kuebler, Maiestas, I. Begriff: PRE 27, 1928, 542—544

G. Dumézil, Maiestas et gravitas: RPh 26 (1952) 7—28

H. Drexler, Maiestas: Aevum 30 (1956) 195—212

H. G. Gundel, Der Begriff maiestas im politischen Denken der römischen Republik: Hist. 12 (1963) 283—320

J. Gaudemet, Maiestas populi Romani, in: Synteleia V. Arangìo-Ruiz, II, Neapel 1964, 699—709

E. Bund, Maiestas: KP 3, 1969, 897—899

H. G. Gundel, Der Begriff „maiestas" im Denken der Augustei-schen Zeit, in: Politeia und Res Publica. Dem Andenken R. Starks gew., hrg. v. P. Steinmetz, Wiesbaden 1969, 279−300; v. Selbst-anzeige ABG 16, 1973, 108−110

M. A. Levi, Maiestas e crimen maiestatis: ParPass 24 (1969) 81−96

W. Seitz, Maiestas. Bedeutungsgeschichtliche Untersuchung des Wortes in der Republik und Kaiserzeit (bis ca 200 n. Chr.), Diss. Innsbruck 1974

v. *gravitas:* Wagenvoort/1952
meritum: Ellebracht/1963
tertium genus: Mohrmann/1977

maiores

K. H. Roloff, Maiores bei Cicero, Göttingen 1938

maledicere

F. Dietz, Beiträge aus der Thesaurus-Arbeit: maledico: Ph. 91 (1936) 464−467

malleus

R. Arbesmann, The "Malleus" Metaphor in Medieval Characteriza-tion: Tr. 3 (1945) 389−392

malum

M. Henschel, Das malum in Augustins „De Civitate Dei". Studien zur Struktur seines Denkens, Diss. Jena 1957

A. Fedelí, Il male in Sant'Agostino, Mailand 1964

mancipare

Ph. Meylan, Essai d'explication sémantique du mot mancipare, in: Studi in onore di Pietro de Frencisei, I, Mailand 1956, 53−73

mancipium

v. *nexus:* Schoenbauer/1950

mandatum

P. Cosentino, Osservazioni in tema di mandatum e di delegatio (Contributo alla dogmatica della delegazione di credito in diritto Romano): Bull. Ist. Diritto Romano, III, 8, Mailand 1966, 299−336

manifestatio

R. Tremblay, La manifestation et la vision de Dieu selon saint Irénée de Lyon, MBTh 41, Münster 1978

manifestum

F. de Visscher, Un cas de vol „manifeste" au temps de s. Augustin (Conf. 6,9,14), in: Mélanges P. Thomas, Gand 1930, 208—213

manus

v. χείϱ: Gross/1977

martyr

H. A. M. Hoppenbrouwers, Recherches sur la terminologie du martyr de Tertullien à Lactance, Nimwegen 1961

v. *ecclesia:* Janssen/1936

martyrium

E. Hummel, The concept of martyrdom according to saint Cyprian of Carthago, SCA 9, Washington 1946

M. Pellegrino, Chiesa e martirio in S. Agostino: RSLR 1 (1965) 191—227

v. *mysterium:* Casel/1922

massa perditionis

A. de Veer, Massa perditionis (bei Augustinus), in: BAug 22, 1975, 735—738

masturbator

J. P. Hallett, Masturbator, Mascarpio: Glotta 54 (1976) 292—308

mater viventium

J. Pintard, Mater viventium. La nouvelle Eve: BSFEM 15 (1957) 61—86

materia

J. C. M. Van Winden, St. Ambrose's Interpretation of the Concept of Matter: VigChr 16 (1962) 205—215

J. C. M. Van Winden, Some additional observations of St. Ambrose's concept of matter: VigChr 18 (1964) 144—145

J. Bentivegna, The Matter as milieu divin in St. Irenaeus: Aug. 12 (1972) 543—548

O. M. Ibaretta de Ghio, La noción de materia en San Agustín: Patristica et Mediaevalia (Buenos Aires) 1 (1975) 77—81

J. Pegueroles, Notas sobre la materia informe espiritual en Plotino y en San Agustín: Espíritu 24 (1975) 127—133

v. *theologia:* Köpf/1974

materies

v. *ratio:* Ludwig/1976

matrimonium

P. Frei, Matrimonium: MH 13 (1956) 172–176
E. Bund, Matrimonium: KP 3, 1969, 1081–1083

mediana

G. G. Wills, What is "mediana" Week?: SCH(L) 1 (1964) 114–117

mediator

v. *incarnatus:* Loi/1971

medicus

E. Molland, "Ut sapiens medicus". Medical Vocabulary in St. Benedict's "Regula monachorum": StMon 6 (1964) 273–298

meditari

E. von Severus, Das Wort „meditari" im Sprachgebrauch der hl. Schrift: GuL 26 (1953) 365–375
v. *meditatio:* von Severus/1963

meditatio

H. Bacht, „Meditatio" in den ältesten Mönchsquellen: GuL 28 (1955) 360–373
E. von Severus, „Silvestrum tenui musam meditaris avena". Zur Bedeutung der Wörter meditatio und meditari beim Kirchenlehrer Ambrosius, in: Perennitas, Festg. Th. Michels, hrg. v. H. Rahner u. E. von Severus, Münster 1963, 25–31
F. Ruppert, Meditatio – Ruminatio. Zu einem Grundbegriff christlicher Meditation: EuA 53 (1977) 83–93

medius

L. Gauchat, Medius et ses dérivés romands: Vox Romanica 1937, 34–46

mel et lac

H. Usener, Milch und Honig, in: Kleine Schriften, IV, Leipzig 1912, Ndr. Osnabrück 1965, 398–417

melancholia

v. *acedia:* Peters/1975

memoria

V. d'Agostino, La memoria nel concetto degli antiqui Romani, in:
Spigolature classiche, aspetti di vita et di pensiero greco-romano,
Turin 1944, 22–28

L. Cilleruolo, "Memoria" en S. Agustín: CDios 164 (1952) 5–24

Kl. Dockhorn, „Memoria" in der Rhetorik: ABG 9 (1964) 27–35

H. G. Gadamer, Memoria. Tagungsbericht: ABG 9 (1964) 15–18

T. Rodriguez Neira, Memoria y conocimiento en san Agustín:
Augustinus 17 (1972) 233–254

A. Solignac, Memoria: DSp 10, 1978, 991–1002

memoria dei

J. Morán, Hacia una comprensión de la "memoria dei" según San
Agustín: Aug. 10 (1960) 185–234

F. Casado, La teoría de la "memoria dei" en la tradición escolástica
agustiniana: CDios 177 (1964) 5–43 und 201–233

J. Morán, Sobre la "memoria Dei" agustiniana: Augustinus 9 (1964)
205–209

J. Pegueroles, El fundamento del conocimiento de la verdad, en San
Agustín: la "memoria Dei": Pens. 29 (1973) 5–35

memoria sui

L. Cilleruelo, "La memoria sui": GM 9 (1954) 478–492

mens

A. Gardeil, Le «mens» d'après Saint Augustin et Saint Thomas
d'Aquin: RSPhTh 13 (1924) 145–161

Ch. N. Foshee, Bonaventure and the Augustinian Concept of mens:
FrS 5 (1968) 163–175

J. Plagnieux/F. J. Thonnard, „Mens" et „Spiritus" (bei Augustinus),
in: BAug 22, 1975, 857–863

v. *animus:* d'Agostino/1937
anima: Agaësse/1955
animus: Reis/1962
animus: Wald/1968
spiritus: Kohlenberger/1974

mereri

J. N. Bakhuizen van den Brink, "Mereo(r)" and "Meritum" in some
Latin Fathers, in: TU 78, 1961, 333–340

P. Huttunen, Some notes on the use of the verb mereo (mereor) in
republican political terminology and in pagan inscriptions: Arctos
4 (1966) 47–61

meristae

D. Gershenson/G. Quispel, „Meristae": VigChr 13 (1958) 12–26

meritum

M. P. Ellebracht, Remarks on the vocabulary of the ancient orations in the Missale Romanum, LCP 18, Nimwegen 1963
J. Pascher, Meritum in der Sprache der römischen Orationen: SBAW.PPh, H. 2, 1971, 1–22
v. *mereri:* Bakhuizen/1961

metuere

P. C. Gernia, L'usa di metuo, timeo, vereor, formido, paveo e dei termini correlati nel latino arcaico e classico. Contributo allo studio delle differentiae verborum, Turin 1970

metus

G. von Beseler, Romanistische Bausteine, in: Studi in memoria di A. Albertoni, I, Padua 1935, 423–441

miles

v. *militare:* Manning/1962

miles Christi

E. Demougeot, Paganus, Mithra et Tertullien, in: TU 78, 1961, 354–365

militare

E. Manning, La signification de «militare–militia–miles» dans la règle de saint Benoît: RBen 72 (1962) 135–138

militia

M. A. Sainio, Semasiologische Untersuchungen über die Entstehung der christlichen Latinität, AASF 47,1, Helsinki 1940
L. Alfonsi, Sulla ‚militia' di Prudenzio: VigChr 13 (1959) 181
v. *militare:* Manning/1962

militia Christi

A. von Harnack, Militia Christi, Tübingen 1905, Ndr. 1964
Chr. Thouzellier, Ecclesia militans, in: Etudes d'histoire du droit canonique, dédiées à G. LeBras, II, Paris 1965, 1407–1423

22*

militia spiritualis

E. Emonds, Geistlicher Kriegsdienst, der Topos der militia spiritualis in der antiken Philosophie, in: Heilige Überlieferung, Festsch. f. Herwegen, Münster 1936, 21—50

minister

W. Ensslin, Minister: PRE Suppl. 6, 1935, 488—493

v. *clerus:* Gryson/1966

ministerium

F. L. Ganshoff, Ministerium: ALMA 2 (1925) 92—93

F. Blatt, Ministerium—mysterium: ALMA 4 (1928) 80—81

A. d'Ors, Ministerium, in: Teología del Sacerdocio, 4, Burgos 1972, 315—328

ministrare

v. *meritum:* Ellebracht/1963

miraculum

P. de Vooght, La notion philosophique du miracle chez saint Augustin dans le De Trinitate et le De Genesi ad Litteram: RThAM 10 (1938) 317—343

A. Wuest, Die kirchenlateinischen Ausdrücke für „Wunder" und ihre Auswirkungen auf das Altfranzösische, Diss. Mainz 1956

miser

P. Salat, L'adjectif miser, ses synonymes et ses antonymes chez Plaute et chez Térence: REL 45 (1967) 252—275

miseri

v. *pax:* Laufs/1973

misericordia

H. Pétré, Misericordia — Histoire du mot et de l'idée du paganisme au christianisme: REL 12 (1934) 376—389

misericordialis

P. Schepens, Un adjectif supposé: misericordialis: ALMA 2 (1925) 41—42

missa

F. J. Doelger, Missa als militärischer Fachausdruck bei dem Dichter Commodianus: AuC 4 (1935) 271—275

J. A. Jungmann, Zur Bedeutungsgeschichte des Wortes ‚missa': ZKTh 64 (1940) 26–37

E. Pax, Zur Deutung des Wortes missa, Messe: Die Sprache (Wien) 1 (1949) 87–100 (Festsch. Havers)

A. Mancini, Missorium, missa e messe: Rendiconti classe di scienze mor. stor. filol. accad. dei Lincei, Rom 8,5, 1950, 157–160

A. Pagliaro, Da missa est a missa, messa: Rendiconti classe di scienze mor. stor. filol. accad. dei Lincei, Rom 8,10, 1955, 104–135

A. Coppo, Una nuova ipotesi sull'origine di „missa": EL 71 (1957) 225–267

Chr. Mohrmann, Missa: VigChr 12 (1958) 67–92 = dies., Études sur le latin des Chrétiens, III, Rom 1965, 351–376

K. Gamber, Missa: EL 74 (1960) 48–52

K. Gamber, Missa. Von der dreifachen Bedeutung des Wortes: RQ 63 (1968) 170–184

E. Griffe, La signification du mot « missa »: BLE 75 (1974) 133–138

missorium

v. *missa:* Mancini/1950

mitra

B. K. Vollmann, Mitra. Eine Ergänzung zum Novum Glossarium: ALMA 39 (1974) 39–54

mittere

J. N. Adams, On the semantic field 'put throw' in latin: CQ 24 (1974) 142–160

moderatio

H. Dieter, Zum Begriff der moderatio bei Cicero: Eirene (Prag) 6 (1967) 69–81

v. *cultura:* Niedermann/1941

modernus

W. Freund, „Modernus" und andere Zeitbegriffe des Mittelalters: NMBGF 4, 1957

W. Hartmann, „Modernus" und „Antiquus": Zur Verbreitung und Bedeutung dieser Bezeichnung in der wissenschaftlichen Literatur vom 9. bis zum 12. Jh., in: Antiqui et Moderni. Traditionsbewußtsein und Fortschrittsbewußtsein im späten Mittelalter, hrg. v. A. Zimmermann, Berlin/New York 1974, 21–40

modus

J. R. Gallup, The primary meanings of the latin word 'modus', Diss. Laval 1963

v. μέτρον: Moulard/1923

moles

v. *obstetrix:* Reiter/1919

monachissimus

G. Penco, Termini poco communi del vocabulario monastico: StMon 5 (1963) 193–196

monachium

A. Lumpe, Beiträge aus der Thesaurusarbeit XII. monachium (Cod. Just. 1,2,13): MH 17 (1960) 228–229

monachus

G. M. Colombás, El concepto de monje y vida monástica hasta fines del siglo V: StMon 1 (1959) 257–342

G. Penco, Il concetto di monaco e di vita monastica in occidente nel secolo VI: StMon 1 (1959) 7–50

J. Leclercq, Études sur le vocabulaire monastique du Moyen âge, StAns 48, 1961

Chr. Mohrmann, Egérie et le monachisme, in: Miscellanea E. Dekkers, I, Brügge 1975, 163–180

v. μοναχός: Adam/1953/4
μοναχός: Morard/1973

monacontes

v. μοναχός: Morard/1973

monarchia

T. Verhoeven, Monarchia dans Tertullien, Adv. Praxean: VigChr 5 (1951) 43–48

monasterium

G. Penco, Monasterium-carcer: StMon 8 (1966) 133–143

v. *capa:* Van den Bosch/1969

monitor

F. J. Doelger, Vorbeter und Zeremoniar. Zu „monitor" und „praeire". Ein Beitrag zu Tertullians Apologeticum 30,4: AuC 2 (1930) 241–251

monomachus

   v. *monachissimus:* Penco/1963

mora

   v. *metus:* von Beseler/1935

moralia

   v. *thesaurus:* Vecchi/1967

mores

A. Steinwenter, Mores: PRE 31, 1933, 290–298
Th. Mayer-Maly, Mores: KP 3, 1969, 1425–1427

morosus

V. Usani, Nota glottologica: GIF 1 (1948) 353–362

mors secunda

G. Bardy, Mors secunda, in: BAug 35, 1959, 526–529

de mortuis nihil nisi bonum

H. Sanborn, De mortuis nihil nisi bonum: ClB 42 (1965) 23.25

morum senectus

   v. *decolorare:* Baxter/1928

mos

G. Dumézil, Ordre, fantaisie, changement dans les pensées ar-
chaïques de l'Inde et de Rome: REL 32 (1954) 139–162
P. Flobert, Mos: Latomus 32 (1973) 567–569
   v. *observatio:* Pauw/1942

mos maiorum

H. Rech, Mos maiorum. Wesen und Wirkung der Tradition in Rom,
Diss. Marburg 1936

mulier

   v. *femina:* Adams/1972

mundus

W. Kroll, Mundus und Verwandtes, in: Festsch. Kretschmer, Beiträge zur griech. u. lat. Sprachforschung, Wien/Leipzig 1926,
120–127
H. J. Rose, The mundus: SMSR 7 (1931) 115–137

L. Deubner, Mundus: Hermes 68 (1933) 276−287
Y. Hedlung, Mundus: Er. 31 (1933) 53−70
L. M. J. Verheijen, «Mundus» et «saeculum» dans les Confessions de Saint Augustin: SMSR 38 (1967) 665−682
I. Roca Meliá, Los campos semanticos de "mundus" en Tertulliano: Helm. 21 (1970) 177−247 und 373−419
M. Ruiz Jurado, El concepto de "mundo" en el occidente del Imperio Romano (Transición del s. II al III): EE 48 (1973) 507−517
M. Cini, Mundus in Seneca tragico. Tradizione e variazione di un poetismo: Quaderni del Ist. di Filologia Lat. Univ. Padua (Bologna) 3 (1974) 61−77

    v. κόσμος: Orbán/1970

mundus intelligibilis

G. Nebel, Plotins Kategorien der intelligiblen Welt. Ein Beitrag zur Geschichte der Idee, Tübingen 1929
J. Ritter, Mundus intelligibilis. Eine Untersuchung zur Aufnahme und Umwandlung der neuplatonischen Ontologie bei Augustinus, Frankfurt 1937

munus

B. Kuebler, Manus: PRE 31, 1933, 644−651
M. Poirier, Charité individuelle et action sociale. Reflexion sur l'emploi du mot munus dans le De opere et eleemosynis de saint Cyprien, in: TU 115, 1975, 254−260
D. R. Holeton, Sacramental language of S. Leo the Great. A Study of the Words "munus" and "oblata": EL 92 (1978) 115−165

    v. λειτουργία: Casel/1932
    λειτουργία: Frank/1935
    meritum: Ellebracht/1963

munus publicum

F. Grelle, Munus publicum. Terminologia e sistematiche: Labeo 7 (1961) 308−329

murmur

L. B. Moscadi, ‚Murmur' nella terminologia magica: SIFC 48 (1976) 254−262

muscipula diaboli

J. Rivière, Muscipula diaboli − Origine et sens d'une image augustinienne: RThAM 1 (1929) 484−496

musica

R. Schloetterer, Die kirchenmusikalische Terminologie der griechischen Kirchenväter, Diss. München 1955

musicus

W. Gurlitt, Zur Bedeutungsgeschichte von „musicus" und „Cantor" bei Isidor von Sevilla: AAWLM.G 7 (1950) 543—558

muta praedicatio

L. Gougaud, Muta praedicatio: RBen 42 (1930) 161—171

mutabilis

A. Trapè, La nozione del mutabile e dell'immutabile secondo Sant' Agostino, Tolentino 1959

mysterium

O. Casel, Mysterium und Martyrium in den römischen Sakramentaren: JLW 2 (1922) 18—38

K. Voelker, Mysterium und Agape in der alten Kirche, Gotha 1927

E. Scheffer, Mysterium und Sacramentum in den ältesten römischen Sakramentarien, Diss. Münster 1953

P. Visentin, „Mysterium — Sacramentum" dai Padri alla scolastica: StPat 4 (1957) 394—414

V. Loi, Il termine „mysterium" nella letteratura latina cristiana prenicena: VigChr 19 (1965) 210—232; 20 (1966) 25—44

J. Morán, "Mysterium" y "Sacramentum" hasta San Agustín: EstAg 4 (1969) 79—107

B. Studer, Spätantike lateinische Übertragungen griechischer christlicher Texte und Themen: SSPh 9 (1971) 179—195

> v. *ministerium:* Blatt/1928
> *sacramentum:* Couturier/1953
> *sacramentum:* Duval/1959
> *meritum:* Ellebracht/1963
> *thesaurus:* Vecchi/1967

mysterium fidei

B. Botte, Mysterium fidei: BVC 80 (1968) 29—34

N

narratio

P. Siniscalco, Christum narrare et dilectionem monere. Osservazioni sulla „narratio" del „De catechizandis rudibus" di S. Agostino: Aug. 14 (1974) 605—623

nascitur

v. *natus est:* Segovia/1948

natalis dies

A. Traina, Primus dies natalis: Maia (Florenz) 18 (1966) 279—280

nationes

v. *gentes:* Opelt/1965

natura

M. Huebner, Untersuchungen über das Naturrecht in der altchristlichen Literatur, besonders des Abendlandes vom Ausgang des 2. Jhds bis Augustinus, Diss. Bonn 1918

V. Schurr, Die Trinitätslehre des Boethius im Lichte der skythischen Kontroversen, FChLDG 18,1, Paderborn 1935

P. de Vooght, La notion philosophique du miracle chez s. Augustin dans le «De trinitate» et le «De genesi ad litteram»: RThAM 10 (1938) 317—343

M. T. Ball, Nature and the Vocabulary of Nature in the Works of St. Cyprian, Washington 1946

H. J. Kalpers, Natura und ius naturale in der Jurisprudenz der römischen Klassiker, Diss. Münster 1952

Ch. Boyer, La notion de nature chez s. Augustin: DoC 8 (1955) 65—76

A. Pellicier, Natura et le sentiment de la nature: Annales fac. lettres de Toulouse 3 (1955) 21—28

I. Fischer, Le sens du titre «De rerum natura», in: Mélanges linguistiques, Bukarest 1957, 17—21

W. D. Sharpe, Nature and the libido. A case of semantic continuity: Bull. of the history of medicine 31 (1957) 182—185

M. E. Chabot, Nature et raison chez Cicéron: LTP 14 (1958) 89—139 u. 236—286

F. J. Thonnard, La «nature» selon saint Augustin, in: BAug 35, 1959, 513—515

S. Otto, „Natura" und „Dispositio". Untersuchungen zum Naturbegriff und zur Denkform Tertullians, München 1960

K. Sallmann, Studien zum philosophischen Naturbegriff der Römer mit besonderer Berücksichtigung des Lukrez: ABG 7, 1962, 140—284

F. J. Thonnard, La notion de «nature» chez s. Augustin. Ses progrès dans la polémique antipélagienne: REAug 11 (1965) 239—265

A. Pellicier, Natura. Étude sémantique et historique du mot latin, Paris 1966

L. M. Uhlfelder, 'Nature' in Roman linguistic Texts: TPAPA 97 (1966) 583—595

H. M. Nobis, Die Umwandlung der mittelalterlichen Naturvorstellung. Ihre Ursachen und ihre wissenschaftsgeschichtlichen Folgen: ABG 13, 1969, 34—57

A. Grilli, Un recente studio sul termine lat. natura: Paideia (Genua) 25 (1970) 193—198

M. Spanneut, La notion de nature des stoïciens aux Pères de l'Église: RThAM 37 (1970) 165—173

A. Pellicier, Natura. Étude sémantique et historique du mot latin: Informations littéraires (Paris) 23 (1971) 29—34

R. Panikkar, El concepto de naturaleza. Análisis histórica y metafísica de un concepto, Madrid 2. Aufl. 1972

L. Perelli, Natura e ratio nel II libro del De re publica ciceroniana: RFIC 100 (1972) 295—311

A. Trapè, I termini „natura" e „persona" nella teologia trinitaria di S. Agostino: Aug. 13 (1973) 577—587

G. Berns, Time and nature in Lucretius' "De rerum natura": Ph. 104 (1976) 477—492

v. *substantia:* Moingt/1966
pax: Laufs/1973

natura vitiata

M. Strohm, Der Begriff der „natura vitiata" bei Augustin: ThQ 135 (1955) 184—203

naturae cursus

H. Galinsky, Naturae cursus. Der Weg einer antiken kosmologischen Metapher von der Alten in die Neue Welt. Ein Beitrag zu einer historischen Metaphorik der Weltliteratur: Arcadia (Berlin)

1 (1966) 277–311; 2 (1967) 11–78 u. 139–172; v. Selbstanzeige ABG 13, 1969, 86–89

naturalis aequitas

v. *ius naturale:* Maschi/1940

naturalis ratio

J. de Koschembahr-Lyskowsky, Naturalis ratio en droit classique romain, in: Studi in onore di P. Bonfante, III, Mailand 1930, 467–498

natus est

A. Segovia, Natus est – Nascitur. La eterna generación del Hijo de Dios y su enunciación verbal en la literatura patrística: RET 8 (1948) 385–407

navicula Petri

H. Rahner, Navicula Petri: ZKTh 69 (1947) 1–35

necare

O. Immisch, Necare: RMP 80 (1931) 98–102
J. N. Adams, Two Latin Words for "kill": Glotta 51 (1973) 280–292

necessarium

J. Rivière, Sur le concept de « nécessaire » en s. Augustin: RevSR 17 (1937) 36–41

necesse

A. Pariente, Necesse: EM 53 (1975) 25–39

negotium

E. Benveniste, Sur l'histoire du mot negotium: ASNSP 20 (1951) 21–25

nenia

J. L. Heller, Nenia παίγνιον: TPAPA 74 (1943) 215–268

neotericus

J. de Ghellinck, Neotericus, neoterice: ALMA 15 (1940) 113–126

nexum

C. S. Tomulescu, Nexum bei Cicero: Jura (Neapel) 17 (1966) 39–113

nexus

E. Schoenbauer, Zwei Grundbegriffe der römischen Rechtsordnung, nexus und mancipium: AAWW.PH 87 (1950) 323—365

v. *fides:* Imbert/1952

nihil

G. Madec, «Nihil» cathare et «nihil» augustinien: REAug 23 (1977) 92—112

ex nihilo

H. A. Wolfson, The Meaning of "ex nihilo" in the Church Fathers, Arabic and Hebrew Philosophy and St. Thomas, in: Medieval Studies in Honor of J. D. M. Ford, hrg. v. U. T. Holmes, Cambridge/Mass. 1948, 355—370

H. A. Wolfson, The identification of ex nihilo with emanation in Gregory of Nyssa: HThR 63 (1970) 53—60

nimbus

M. Collinet-Guérin, Histoire du Nimbe. Nouvelles Éditions Latines, Paris 1961

nobilitas

G. Moebus, Nobilitas. Wesen und Wandlung der führenden Schicht Roms im Spiegel einer Wortprägung: NJADB 1942, 275—292

H. Drexler, Nobilitas: Romanitas (Rio de Janeiro) 3/4 (1961) 158—188

H. Hill, Nobilitas in the imperial period: Hist. 18 (1969) 230—250

nomen

F. Kluge, Nomen: Philol. Wochenschrift 1921, 286—289

A. Ferrua, Antichità cristiana. I nomi degli antichi cristiani: CivCatt 117 (1966) 492—498

v. *meritum:* Ellebracht/1963

nomen christianorum

P. de Mouxy, Nomen christianorum. Ricerche sulle accuse e le difese relative al nome cristiano nella litteratura apologetica dei primi due secoli: AAST 91 (1956/7) 204—236

M. T. Antonelli, Il „nomen Christianorum" in Atenagora: GM 15 (1960) 623—637

v. ὄνομα Χριστιανόν: Lauria/1968

nomenclator

J. Vogt, Nomenclator. Vom Lautsprecher zum Namensverarbeiter: Gym. 85 (1978) 327–338

nomina

G. M. Gagov, Il termine „nomina" sinonimo di „reliquiae" nell'antica epigrafia cristiana: MF 55 (1955) 3–13

nomina Christi

E. R. Curtius, Nomina Christi, in: Mélanges J. de Ghellinck, II, Brüssel 1951, 1029–1032

W. Repges, Die Namen Christi in der Literatur der Patristik und des MA: TThZ 73 (1964) 161–177

nominare

A. E. Astin, Nominare in accounts of election in the early Principate: Latomus 28 (1969) 863–874

nosce te ipsum

A. C. Lloyd, Nosce te ipsum and conscientia: AGPh 46 (1964) 188–200; v. REAug 13 (1967) 385

P. Courcelle, Connais-toi toi-même de Socrate à saint Bernard, Etudes Augustiniennes, Paris 1974

v. γνῶθι σαυτόν: Bazelaire/1953

nostrum mare

V. Burr, Nostrum mare. Ursprung und Geschichte der Namen des Mittelmeeres und seiner Teilmeere im Altertum, Würzburger Studien zur Altertumswissenschaft, Stuttgart 1932

notitia sui

E. Booth, St. Augustine's "notitia sui" Related to Aristotle and the Early Neo-Platonists: Aug(L) 28 (1978) 183–221

nova nativitas

O. Casel, Die „Neuheit" in den Weihnachtsorationen: LiZs 4 (1931) 83–87 = QLP 17 (1932) 285ff

novissima tempora

W. C. Van Unnik, Der Ausdruck „in den letzten Zeiten" bei Irenäus, in: Festsch. G. Cullmann, Leyden 1962, 293–304

novitas

K. Pruemm, Zur Terminologie und zum Wesen der christlichen Neuheit bei Irenäus, in: Pisciculi. Studien zur Religion und Kultur
des Altertums, Münster 1939, 192–219

novus

K. Pruemm, Christentum als Neuheitserlebnis, Freiburg 1939
v. *vetus:* Maréchal/1934
oraculum: Benveniste/1948

nox

v. *nudus:* Juret/1940

noxa

Z. Lisowski, Noxa: PRE Suppl. 7, 1940, 587–604

nudus

A. C. Juret, Notes de morphologie et d'étymologie latines, in:
Mélanges A. Ernout, Paris 1940, 211–214

nudus nudum Christum sequi

M. Bernards, Nudus nudum Christum sequi: Wissenschaft und
Wahrheit 14 (1951) 148–151

nullum odire

A. de Vogüé, Ne haïr personne. Jalons pour l'histoire d'une maxime:
RAM 44 (1968) 3–9

numen

F. Pfister, Numen: PRE 34, 1937, 1273–1291
D. Fasciano, Numen. Réflexions sur sa nature et son rôle: RCCM
13 (1971) 3–20
W. Poetscher, Numen: KP 4, 1972, 188–191
L. R. Lind, Primitivity and Roman Ideas: Latomus 35 (1976)
245–268
v. *deus summus:* Bartalucci/1967
genius: Fishwick/1969

numeri iudiciales

A. Nowak, Die numeri iudiciales des Augustinus und ihre musik-
theoretische Bedeutung: AfMw 32 (1975) 196–207

numerus

F. J. Thonnard, Sens complexe de «numerus» (bei Augustinus), in:
BAug 7, 1947, 513—515

v. *ῥυθμός:* Waltz/1948

O

obiectum

v. *theologia:* Koepf/1974

oblata

v. *munus:* Holeton/1978

oblatio

J. A. Jungmann, Oblatio und sacrificium in der Geschichte des Eucharistieverständnisses: ZKTh 92 (1970) 342–350

v. *meritum:* Ellebracht/1963

obligare

Th. Mayer-Maly, Obligamur necessitate: ZSRG.R 83 (1966) 1–46

obligatio

G. Segrè, Obligatio, obligare, obligari nei testi della giurisprudenza classica e del tempo di Diocleziano, in: Studi in onore di P. Bonfante, III, Mailand 1930, 499–617

M. Radin, Obligatio: PRE 34, 1937, 1717–1726

H. P. Schramm, Zur Geschichte des Wortes obligatio von der Antike bis Thomas von Aquin: ABG 11, 1967, 119–147

oblivisci

L. Deroy, L'étymologie du latin obliviscor: RPh 49 (1975) 7–12

oboedientia

R. Bauer, Der Gehorsamsbegriff beim jungen Augustinus, Diss. Wien 1966

L. Schaden, Der Gehorsamsbegriff bei Augustinus in seiner anti-manichäischen und antidonatistischen Periode, Wien 1969

G. Virt, Der Gehorsam im Spätwerk des heiligen Augustinus, Wien 1970

G. Virt, Der Gehorsamsbegriff bei Augustinus, in: K. Hörmann usw. Verantwortung und Gehorsam, Aspekte der heutigen Autoritäts- und Gehorsamsproblematik, Innsbruck/Wien/München 1978, 9–54

v. ὑπακοή: Frank/1976

obscaenus

A. Thierfelder, Obscaenus, in: Festg. F. Jacobys, Leiden 1956, 98–106

obsequium

L. Callebat, Remarques sur le passage d'un mot abstrait au sens concret (obsequium): Pallas (Toulouse) 12 (1964) 49–53

observantia

I. Carton, A propos des oraisons de Carême. Note sur l'emploi du mot observantia dans les homélies de saint Léon: VigChr 8 (1954) 104–114

observare

E. Tidner, Semasiologica: Er. 36 (1938) 73–81

A. Szantyr, Observo. Beiträge aus der Thesaurus-Arbeit XVIII: MH 30 (1973) 211–216

observatio

F. de Pauw, La justification des traditions non écrites chez Tertullien: EThL 19 (1942) 5–46

obstetrix

S. Reiter, Sprachliche Bemerkungen zu Hieronymus: Berliner Philol. Wochenschrift 34 (1919) 642–646

obtinere

A. Magariños, Obtineo: EM 2 (1934) 111–115

occidens

v. oriens: Fischer/1957

occidentalis

v. Europa: Epperlein/1971

occurrere

H. Quentin, Notes de lexicographie hiéronymienne: REL 6 (1928) 70–72

Oceanus

R. Fréneaux, Géographie cicéronienne: la notion d'Océanus, in: Littérature gréco-romaine et géographie historique, Mélanges R. Dion, hrg. v. R. Chevallier, Paris 1974, 131–141

odi

G. Mahlow, Lateinisch odi: ZVSF 56 (1929) 117–120

odium

Th. Birt, Zur lateinischen Wortkunde: Glotta 15 (1927) 118–128

odoratio

S. Lundstroem, Odoratio et adspiratio (auf französisch): Er. 56 (1958) 183–187

offerre pro

R. Berger, Die Wendung „offerre pro" in der römischen Liturgie, München 1965, LWQF 41

officium

E. Bernert, De vi atque usu vocabuli officii, Diss. Breslau 1930
A. Lopez Kindler, Officium y beneficium en los documentos oficiales de la Iglesia en el bajo imperio, in: Actas III. congr. españ. de Estud. clas., II, Madrid 1968, 153–159

    v. *meritum:* Ellebracht/1963
       fides: Hellegouarc'h/1963

officium praedicationis

    v. *ordo praedicatorum:* Dagens/1975

oikonomia

    v. *substantia:* Moingt/1966

omen

E. Riess, Omen: PRE 35, 1939, 350–378

omnia munda mundis

J. C. Plumpe, Omnia munda mundis: TS 6 (1945) 509–523

omnis

F. Brendel, Omnis et totus: analyse et étymologie, in: Mélanges Pederson, Kopenhagen 1937, 260–268
    v. *solus:* Hofmann/1948

omnis sexus

J. H. Baxter, Omnis sexus: ALMA 9 (1934) 103

operari

v. *laborare:* Keel/1942

operatorius sermo

J. Rivière, „Operatorius sermo": RevSR 14 (1934) 550−553

operire

v. *salus:* Meillet/1928

opinio

v. *ratio:* Davies/1967

oportere

J. Paoli, Oportere dans les textes juridiques: REL 15 (1937) 326−344
J. Paoli, El verbo oportere en los textos jurídicos, Cuaderno Seminario del latino jurídico (Córdoba) 1942/3
F. Sturm, Oportere: ZSRG.R 82 (1965) 211−226
M. Kaser, Oportere und ius civile: ZSRG.R 83 (1966) 1−46

optumus

A. Pariente, Optumus: EM 42 (1974) 111−120

opus

v. *apis:* Handel/1922
  meritum: Ellebracht/1963

opus dei

I. Hausherr, Opus Dei: OrChrP 13 (1947) 195−218 = Monastic Studies 11 (1975) 181−204 (engl. Übers.)

ora et labora

D. Savramis, „Ora et labora" bei Basileios dem Großen: Mittellateinisches Jahrbuch 2 (1965) 22−37
v. *monachus:* Leclercq/1961

oraculum

E. Benveniste, Notes de vocabulaire latin: RPh 22 (1948) 117−126

orarium

E. Benveniste, Diffusion d'un terme de culture: latin orarium, in: Studia classica et orientalia A. Pagliaro oblata, Rom 1969, 213–218

A. Pincherle, Orarium et sudarium: RSLR 9 (1973) 52–56

oratio

C. Mueller, Oratio – oratorium, in: Donum Natalicium Schrijnen, Nimwegen/Utrecht 1929, 717–718

orationi frequenter imcumbere

A. de Vogüé, Orationi frequenter imcumbere. Une invitation à la prière continuelle: RAM 41 (1965) 467–472

orator

B. Hermann, Zur Wortbedeutung von orator im Frühmittelalter: SMBO 16 (1929) 352–376

    v. *patronus:* Neuhauser/1958

oratorium

    v. *oratio:* Mueller/1929

orbis

    v. *urbs:* Georgiev/1938

orbis Romanus

J. Vogt, Orbis Romanus. Zur Terminologie des römischen Imperialismus, Tübingen 1929

orbis terrarum

N. W. de Witt, Orbis terrarum: CJ 37 (1942) 362–363

orcus

G. P. Shipp, Orcus: Glotta 39 (1960) 154–168

ordinare

    v. *ordo:* Gy/1957
    ordo: Van Beneden/1974

ordinata caritas

H. Pétré, Ordinata caritas. Un enseignement d'Origène sur la charité: RSR 42 (1954) 40–57

ordinatio

> v. *decernere:* Fridh/1956
> *ordo:* Gy/1957
> *ordo:* Van Beneden/1974

ordo

B. Kuebler, Ordo: PRE 35, 1939, 930−934

F. Lammert, Ordo: PRE 35, 1939, 935−936

F. Gaessler, Der Ordo-Gedanke unter besonderer Berücksichtigung von Augustinus und Thomas von Aquin, Diss. Freiburg Brs. 1950

E. Bickel, Das Denkmal der Varusschlacht, 4. Semasiologisches zum Terminus ‚ordo' in der Militärsprache: RMP 95 (1952) 108−111

K. Demmer, Ius caritatis. Zur christologischen Grundlegung der augustinischen Naturrechtslehre: AnGr 118, Rom 1961

M. Gy, Remarques sur le vocabulaire antique du sacerdoce chrétien, in: Etudes sur le sacrement de l'ordre, hrg. v. J. Guyot, Paris 1957, deutsch: Das Apostolische Amt, Mainz 1961, 92−109

J. Rief, Der Ordo-Begriff des jungen Augustinus, Paderborn 1962

P. Antin, «Ordo» dans S. Jérôme, in: ders., Recueil sur S. Jérôme, Coll. Latomus 95, Brüssel 1968, 229−240

P. Van Beneden, Über den Ursprung einer kirchlichen Terminologie: VigChr 23 (1969) 161−176

P. Van Beneden, Aux origines d'une terminologie sacramentelle. Ordo, Ordinare, Ordinatio dans la littérature chrétienne avant 313, Löwen 1974

B. Cohen, La notion d'«ordo» dans la Rome antique: BAGB 1975, 259−282

> v. *ecclesia:* Janssen/1936
> *pax:* Laufs/1973

ordo amoris

R. Florez, Reflexiones sobre el "ordo amoris": RAE 3 (1962) 137−168

ordo episcoporum

> v. *presbyterium:* Botte/1956

ordo praedicatorum

C. Dagens, Grégoire le Grand et le ministère de la Parole. Les notions d'«ordo praedicatorum» et «officium praedicationis», in: Forma Futuri, Studi in onore di M. Pellegrino, Turin 1975, 1054−1073

C. Dagens, Grégoire le Grand et le ministère de la parole: les notions d'«ordo praedicatorum» et d'«officium praedicationis», in: TU 116, 1975, 197–198

ordo presbyterii

D. Powell, Ordo presbyterii: JThS 26 (1975) 290–328

organum

L. C. Michels, Orgaan (u. a. bei Augustinus): TNTL 67 (1950) 156–157

B. Loeschhorn, Die Bedeutungsentwicklung von lat. organon bis Isidor von Sevilla: MH 28 (1971) 193–226; 30 (1973) 217–218

oriens

J. Fischer, Oriens-Occidens-Europa. Begriff und Gedanke „Europa" in der späten Antike und im frühen Mittelalter, Wiesbaden 1957

originale

J. de Ghellinck, Originale et Origenalia: ALMA 14 (1939) 95–105

oriri

B. Loeschhorn, Die Grundbedeutung von „orior": MH 33 (1976) 105–112

otium

M. Kretschmar, Otium, studia litterarum, Philosophie und βίος θεωρητικός in Leben und Denken Ciceros, Würzburg-Aumühle 1938

E. Bernert, Otium: Würzburger Jahrbücher f. Altertumswissenschaften 4 (1949/50) 89–99

J. M. André, Recherches sur l'otium romain, Annales litt. Univers. Besançon 52, Paris 1962

J. M. André, Otium et vie contemplative dans les lettres à Lucilius: REL 40 (1962) 125–128

J. Leclercq, Otia monastica. Etudes sur le vocabulaire de la contemplation au Moyen Age, StAns 51, 1963

J. M. André, L'otium chez Valère-Maxime et Velleius Paterculus ou la réaction morale au début du principat: REL 43 (1965) 294–315

J. M. André, L'otium dans la vie morale et intellectuelle romaine des origines à l'époque augustéenne, Paris 1966

W. A. Laidlaw, Otium: GaR 15 (1968) 42–52

D. Grueninger, Otium: Ruhe, Muße, erfüllte Zeit: Der altsprachliche Unterricht 15 (1972) 41−66

L. Giangrande, Le loisir à Rome: Bull. soc. Leisure, Education and Culture, Prag 3 (1974) 37−57

    v. *auctoritas:* Balsdon/1960
      quies: Leclercq/1963

paenitentia

W. J. Teeuwen, De voce "paenitentia" apud Tertullianum: Mn. 55 (1927) 410−419

M. Ruiz Jurado, La penitencia en los Padres del desierto según Casiano: Manresa 35 (1963) 187−202

   v. μετάνοια: Emonds/1954
    culpa: Koch/1955
    satisfactio: Brück/1975

paganus

M. J. Zeiller, Paganus: CRAI 84 (1940) 526−543
   Paris 1917

H. Leclercq, Paganus: DACL 13, 1938, 375−380

B. Altaner, Paganus. Eine bedeutungsgeschichtliche Untersuchung: ZKG 58 (1939) 130−141

J. Zeiller, Paganus: CRAI 84 (1940) 526−543

K. Keil, Paganus in der Gladiatorensprache: AAWW 79 (1942) 84−87

M. Roblin, Remarques sur le terme paganus: BSNAF 1950/1, 40−41

H. Grégoire/P. Orgels, Paganus, Etude de sémantique et d'histoire, in: Mélanges G. Smets, Brüssel 1952, 363−400

H. Grégoire, Paganus. Note additionelle: Byz. 22 (1952) 333−335

Chr. Mohrmann, Encore une fois: paganus: VigChr 6 (1952) 109−121 = dies., Études sur le latin des Chrétiens, III, Rom 1965, 277−289

M. Roblin, Paganisme et rusticité. Un gros problème, une étude de mots: Annales. Economies. Sociétés. Civilisations 8 (1953) 173 bis 183

E. Bickel, Pagani. Kaiseranbeter in den Laren-Kapellen der pagi urbani im Rom Neros und des Apostels Petrus: RMP 97 (1954) 1−47

S. Boscherini, Pagano: Lingua nostra (Florenz) 17 (1956) 101−107

E. Demougeot, Remarques sur l'emploi de paganus, in: Studi A. Calderini/R. Paribeni, I, Mailand 1956, 337−350

   v. miles Christi: Demougeot/1961

pagina

J. de Ghellinck, «Pagina» et «Sacra pagina». Histoire d'un mot et transformation de l'objet primitivement désigné, in: Mélanges A. Pelzer, RTHP III, 26, Löwen 1947, 23–59

panis angelorum

G. Madec, „Panis angelorum" (selon les Pères de l'Eglise, surtout S. Augustin), in: Forma Futuri, Studi in onore di M. Pellegrino, Turin 1975, 818–829

papa

P. Batiffol, Papa, sedes apostolica, apostolatus: RivAC 2 (1925) 99–116

P. de Labriolle, Papa: ALMA 4 (1928) 65–75

H. Leclercq, Papa: DACL 13, 1938, 1097–1111

> v. *ecclesia:* Janssen/1936
> *synodus:* Adams/1977

parens

M. M. Odgers, Latin parens, its meanings and uses, Diss. Pensylvania 1928

A. Pariente, Parens et parentalia: EM 54 (1976) 303–319

parere

> v. *metuere:* Gernia/1970

paries

P. Courcelle, Le corps-tombeau, Platon Gorgias 493 a, Cratyle 400 c, Phèdre 250 c: REA 68 (1966) 101–122

parochia

A. Schaffini, Per la storia di parochia e plebs, ASI 1924

P. de Labriolle, Parochia: BSAF 71 (1927) 157–158

paroecia

P. de Labriolle, Paroecia: ALMA 3 (1927) 196–205

P. de Labriolle, Paroecia: RSR 18 (1928) 60–72

parricidas

M. Leroy, A propos de par(r)icidas: Latomus 6 (1947) 17–22

parrocia

> v. *provincia:* Mazzini/1974/5

pars sanior

I. H. Jacob, The Meaning of "pars sanior" in the Rule of Saint Benedict and its Use in the Decretal Collection of Pape Gregory IX, with a Study of the Electoral Law as Found in the "Decretum" of Gratian: DissAb 26 (1965/6) 3588–3589

in partem sollicitudinis

J. Rivière, In partem sollicitudinis . . . Evolution d'une formule pontificale: RevSR 5 (1925) 210–231

partes

v. *fides:* Hellegouarc'h/1963

participatio

G. Koch, Augustins Lehre von der Teilhabe. Untersuchung zur Bedeutung des participatio-Begriffs im Werke des hl. Augustinus, Diss. Freiburg 1958

partitio

v. *divisio:* Noerr/1972

pasce fame morientem

E. Lio, Finalmente rintracciata la fonte del famoso testo patristico: "Pasce fame morientem . . .": Anton. 27 (1952) 349–366

pascere

C. Moussy, Pasco chez Virgile: RPh 43 (1969) 239–248

pascha

Chr. Mohrmann, Pascha, Passio, Transitus: EL 66 (1952) 37–52 = dies., Études sur le latin des Chrétiens, I, Rom 1958, 205–222

M. Betelli Bergamaschi, Il significato di „pascha" in Gaudenzio da Brescia: Ricerche stor. Chiesa Ambrosiana (Mailand) 2 (1971) 5–23

J. Gibert y Tarruel, El significado de la expresión Pascha en la liturgia hispánica: EL 91 (1977) 132–145

v. πάσχα: Botte/1963

passio

M. de la Taille, Le sens du mot passio dans la lettre 63 de s. Cyprien: RevSR 21 (1931) 576–581

E. Auerbach, Remarques sur le mot passion: NPM 38 (1937) 218ff

E. Auerbach, Passio als Leidenschaft: PMLA 56 (1941) 1179−1196
E. Auerbach, Passio als Leidenschaft, in: ders., Gesammelte Aufsätze zur romanischen Philologie, Bern/München 1967, 161−175
v. *pascha:* Mohrmann/1952
meritum: Ellebracht/1963

passus

W. Schmid, Ein Spruch gegen Schmerzen bei Ps. Theod. Prisc. Zur Frage der Bedeutungsentwicklung des Adjektivs „passus" im Spätlatein: VigChr 14 (1960) 177−184

pater

D. Marin, Abba, Pater, in: Hommages à L. Hermann, Coll. Latomus 44, Brüssel 1960, 503−508

v. *parens:* Pariente/1976

pater et dominus

v. *status rectus:* Wlosok/1960

pater familias

L. J. Van der Lof, Die Gotteskonzeption und das Individuum bei Salvianus, in: TU 116, 1975, 322−329

pater patratus

H. Krahe, Pater patratus: ARW 34 (1937) 112−113

pater patriae

W. Ziegler, Wesen und Bedeutung des Titels „Pater Patriae" in seiner geschichtlichen Entwicklung, Diss. Heidelberg 1925

paterna pietas

v. *patria potestas:* Roberti/1935

patientia

C. Spicq, Patientia: RSPhTh 19 (1930) 95−106
H. J. Kunick, Der lateinische Begriff patientia bei Laktanz, Diss. Freiburg 1955
G. Geyer, Die Geduld. Vergleichende Untersuchung der Patientia-Schriften von Tertullian, Cyprian und Augustinus, Diss. Würzburg 1963
M. Skibbe, Die ethische Forderung der patientia in der patristischen Literatur von Tertullian bis Pelagius, Diss. Münster 1965

M. Spanneut, Patience et temps chez saint Cyprien de Carthage: MSR 23 (1966) 7–11

v. ὑπομονή: Spicq/1930
ὑπομονή: Spanneut/1976

patrare

A. Pariente, Patrare, interpretari y pellere: EM 18 (1950) 138–150

patres

E. Amann, Pères de l'Eglise I, 1. Le nom et son emploi: DThC 12 b, 1933, 1192–1195

patria

Fr. Arnaldi, Ancora sul significato di patria: ALMA 3 (1927) 30–31
L. N. D'Olwer, Patria: ALMA 3 (1927) 145–147
L. Krattinger, Der Begriff des Vaterlandes im republikanischen Rom, Immensee 1944
E. H. Kantorowicz, 'Pro Patria mori' in Medieval Political Thought: AHR 56 (1951) 472–492

patria potestas

M. Roberti, „Patria postestas" e „paterna pietas". Contributi allo studio dell'influenza del Cristianesimo sul diritto romano, in: Studi in memoria di E. Albertoni, Padua 1935, 257–270

patrimonium

A. Kraenzlein, Patrimonium: PRE Suppl. 10, 1965, 493–502

patrocinia

G. M. Gagov, Il culto delle Reliquie nell'Antichità riflesso nei due termini „patrocinia" e „pignora": MF 58 (1958) 484–512

patronus

W. Neuhauser, Patronus und orator. Eine Geschichte der Begriffe von ihren Anfängen bis in die Augusteische Zeit, Commentationes Aenipontanae 14, Innsbruck 1958

pauper

v. proprius: Ruska/1976

paupertas

J. Leclercq, Pour l'histoire du vocabulaire latin de la pauvreté: Melto 3 (1967) 293–308

L. Jan-Hennebicque, Pauperes et paupertas aux IXe et Xe siècle: RNord 50 (1968) 169–188

J. Fernandez Gonzales, La pobreza en San Agustín: vocabulario y contenidos lógicos: RAE 18 (1977) 135–154

pax

F. Wiesenthal, Die Wandlung des Friedensbegriffs von Augustinus zu Thomas von Aquin, Diss. München 1949

G. Manthey, Il concetto di „Pax" nelle monete Romane da Augusto a Nerva: RivAC 29 (1953) 94

M. Viano, Contributo alla storia semantica della famiglia latina di pax: AAST 88 (1953) 168–183

C. Tibiletti, Il senso eschatologico di pax et refrigerium e un passo di Tertulliano: Maia 10 (1958) 209–219

Y. M. Congar, «Pax» chez saint Augustin, in: BAug 28, 1963, 711–713

J. Laufs, Der Friedensgedanke bei Augustinus. Untersuchungen zum 19. Buch des Werkes „De civitate dei", Wiesbaden 1973; v. Selbstanzeige ABG 21, 1977, 148

v. *caritas:* Pétré/1948
εἰρήνη: Fantini/1952
εἰρήνη: Dinkler/Schubert/1972

pax augusta

H. Wagenvoort, Pax Augusta, Groningen/Haag 1930

pax christiana

v. *pax Romana:* Koch/1947

pax civilis

P. Jal, Pax civilis, concordia: REL 39 (1961) 210–231

pax perpetua

G. Manthey, Il significato primitivo della legenda „Pax perpetua" sulle monete degli imperatori Romani: RivAC 28 (1952) 45–75

pax Romana

H. Koch, Pax Romana – Pax Christiana, in: Festsch. Jens Norengaard, 1947, 112–130

Chr. Mohrmann, Pax Romana, AThijm 37, 3, Utrecht 1949

peccare

E. Mueller-Graupa, Primitiae II: Glotta 19 (1931) 48–72

peccata capitalia

A. Voog, Le péché et la distinction des péchés dans l'oeuvre de Césaire d'Arles: NRTh 84 (1962) 1062–1080

peccata minuta

v. *peccata capitalia:* Voog/1962

peccatum

A. E. Wilhelm-Hooijbergh, Peccatum. Sin and Guilt in Ancient Rome, Groningen 1954

F. Gastaldelli, Prospettive sul peccato in San Gregorio Magno: Sal. 28 (1966) 65–94

pectus

v. *cor:* Sperka/1952
  animus: Reis/1962

pecus

F. J. Doelger, Pecus als Bezeichnung für das ungeborene Kind: AuC 5 (1936) 78–79

B. Loefstedt, Zwei Patristica: Arctos 9 (1975) 57–59

penetrabilia

v. *penetralia:* Getty/1936

penetralia

R. J. Getty, Penetralia and penetrabilia in post-classical Latin: AJP 57 (1936) 233–244

penitus

R. Cavenaile, L'adverbe penitus à travers la latinité: EtCl 10 (1942) 27–52

percussio frontis

R. Hakamies, Percussio frontis = προσκύνησις: ALMA 27 (1957) 165–166

peregrinatio

W. Schultz, Der Gedanke der peregrinatio bei Augustin und das Motiv der Wanderschaft bei Goethe: NZSTh 8 (1966) 79–110

v. ξενιτεία: Lanne/1974

peregrinus

D. Medicus, Peregrinus: KP 4, 1972, 624—625

perfectio

H. Finé, Die Terminologie der Jenseitsvorstellungen bei Tertullian. Ein semasiologischer Beitrag zur Dogmengeschichte des Zwischenzustandes, Theoph. 12, Bonn 1958

perfectiora sacramenta

L. Lavorel, Que signifie l'expression «perfectiora sacramenta» chez saint Ambroise?: RevSR 32 (1958) 251—254

D. Illert, Die „vollkommeneren Sakramente" bei Ambrosius: ZKG 73 (1962) 9—15; v. BAThAM 9 (1965) 719

perfectus

v. *novitas:* Pruemm/1939

perficere

v. *procedere:* Bastiaensen/1962

perfidia

J. M. Oesterreicher, Pro perfidis Judaeis: TS 8 (1947) 80—96

B. Blumenkranz, Perfidia: ALMA 22 (1951) 157—170 = ders., Juifs et Chrétiens, Patristique et Moyen Age, Variorum Reprints, London 1977, Nr. VII

perfundere

v. *baptizare:* Prete/1959

periodus

H. Bornecque, Comment Cicéron rend le grec periodus, in: Mélanges P. Thomas, Brügge/Gent 1930, 66—68

perpetuus

F. H. Tejero, Perpetuus: Anuario Historia Derecho Español 19 (1948/9) 593 ff

persona

A. Michel, L'évolution du concepte de «personne» dans la philosophie chrétienne: RevPhil 20 (1919) 351—383 u. 487—515

H. C. Dowdall, The Word "Person": CQR 106 (1928) 229—264

H. Rheinfelder, Das Wort „Persona". Geschichte seiner Bedeutungen mit besonderer Berücksichtigung des franz. u. ital. Mittelalters, Halle 1928, Beihefte zur Zeitsch. f. Roman. Philologie 77

F. Altheim, Persona: ARW 27 (1929) 35−52

R. Boigelot, Le mot «personne» dans les écrits trinitaires de saint Augustin: NRTh 57 (1930) 5−16

M. Bergeron, La structure du concept latin de personne, Étude d'histoire littéraire et doctrinale du XIIIᵉ siècle, Paris 1932

J. de Ghellinck, L'histoire de ‹personne› et d'hypostase dans un écrit anonyme porrétain du XIIᵉ siècle: RNSP 36 (1934) 111−127

R. Duell, Persona: PRE 37, 1937, 1036−1041

M. Hatch Marshall, Boethius' Definition of "persona" and Medieval Understanding of the Roman Theatre: Spec. 25 (1950) 471−482

E. Gutwenger, Zur Ontologie der hypostatischen Union: ZKTh 76 (1954) 385−410

A. Philipsborn, Der Begriff der juristischen Person im römischen Recht: ZSRG.R 71 (1954) 41−70

M. Nédoncelle, Les variations de Boèce sur la personne: RevSR 29 (1955) 201−238

C. Buda, Evolución del concepto de persona: RF(M) 15 (1956) 243−259

E. Bréhier, Sur une des origines de l'humanisme moderne, le «De officiis» de Cicéron, in: Études de philosophie antique, Paris 1959, 131−134

C. J. De Vogel, The concept of personality in Greek and Christian Thought: SPHP 2 (1963) 20−60

F. Cayré, La noción de "persona" en el hombre y en Dios según San Agustín. La llamada de las cumbres cristianas: RAE 5 (1964) 5−11

J. Wiesner, Der Person-Begriff als sprachwissenschaftliches Problem, in: Zeitschrift f. deutsche Sprache 25 (1969) 49−64

O. Szemerényi, The Origins of Roman Drama and Greek Tragedy: Hermes 103 (1975) 300−332

   v. *natura:* Schurr/1935
    substantia: Evans/1944/5
    πρόσωπον: Nédoncelle/1948
    fides: Wolfson/1956
    deus: Braun/1962
    substantia: Moingt/1966
    μυστήριον: Studer/1971
    natura: Trapè/1973

persona Christi

M. Simonetti, Persona Christi. Tert. Adv. Prax. 27,11: RSLR 1 (1965) 97−98

perversitas

v. *pax:* Laufs/1973

philosophia

N. Stang, Philosophia: Philosophus bei Cicero: SO 11 (1932) 82–93

J. Leclercq, Pour l'histoire de l'expression «philosophie chrétienne»: MSR 9 (1952) 221–226

G. Penco, La vita ascetica come „filosofia" nell'antica tradizione monastica: StMon 2 (1960) 79–93

C. Tibiletti, Filosofia e cristianesimo in Tertulliano: Annali fac. lett. e filos. di Macerata, Padua 3/4 (1970/1) 97–133

J. A. Enríquez Gonzáles, El ámbito de la filosofía latina: Cuard. de filos. clás. (Madrid) 5 (1973) 361–429

v. *otium:* Kretschmar/1938
φιλοσοφία: Heyde/1961
monachus: Leclercq/1961

philosophia ancilla theologiae

A. Henrichs, Philosophy, the handmaiden of theology: GRBS 9 (1968) 437–450

philosophus

v. *philosophia:* Stang/1932
philosophia: Enríquez Gonzáles/1973

phylacterium

v. φυλακτήριον: Bartelink/1973

pietas

H. Wagenvoort, Pietas, Groningen 1924

Th. Ulrich, Pietas (pius) als politischer Begriff im römischen Staate bis zum Tode des Kaisers Commodus, Diss. Breslau 1930

J. Liegle, Pietas: ZN 42 (1935) 59–100 = WdF 34, 1967, 229–273

M. Murr, Pietas in der römischen Literatur bis zur augusteischen Zeit, Diss. Innsbruck 1948

F. Faessler, Pietas in der Aeneis Vergils und bei Benedikt von Nursia: Gymnasium helveticum 11 (1957) 41–50

W. Duerig, Pietas liturgica. Studien zum Frömmigkeitsbegriff und zur Gottesvorstellung der abendländischen Liturgie, Regensburg 1958

J. F. Burgess, Pietas in Virgil and Statius, in: Proceedings of the Virgil Society 11 (1971/2) 48–61

H. M. Currie, Dido: Pietas and Pudor: ClB 51 (1975) 37–40
  v. *fides:* Oksala/1958
   meritum: Ellebracht/1963
   φόβος: Jaekel/1975

pignora

  v. *patrocinia:* Gagov/1958

pignus

S. Condanari-Michler, Bodem, pignus, ὑποθήκη. Eine rechts-geschichtliche Überlegung, in: Festsch. P. Koschaker, III, Weimar 1939, 350–365

W. Duerig, Der Begriff pignus in der römischen Liturgie: ThQ 129 (1949) 383–398

pius

G. Royen, Lat. pius, germ. hold, in: Donum Natalicium I. Schrijnen, Nimwegen/Utrecht 1929, 713–716

U. Knoche, Zur Frage der epischen Beiwörter in Vergils Aeneis, in: Festsch. B. Snell, München 1956, 47–60

  v. *pietas:* Ulrich/1930

plebs

J. Gagé, La plebs et le populus et leurs encadrements respectifs dans la Rome de la première moitié du Ve siècle av. JC: RH 94 (1970) 5–30

H. Volkmann, Plebs: KP 4, 1972, 919–922

  v. *parochia:* Schaffini/1924
   ecclesia: Janssen/1936
   provincia: Mazzini/1974/5

plebs dei

  v. *populus dei:* Loi/1965

plena deo

F. Del Corte, Plena Deo: Maia 23 (1971) 102–106

plenus

O. Longo, Ricerche sulla terminologia filosofica lucreziana: AIVS 123 (1964/5) 421–477

24*

pluria

W. D. Lebek, Pluria and compluria in lateinischer Sprache und römischer Grammatik: RMP 114 (1971) 340–348

poena

M. Fuhrmann, Poena: PRE Suppl. 9, 1962, 843–861

R. Lamacchia, Sull'evoluzione semantica di poena, in: Studia Florentina A. Roneoni, Rom 1970, 135–154

polire

J. Vendryes, Lat. polire et interpolare, in: Donum natalicium J. Schrijnen, Nimwegen/Utrecht 1929, 702–704

pollicitatio

J. Roussier, Le sens du mot pollicitatio chez les juristes romains: RIDA 3 (1949) 295–317

v. *taxatio:* Garnsey/1971

pompa

P. de Labriolle, Pompa: ALMA 2 (1925) 170–181

F. Boemer, Pompa (πομπή): PRE 21,2, 1952, 1878–1994 u. 2548–2549

pompa diaboli

H. Rahner, Pompa diaboli. Ein Beitrag zur Bedeutungsgeschichte des Wortes πομπή-pompa in der urchristlichen Taufliturgie: ZKTh 55 (1931) 239–273

J. H. Waszink, Pompa diaboli: VigChr 1 (1947) 13–41

pondus

M. Walther, Pondus, dispensatio, dispositio. Werthistorische Untersuchungen zur Frömmigkeit Papst Gregors des Großen, Bern 1941

ponere

v. *mittere:* Adams/1974

pontifex

P. Kretschmer, Pontifex: Glotta 10 (1920) 212

Th. Birt, Pontifex und Sexagenarii de ponte: RMP 75 (1926) 115–127

K. Glaser, Pontifex: Mitteilungen d. Vereins klass. Philol. in Wien 1926, 68–72

A. Sogliano, Intorno alla etimologia del nome pontifex: Hist(M) 5 (1931) 555–562

H. Leclercq, Pontifex: DACL 14, 1948, 1423–1428

J. P. Hallet, "Over troubled waters". The meaning of the title pontifex: TPAPA 101 (1970) 219–227

K. Ziegler, Pontifex: KP 4, 1972, 1046–1048

P. Stockmeier, Die Übernahme des Pontifex-Titels im spätantiken Christentum, in: Konzil und Papst, Festsch. Tüchle, hrg. v. G. Schwaiger, Paderborn 1975, 75–84

> v. *ecclesia:* Janssen/1936
> *sacrificium:* Beukers/1968

pontifex maximus

R. Schieffer, Der Papst als Pontifex Maximus. Bemerkungen zur Geschichte eines päpstlichen Ehrentitels: ZSRG.K 88 (1971) 300–309

popularis

R. Saeger, Cicero and the word "popularis": CQ 22 (1972) 328–338

populus

O. Lagercrantz, Lat. populus, in: Mélanges E. Boisacq, II, Brüssel 1937, 57–60

A. C. Juret, Étymologie de populus: REA 42 (1940) 198–200

B. G. Philipp, Politische Wortstudien: Gym. 66 (1959) 97–127

E. Lamirande, Le mot ‹populus› dans le contexte ecclésiologique (bei Augustinus), in: BAug 32 (1965) 742–743

J. du Quesney Adams, The "Populus" of Augustine and Jerome. A Study in the Patristic Sense of Community, New Haven/ London 1971; v. REAug 18 (1972) 316–317

> v. *ecclesia:* Janssen/1936
> βασιλεύς: Juret/1940
> *civitas:* Marshall/1952
> *plebs:* Gagé/1970

populus dei

J. Ratzinger, Volk und Haus Gottes in Augustins Lehre von der Kirche, MThS 2,7, 1954

V. Loi, Populus Dei – Plebs Dei. Studio storico-linguistico sulle denominazioni del „Popolo di Dio" nel latino paleo-cristiano: Sal. 27 (1965) 604–628

portendere

> v. *aenigma:* O'Malley/1967

portio

v. *substantia:* Moingt/1966

possessio

C. A. Cannata, Possessio, possessor, possidere nelle fonti giuridiche del basso impero romano, Mailand 1962

possidere

A. Carcaterra, La voce possidere ad un esame filologico giuridico: Archivio giuridico (Modena) 16 (1936) 168–174

v. *possessio:* Cannata/1962

potentatus

M. Boas, Potentatus: RMP 83 (1934) 181–192

potentia

H. Drexler, Potentia: RMP 102 (1959) 50–95

B. Baldwin, Seneca's "potentia": CP 65 (1970) 187–188

H. L. Gonin, Potentia by Cicero. 'n woordondersoek: ACl 17 (1974) 49–57

v. *actus:* San Miguel/1959
   potestas: Hellegouarc'h/1963

potentia dei absoluta

H. Grzondziel, Die Entwicklung der Unterscheidung zwischen der potentia Dei absoluta und der potentia ordinata von Augustin bis Alexander von Hales, Breslau 1926 (Teildruck)

potentia ordinata

v. *potentia dei absoluta:* Grzondziel/1926

potestas

F. de Visscher, Potestas et cura, in: Studi in onore di S. Perozzi, Palermo 1925, 397–406

J. Hellegouarc'h, Le vocabulaire latin des relations et des partis politiques sous la république, Paris 1963

v. *auctoritas:* Ensslin/1954
   auctoritas: Irmscher/1975

praebenda

E. Lesne, Praebenda. Le sens primitif du terme prébende, in: Mélanges P. Fournier, Paris 1929, 443–454

praeceptio

v. *decernere:* Fridh/1956

praeceptis salutaribus moniti

B. Fischer, Praeceptis salutaribus moniti: ALW 1 (1950) 124–127

praeceptum

A. Bloch, Zwei Beiträge zur lateinischen Wortkunde, 1. praeceptum:
MH 15 (1958) 130–136

J. Gaudemet, Praeceptum, in: Mélanges G. Fransen, hrg. v. St. Kuttner, STGra 19/20 (1976) 253–269

v. *doctrina:* Kevane/1976

praecipere

P. Colaclidès, Note sur le sens de praecipio: Glotta 38 (1960)
309–311

v. *decernere:* Fridh/1956

praeco

F. Hinard, Remarques sur les praecones dans la Rome de la fin de
la république: Latomus 35 (1976) 730–746

praeda

v. *princeps:* Vogt/1919

praedestinatio

J. M. Dalmaù, Praedestinatio, Electio. Contribución a un "lexicon
augustinianum", in: AugM 1, 1954, 127–136

v. *incarnatus:* Loi/1971

praedicamentum

v. *κατηγορία:* Bravo Cozano/1965

praedicare

Chr. Mohrmann, Praedicare, tractare, sermo. Essai sur la terminologie de la prédication paléochrétienne: MD 39 (1954) 97–107
= dies., Études sur le latin des Chrétiens, II, Rom 1961, 63–72

praedicatio

v. *deus:* Braun/1962

praeesse

Y. M. J. Congar, Quelques expressions traditionnelles du service chrétien, in: L'Épiscopat et l'Église universelle, Paris 1962, 101–132

praefari

Chr. Mohrmann, Sur l'histoire de praefari – praefatio: VigChr 7 (1953) 1–15 = dies., Études sur le latin des Chrétiens, III, Rom 1965, 291–305

praefatio

H. Leclercq, Préface: DACL 14, 1948, 1704–1716

   v. *praefari:* Mohrmann/1953
   προφητεία: Dekkers/1963

praeire

   v. *monitor:* Doelger/1930

praeiudicium

F. Schalk, Praeiudicium im Romanischen: ARom 20, 1969; v. Selbstanzeige ABG 13, 1969, 107

K. Hackl, Praeiudicium im klassischen römischen Recht, in: Salzburger Universitätsschriften 14, 1976

praelatus

   v. *praeesse:* Congar/1962

praemium

   v. *princeps:* Vogt/1919

praepositus

M. Durry, Vocabulaire militaire. Praepositus, in: Mélanges A. Ernout, Paris 1940, 129–133

G. Folliet, Les trois catégories de chrétiens. Appendix: AThA 14 (1954) 96

W. Ensslin, Praepositus: PRE Suppl. 8, 1956, 539–556

   v. *praeesse:* Congar/1962

praescriptio

J. L. Allie, Nature de la prescription ou des prescriptions dans le «De praescriptione»: RUO 6 (1937) 211–225; 7 (1938) 16–28

J. K. Stirnimann, Die praescriptio Tertullians im Lichte des römischen Rechts und der Theologie, Freiburg 1949, Par. 3

W. Kolitsch, Praescriptio und exceptio außerhalb des Formular-
verfahrens: ZSRG.R 76 (1959) 265—305

D. Noerr, Die Entstehung der longi temporis praescriptio. Studien
zum Einfluß der Zeit im Recht und zur Rechtspolitik in der
Kaiserzeit, Köln/Opladen 1969

v. παραγραφή: Schönbauer/1964

praesens

v. *consens:* Pascucci/1961

praestare

E. Wistrand, Absolutes praestare = beneficium, officium, obsequium
praestare: Er. 55 (1957) 188—200

praesumere

P. Miquel, «Praesumere/Praesumptio» dans l'ancienne littérature
monastique: RBen 79 (1969) 424—435

praesumptio

D. Simon, Untersuchungen zum Justinianischen Zivilprozeß: MBPF
54 (1969) 175—201

v. παρρησία: Steidle/1947
praesumere: Miquel/1969

praevaricatio

N. W. de Witt, Praevaricatio and delirium: AJP 39 (1918) 407—408

pragmaticus

D. Noerr, Pragmaticus: PRE Suppl. 10, 1965, 639—651

preces

v. *meritum:* Ellebracht/1963

presbyter

J. G. Sobosan, The role of the presbyter. An investigation into the
Adversus haereses of saint Irenaeus: SJTh 27 (1974) 129—146

v. *sacerdos:* Mouterde/1962
clerus: Gryson/1966

presbyterium

B. Botte, «Presbyterium» et «Ordo episcoporum»: Irén. 29 (1956)
5—27

prima cathedra

S. Mazzarino, Prima cathedra, in: Mélanges d'archéologie et d'histoire A. Piganiol, hrg. v. R. Chevallier, III, Paris 1966, 1653—1665

primatus

J. Le Moyne, Primatus: RBen 63 (1953) 107—111

primicerius

W. Ensslin, Primicerius: PRE Suppl. 8, 1956, 614—624

primigenius

J. Champeaux, Primigenius, ou de l'originaire: Latomus 34 (1975) 909—985; v. Selbstanzeige ABG 21, 1977, 134—135

princeps

O. Vogt, Princeps, praeda, praemium: NJPP 1919, 137—138

H. Wagenvoort, Princeps: Ph. 91 (1936) 206—221 und 323—345

L. Wickert, Princeps, II. Das Wort princeps im Sprachgebrauch der römischen Literatur: PRE 44, 1954, 2004—2014

H. Drexler, Res publica: Maia 9 (1957) 247—281; 10 (1958) 1—37

H. Volkmann, Princeps: KP 4, 1972, 1135—1140

princeps apostolorum

P. Batiffol, « Princeps apostolorum ». Esquisse de l'histoire de cette expression: RSR 18 (1928) 31—59

v. *cathedra Petri:* Batiffol/1938

princeps monasterii

A. de Vogüé, Le nom du Supérieur de monastère dans la Règle pachômienne. A propos d'un ouvrage récent: StMon 15 (1973) 17—22

princeps senatus

J. Svolahti, Princeps senatus: Arctos 7 (1972) 207—218

principalitas

H. Holstein, Propter potentiorem principalitatem (Irénée, Adversus haereses 3,3,2): RSR 36 (1949) 122—135

principari

V. Loi, L'uso di „principari" e la datazione dell'Ireneo latino: AION 6 (1965) 145—149

principatus

v. *cathedra Petri:* Batiffol/1938

principium

C. Ottaviano, Accezione logiche ed evoluzione storica del termine principio: AANL 25 (1970) 299–313

privatus

v. *publicus:* Muellejans/1964

probola

v. *μοναρχία:* Verhoeven/1948
substantia: Moingt/1966

procedere

A. A. R. Bastiaensen, Observations sur le vocabulaire dans l'Itinéraire d'Egérie, Nimwegen 1962, LCP 17

procurator

O. Behrends, Der Procurator des klassischen römischen Zivilrechts: ZSRG.R 88 (1971) 215–299

prodigium

K. J. Schoenberger, Zur Behandlung des Prodigienkapitels in der Livius-Lektüre: Blätter f. d. bayr. Gymnasialschulwesen 55 (1919) 101–104
H. Kleinknecht, Laokoon: Hermes 79 (1944) 66–111
P. Haendel, Prodigium: PRE 46, 1959, 2283–2296
C. Zintzen, Prodigium: KP 4 1972, 1151–1153
J. B. Bauer, Das Prodigium bei Sueton, Augustus 94, 3: Hermes 102 (1974) 124–127

proditio

M. Fuhrmann, Proditio: PRE Suppl. 9, 1962, 1221–1230

proesse

v. *praeesse:* Congar/1962

profanare

v. *profanus:* Wagenvoort/1949
profanus: Benveniste/1960
sacrum: Schilling/1971

profanus
H. Wagenvoort, Profanus, profanare: Mn. 4, 2 (1949) 319–332
E. Benveniste, Profanus et profanare, in: Festg. G. Dumézil, Brüssel
1960, 46–53
   v. *gentes:* Opelt/1965

profectus
J. Ritter, Fortschritt 1–2: HWP 2, 1972, 1032–1037

professor
R. Helm, Professor: PRE 45, 1957, 110–112
   v. *doctor:* Slusanski/1975

prognatus
E. Schwyzer, Prognatus: ZVSF 56 (1928) 10–23

progressio
   v. *profectus:* Ritter/1972

prolatio sententiae
G. Wesener, Prolatio sententiae: PRE Suppl. 9, 1962, 1235–1237

proletarius
B. Hemmerdinger, Proletarius – servus: Belfagor 28 (1973) 96–97

promulgatio
G. Wesener, Promulgatio: PRE Suppl. 9, 1962, 1239–1241

pronomen
H. Delehaye, Pronomen: ALMA 3 (1927) 28–29

pronuntiatio
G. Wesener, Pronuntiatio: PRE Suppl. 9, 1962, 1241–1248

propinquus
   v. *salus:* Meillet/1928

propositio
U. Wilcken, Zu den Kaiserreskripten: Hermes 55 (1920) 1–42

propositum
J. Campos, El "propositum" monástico en la tradición patrística, in:
Miscellanea patristica, Escorial 1968, 117–132

proprietas

v. *substantia:* Moingt/1966

proprius

L. Havet, Proprius, terme rituel: RPh 42 (1918) 81–84

G. Ruska, Proprius und pauper bei Horaz: ZAnt 26 (1976) 89–104

proverbium

L. Bieler, Die Namen des Sprichwortes in den klassischen Sprachen: RMP 85 (1936) 240–253

providentia

M. M. Charlesworth, Providentia and Aeternitas: HThR 29 (1936) 107–132

C. M. Pérez de Valle, Providencia, destino y libertad en el de fato de Tertulliano: Helm. 21 (1970) 80–84

W. Eisenhut, Providentia: PRE Suppl. 14, 1974, 562–565

v. πρόνοια: Parma/1971

provincia

I. Mazzini, La terminologia della ripartizione territoriale ecclesiastica nei testi conciliari latini dei secoli IV e V. Contributo sociolinguistico: SUSF S.A 43 (1974/5) 235–266

proximus

v. *caritas:* Pétré/1948

prudentia

M. L. Ricci, Definizione della prudenzia in Sant'Ambrogio: SIFC 41 (1969) 247–262

v. *sapientia:* Etienne/1970

pubes

E. Benveniste, Pubes und publicus: RPh 29 (1955) 7–10

publicani

G. Ueroegdi, Publicani: PRE Suppl. 11, 1968, 1184–1208

publicus

H. Kirchner, Beiträge zur Geschichte der Entstehung der Begriffe „öffentlich" und „öffentliches Recht", Diss. Freiburg Brs. 1950

H. Muellejans, Publicus und privatus im römischen Recht und im älteren kanonischen Recht unter besonderer Berücksichtigung der

Unterscheidung ius publicum und ius privatum, München 1964,
MThS 3, 2

v. *pubes:* Benveniste/1955

pudor

V. d'Agostino, I concetti di pudore e pudicizia negli scrittori antichi:
RSC 17 (1969) 320–329

v. *pietas:* Currie/1975

puella

v. *puer:* Bambeck/1972

puer

J. Janssen, Quam aetatem significat vox quae est „puer": Mn. 47
(1920) 101–102

M. Bambeck, Puer et puella senes bei Ambrosius von Mailand. Zur
altchristlichen Vorgeschichte eines literarischen Topos: RomF 84
(1972) 257–313

J. Maurin, Remarques sur la notion de «puer» à l'époque classique:
BAGB 4 (1975) 221–230

pueritia

v. *infantia:* Eyben/1973
aevum: Slusanski/1974

pulchritudo

P. Grosso, Arte e belleza nel pensiero antico. Le questione del
„Bello" in S. Agostino e S. Tommaso, Rom 1960

pulchrum

P. Monteil, Beau et laid en latin. Etude de vocabulaire, Paris 1964

J. Tscholl, Gott und das Schöne beim hl. Augustinus, Löwen 1967

punctum

W. L. Lorimer, Punctum: ClR 54 (1940) 77–79

pupilla oculi

M. B. Ogle, The apple of the eye: TPAPA 73 (1942) 181–191

putare

P. Kretschmer, Die Bedeutungsentwicklung von lat. putare: Glotta
10 (1920) 161–162. 168

Q

quaerere

M. Bambeck, Spanisch und portugiesisch „querer" und die Bibel-exegese Augustins: ASNS 207 (1970/1) 30—35

A. Fridh, Zum Bedeutungswandel von lat. quaerere: Er. 74 (1976) 139—166

quaerere deum

G. Turbessi, Quaerere Deum. Il tema della „ricerca di Dio" nell'ambiente ellenistico e giudaico, contemporaneo al Nuovo Testamento: AnBib 18 (1963) 383—398

G. Turbessi, „Quaerere Deum": La ricerca di Dio in antichi testi cristiani: RAMi 9 (1964) 240—255

G. Turbessi, Quaerere Deum. Variazioni patristiche su un tema centrale della „Regula Sancti Benedicti": Ben. 14 (1967) 14—22; 15 (1968) 181—205

qualitas

A. Meillet, A propos de qualitas: REL 3 (1925) 214—220

quies

J. Leclercq, Otia monastica. Etudes sur le vocabulaire de la contemplation au moyen âge, StAns 51, Rom 1963

radius

J. Massingberd Ford, The ray, the root and the river. A note on the Jewish origin of trinitarian images, in: TU 108, 1972, 158—165

radix

P. Gardette, Latin chrétien radix, ancien français raiz (Jeu d'Adam 5, 489 et 878), in: Etudes de langue et de litt. du MA, offertes à F. Lecoy, Paris 1973, 139—146

ramus

v. *radius:* Massingberd Ford/1972

ratio

A. Yon, Ratio et les mots de la famille de reor. Contribution à l'étude historique du vocabulaire latin, Paris 1933

L. J. Van den Linden, Ratio et Intellectus dans les premiers écrits de saint Augustin: Aug(L) 7 (1957) 6—23

G. Daoust, Raison et autorité chez le jeune Augustin, in: Etudes d'histoire littéraire et doctrinale, Univ. Montréal, Public. de l'Inst. Etudes Méd., Montréal/Paris 1962, 31—48

R. W. Davies, Ratio und Opinio in Roman Military Documents: Hist. 16 (1967) 115—118

M. A. Bouchard, Le sens et la valeur de «Ratio» dans les premiers écrits de Saint Augustin, Ottawa 1970

J. L. Gonzáles, Athens and Jerusalem Revisited: Reason and Authority in Tertullian: ChH 43 (1974) 17—25

A. Cantin, Ratio et auctoritas de Pierre Damien à Anselme: REAug 18 (1972) 152—179

H. Ludwig, Materialismus und Metaphysik. Studien zur epikureischen Philosophie bei Titus Lucretius Carus, Köln 1976

G. Bray, The Concept of ratio in Tertullian: VigChr 31 (1977) 94—116

v. *fides:* Emmenegger/1948
auctoritas: Clémence/1951
auctoritas: Lütcke/1968

natura: Perelli/1972
similitudo: Kohlenberger/1972
doctor: Hus/1974

rationabilis

O. Casel, Ein orientalisches Kultwort in abendländischer Umschmelzung: JLW 11 (1931) 1–19
B. Botte, „Rationabilem": MD 23 (1950) 47–49
Chr. Mohrmann, Rationabilis-logikos, in: Mélanges F. de Visscher, RIDA 5 (1950) 225–234 = dies., Études sur le latin des chrétiens, I, Rom 1958, 179–187

rationes seminales

M. J. McKeough, The Meaning of the rationes seminales in St. Augustine, Diss. Washington 1926
F. J. Thonnard, Les raisons séminales selon saint Augustin, in: Actes XIe congr. internat. de philosophie, Amsterdam 1953, 146–152

recapitulatio

E. Scharl, Der Rekapitulationsbegriff des hl. Irenäus: OrChrP 6 (1940) 376–416
E. Scharl, Recapitulatio mundi. Der Rekapitulationsbegriff des hl. Irenäus und seine Anwendung auf die Körperwelt, FThSt 60, 1941

recensere

T. Michels, Recensita Nativitate: JLW 11 (1931) 139–144

recipere

H. Kornhardt, Recipere und servus receptivus: ZSRG.R 58 (1938) 162–164
A. Lumpe, Zu ‚recipere' als gültig annehmen, anerkennen im Sprachgebrauch des römischen und kanonischen Rechts: AHC 7 (1975) 118–135

recitare

v. *legere:* Paoli/1922

recordatio

v. *auctoritas:* Cadiou/1937

rector

v. *praeesse:* Congar/1962

redditio symboli

H. J. Carpenter, Creeds and baptismal rites in the first four centuries:
JThS 44 (1943) 1−11

redemptio

W. Elert, Redemptio ab hostibus: ThLZ 72 (1947) 265−270

v. *meritum:* Ellebracht/1963

redemptor

P. Eijkenboom, Christus Redemptor in the Sermons of St. Augustine, in: Mélanges Chr. Mohrmann, Utrecht/Antwerpen 1963, 233−239

redimere

v. λυτροῦσθαι: Andresen/1966

reformare

v. *renovare:* Ladner/Packard/1973

refrigerium

A. M. Schneider, Refrigerium, I. nach literarischen Quellen und Inschriften, Freiburg 1928

E. Buonaiuti, Refrigerio pagano e refrigerio cristiano: RicRel 5 (1929) 60−67

G. Van der Leeuw, Refrigerium: Mn. 3 (1935/6) 125−148

A. Parrot, Le «Refrigerium» dans l'au-delà: RHR 113 (1936) 149−187; 114 (1936) 69−92; 115 (1937) 53−89 (als Buch Paris 1937)

H. Leclercq, Refrigerium: DACL 14, 1948, 2179−2190

Chr. Mohrmann, Locus refrigerii, in: L'ordinaire de la messe, texte critique etc, hrg. v. B. Botte und Chr. Mohrmann, Etudes liturgiques, II, Paris 1952, 123−132 = dies., Études sur le latin des Chrétiens, II, Rom 1961, 81−92

A. Stuiber, Refrigerium interim, Theoph. 11, Bonn 1957

Chr. Mohrmann, Locus refrigerii, lucis et pacis: QLP 3 (1958) 196−214

H. Finé, Der Ort der Erquickung. Eine frühchristliche Jenseitsvorstellung und ihre geschichtliche Entwicklung im Lichte der Sprache: GuL 33 (1960) 335−348

J. Doignon, Refrigerium et catéchèse à Vérone au IV. siècle, in: Coll. Latomus 102, Brüssel 1969, 220−239

v. *perfectio:* Finé/1958
     pax: Tibiletti/1958

regia

H. Bardon, Le mot regia chez Quinte Curce: Latomus 5 (1946) 17—26

regio dissimilitudinis

A. E. Taylor, Regio dissimilitudinis: AHDL 9 (1934) 305—306

F. Chatillon, Regio dissimilitudinis, in: Mélanges E. Podechard, Lyon 1945, 85—102

E. Gilson, «Regio dissimilitudinis» de Platon à Bernard de Clairvaux: MS 9 (1947) 108—130

J. C. Didier, Pour la fiche Regio dissimilitudinis: MSR 8 (1951) 205—210

G. Dumeige, Dissemblance (regio dissimilitudinis) 1—3: DSp 3, 1957, 1330—1336

P. Courcelle, Tradition néo-platonicienne et traditions chrétiennes de la «région de dissemblance» (Platon, Politique 273 d): AHDL 32 (1957/8) 5—33

P. Courcelle, Complément au répertoire des textes relatifs à la «region de dissemblance»: Augustinus 13 (1968) 135—140

M. Schmidt, Regio dissimilitudinis. Ein Grundbegriff mittelhochdeutscher Prosa im Lichte seiner lateinischen Bedeutungsgeschichte: FZPhTh 15 (1968) 63—108

P. Courcelle, Treize textes nouveaux sur la «région de dissemblance» (Platon, Politique 273 d): REAug 16 (1970) 271—281

M. Schmidt, Einflüsse der „Regio dissimilitudinis" auf die deutsche Literatur des MA: REAug 17 (1971) 299—313

regnum

W. Allen, Caesar's Regnum (Suet. Jul. 9, 2): TPAPA 84 (1953) 227—236

v. *civitas:* Marshall/1952

regnum dei

v. *ecclesia:* Kamlah/1938

regula

L. Cilleruelo, El concepto de "Regula" en San Agustín: CDios 181 (1968) 817—824 (Misc. Patristica, Hommage al P. A. C. Vega)

D. Noerr, Sprachregel und Generalisierung: ZSRG.R 89 (1972) 18—93

regula fidei

B. Haeglund, Die Bedeutung der „regula fidei" als Grundlage theologischer Aussagen: StTh 12 (1958) 1—44

R. Trevijano Etcheverría, Origenes y la "regula fidei", in: Origeniana, Bari 1975, 327—338

v. παράδοσις: Van den Eynde/1933
substantia: Moingt/1966

regula veritatis

E. Flessman-Van Leer, Tradition and Scripture in the Early Church, Assen 1954

A. C. de Veer, La „regula veritatis" (bei Augustinus), in: BAug 31, 1968, 832—834

V. Grossi, Regula veritatis e narratio battesimale in sant'Ireneo: Aug. 12 (1972) 437—463

v. παράδοσις: Van den Eynde/1933

religio

Kobbert, Religio: PRE 2. Reihe 2, 1920, 565—575

E. Magnin, Religion I, 1: le mot, étymologie: DThC 13b, 1937, 2182—2184

A. Beck, Zur Frage der religiösen Bestimmtheit des römischen Rechts, in: Festsch. P. Koschaker, I, Weimar 1939, 1—15

J. B. Kaetzler, Religio. Versuch einer Worterklärung, in: 20. Jahresbericht bischhöfl. Gymn. Paulinum in Schwaz (Österreich) 1952/3, 2—18

Wilt H. Toomey, Religio. A semantic study of the pre-christian use of the terms religio and religiosus, Diss. Columbia Univers. New York 1954

L. Koep, „Religio" und „Ritus" als Problem des frühen Christentums: JAC 5 (1962) 40—59

R. Muth, Röm. Religio, in: Serta philol. Aenipontana 1962, 247—271

A. Wlosok, Römischer Religions- und Gottesbegriff in heidnischer und christlicher Zeit: AuA 16 (1970) 39—53

H. J. Hartung, Religio und sapientia iudicum: Hermes 102 (1974) 556—566

G. Lieberg, Considerazioni sull'etimologia e sul significato di «religio»: RFIC 102 (1974) 34—57; v. K. W. Weber: ABG 20, 1976, 139—140

H. Bouillard, La formation du concept de religion en Occident, in: Humanisme et foi chrétienne, hrg. v. Ch. Kannengiesser u. Y. Marchasson, Paris 1976, 451—461

L. A. Springer, The role of Religio, Solvo and Ratio in Lucretius: ClW 71 (1977) 55−61

v. εὐλάβεια: Kerényi/1931
fides: Stockmeier/1972
ratio: Ludwig/1976

religio licita

F. C. Grand, Religio licita, in: TU 79, 1961, 84−89

religiosus

A. Harrer, A Meaning of religiosus: CP 19 (1924) 83−84
P. Joüon, L'étymologie de religiosus dans Cicéron et un trait caractéristique de l'homme religieux en Israel: RSR 26 (1936) 181−185
R. Grégoire, Religiosus. Etude sur le vocabulaire de la vie religieuse: StMed 3 (1962) 415−430

v. religio: Toomey/1954

reliquiae

v. nomina: Gagov/1955

remedium

v. meritum: Ellebracht/1963

remota iustitia

R. H. Barrow, Remota . . . iustitia: VigChr 15 (1961) 116

renasci

L. Boesing, Zur Bedeutung von „renasci" in der Antike: MH 25 (1968) 145−178

renovare

G. B. Ladner/D. W. Packard, Gregory the Great and Gregory VII. A comparision of their Concepts of renewal: Viator 4 (1973) 1−31

repetere provinciam nostram

v. παράκλησις: Matthei/1963

reportatio

G. Mueller, La „reportatio": Sal. 21 (1959) 647−659

repraesentare

A. Lumpe, Zu repraesentare und praesentare im Sinne von „rechts-
gültig vertreten": AHC 6 (1974) 274–290

repraesentatio

L. Schnorr von Carolsfeld, Repraesentatio und Institutio. Zwei
Untersuchungen über den Gebrauch dieser Ausdrücke in der
römischen Literatur, in: Festsch. P. Koschaker, I, Weimar 1939,
103–116

H. Hofmann, Repräsentation. Studien zur Wort- und Begriffsgeschichte von der Antike bis ins 19. Jh., Berlin 1974

requies

    v. *perfectio:* Finé/1958

reri

    v. *ratio:* Yon/1933

res

    v. *sacramentum:* Féret/1940

res publica

Rosenberg, Res publica, I. Terminologie des antiken Staates: PRE
2. Reihe, 2, 1920, 633–637

R. Stark, Res publica, Göttingen 1937

H. Kreller, Res publica in der römischen Kaiserzeit: ZSRG.R 65
(1947) 355–356

W. Suerbaum, Vom antiken und frühmittelalterlichen Staatsbegriff.
Über Verwendung und Bedeutung von res publica, regnum, imperium und status von Cicero bis Jordanis, Orbis antiquus
16–17, Münster 1961

H. P. Kohns, Res publica, res populi (zu Cic. Rep. 1, 39): Gym. 77
(1970) 392–404

H. Volkmann, Res publica: KP 4, 1972, 1381–1384

    v. *civitas:* Marshall/1952
      imperium: Orlandi/1967
      gloria: Hand/1970
      auctoritas: Irmscher/1975

res sacrae

J. Gaudemet, «Res sacrae»: ACan 15 (1971) 299–316

respicere

v. *meritum:* Ellebracht/1963

responsorium

C. Gindele, Zum Ausdruck „responsorium" im ordo officii der Benediktiner- und Magisterregel: EuA 39 (1963) 139−143

restituere

P. Siniscalco, I significati di „restituere" e „restitutio" in Tertulliano, AAST 93, 1958/9, Turin 1959

restitutio in integrum

H. Kornhardt, Restitutio in integrum bei Terenz, in: Festsch. I. Kapp, München 1954, 65−78

resurgere autem non est nisi eius quod cecidit

A. H. C. Van Eijk, Only that can rise which has previously fallen. The history of a formula: JThS 22 (1971) 517−529

retractare

D. Daube, Withdrawal. Five verbs: Californian Studies in Class. Antiquity 7 (1974) 93−112

retractatio

W. Litewski, La retractatio de la sentence établissant l'ingenuitas: RIDA 23 (1976) 153−189

v. *aemulatio:* Figua/1974

revelare

A. C. de Veer, «Revelare-Revelatio». Eléments d'une étude sur l'emploi du mot et sur sa signification chez saint Augustin, in: RechAug 2, Paris 1962, 331−357
W. Wieland, Offenbarung bei Augustinus, Tübinger theol. Stud. 12, Mainz 1978

v. *deus:* Braun/1962

revelatio

v. *revelare:* de Veer/1962
   revelare: Wieland/1978

reversus

v. *occurrere:* Quentin/1928

revolutio

F. W. Seidler, Die Geschichte des Wortes Revolution. Ein Beitrag
zur Revolutionsforschung, Diss. München 1956

rex gloriae

P. Beskow, Rex gloriae. The kingship of Christ in the Early Church,
Stockholm 1962

ritus

R. Ganschinietz, Ritus: PRE 2. Reihe, 2, 1920, 924–934
K. H. Roloff, Ritus: Glotta 33 (1954) 36–65
   v. *religio:* Koep /1962

rivus

   v. *radius:* Massingberd Ford/1972

rogator

   v. *rogus:* Pratesi/1951

rogus

A. Pratesi, Rogus = rogator: ALMA 22 (1951) 33–62

Roma quadrata

A. von Blumenthal, Roma quadrata: Klio 18 (1942) 181–188

Romani

H. Leclercq, Romani, Romania, Romanus: DACL 14, 1948,
2507–2514
A. G. Sterzl, Romanus – Christianus – Barbarus. Die germanische
Landnahme im Spiegel der Schriften des Salvian von Massilia und
Victor von Vita, Diss. Erlangen 1950
W. Ullmann, On the use of the term "Romani" in the sources of
the earlier Middle Ages, in: TU 64, 1955, 155–163
K. Christ, Römer und Barbaren in der hohen Kaiserzeit: Saec. 10
(1959) 273–288

romanitas

   v. *cultura:* Niedermann/1941

rubigo

   v. *aerugo:* de Sainte-Marie/1948

rubor

A. La Penna, „Rubor" e „inpudentia" da Pompeo a Domiziano (nota a Tacito, Agr. 45, 2): Maia 27 (1975) 117—119

ruminatio

v. *meditatio:* Ruppert/1977

rusticus

v. *agrestis:* Heerdegen/1925

sabbatum

v. σάββατα: Schwyzer/1935
quies: Leclercq/1963

sacer

H. Fugier, Recherches sur l'expression du sacré dans la langue latine, Publ. Fac. Lettres Strassbourg 146, Paris 1963
O. Hiltbrunner, Die Heiligkeit des Kaisers. Zur Geschichte des Begriffs sacer: FMSt 2 (1968) 1−30

v. sancire: Meillet/1919

sacerdos

P. Riewald, Sacerdotes: PRE 2. Reihe, 2, 1920, 1631−1653
F. Kluge, Sacerdos: ZVSF 51 (1924) 62
D. Zaehringer, Das kirchliche Priestertum nach dem hl. Augustinus, Paderborn 1931
H. Leclercq, Sacerdos: DACL 15, 1953, 240−242
P. Mouterde, Quelques mots de langue chrétienne: MUSJ 38 (1962) 161−188
E. Lamirande, « Sacerdos » dans la langue de saint Augustin, in: BAug 32, 1965, 720−721
Th. Michels, Sacerdos bei Gelasius I in seinem Brief an Elpidius von Voltera, in: Sarmenta. Gesammelte Studien von Th. Michels, hrg. v. N. Brox, Münster 1972, 112−115

v. ecclesia: Janssen/1936
ordo: Gy/1957
clerus: Gryson/1966
credere: Pariente/1967
sacrificium: Beukers/1968

sacerdotes publici

G. J. Szemler, Sacerdotes publici and the ius sententiam dicendi: Ph. 104 (1976) 53−58

sacerdotium

v. *ordo:* Gy/1957

sacra pagina

v. *pagina:* de Ghellinck/1947

sacramentum

J. de Ghellinck usw., Pour l'histoire du mot « sacramentum », 1. les anténicéens, SSL 3, Paris 1924

D. Nock, The Christian sacramentum in Pliny and a pagan counterpart: ClR 38 (1924) 58–59

O. Casel, Zum Wort sacramentum: JLW 8 (1928) 225–232

J. Huhn, Die Bedeutung des Wortes sacramentum bei dem Kirchenvater Ambrosius, Fulda 1928

R. Russel, The concept of a sacrament in St. Augustine: ECQ 1 (1936) 73–79 u. 121–131

A. Michel, Sacraments, I. le mot: DThC 14a, 1939, 485–495

H. M. Féret, Sacramentum/Res dans la langue théologique de Saint Augustin: RSPhTh 29 (1940) 218–243

J. De Mayol de Lupé, Sens du mot sacramentum: REL 18 (1940) 29–31

A. Kolping, Sacramentum Tertullianeum I: Untersuchungen über die Anfänge des christlichen Gebrauchs der Vokabel sacramentum, Münster 1948

M. Testard, Le mot « sacramentum » dans les sermons de Saint Léon, Diss. Paris 1948

F. Van der Meer, Sacramentum chez Saint Augustin: MD 13 (1948) 50–65

Ch. Couturier, Sacramentum et mysterium dans l'œuvre de S. Augustin, in: H. Rondet usw., Études Augustiniennes, Coll. Théologie 28, Paris 1953, 161–274

Chr. Mohrmann, Sacramentum dans les plus anciens textes chrétiens: HThR 47 (1954) 141–152 = dies., Études sur le latin des Chrétiens, I, Rom 1958, 233–244

L. Malunowicz, De voce „sacramenti" apud S. Hilarium Pictaviensem, Lublin 1956

T. Burgos Nadal, Concepto de sacramentum en Tertuliano: Helm. 10 (1959) 227–256

Y. Duval, Sacramentum et mysterium chez s. Léon le Grand, Diss. Lille 1959

A. Mandouze, A propos de « sacramentum » chez S. Augustin, Polyvalence lexicologique et foisonnement théologique, in: Mélanges Chr. Mohrmann, Utrecht/Antwerpen 1963, 222–232

V. Loi, Per la storia del vocabulo „sacramentum". Sacramentum in Lattanzio: VigChr 18 (1964) 85−107

R. Côté, Sacramentum et exemplum chez S. Léon, Diss. Strassbourg 1967

D. Michaélides, «Sacramentum» chez Tertullien, Paris 1970

L. Cilleruelo, Nota sobre el término "sacramentum" en Lactancio: EstAg 6 (1971) 89−100

Chr. Mohrmann, Quelques observations sur «sacramentum» chez Tertullien, in: Romanitas et christianitas, Studia Waszink, Amsterdam/London 1973, 233−247

M. F. Berrouard, Pour une réflexion sur le «sacramentum» Augustinien, in: Festsch. M. Pellegrino, Turin 1975, 830−844

T. W. Guzie, Exegetical and Sacramental Language in the Sermons of Leo the Great, in: TU 115, 1975, 208−213

B. Studer, «Sacramentum et exemplum» chez s. Augustin, in: RechAug 10 (1975) 87−141

D. Gaspar, Quelques remarques concernant le mot «sacramentum» et le serment militaire: AArH 28 (1976) 197−203

M. Garrido Bonaño, Uso y significación del término "sacramentum" en la liturgia Romana: Burg. 18 (1977) 9−71

    v. *mysterium:* Scheffer/1953
       paganus: Demougeot/1956
       μυστήριον: Doignon/1956
       sacrum: Doignon/1956
       μυστήριον: Verheijen/1957
       mysterium: Visentin/1957
       meritum: Ellebracht/1963
       thesaurus: Vecchi/1967
       lex: Maier/1969
       mysterium: Morán/1969
       μυστήριον: Studer/1971

sacramentum conversionis

J. M. Hanssens, Sacramentum conversionis: Gr. 42 (1961) 113−116

sacramentum fidei

P. Th. Camelot, Sacramentum fidei, in: AugM 2, Paris 1954, 891−894

V. Loi, Scripturae sacramentum: RivBib 14 (1966) 261−278

sacrare

    v. *meritum:* Ellebracht/1963

sacrificium

L. Ziehen, Opfer: PRE 35, 1939, 579—627

G. de Broglie, La notion augustinienne du sacrifice « invisible » et « vrai » : RSR 48 (1960) 135—165

C. Beukers, Sakrale termen bij Ambrosius (Zusammenfassung auf franz.): Bijdr. 29 (1968) 410—419

   v. μυστήριον: Doignon/1956
   meritum: Ellebracht/1963
   oblatio: Jungmann/1970

sacrilegus

E. Benveniste, Sacrilegus, in: Festg. M. Niedermann, Neuchâtel 1954, 49—51

sacrosanctus

M. Rouzaud, Latin sacrosanctus: REL 4 (1926) 218—221

sacrum

J. Doignon, Sacrum, sacramentum, sacrificium dans le texte latin du livre de la sagesse: REL 34 (1956) 240—253

R. Schilling, Sacrum et profanum. Essai d'interprétation: Latomus 30 (1971) 953—969

   v. μυστήριον: Doignon/1956

sacrum commercium

H. Herz, Sacrum commercium. Eine begriffsgeschichtliche Studie zur Theologie der römischen Liturgiesprache, München 1958

saecularis

   v. κόσμος: Orbán/1970
   saeculum: Roca Meliá/1972

saeculum

H. Collitz, Saeculum, in: Festsch. A. Bezzenberger, Göttingen 1921, 8—13

A. von Blumenthal, Saeculum: IGF 54 (1936) 40—42

G. Stadtmueller, Saeculum: Saec. 2 (1951) 151—156

H. Diller/F. Schalk, Studien zur Periodisierung und zum Epochebegriff, Mainz/Wiesbaden 1972

I. Roca Meliá, El campo semántico de saeculum y saecularis en Tertuliano: Helm. 23 (1972) 417—449

I. Roca Meliá, Significación temporal del saeculum tertuliano: Helm.
25 (1974) 321−356

    v. *mundus:* Verheijen/1967
    κόσμος: Orbán/1970
    mundus: Ruiz Jurado/1973

salubre consilium

J. H. Baxter, Salubre consilium: ALMA 9 (1934) 101−102

salus

A. Meillet, Observations sur quelques mots latins (salus, propinquus, dicere, aperire, operire): BSL 28 (1928) 40−47

H. Buesse, „Salus" in der römischen Liturgie. Ein Beitrag zur Sprache
und Theologie liturgischer Gebetstexte, Diss. Greg. Rom 1959,
Teildruck Rom 1960

    v. *deus:* Braun/1962
    meritum: Ellebracht/1963

salus publica

H. Franke, „Salus publica". Ein antiker Kultterminus und sein früh-
christlicher Bedeutungswandel bei Ambrosius: LiZs 5 (1932/3)
145−160

salutaris

    v. *meritum:* Ellebracht/1963

salvator

P. de Labriolle, Histoire du mot latin salvator: CRAI 81 (1937)
110−111

P. de Labriolle, Salvator: ALMA 14 (1939) 23−36

P. de Labriolle, Salvator, in: Mélanges F. Martroye, Paris 1941,
59−72

    v. *σωτήρ:* Doelger/1950
    mysterium: Studer/1971
    tertium genus: Mohrmann/1977

salvificator

    v. *σωτήρ:* Doelger/1950

sancire

A. Meillet, Latin sancio, sacer et grec ἅζομαι, ἁγνός: BSL 21 (1919)
126−127

    v. *decernere:* Fridh/1956

sancta ecclesia

I. F. Hofer, „Sancta Ecclesia" in Gregorio Magno: LAPUG 1973, 711

sanctio

J. Mattoso, Sanctio (875—1000): RPH 13 (1971) 299—338

sanctorum communio

W. Elert, Sanctorum communio: ThLZ 74 (1949) 577—586
S. Benko, The Meaning of sanctorum communio, London 1964
J. Muehlsteiger, Sanctorum communio: ZKTh 92 (1970) 113—132

sanctus

H. Delehaye, Sanctus. Essai sur le culte des saints dans l'antiquité, Studia hagiographica 17, Brüssel 1927
H. Leclercq, Sanctus: DACL 15, 1953, 373—462, hier 373—384
J. Rolland, Remarques sur le mot sanctus: Impacts 4 (1967) 5—18

sapere

M. Massaro, „Sapere" e i suoi derivati in Orazio: SIFC 46 (1974) 85—128

sapiens

G. Garbarino, Evoluzione semantica dei termini sapiens e sapientia nei secoli III e IV a.C.: AAST 100 (1965/6) 253—284

sapientia

M. Meijer, De sapientia in de eerste geschriften van S. Augustinus, Nimwegen 1940
P. Agaësse, Sapientia et Scientia (bei Augustinus), in: BAug 16, 1955, 620—624
H. Homeyer, Zur Bedeutungsgeschichte von sapientia: AnCl 25 (1956) 301—318
L. Thomas, Die Sapientia als Schlüsselbegriff zu den Divinae Institutiones des Laktanz, Diss. Freiburg 1959
G. Luck, Zur Geschichte des Begriffs sapientia: ABG 9, 1964, 203—215
J. Etienne, Sagesse et prudence selon le stoïcisme: RTL 1 (1970) 175—182
U. Klima, Untersuchungen zu dem Begriff „sapientia". Von der republikanischen Zeit bis Tacitus, Bonn 1971; v. Selbstanzeige ABG 17, 1973, 130—131

W. Stein, Sapientia bei Augustinus, Diss. Köln 1973
  v. *beatitudo:* Holte/1962
    sapiens: Garbarino/1965/6
    scientia: Thonnard/1955
    virtus: Wendolsky/1966

sapientia huius mundi

C. Dagens, Grégoire le Grand et la Culture: de la «sapientia huius mundi» à la docta «ignorantia»: REAug 14 (1968) 17−26

sapientiae doctrina

A. Ménager, L'expression «Sapientiae doctrina» chez saint Benoît: VS.S 58 (1939) 80−108 u. 181−191

sarcina

M. Jourjon, Sarcina. Un mot cher à l'évêque d'Hippone: RSR 43 (1955) 258−262
V. Pisani, Sarcina − σαργάνη: ParPass 31 (1976) 224−227

sartago

P. Antin, Les sartagines du Martyrologe romain: EL 75 (1961) 133−138

satisfacere

J. Roussier, Satisfacere, in: Studi in onore di P. Francisci, II, Mailand 1956, 113−157

satisfactio

A. Deneffe, Das Wort satisfactio: ZKTh 43 (1919) 158−175
J. Rivière, Sur les premières applications du terme satisfaction à l'œuvre du Christ: BLE 25 (1924) 285−297
L. Alfonsi, Sulla „satisfactio" di Draconzio: GIF 13 (1960) 356
A. Peters, Genugtuung (Satisfaction): HWP 3, 1974, 310−311
M. Brueck, „Genugtuung" bei Tertullian: VigChr 29 (1975) 276−290; v. Selbstanzeige ABG 20, 1976, 123−124

schisma

M. Pontet, La notion de schisma d'après s. Augustin, in: 1054−1954: L'Église et les Églises. Études et travaux sur l'unité chrétienne offertes à Dom L. Beauduin, I, Chevetogne 1954, 163−180

schola

G. Penco, Sul concetto del monasterio come „schola": CCist 32 (1970) 329–333

schola animarum

B. Steidle, Dominici schola servitii: Zum Verständnis des Prologs der Regel St. Benedikts: BenM 28 (1952) 397–406

scientia

M. Offenberg, Die scientia bei Augustinus, Diss. Freiburg/Brs. 1921

F. J. Thonnard, Science et sagesse dans la 'Cité de Dieu': CDios 167 (1955) 511–524

C. Eichenseer, Quid sint scientiae?: Lati. 10 (1962) 186–201

D. J. Hassel, Conversion. Theory and Scientia in De Trinitate: RechAug 2, 1962, 383–401

F. Merzbacher, „Scientia" und „ignorantia" im alten kanonischen Recht: Mittellateinisches Jahrbuch 2 (1965) 215–223

P. Antin, La science chez Saint Jérôme, in: Festsch. M. Renard, I, Coll. Latomus 101, Brüssel 1969, 47 ff

G. Fiovavente, Scientia, fides, theologia in Boezio di Dacia: AAST 1969/70, 525–632

v. *sapientia:* Agaësse/1955

scintilla animae

v. *ψυχαῖος σπινθήρ:* Tardieu/1975

scortum

v. *peccare:* Mueller-Graupa/1931

secretarium

R. Hanslik, Secretarium und Tribunal in den Acta Martyrum Scillitanorum, in: Mélanges Chr. Mohrmann, hrg. v. L. J. Engels usw., Utrecht 1963, 165–168

secretarius

A. Kraus, Secretarius und Sekretariat. Der Ursprung der Institution des Staatssekretariats und ihr Einfluß auf die Entwicklung der Regierungsformen in Europa: RQ 55 (1960) 43–84

secundum naturam

E. G. Schmidt, Die Definition des Guten im 118. Brief Senecas: Ph. 118 (1974) 65–84

secundum placitum

L. J. Engels, Origine, sens et survie du terme boécíen « secundum placitum » : Vivarium 1 (1963) 87–114

sedere

J. Leclercq, « Sedere ». A propos de l'hésychasme en Occident, in: Le millénaire du Mont Athos, I, Chevetogne 1963, 253–264

J. Campos, Prehistoria latina del Español sedere, stare, "Ser": Helm. 24 (1973) 359–376

sedes

v. *provincia:* Mazzini/1974/5

sedes apostolica

H. Leclercq, Sedes apostolica: DACL 15, 1953, 1427–1431

H. Marot, La collégialité et le vocabulaire épiscopal du Vᵉ au VIIᵉ siècles, in: La collégialité épiscopale, histoire et théologie. UnSa 52, Paris 1965, 59–98

P. Stephanou, Sedes apostolica, Regia civitas: OrChrP 33 (1967) 563–582

v. *papa:* Batiffol/1925
cathedra Petri: Batiffol/1938

sedes Petri

A. Trapè, La „Sedes Petri" in S. Agostino, in: Misc. A. Piolat, II, Rom 1964, 57–75

seditio

v. *tumultus:* Osthoff/1953

semen est sanguis christianorum

M. Pellegrino, Semen est sanguis christianorum (Tertulliano, Apologeticum 50, 13): AAST 90 (1955/6) 371–442

senecia

A. Vaccari, Senecia: ALMA 16 (1941) 155–160

senectus

v. *iuventus:* de Ghellinck/1948
infantia: Eyben/1973

senes

v. *puer:* Bambeck/1972

senior

K. Titz, Encore une fois senior, in: Mélanges offerts à Salverda de Grave, Den Haag 1933, 335−337

seniores laici

W. H. C. Frend, The seniores laici and the Origins of the Church in North Africa: JThS 12 (1961) 280−284

sensatio

v. *sensus:* d'Agostino/1931

sensus

V. d'Agostino, Contributi alla storia dei termini sensus et sensatio: Archivio ital. Psicologia 9 (1931) 261−283
 v. *sentire:* Morillon/1974

sensus interiores

H. A. Wolfson, The internal senses in latin, arabic and hebrew philosophic texts: HThR 28 (1935) 69−133

sensus litteralis

A. Nemetz, Literalness and the sensus litteralis: Spec. 34 (1959) 76−89

sententia

Kleinfelder, Sententia: PRE 2. Reihe, 4, 1923, 1496−1507
H. Stiegler, Sententia: KP 5, 1975, 118−119
 v. *fides:* Hellegouarc'h/1963
 sentire: Morillon/1974

sentire

P. Morillon, Sentire, sensus, sententia. Recherche sur le vocabulaire de la vie intellectuelle, affective et physiologique, Lille 1974; v. REL 53 (1975) 435−437

sermo

M. C. Días y Días, Sermo. Sus valores lingüísticos y retóricos: Helm. 11 (1960) 79−101
M. O'Rourke Boyle, Sermo: Reopening the conversation on translating Jn 1,1: VigChr 31 (1977) 161−168
 v. *praedicare:* Mohrmann/1954
 deus: Braun/1962
 substantia: Moingt/1966

sermo humilis

R. MacMullen, A note on sermo humilis: JThS 17 (1966) 108−112

sermo piscatorius

G. J. M. Bartelink, Sermo piscatorius. De visserstaal van de aposte-len: StC 35,4 (1960) 267−273

sero

P. Courcelle, Le thème du regret « Sero te amavi, pulchritudo »: REL 38 (1960) 264−295

servitium

M. Guerra y Gomez, Cambio de terminología de servicio por honor-dignidad jerárchicos en Tertulliano y San Cipriano, in: Teología del Sacerdocio en los primeros siglos, Burgos 1972, 297−313

servitus

J. Pascher, Servitus religiosa seit Augustin, in: Festsch. Eichmann, hrg. v. M. Grabmann usw., Paderborn 1940, 335−352

v. *meritum:* Ellebracht/1963

servus

E. Benveniste, Le nom de l'esclave à Rome: REL 10 (1932) 429−440
A. Tovar, Lat. servus, ein indogermanisches Wort, in: Sprache und Geschichte, Festsch. H. Meier, hrg. v. E. Coseriu, München 1971, 557−562

servus dei

I. Schuster, Il titolo di „Servus Dei" nell'epistolario di S. Gregorio Magno: ScC 73 (1945) 137−138

servus receptivus

v. *recipere:* Kornhardt/1938

servus servorum dei

E. F. Sutcliffe, Servus servorum Dei: CleR 6 (1933) 378−386
H. Leclercq, Servus servorum Dei: DACL 15, 1953, 1360−1363

v. *servitus:* Pascher/1940

siccitas

M. Lot-Borodine, L'aridité ou « siccitas » dans l'antiquité chré-tienne: EtCarm 22,2 (1937) 191−205

signaculum saeculi

J. Cousin, Signaculum saeculi: RPh 16 (1943) 163–169

significatio

> v. *signum:* Wienbruch/1971
> *signum:* Wald/1975

signum

E. Benveniste, Notes de vocabulaire latin: RPh 22 (1948) 122–124

U. Duchrow, „Signum" und „superbia" beim jungen Augustin: REAug 7 (1961) 369–372

F. Soria, La teoría del signo en S. Agustín: CTom 92 (1965) 357–396

U. Wienbruch, „Signum", „Significatio" und „Illuminatio" bei Augustin, in: Der Begriff der Repraesentatio im Mittelalter, hrg. v. A. Zimmermann, Berlin/New York 1971, 76–93

L. Wald, La terminologie sémiologique dans l'œuvre de Aurelius Augustinus, in: Actes XIIe conf. Eirene Bukarest, Den Haag 1975, 89–96; v. Selbstanzeige ABG 21, 1977, 165

> v. *oraculum:* Benveniste/1948
> *imago:* Daut/1975

silere

L. Heilmann, Silere – Tacere: Quad. Istit. Glottologia 1 (1955/6) 5–16

silva

J. R. O'Donnell, The Meaning of "Silva" in the Commentary on the "Timaeus" of Plato by Chalcidius: MS 7 (1945) 1–20

similitudines rerum

R. Godel, Similitudines rerum (S. Augustin, Conf. X, 8, 14): MH 19 (1962) 190–193

similitudo

M. F. Berrouard, « Similitudo » et la définition du réalisme sacramentel d'après l'épître 98,9–10 de saint Augustin: REAug 7 (1961) 331–337

M. F. Berrouard, Similitudo et la définition du réalisme sacramentel d'après l'épître 98,9–10 de saint Augustin, in: TU 81, 1962, 277–293

H. Kohlenberger, Similitudo und Ratio. Überlegungen zur Methode bei Anselm von Canterbury, Bonn 1972; v. Selbstanzeige ABG 17, 1973, 131

> v. *imago:* Markus/1964

simplex

M. Hirschberg, Studien zur Geschichte der simplices in der alten Kirche. Ein Beitrag zum Problem der Schichtungen in der menschlichen Erkenntnis, Diss. Heidelberg 1945

O. Hiltbrunner, Latina Graeca. Semasiologische Studien über lateinische Wörter im Hinblick auf ihr Verhältnis zu griechischen Vorbildern, Bern 1958

P. G. Van der Nat, (Rez. von Hiltbrunner, Latina Graeca): VigChr 15 (1961) 56–64

P. Antin, «Simple» et «simplicité» chez saint Jérôme: RBen 71 (1961) 371–381

simplicitas

J. Leclercq, Sancta simplicitas: COCR 22 (1960) 138–148

   v. *simplex:* Hiltbrunner/1958
     simplex: Antin/1961
     aenigma: O'Malley/1967

simulacrum

   v. *species:* Pearcy/1974
     imago: Daut/1975

sinaxis

B. A. Boehlig, Sinaxis = Homilia: WZ(H) 6 (1956/7) 485–486

sincerus

   v. *simplex:* Hiltbrunner/1958

singularitas

P. Antin, A la source de singularitas, vie monastique: ALMA 36 (1967/8) 111–112

sinus Abrahae

W. Staerk, Abrahams Schoß: RAC 1, 1950, 27–28

   v. *perfectio:* Finé/1958

sobria ebrietas

H. Lewy, Sobria ebrietas. Untersuchungen zur Geschichte der antiken Mystik, BZNW 9, 1929

J. Quasten, Sobria ebrietas in Ambrosius De Sacramentis, in: Festsch. Mohlberg, I, 1948, 117–125

H. J. Sieben, Ivresse spirituelle I: DSp 7, 1971, 2312–2322

societas

M. L. Vanesse, Le concept de societas et quelques notions connexes dans le De civitate Dei de saint Augustin, Diss. Löwen 1946/7

v. *socius:* Wegner/1969

socius

M. Wegner, Untersuchungen zu den lateinischen Begriffen socius und societas, Göttingen 1969, Hyp. 21

sodalis

A. Meillet, A propos du latin sodalis, in: Misc. J. Leite, Coimbra 1933, 1—4

sol intaminatus

A. Olivar, Sol intaminatus: AST 25 (1952) 209—220

solacium

v. *perfectio:* Finé/1958

in solidum

M. Bévenot, In solidum and st. Cyprian: a Correction: JThS 6 (1955) 244—248

sollicitudo

Ch. Munier, «Sollicitudo» et «potestas» dans les conciles africains (345—525): FZPhTh 24 (1977) 446—459

solus

J. B. Hofmann, Die lateinischen Totalitätsausdrücke, in: Mélanges Marouzeau, Paris 1948, 283—290

somnium

F. De Ruyt, Note de vocabulaire virgilien: somnia et insomnia: Latomus 5 (1946) 245—248

F. Schalk, Somnium und verwandte Wörter in den romanischen Sprachen, VAFLNW. G Köln 1955

soror

H. Leclercq, Sœur: DACL 15, 1953, 1548—1551

v. *frater:* Graf-Stark/1955

species

J. Pegon, Species, forma (bei Augustinus), in: BAug 8, 1951, 486–488
L. T. Pearcy, Tacitus's use of species, imago, effigies and simulacrum, Diss. Bryn Mawr 1974

v. *substantia:* Moingt/1966
imago: Daut/1975

speculatio

v. *monachus:* Leclercq/1961

speculator

v. *ἐπίσκοπος:* Mohrmann/1977

speculum

R. Bradley, Background of the Title "Speculum" in medieval Literature: Spec. 29 (1954) 100–115

spelunca

v. *σπήλαιον:* Bartelink/1970

spermologus

H. Silvestre, L'évolution sémantique de «spermologus»: ALMA 30 (1960) 155–159

spes

M. Bartosek, La spes en droit romain: RIDA 2 (1949) 16–64
A. Hackl, Die spes als negativer Charakterisierungsbegriff in Caesars Bellum civile, Ciceros Catilinariae, Lucans Pharsalia. Die ἐλπίς als negativer Charakterisierungsbegriff bei Plutarch und Thukydides, Diss. Innsbruck 1963
L. Ballay, Der Hoffnungsbegriff bei Augustinus, untersucht in seinen Werken: De doctrina christiana, Enchiridion, sive de Fide, spe et caritate ad Laurentium und Enarrationes in psalmos 1–91, München 1964

sphaera

A. Alberte Gonzales, Consideraciones sobre la trascendencia lexicologica de Cicerón. Pervivencia de ciertas vacilaciones de lengua: Durius (Valladolid) 3 (1975) 155–173

spiculator

V. Skaenland, Spiculator: SO 38 (1963) 94–119

spiritualis

P. Dacquino, L'aggettivo „spiritualis" nei testi liturgici: RivBib 15 (1967) 275−279

v. *spiritus:* Schumacher/1957

spiritualitas

J. Leclercq, «Spiritualitas»: StMed 3 (1962) 279−296

spiritus

H. H. Taylor, The Meaning of Spiritus in Augustine's De Genesi XII: MSM 26 (1949) 211−219

D. Berge, Spiritus: Humanitas. Rev. Instituto Estud. clás. (Coimbra) 3 (1950/1) 215−258

A. Schumacher, "Spiritus" and "Spiritualis": A Study in the Sermons of Saint Augustine, Mundelein (Illinois) 1957

R. J. De Simone, The Holy Spirit according to Novatian, De Trinitate: Aug. 10 (1970) 360−387

P. Agaësse/A. Solignac, «Spiritus» dans le livre XII du De Genesi (Augustinus), in: BAug 49, 1972, 559−566

H. K. Kohlenberger, Geist IV. Der lateinische Geistbegriff von der Antike bis zum 12. Jahrhundert: HWP 3, 1974, 169−173

L. F. Ladaria, El Espíritu Santo en San Hilario de Poitiers, Madrid 1977

v. *πνεῦμα:* Verbeke/1945
πνεῦμα: Lutze/1950
anima: Agaësse/1955
substantia: Moingt/1969
divinitas: Loi/1970
πνεῦμα: Putscher/1973
mens: Plagnieux/Thonnard/1975
πνεύματα: Van der Nat/1976

sponsor

J. Trianthaphyllopoulos, Sponsor: AHDO − RIDA, 3 ser. 8 (1961) 373−390

sponsus

R. Desjardins, Le Christ sponsus et l'Église sponsa chez saint Augustin: BLE 67 (1966) 241−256

spurius

W. Kubitschek, Spurius, spurii filius, sine patre filius und spurius: WSt 17 (1929) 130−143

statio

J. Svennung, Statio = Fasten: ZNW 32 (1933) 294—308

Chr. Mohrmann, Statio: VigChr 7 (1953) 221—245 = dies., Études
sur le latin des Chrétiens, III, Rom 1965, 307—330

statio principis

E. Koestermann, Statio principis: Ph. 87 (1932) 358—368 u. 430—444

statua

v. *imago:* Daut/1975

status

H. Goelzer, Status „Etat": ALMA 2 (1925) 39—40

E. Koestermann, Status als politischer Terminus in der Antike: RMP
86 (1937) 225—240

P. L. Weinacht, Staat. Studien zur Bedeutungsgeschichte des Wortes
von den Anfängen bis ins 19. Jh., Berlin 1968

v. *substantia:* Evans/1944/5
   deus: Braun/1962
   substantia: Moingt/1966

status ecclesiae

Y. M.-J. Congar, „Status ecclesiae": StGra 15 (1972) 1—31

status rectus

A. Wlosok, Laktanz und die philosophische Gnosis. Untersuchungen zur Geschichte und Terminologie der gnostischen Erlösungs-
vorstellungen, Heidelberg 1960

M. Pellegrino, Il topos dello „status rectus" nel contesto filosofico
e biblico (a proposito di Ad Diognetum 10,1—2): JAC 1 (1964)
273—281 (Mullus, Festsch. Th. Klauser)

stilus

A. Sempoux, Notes sur l'histoire des mots style et stylistique:
RBPh 39 (1961) 736—746

stramentum

A. Fridh, Stramentum. Some Notes on the Various Meanings of
the Word from Caesar to Saxo: Er. 69 (1971) 151—165

strenuus

H. O. Kroener, Strenuus bei Cicero: RMP 112 (1969) 29—37

structura

G. Lieberg, Der Begriff „Structura" in der lateinischen Literatur: Hermes 84 (1957) 455–477

G. Lieberg, Di nuovo sulla storia di un termine: Lingua e stile (Bologna) 2 (1967) 199–211

G. Scholtz, „Struktur" in der mittelalterlichen Hermeneutik: ABG 13, 1969, 73–75

subiectum

v. *theologia:* Köpf/1974

sublime

E. Baehrens, Zu latein. sublime: Glotta 15 (1927) 53–60

sublimen

K. Jaberg, Sublimen: Glotta 16 (1922) 48–61

sublimis

P. Bellezza, Sublimis, suscito, sustollo etc.: At. 7 (1919) 119–131

subsistentia

v. *natura:* Schurr/1935

substantia

K. Arpe, Substantia: Ph. 94 (1939) 65–78

E. Evans, Tertullian's Theological Terminology: CQR 139 (1944/5) 56–77

C. W. M. Verhoeven, Het woord substantia: TPh 12 (1960) 495–543

G. C. Stead, Divine substance in Tertullian: JThS 14 (1963) 46–66

M. Goemans, De la notion «substantia», in: Oikoumene. Studi paleocristiani in onore del Concilio Ecumenico Vat. II, Catanea 1964, 267–271

J. Moingt, Théologie trinitaire de Tertullien, I–IV, Paris 1966/9

N. Blásquez, El concepto de substancia según san Agustín: Augustinus 14 (1969) 43–93 u. 305–350; 15 (1970) 369–383; 16 (1971) 69–79

P. L. Carle, Consubstantiel et transubstantiation, Bordeaux 1975

v. *essentia:* de Ghellinck/1942
fides: Wolfson/1956
deus: Braun/1962

successio

E. Molland, Irenaeus of Lugdunum and the Apostolic Succession: JEH 1 (1950) 13–28

A. Ehrhardt, The Apostolic Succession in the First two Centuries of the Church, London 1953

v. *universitas:* Biondi/1956

suicidium

B. Alaimo, De suicidii nomine et quibusdam eius definitionibus: Anton. 31 (1956) 189–214

sum qui sum

P. Munz, Sum qui sum: HibJ 50 (1951/2) 143–152

summatim cognoscere

D. Simon, Summatim cognoscere. Zwölf Exegesen: ZSRG.R 83 (1966) 142–218

summe esse

W. Schulten, Augustins Lehre vom summe esse und esse creatum, Würzburg 1935

summum bonum

St. Kowalczyk, Dieu en tant que bien suprème selon l'acception de s. Augustin: EstAg 6 (1971) 201–213

S. F. Wiltshire, Boethius and the summun bonum: CJ 67 (1972) 216–220

summum ius

H. Kornhardt, Summum ius: Hermes 81 (1953) 77–85

summus pontifex

v. *sedes apostolica:* Marot/1965

superadditum

H. de Lubac, La rencontre de «superadditum» et «supernaturale» dans la théologie médiévale: RMAL 1 (1945) 27–34

superbia

E. Heinlein, Die Bedeutung der Begriffe Superbia und Humilitas bei Papst Gregor I im Sinne Augustins, unter Berücksichtigung dieser Begriffe in den Schriften Cassians, Greifswald 1921

W. W. Green, Initium omnis peccati superbia. Augustine on pride as the first sin: UCPCP 13, 13 (1949) 407–432

H. Haffter, Superbia innenpolitisch: SIFC 27/8 (1956) 135–141

D. J. Macqueen, Augustine on Superbia. The historical Background and Sources of his Doctrine: MSR 34 (1977) 193–211

　v. *signum:* Duchrow/1961
　crimen regni: Bruno/1966

superbus

R. B. Lloyd, "Superbus" in the Aenëid: AJP 93 (1972) 125–132

supernaturalis

A. Deneffe, Geschichte des Wortes „supernaturalis": ZKTh 46 (1922) 337–360

H. de Lubac, Remarques sur l'histoire du mot «surnaturel»: NRTh 61 (1934) 225–249 und 350–370

J. C. Martinez, Notas sobre unas notas para la historia de la palabra "sobrenatural": ATG 1 (1938) 57–85

J. Auer, Inwieweit ist im 13. Jahrhundert der Wandel des Begriffs „supernaturalis" bedingt durch den Wandel des Naturbegriffs? in: La filosofia della natura nel Medioevo, Mailand 1966, 331–349

M. Pesce, Per la storia del termine „supranaturale", a proposito di tre studi di H. de Lubac: RSLR 3 (1967) 482–500

　v. *superadditum:* de Lubac/1945

superstes

　v. *peccare:* Mueller-Graupa/1931
　superstitio: Janssen/1975

superstitio

E. Linkomies, Superstitio: Arctos 2 (1931) 73–88

H. Leclercq, Superstition: DACL 15, 1953, 1730–1736

P. Séjourné, Superstition I., Le mot 1–4: DThC 14b, 1941, 2763–2766

R. Freudenberger, Das Verhalten der römischen Behörden gegen die Christen im 2. Jhd, dargestellt im Brief des Plinius an Trajan und die Reskripte Trajans und Hadrians: MBPF 52 (1967) 189–199

R. Ross, Superstitio: CJ 64 (1968) 354–358

G. P. Shipp, Superstitio and ἐπίσαμαι: Antichthon (Sidney) 3 (1969) 29–31

S. Calderone, Superstitio, in: Aufstieg und Niedergang der römischen Welt, I, 2, hrg. von H. Temporini, Berlin 1972, 377–396

D. Grodzynski, Superstitio: REA 76 (1974) 36–60

L. F. Janssen, Die Bedeutungsentwicklung von superstitio-superstes: Mn. 28 (1975) 135–188

supplere

A. Guarnesi-Citati, Supplere nei testi giuridici: SDHI 1935, 153

supplicatio

G. Freyburger, La supplication d'action de grâces dans la religion romaine archaique: Latomus 36 (1977) 283–315

sursum corda

M. Pellegrino, „Sursum cor" nelle opere di sant'Agostino, in: Rech-Aug 3, 1965, 179–206

M. Pellegrino, „Sursum corda" nella pratica pastorale di Sant'Agostino: Riv. pastorale liturgica 3 (1965) 589–599

J. Haussleiter, Erhebung des Herzens: RAC 6, 1966, 2–22

T. F. Taylor, Sursum corda: No dialogue, in: TU 116, 1975, 422–424

suscipere

   v. *tollere:* Benett/1922
     meritum: Ellebracht/1963

suscitare

   v. *sublimis:* Belleza/1919

symbola

C. Eichenseer, De vocabulo symbolae: Lati. 13 (1965) 122–126

symbolum

A. d'Alès, Tertullien, symbolum: RSR 26 (1936) 468

H. J. Carpenter, Symbolum as a title of the Creed: JThS 43 (1942) 1–11

K. Wegenast, Taufsymbol: KP 5, 1975, 538–539

sympathia

F. Schalk, Sympathia im Romanischen: RomF 80 (1968) 425–458

syneidesis

A. Cancrini, Il tema semantico syneidesis – conscientia: La Cultura (Rom) 7 (1969) 46–70

synodus

J. N. Adams, The vocabulary of the Annales Regni Francorum:
Glotta 55 (1977) 257–282

v. *concilium:* Lumpe/1970

T

tacere

W. Muehl, Tacere, tacitus, und taciturnitas im Bereich des vocabu-
larium iurisprudentiae Romanae und im Codex Justinianus, Diss.
Erlangen 1962

tactus

U. Schoenheim, The place of "tactus" in Lucretius: Ph. 110 (1966)
71–87

taedium

v. *siccitas:* Lot-Borodine/1937

talentum

G. Mombello, Les avatars de «talentum». Recherches sur l'origine
et les variations des acceptions romanes et non romanes de ce
terme, Turin 1976

tardus amor

Ch. R. Saylor, The meaning of Tardus Amor in Propertius: Latomus
36 (1977) 782–793

taxatio

P. Garnsey, "Taxatio" and "pollicitatio" in Roman Africa: JRS 61
(1971) 116–129

temperare

L. Spitzer, Classical and christian ideas of world harmony: Tr. 3
(1945) 307–364
A. Pariente, Temperare: Helm. 8 (1957) 173–185

temperari

E. des Places, L'équivalence κεράννυμι–temperari. A propos de
deux phrases de Platon traduites par Cicéron: RPh 16 (1942)
143–145

templum
S. Weinstock, Templum: MDAI.R 1932, 95–121

v. *augur:* Latte/1948

temptatio
v. *gloria:* Freudenthal/1959

temptator
v. *diabolus:* Bartelink/1970

tempus
E. Benveniste, Latin tempus, in: Mélanges A. Ernout, Paris 1940, 11–16

D. Roulleau, Autour de «Tempus» et de «Fortuna»: Latomus 32 (1973) 720–736

v. *patientia:* Spanneut/1966

tempora christiana
G. Madec, Tempora christiana. Expression du triomphalisme chrétien ou récrimination payenne?, in: Scientia augustiniana. Festsch. A. Zumkeller, hrg. v. C. P. Mayer usw., Cass. 30, Würzburg 1975, 112–136

in illo tempore
B. Botte, In illo tempore: VC 21 (1967) 71–77

terminus
v. *observare:* Tidner/1938

terra sancta
J. Kremer, Zur Geschichte des Begriffs terra sancta, in: Das Heilige Land in Vergangenheit und Gegenwart, III, Köln 1941, 55–66

tertium genus
Chr. Mohrmann, «Tertium genus». Les relations judaisme, antiquité, christianisme reflétées dans la langue des chrétiens, in: dies., Etudes sur le latin des Chrétiens, IV, Rom 1977, 195–210

testimonium
M. Kaser, Testimonium: PRE 2. Reihe, 9, 1934, 1021–1061

testis

A. Biscardi, Testes estote. Contribution à l'étude du témoignage en droit Romain: RHDF 49 (1971) 386−411

theatrum mundi

L. G. Christian, Theatrum mundi. The history of an idea. Resumé of an dissertation: HSCP 75 (1971) 197−199

theologia

J. Rivière, Theologia: RSR 16 (1936) 47−57

U. Koepf, Die Anfänge der theologischen Wissenschaftstheorie im 13. Jh., Tübingen 1974; v. Selbstanzeige ABG 21, 1977, 145−146

theologia naturalis

R. A. Markus, Saint Augustine and "theologia naturalis", in: TU 81, 1963, 476−479

theologia tripartita

G. Lieberg, Die theologia tripartita in Forschung und Bezeugung, in: Aufstieg und Niedergang der römischen Welt, I, hrg. v. H. I. Temporini, Berlin 1972, 63−115

theoria

v. *monachus:* Leclercq/1961

theorica

O. Pedersen, Theorica. A study in language and civilisation: CM 22 (1961) 151−166

theoricus

W. Kranz, Theorica vita: RMP 99 (1956) 191−192

thesaurus

A. Vecchi, Appunti sulla terminologia exegetica di S. Ambrogio: SNSR 38 (1967) 655−664

timere

v. *metuere:* Gernia/1970

timor

A. T. Baker, Timor dans les langues romanes: Rom. 1928, 110–114
 v. φόβος: Boularand/1953
  φόβος: Jäkel/1975

titulus

A. d'Ors, Titulus: AHDE 23 (1953) 495–513

tollere

H. Benett, On the meaning of tollere and suscipere as applied to
 infants: TPAPA 53 (1922) XVII–XVIII

topia

A. Vaccari, Note lessicali: ALMA 4 (1928) 43–45

totus

G. Bonfante, Lat. totus: RigLg 4 (1958) 164–176
 v. *omnis:* Brendel/1937
  solus: Hofmann/1948

totus Christus

T. J. Van Bavel/B. Bruning, Die Einheit des „Totus Christus" bei
 Augustinus, in: Scientia Augustiniana, Festsch. A. Zumkeller, hrg.
 v. C. A. Mayer, Cass. 30, Würzburg 1975, 43–75

tractare

G. Bardy, Tractare, tractatus: RSR 33 (1946) 211–235
 v. *praedicare:* Mohrmann/1954
  doctrina: Kevane/1976

tractatus

 v. *tractare:* Bardy/1946

tradere

 v. παράδοσις: Deneffe/1931
  regula veritatis: Flessmann-Van Leer/1954
  doctrina: Kevane/1976

traditio

A. Deneffe, Tradition und Dogma bei Leo dem Großen: Schol. 9
 (1934) 543–554
A. Ehrhardt, Traditio: PRE 2. Reihe 12, 1937, 1875–1892

27*

G. Mártil, La tradición en San Agustín a través de la controversia pelagiana: RET 1 (1941) 279–311, 489–543, 813–844; 2 (1942) 35–61, 357–377, 547–603

J. Quasten, Tertullian and "traditio": Tr. 2 (1944) 481–484

Th. F. Geraets, Apostolica Ecclesiae Traditio. Over de apostolische traditie bij Irenaeus von Lyon: Bijdr. 18 (1957) 1–18

J. N. Bakhuizen van den Brink, Traditio im theologischen Sinne: VigChr 13 (1959) 65–86

Y. Congar, La tradition et les traditions. Essai historique, Paris 1960

A. Lauras, Saint Léon le Grand et la tradition: RSR 48 (1960) 166–184

J. N. Bakhuizen van den Brink, Die Entwicklung des Traditionsbegriffs in der Frühen Kirche und in ökumenischer Sicht, in: ders., Ekklesia II, 's-Gravenhage 1966, 143–172

W. P. S. J. LeSaint, Traditio und Exomologesis in Tertullian, in: TU 93, 1966, 414–419

A. P. Maistre, «Traditio». Aspects théologiques d'un terme de droit chez Tertullien: RSPhTh 51 (1967) 617–643

> v. παράδοσις: Deneffe/1931
> παράδοσις: Van den Eynde/1933
> observatio: Pauw/1942
> regula veritatis: Flessman-Van Leer/1954
> παράδοσις: Pieper/1957
> deus: Braun/1962
> doctrina: Kevane/1976

traditio symboli

> v. redditio symboli: Carpenter/1943

traditum

> v. παράδοσις: Van den Eynde/1933

trames veritatis

P. Courcelle, Trames veritatis. La fortune patristique d'une métaphore Platonicienne (Phédon 66 b), in: Mélanges E. Gilson, hrg. v. Chr. J. O'Neil, Milwaukee Marquette University 1959, 203–210

transenna

F. Capponi, La transenna nella letteratura latina: Latomus 23 (1964) 64–74

transfigurare

J. Brinktrine, Zum Ursprung der Termini transfigurare corpus et sanguinem Christi, transfiguratio corporis et sanguinis Christi: RQ 54 (1959) 247–249

v. μετασχηματίζεσθαι: Bickel/1957

transformare

R. Falsini, La „transformazione del corpo e del sangue di Christo". Antica formula eucaristica nella liturgia e letteratura dal IV al IX secolo: StFr 52 (1955) 307–359

transiens viator

G. J. M. Bartelink, Transiens viator: Hermeneus 42 (1971) 241–244

transitus

v. *pascha:* Mohrmann/1952

transsubstantiatio

v. *substantia:* Carle/1975

tres

E. B. Lease, The number three, mysterious, mystic, magic: CP 14 (1919) 56–73

Ch. Perry, The Tyranny of Three: CP 68 (1972/3) 144–148

A. Bell, Three Again: CJ 70 (1975) 40–41

W. F. Hansen, Three a third time: CJ 71 (1975/6) 253–254

tribunal

v. *secretarium:* Hanslik/1963

trinitas

Ch. Journet, La portée des noms divins: NV 35 (1960) 150–154

v. *deus:* Braun/1962

tristitia

D. Ruprecht, Tristitia. Wortschatz und Vorstellung in den althochdeutschen Sprachdenkmälern, Göttingen 1959

H. Grassl, Tristitia als Herausforderung des Prinzipats, in: Grazer Beiträge 4, Amsterdam 1975, 89–96; v. Selbstanzeige ABG 20, 1976, 128–129

v. *siccitas:* Lot-Borodine/1937
acedia: Peters/1975

triumphus

E. Wallisch, Name und Herkunft des römischen Triumphes: Ph. 99
(1955) 245–258

trivialis

F. Schalk, Über das Wort ‚trivialis': RomF 84 (1972) 564–579

trivium

L. J. D. Richardson, Τρίοδος, trivium; extended inclusion. A study
in thought forms: Euphrosyne 1 (1967) 137–146

tropaeum

Chr. Mohrmann, A propos de deux mots controversés de la latinité
chrétienne: tropaeum-nomen: VigChr 8 (1954) 155–173 = dies.,
Études sur le latin des Chrétiens, III, Rom 1965, 331–350

J. Carcopino, Encore tropaeum et nomen, in: Studi A. Calderini/R.
Paribene, I, Mailand 1956, 385

tumultus

G. Osthoff, Tumultus/seditio. Untersuchungen zur politischen Terminologie der Römer, Diss. Köln 1953

P. Jal, «Tumultus» et «bellum civile» dans les Philippiques de
Cicéron, in: Festsch. J. Bayet, Coll. Latomus 70, Brüssel 1964,
286–289

typhus

P. Courcelle, Le Typhus. Maladie de l'âme d'après Philon et d'après
saint Augustin, in: Corona Gratiarum, Festsch. E. Dekkers, I,
Brügge 1975, 245–288

typus

L. Laurand, Sur le sens du mot typus: REL 15 (1937) 272–273

E. Heyde, Typus. Ein Beitrag zur Bedeutungsgeschichte des Wortes
Typus: FuF 17 (1941) 220–223

P. Hadot, Typus. Stoïcisme et Monarchianisme au IV siècle d'après
Candide l'Ancien et Marius Victorinus: RThAM 18 (1951)
177–187

tyrannus

J. Béranger, Tyrannus. Notes sur la notion de tyrannie chez les
Romains particulièrement à l'époque de Caesar et de Cicéron:
REL 13 (1935) 85–94

V. Sirago, Tyrannus. Teoria e prassi antitirannica in Cicerone e suoi
contemporanei: RAAN 31 (1956) 179–225

U

ubi est illud

J. H. Baxter, Ubi est illud: ALMA 1 (1924) 51

umbra

V. Hoelzer, Umbra. Vorstellung und Symbol im Leben der Römer, Diss. Marburg 1955; v. Selbstanzeige ABG 6, 1960, 296−298

J. Nováková, Umbra. Ein Beitrag zur dichterischen Semantik, Deutsche Akad. Wiss. Berlin, Altertumswiss. 36, Berlin 1964

M. Martínez Pastor, El simbolismo de umbra en los escritos origenianos de Rufino: Durius (Valladolid) 1 (1973) 335−344

umbratilis

J. Leclercq, Umbratilis. Pour l'histoire du thème de la vie cachée: RAM 39 (1963) 491−504

unanimitas

v. *caritas:* Pétré/1948

unio

A. d'Alès, Tertulliana: RSR 25 (1935) 593−594

v. *substantia:* Moingt/1966

unitas

A. Pastorino, Unità, divisione, ricomposizione dell'Unità della chiesa in Cipriano, in: Studi classici in onore di Q. Cataudella, III, Cataneo 1972, 525−544

v. *unio:* d'Alès/1935
   caritas: Pétré/1948
   substantia: Moingt/1966

in unitate spiritus sancti

B. Botte, „In unitate spiritus sancti": MD 23 (1950) 49−53

J. A. Jungmann, Beiträge zur Geschichte der Gebetsliturgie. V: In unitate Spiritus sancti: ZKTh 72 (1950) 481−486

universitas

B. Biondi, „Universitas" e „successio". Saggio di anticritica, di storia e di dommatica romana, in: Studi in onore di P. de Francisci, IV, Mailand 1956, 17–71

universus

v. *solus:* Hofmann/1948

univira

M. Lightman/W. Zeisel, Univira: An example of Continuity and Change in Roman Society: ChH 46 (1977) 19–32

B. Koetting, „Univira" in Inschriften, in: Romanitas et christianitas, Studia Waszink, Amsterdam 1973, 195–206

v. μόνανδρος: Frey/1930

urbanitas

E. Frank, De vocis urbanitatis apud Ciceronem vi atque usu, Gotha 1932

L. Winniczuk, „Urbanitas" nelle lettere di Plinio il Giovane: Eos 56 (1966) 198–205

E. S. Ramage, Urbanitas. Ancient sophistication and refinement, Oklahoma 1973

v. *urbanus:* de Saint-Denis/1939
   cultura: Niedermann/1941

urbanus

F. Heerdegen, De vocabuli quod est urbanus apud vetustiores Latinos vi atque usu, Erlangen 1918

E. de Saint-Denis, Evolution sémantique de urbanus-urbanitas: Latomus 1939, 5–24

urbs

V. Georgiev, Lat. urbs und orbis: JGF 56 (1938) 198–200

urbs aeterna

C. Beukers, Urbs aeterna. Parallelen tussen het eerste en het tweede Rome: Bijdr. 20 (1959) 57–66

urbi et orbi

E. Bréguet, Urbi et orbi, un cliché et un thème, in: Hommages à M. Renard, hrg. v. J. Bibauw, I, Brüssel 1969, 140–152

usucapere

R. Yaron, Reflexions on Usucapio: TRG 35 (1967) 191–228

usurpare

v. *observare:* Tidner/1938

usurpatio

L. Orabona, L'„usurpatio" in un passo di S. Ambrogio (De off. I, 28) parallelo a Cicerone (De off. I) su „ius commune" e „ius privatum": Aevum 33 (1959) 495–504

usus

A. Watson, The origins of usus: RIDA 23 (1976) 265–270

ut ita dicam

P. Antin, Ut ita dicam chez s. Jérôme: Latomus 25 (1966) 299–304

uti

v. *frui:* Cayré/1949 (2 mal)
frui: di Giovanni/1965
frui: Pfligersdorffer/1971

utile

K. Buechner, Utile und honestum, in: Probata probanda, hrg. v. F. Hoermann, München 1974, 5–21

utilitas

v. *praeesse:* Congar/1962

utilitas publica

A. Steinwenter, Utilitas publica – utilitas singulorum, in: Festsch. P. Koschaker, I, Weimar 1939, 84–102

utilitas singulorum

v. *utilitas publica:* Steinwenter/1939

utriusque legis peritus

M. Coens, Utriusque legis peritus. En marge d'un prologue de Thierry de Saint-Froud: AnBoll 76 (1958) 118–150

utrumque ius

G. Miczka, „Utrumque Ius" – eine Erfindung der Kanonisten?: ZSRG.K 57 (1972) 127–149

uxor

F. Metzger, Latin uxor: AJP 65 (1944) 170–171
v. *femina:* Adams/1972

vacans nomine

A. H. Chroust, Cicero and the Aristotelian Doctrine of the Akatonomaston: Ph. 120 (1976) 73—85

vacatio

v. *quies:* Leclercq/1963

valor

B. Schuchard, Valor. Zu seiner Wortgeschichte im Lateinischen und
Romanischen des Mittelalters, Romanist. Versuche und Vorarbei-
ten 31, Bonn 1970

vanitas

L. Chevallier/H. Rondet, L'idée de vanité dans l'oeuvre de saint
Augustin: REAug 3 (1957) 221—234

vastare

O. Janssen, « Vastare » et ses synonymes dans l'oeuvre de Salvien de
Marseille, in: Mélanges Chr. Mohrmann, hrg. v. L. J. Engels
usw., Utrecht 1963, 103—111

vastus

J. Heurgon, Note sur l'« âme vaste » de Catilina: BAGB 7 (1949)
79—81

vates

M. Runes, Geschichte des Wortes vates: Glotta 25 (1926) 202—216
(= Festsch. Kretschmer)
M. Runes, Die Herkunft des Wortes vates: IGF 35 (1937) 122—128
H. Dahlmann, Vates: Ph. 97 (1948) 337—353
E. Bickel, Vates bei Varro und Vergil: RMP 94 (1951) 257—314

velle

v. *iubere:* Hofmann/1929

venerabilis

v. *vir venerabilis:* Jerg/1970

venerari

K. Ĉupr, L'étymologie du verbe venerari, in: Charisteria F. Novotný, hrg. v. F. Stiebitz usw., Prag 1962, 111–115

v. *servitus:* Pascher/1940

venia

v. *culpa:* Koch/1955
  abolitio: Waldstein/1964

venire

G. Bonfante, Notes sur l'histoire du verbe venio: AnCl 8 (1939)
15–20

verax

L. Alfonsi, Nota su verax, veridicus, verus: Aevum 37 (1963) 338

verbum

V. Capanaga, Los tres verbos del universo agustiniano, in: Philoso-
phia, Misc. J. I. de Alcorta, Barcelona 1971, 141–156
W. D. Johnson, "Verbum" in the Early Augustine (386–397), in:
RechAug 8, 1972, 25–53

v. *νοῦς:* Perler/1931
  deus: Braun/1962
  signum: Wald/1975
  sermo: O'Rourke Boyle/1977

verbum dei incarnatum

P. Bellet, El sentido de la analogia Verbum Dei Incarnatum = Verbum Dei scriptum: EstB 14 (1955) 415–428
J. H. Crehan, The analogy between verbum Dei incarnatum and
verbum Dei scriptum in the Fathers: JThS 6 (1955) 87–90

verecundia

J. B. Bauer, Erae furta verecundiae: WSt 9 (1975) 79–82

vereri

v. *metuere:* Gernia/1970

veridicus

v. *verax:* Alfonsi/1963

veritas

P. Blanchard, Connaissance religieuse et connaissance mystique chez s. Augustin dans les Confessions. Veritas – caritas – aeternitas: RechAug 2 (1962) 311–330

F. Piemontese, La «veritas» agostiniana e l'agostinismo perenne, Mailand 1963

L. Arias, Veritas, unitas, caritas, en San Agustín: EstAg 12 (1977) 265–280

v. *thesaurus:* Vecchi/1967
verus: Wuelfing von Martitz/1968
figura: Trettel/1974

vermis conscientiae

D. Lau, Vermis conscientiae. Zur Geschichte einer Metapher, in: Apophoreta, Festsch. U. Hölscher, Bonn 1975, 110–121

verum

K. Buechner, Das verum in der historischen Darstellung des Sallust, in: Resultate römischen Lebens in römischen Schriftwerken, Studien zur römischen Literatur 6, Wiesbaden 1967, 134–135

v. *verus:* Wuelfing von Martitz/1968

verus

P. Wuelfing von Martitz, Verus, verum und veritas: Glotta 46 (1968) 278–293

v. *verax:* Alfonsi/1963

verus homo

P. Courcelle, Verus homo, in: Studi classici in onore di Q. Cataudella, II, Catanea 1972, 517–527

vetus

A. Maréchal, Vetus, novus dans la «Querelle des Anciens et des Moderns» à Rome, in: Mélanges J. Vianey, Paris 1934, 9–18

v. *oraculum:* Benveniste/1948

vexillum virtutis

E. Skard, Vexillum virtutis: SO 25 (1947) 26–30

via

J. André, Les noms latins du chemin et de la rue: REL 28 (1950) 104–134

via regia

J. Leclercq, La voie royale: VS.S 2 (1948/9) 338–352

J. Campos, La "Via Regia" prefiguración biblica de la ascesis monastica: Helm. 20 (1969) 275–295

vicarius

K. Schneider, Vicarius: PRE 2. Reihe, 16, 1958, 2015–2053

P. R. C. Weaver, Vicarius and vicarianus in the familia Caesaris: JRS 54 (1964) 116–128

M. T. W. Arnheim, Vicars in the later Roman empire: Hist. 19 (1970) 593–606

vicarius Christi

A. von Harnack, Christus praesens – Vicarius Christi: SPAW.PH 34 (1927) 415–446

J. C. Fenton, Vicarius Christi: AEcR 90 (1944) 459–470

M. Maccarrone, „Vicarius Christi" e „Vicarius Petri" nel periodo patristico: RSCI 2 (1948) 1–32

M. Maccarrone, Vicarius Christi. Storia del titolo papale, Rom 1952, Pont. ateneo lat.

B. Jaspert, „Stellvertreter Christi" bei Aponius, einem unbekannten Magister und Benedikt von Nursia. Ein Beitrag zum altkirchlichen Amtsverständnis: ZThK 71 (1974) 291–324

victima

M. Durante, Victima: Maia 4 (1951) 145

G. Devoto, Victima: At. 42 (1964) 416–421

victor

St. Weinstock, Victor and invictus: HThR 50 (1957) 211–247

V. Saxer, Victor, titre d'honneur ou nom propre? Données de l'onomastique chrétienne en Afrique aux IIᵉ et IIIᵉ siècles: RivAC 44 (1968) 209–218

vicus

V. Bruppacher, Zur Geschichte der Siedlungsbezeichnung im Galloromanischen: Vox Romanica (Bern) 20 (1961) 105–160; 21 (1962) 1–48

videre

v. *confiteri:* Meershoek/1966

vidua

Th. Mayer-Maly, Vidua (viduus): PRE 2. Reihe, 16, 1958, 2098–2107

villa

v. *vicus:* Bruppacher/1961 und 1962

vindex libertatis

R. Scheer, Vindex libertatis: Gym. 78 (1971) 182–188

vindicta

P. Noailles, Vindicta: RHDF 19 (1940/1) 1–57

vinum

P. Brown, The Mediterranean Vocabulary of the Vine: VT 19 (1969) 146–170

vir bonus et sapiens

S. Koster, Vir bonus et sapiens: Hermes 102 (1974) 590–619

vir dei

G. Penco, Le figure bibliche del „Vir Dei" nell'agiografia monastica: Ben. 15 (1968) 1–13

vir fortissimus

H. Roggenbuch, Vir fortissimus. Eine Untersuchung zur politischen Terminologie Ciceros, Diss. Mainz 1951

vir gravis

O. Hiltbrunner, Vir gravis, in: Festsch. A. Debrunner, Bern 1954, 195–207

vir venerabilis

E. Jerg, Vir venerabilis. Untersuchungen zur Titulatur der Bischöfe in den außerkirchlichen Texten der Spätantike als Beitrag zur Deutung ihrer öffentlichen Stellung, WBTh 26, 1970

virago

W. Eisenhut, Virago: PRE 2. Reihe, 17, 1961, 176–178

virgo

A. L. Mayer, Virgo m.: Philol. Wochenschrift (Leipzig) 42 (1922) 479–480

M. Runes, Lat. Virgo: IGF 44 (1927) 151−152

   v. παρθένος: Ford/1966
   sacrificium: Beukers/1968

virtus

M. Th. Le Bon, Étude sur le mot virtus, Diss. Brüssel 1935/6

K. Buechner, Altrömische und horazische virtus: Antike 15 (1939) 145−164

G. Liebers, Virtus bei Cicero, Dresden 1942

R. Feger, Virtus bei Tacitus, Diss. Freiburg 1944

A. N. Van Omme, Virtus, een semantische studie, Diss. Utrecht 1946

R. Wendolsky, Virtus und Sapientia beim frühen Augustin, Diss. Salzburg 1966

W. Eisenhut, Virtus Romana, München 1973

H. Steinmeyer, Der Virtus-Begriff bei Cicero und Seneca: Der altsprachliche Unterricht (Stuttgart) 17 (1974) 50−59

   v. *meritum:* Ellebracht/1963
   gloria: Hand/1974

virtutes gentium splendida vitia

P. Jaccard, De saint Augustin à Pascal. Histoire d'une maxime sur les vertus des philosophes: RThPh 28 (1940) 41−50

vis

A. Ernout, Vis, vires, vir: RPh 28 (1954) 165−197

Th. Mayer-Maly, Vis, 2. als juristischer Begriff: PRE 2. Reihe, 17, 1961, 311−347

   v. *fides:* Hellegouarc'h/1963

vita

   v. *esse:* Hadot/1968

vita aeterna

   v. *vita beata:* Muckle/1939
   vita beata: Couvée/1947
   perfectio: Finé/1958

vita apostolica

K. S. Frank, Vita apostolica und dominus apostolicus, in: Konzil und Papst, Festsch. Tüchle, hrg. v. G. Schwaiger, Paderborn 1975, 19−41

K. S. Frank, Franciscus, vir totus apostolicus. Zur Vorgeschichte der mittelalterlichen vita apostolica: WiWei 39 (1976) 123—142

vita beata

J. T. Muckle, The "De Officiis ministrorum" of St. Ambrose: An example of the Process of Christianization of the Latin Language: MS 1 (1939) 63—80

P. J. Couvée, Vita beata en Vita aeterna. Een onderzoek naar de ontwikkeling van het begrip vita beata naast en tegenover vita aeterna bij Lactantius, Ambrosius en Augustinus, onder invloed der Romeinsche Stoa, Baarn 1947

vita contemplativa

F. Boll, Vita contemplativa, Festrede zum 10jährigen Stiftungsfest der Heidelberger Akad. Wiss., 2. Auflage 1922

A. Grilli, Il problema della vita contemplativa nel mondo greco-romano, Mailand 1953

A. J. Festugière, Il problema della vita contemplativa nel mondo greco-romano: Paideia (Arona) 9 (1954) 180—187 (auf französisch!)

vita monastica

v. *monachus:* Colombás/1959
monachus: Penco/1959

vitium

F. Schoknecht, Die Bedeutungsentwicklung der Wortgruppe vitium. Ihre psychischen und kulturellen Ursachen, Rostock 1930

D. Paschall, The origin and semantic development of latin vitium: TPAPA 67 (1936) 219—231

vitulinas

A. de Vogüé, Viclinas — vitulinas. Origène et sens d'un mot difficile de la Règle du Maître: RBen 82 (1972) 309—310

viva vox

H. Karpp, Viva vox, in: Festsch. Th. Klauser, JAC, Ergänzungsband I (1964) 190—198

vivi lapides

J. C. Plumpe, Vivi lapides. The concept of living stones in Classical and Christian Antiquity: Tr. 1 (1943) 1—14

vivificare

V. Loi, Il verbo latino vivificare: AION 7 (1966) 105–117

qui vixit in pace

H. G. J. Beck, The formula "qui vixit in pace", in: Studi sulla chiesa antica e sull'umanesimo, Rom 1954, 59–71

vocatio

v. κλῆσις: Holl/1928

voces

P. Courcelle, Les «voix» dans les Confessions de saint Augustin: Hermes 80 (1952) 31–46

voluntas

G. Dulckeit, Voluntas und fides im Vermächtnisrecht, in: Festsch. P. Koschaker, II, Weimar 1939, 314–352

N. W. Gilbert, The concept of will in early Latin philosophy: JHP 1 (1963) 17–35

A. J. Voelke, Les origines stoïciennes de la notion de volonté: RThPh 19 (1969) 1–22

v. aequitas: Beck/1933

votum

W. Eisenhut, Votum: PRE Suppl. 14, 1974, 964–973

vox populi vox dei

S. A. Gallacher, Vox populi vox Dei: PQ 24 (1945) 12–19

vulgata

E. F. Sutcliffe, The Name vulgata: Bib. 29 (1948) 345–352

vulgus

R. F. Newhold, The vulgus in Tacitus: RMP 119 (1976) 85–92

NAMEN- UND AUTORENREGISTER

Namen

Aischylos 45 152 161 195 208
Alexander von Aphrodisias 36
Ambrosius 201 234 235 255 261 262
 271 276 282 293 295 305 320 325
 330 331 362 375 376 389 391 392
 400 412 419 426
Ammianus Marcellinus 312
Anaxagoras 117 147 168
Anaximander 37 102 122 138
Anaximenes 22
Antiochus von Askalon 51
Antisthenes 204
Antonius der Einsiedler 56
Apollinaris von Laodikeia 147 157
Apollonios Rhodios 133
Apollonios von Tyana 139
Aponius 423
Apuleius 269
Aristophanes 59 191 223
Aristoteles 17 18 20 24 25 26 28 30
 31 32 33 38 42 43 46 51 52 53 61
 63 64 68 70 72 75 76 78 79 81 85
 87 88 89 95 96 100 105 109 110
 111 112 119 121 128 131 133 136
 138 146 147 149 152 155 156 157
 158 160 173 174 177 179 183 186
 187 188 191 194 195 196 197 198
 201 203 206 208 209 210 213 214
 215 264 421
Aristoxenos 189
Arius 128 154
Athanasios 19 28 44 71 90 122 126
 127 128 142 154
Athenagoras 20 79 118 155 175 343
Augustinus 38 50 129 147 168 169
 171 196 228 230 233 234 235 236
 239 240 243 244 246 247 251 252
 253 254 255 258 259 260 262 263
 265 266 267 269 270 272 273 276
 278 279 280 281 282 285 286 287
 289 291 292 296 297 298 299 300
 301 303 304 305 308 309 310 311

 312 314 316 317 319 321 325 327
 328 329 330 332 334 338 339 340
 341 342 343 344 345 346 347 352
 353 356 357 358 360 361 363 367
 368 369 376 377 378 379 380 381
 382 385 388 389 390 391 393 394
 395 396 398 399 401 402 403 405
 406 407 408 412 413 414 416 420
 421 422 425 426 427

Barsanuph 115
Basilides 40
Basilius d. Gr. 37 39 49 65 72 104
 117 119 120 139 140 144 158 163
 168 193 201 209 213
Benedikt von Nursia 226 233 245 280
 306 331 333 357 364 377 385 394
 395 423
Boethius 42 227 238 245 264 295
 307 363 395 396 406

Caesar 307 402 404 416
Caesarius 309 361
Calcidius 176 399
Cassiodorus 238 270 283
Catull 234 292
Celsus 103
Chromatius 293
Chrysippos von Soloi 58
Cicero 115 173 230 234 241 244 245
 247 253 257 260 263 268 271 275
 276 281 284 299 300 301 307 316
 321 322 329 335 341 342 353 362
 363 364 367 368 383 384 402 404
 410 416 418 420 424 425
Claudianus Mamertus 315
Clemens Alexandrinus 17 22 31 33
 36 37 39 44 55 64 73 76 90 100
 113 121 126 127 142 150 160 163
 168 169 182 188 192 200 202 217
Clemens Romanus 24 36 60 73 125
 135 155 160 169 178 184 194 308
Commodianus 334

Moderne Autoren

Bordes A. 298
Borecký B. 109 124
Boreham L. C. 165
Borella P. 276
Borias A. 280
Bork H. D. 242
Bormann C. von 121 141
Bornecque H. 362
Bornkamm G. 153 260
Borsche T. 121
Boruchowitsch W. G. 153
Boscherini S. 355
Bosl K. 87
Botte B. 44 151 165 222 233 257
 259 260 263 280 311 315 339 371
 379 411 417
Bouchard M. A. 378
Bouchet J. R. 80
Bouillard H. 273 382
Boularand E. 211 234
Bourgery A. 245
Bouyer L. 55 142 154 200
Bower R. A. 86
Bowra E. W. 326
Boyancé P. 102 213 275 292
Boyer Ch. 255 340
Bracci G. 310
Bradley R. 402
Brady C. 207
Brakman C. 294
Brandt I. 150
Brandt W. 125
Bratsiotis P. P. 98
Braun A. 52 170
Braun R. 198 244 273
Bravo Cozano M. 116
Bray G. 378
Brechtken J. 296
Bréguet E. 418
Bréhier E. 363
Brelich A. 102
Bremer D. 99
Bremer J. M. 30
Brendel F. 349
Brenk F. E. 57
Brentano M. von 78
Brentlinger J. A. 62
Brescia C. 209
Brigham F. H. 44 193
Brink C. O. 149
Brinkmann W. 234
Brinktrine J. 415

Brlek M. 74 249
Broccia G. 170 326
Broglie G. de 391
Brommer P. 42 70
Brons B. 108 176
Brontesi A. 192
Brosch J. 23
Brósz R. 271
Brothers J. T. 161
Brown P. 424
Browne W. 118
Brox N. 39 55 251
Brueck M. 394
Brugger W. 79
Brunet P. A. 234
Brunet R. 291
Bruning B. 413
Brunius-Nilsson E. 57
Brunn E. 311
Bruno L. 268
Brunschwig J. 159
Bruppacher V. 423
Bubner R. 113 193
Buchner H. 68
Buckenmeyer R. E. 319
Buckley M. J. 31
Bucklin L. B. 299
Bucklisch M. 242
Buda C. 363
Buecher W. 73
Buechner K. 307 308 321 419 422
 425
Buechsel F. 40
Buehler-Reimann Th. 316
Buesse H. 392
Buismann J. R. 96
Bulhart W. 309
Bund E. 331
Buonaiuti E. 380
Burck E. 234
Burge E. L. 25
Burgess J. F. 364
Burgos Nadal T. 389
Buriks A. A. 198
Burkert W. 76 102 185 210
Burnickel H. 218
Burr V. 344
Burrows M. 88
Burton E. W. 169
Busch F. 277
Busch G. 295
Busse A. 127 167

Walter de Gruyter
Berlin · New York

Patristische Kommission
der Akademien der Wissenschaften
zu Göttingen, Heidelberg und München

Wilhelm Schneemelcher (Hrsg.)	**Bibliographia Patristica** Internationale Patristische Bibliographie unter Mitarbeit zahlreicher Fachgelehrter Groß-Oktav. Ganzleinen
Band 1	Die Erscheinungen des Jahres 1956 XXVIII, 103 Seiten. 1959. DM 34,50 ISBN 3 11 001248 0
Band 2	Die Erscheinungen des Jahres 1957 XXX, 115 Seiten. 1959. DM 34,50 ISBN 3 11 001249 9
Band 3	Die Erscheinungen des Jahres 1958 XXXI, 119 Seiten. 1960. DM 34,50 ISBN 3 11 001250 2
Band 4	Die Erscheinungen des Jahres 1959 XXXIII, 126 Seiten. 1961. DM 23,− ISBN 3 11 001251 0
Band 5	Die Erscheinungen des Jahres 1960 XXXII, 114 Seiten. 1962. DM 23,− ISBN 3 11 001252 9
Band 6	Die Erscheinungen des Jahres 1961 XXXIV, 98 Seiten. 1963. DM 23,− ISBN 3 11 001253 7
Band 7	Die Erscheinungen des Jahres 1962 XXXIV, 108 Seiten. 1964. DM 23,− ISBN 3 11 001254 5
Band 8	Die Erscheinungen des Jahres 1963 XXXIV, 120 Seiten. 1966. DM 30,− ISBN 3 11 001255 3
Band 9	Die Erscheinungen des Jahres 1964 XXXIV, 157 Seiten. 1967. DM 30,− ISBN 3 11 001256 1
Band 10	Die Erscheinungen des Jahres 1965 XXXIV, 127 Seiten. 1969. DM 30,− ISBN 3 11 003531 6
Band 11	Die Erscheinungen des Jahres 1966 XXXVIII, 291 Seiten. 1971. DM 72,− ISBN 3 11 003531 6
Band 12/13	Die Erscheinungen der Jahre 1967 und 1968 XXXVIII, 253 Seiten. 1975. DM 72,− ISBN 3 11 004631 8
Band 14/15	Die Erscheinungen der Jahre 1969 und 1970 XL, 247 Seiten. 1977. DM 86,− ISBN 3 11 007186 X
Band 16/17	Die Erscheinungen der Jahre 1971 und 1972 XLVI, 290 Seiten. 1978. DM 104,− ISBN 3 11 007371 4
Band 18/19	Die Erscheinungen der Jahre 1973 und 1974 XLVI, 307 Seiten. 1979. DM 124,− ISBN 3 11 008003 6

Preisänderungen vorbehalten